Idealismo e Romantismo

Dados Internacionais de Catalogação na Publicação (CIP)
(Câmara Brasileira do Livro, SP, Brasil)

Coelho, Humberto Schubert
  Idealismo e romantismo : uma história geral das filosofias do saber e da liberdade / Humberto Schubert Coelho. – Petrópolis, RJ : Vozes, 2024.

  Bibliografia.

  1ª reimpressão, 2024.

  ISBN 978-85-326-6770-0

  1. Filosofia 2. Filosofia – História 3. Idealismo alemão 4. Metafísica 5. Romantismo I. Título.

24-190797   CDD-190.2

Índices para catálogo sistemático:

1. História da filosofia   190.2
Tábata Alves da Silva – Bibliotecária – CRB-8/9253

Humberto Schubert Coelho

Idealismo e Romantismo

Uma história geral das filosofias do saber e da liberdade

Petrópolis

© 2024, Editora Vozes Ltda.
Rua Frei Luís, 100
25689-900 Petrópolis, RJ, Brasil
www.vozes.com.br

Todos os direitos reservados. Nenhuma parte desta obra poderá ser reproduzida ou transmitida por qualquer forma e/ou quaisquer meios (eletrônico ou mecânico, incluindo fotocópia e gravação) ou arquivada em qualquer sistema ou banco de dados sem permissão escrita da editora.

CONSELHO EDITORIAL

Diretor
Volney J. Berkenbrock

Editores
Aline dos Santos Carneiro
Edrian Josué Pasini
Marilac Loraine Oleniki
Welder Lancieri Marchini

Conselheiros
Elói Dionísio Piva
Francisco Morás
Gilberto Gonçalves Garcia
Ludovico Garmus
Teobaldo Heidemann

Secretário executivo
Leonardo A.R.T. dos Santos

PRODUÇÃO EDITORIAL

Aline L.R. de Barros
Jailson Scota
Marcelo Telles
Mirela de Oliveira
Natália França
Otaviano M. Cunha
Priscilla A.F. Alves
Rafael de Oliveira
Samuel Rezende
Vanessa Luz
Verônica M. Guedes

Editoração: Cecília Toledo
Diagramação: Editora Vozes
Revisão gráfica: Anna Carolina Guimarães
Capa: Estúdio 483
Ilustração de capa: Dois homens contemplando a Lua, por Caspar David Friedrich (1774–1840)

ISBN 978-85-326-6770-0

Este livro foi composto e impresso pela Editora Vozes Ltda.

SUMÁRIO

Agradecimentos, 7

Introdução, 9

1 – Pré-história do Idealismo e do Romantismo 21
   1.1 Immanuel Kant e outros avós, 21
   1.2 O primado da prática sobre a teoria e a razão que cede espaço à fé, 26
   1.3 A *Crítica da razão pura* , 29
      a) Contexto e motivação, 29
      b) Os papéis da estética e da lógica transcendentais, 32
      c) Anfibolia dos conceitos de reflexão, 42
      d) Dialética transcendental, 44
      e) A Doutrina transcendental do método, 49
   1.4 Os *Prolegômenos a toda a metafísica futura*, 51
   1.5 A *Crítica da razão prática*, 53
      a) Fundamento e legitimidade da moralidade, 53
      b) A lei moral, 59
      c) Dialética da razão prática, 65
   1.6 Herder e seu *Ideias para uma filosofia da história da humanidade*, 67
   1.7 As primeiras reações à filosofia transcendental: Reinhold, Jacobi, Maimon, 73

2 – O ponto de inflexão do Idealismo transcendental 83
   2.1 O Aenesidemo de Gottlob Ernst Schulze, 83
   2.2 O brilho de Weimar; *rendez-vous* da alta cultura, 87
   2.3 O despertar crítico de Johann G. Fichte, 90
   2.4 Kant *ex machina*: as novas cartadas do jogo, 96
   2.5 O complemento crítico de F. Schiller à filosofia moral de Kant, 111
   2.6 O jovem Goethe: uma vida em torno da poesia e da verdade, 126
      a) *Naturforscher*: ciência e epistemologia do jovem Goethe, 128
      b) Poeta e romancista, 142

3 – Nasce o Idealismo Alemão 157
   3.1 O princípio absoluto de Fichte, 157
   3.2 Transformações e fortalecimento da atividade intelectual judaica, 170
   3.3 O ambiente cultural da década de 1790, 176
   3.4 O despertar crítico do jovem Schelling, 179
      a) Textos da fase fichteana e a crise do Idealismo subjetivo, 180
      b) A filosofia da natureza, 187
   3.5 Consolidação e expansão do sistema de Fichte; Nova Methodo e *Direito Natural*, 193

4 – A insurreição romântica **208**
    4.1 Os irmãos Schlegel em Jena, 208
        a) Friedrich, 211
        b) August, 215
    4.2 Novalis, romântico na teoria e na prática, 217
    4.3 Hölderlin: poesia filosófica nostálgica da Grécia, 224
    4.4 Schleiermacher e a visão científica da religião, 229
    4.5 Schelling 1800-1803: rumo ao Sistema da Identidade, 241

5 – O jovem Hegel e a Fenomenologia do Espírito **253**
    5.1 Escritos teológicos e o mais antigo programa de sistema do Idealismo Alemão, 253
        a) Fase de Berna, 254
        b) Fase de Frankfurt, 259
    5.2 Hegel em Jena; tomada de posição na *Differenzschrift* e em *Fé e saber*, 263
    5.3 A Fenomenologia do Espírito, 275
        a) Introdução e Consciência, 276
        b) Autoconsciência: a dialética do senhor e do escravo e a consciência infeliz, 284
        c) A razão, 294
        d) O Espírito, a religião e o saber absoluto, 301
    5.4 O pedagogo de Nurembergue, 308

6 – O apogeu da filosofia da liberdade e do organicismo: Schelling e Goethe **313**
    6.1 A chegada de Eschenmayer e o crepúsculo de Fichte, 313
    6.2 O resgate da mística lírica e cosmológica de Jakob Böhme, 319
    6.3 O retorno do Romantismo: sabedoria da Índia, 325
    6.4 A era do Fausto, 327
    6.5 A Freiheitsschrift como passo decisivo de Schelling rumo à sua própria concepção da liberdade, 339
    6.6 Madame de Staël sintetiza a cultura alemã, 353
    6.7 A Doutrina das cores, 365

7 – A ascensão da ciência **372**
    7.1 A ciência da lógica, 372
        a) Lógica objetiva, 374
        b) Lógica subjetiva, 381
    7.2 A Enciclopédia das ciências filosóficas, 384
        a) Ciências do pensamento e ciências da natureza, 385
        b) Ciências da cultura, 391
    7.3 Schopenhauer e O mundo como vontade e representação, 397
    7.4 A dialética de Schleiermacher, 404
    7.5 A liberdade concretizada na racionalidade objetiva das instituições: Filosofia do Direito, 409

Referências, 423

AGRADECIMENTOS

Embora redigido entre 2020 e 2023, esse livro contém estudos e anotações que venho acumulando desde aproximadamente 2005, quando iniciei minha pesquisa de mestrado. Não seria justo, portanto, deixar de agradecer às instituições e às pessoas que me possibilitaram uma carreira dedicada à filosofia clássica alemã, a começar por Stefan Bernwallner, meu primeiro professor de alemão. Reconheço-me devedor, portanto, do que aprendi nos departamentos de filosofia e ciência da religião da Universidade Federal de Juiz de Fora. Além de meu orientador de mestrado e doutorado, Luís Henrique Dreher, beneficiei-me do fato de uma grande quantidade de professores, dos dois departamentos, se dedicar à filosofia e à teologia alemãs. Merecem especial menção Luciano Camerino, Ronaldo Duarte e Ricardo Vélez, com os quais aprendi muito sobre Kant e o neokantismo; Joel Neves, através do qual conheci Schleiermacher; Antônio Campolina Martins, com quem aprendi muito sobre teologia cristã; Eduardo Gross, Sidnei Noé e Paulo Afonso Araújo, com os quais aprendi muito sobre a interlocução entre a filosofia e a teologia alemãs. Estendo esse agradecimento a três outras figuras fundamentais na minha formação, o professor Wilhelm Lütterfelds, meu coorientador de doutorado, Jörg Dierken, e Vítor Westhelle, meu orientador de pós-doutorado da Escola Superior de Teologia.

Fui também beneficiado pelas bolsas da CAPES, do DAAD e do IHPV, além de uma importante bolsa da Wilhelm von Finck Stiftung, que alterou significativamente minha trajetória de vida.

Agradeço, também, aos departamentos de filosofia da Universität Passau, de humanidades da Universität Duisburg-Essen, de filosofia e de teologia da Universität Göttingen, de filosofia e teologia, além da Frankesche Stiftungen, da Martin Luther Universität Halle-Wittenberg, de teologia da Escola Superior de Teologia e de Filosofia e de teologia da Univesity of Oxford. Sem as permissões de acesso às suas bibliotecas e apoio de seus professores e bibliotecários eu não teria podido acumular o material necessário para essas pesquisas.

Mais especificamente, agradeço aos que leram e revisaram ou comentaram partes do presente livro: Marco A. P. Valim, Giovane G. Salimena, Jefferson S. Teodoro, Gabriela R. de Almeida, Luiz F. S. Oliveira, Marco Aurélio Werle, Bruno Cunha, Juliana Albuquerque, Luciano Utteich e Michela Bordignon.

INTRODUÇÃO

O maior desafio à compreensão histórica é o de evitar a dissociação entre presente e passado. Tanto material quanto culturalmente, a história nos é tão presente quanto a herança genética que recebemos de nossos ancestrais. Podemos não saber quem foram nossos tataravôs, mas carregamos seus genes, e isso define boa parte das nossas predisposições e da nossa constituição.

Talvez mais que a genética, a história da cultura predetermina de modo muito claro nossas crenças, ideias e comportamentos. Uma história de movimentos constitutivos da contemporaneidade, como o Idealismo e o Romantismo, é, portanto, uma investigação das precondições do nosso pensamento atual. Nosso conceito de juventude, por exemplo, é marcadamente romântico. Todas as culturas sempre associaram a velhice à sabedoria, e consagraram o respeito aos mais velhos como um fundamento da civilidade. Foi apenas com o Romantismo que se consolidou a noção de que a virtude da juventude está mais na transgressão, na contestação, na rebeldia e na capacidade de mudar do que no respeito às tradições e obediência aos mais velhos. Essa pode ter sido uma ideia episódica na mente de alguns, ou aparecido como uma fagulha em um momento específico da vida social aqui e ali, mas só a estética romântica conquistou a maioria dos corações para essa nova crença, esse novo valor.

Muito do sentimentalismo novelesco, do marxismo, da contracultura, do movimento *hippie*, do *punk* e dos atuais movimentos sociais ecoa valores ensaiados ou postos pela primeira vez por autores românticos. Sem negar as complexidades de cada novo desenvolvimento, a historiografia das ideias destaca linhas de influência, e eventos transitivos a partir dos quais as mudanças de mentalidade se tornam tendências. A origem da tão contemporânea ânsia pelo novo, pela transformação, e pela subversão do *status quo*, que aparecem no Renascimento e no Iluminismo, explodem com força irrefreável na virada para o século XIX. Identificar o *status quo* como mecanismo a ser superado, aliás, é conceito dialeticamente dependente do conceito romântico – por que já não dizer contemporâneo – de juventude.

Sempre que um estudante ocidental clama por algo novo, rejeitando as tradições, sempre que, por exemplo, exige uma visão mais decolonial e menos eurocêntrica, está revelando suas raízes iluministas e românticas. Um estudante menos ocidentalizado abraçará mais animadamente a própria tradição; e o motivo pelo qual os estudantes ocidentais não desejam estudar um tradicionalismo católico ou as bases do protestantismo está mais na Revolução Francesa e no Romantismo do que em qualquer produto do pensamento recente.

Ainda menos evidente, contudo, é a natureza filosófica dessa atitude "rebelde" e sequiosa de novidades, pois, longe de suas raízes na alta cultura, muitos movimentos se tornam, sem sombra de dúvida, subversivos, marcados por uma rebeldia sem causa ou propósito. Quando os românticos transgrediam, ou se opunham às tradições, não o faziam primariamente por despeito ou irreverência, e sim em nome da verdade, de um senso de justiça transcendente. À luz do moralmente correto, à luz da verdade, nada mais sensato do que derrubar as estruturas sociais e culturais que resistiam ao progresso em favor de vantagens e conveniências. Tratava-se, portanto, de rebeldia com muita causa e muito propósito.

A história da cultura mostra, portanto, que qualquer passo adiante tem de absorver e dominar a bagagem do que foi realizado e pensado nos passos pretéritos, ou estaremos condenados a reinventar simulacros e neologismos do que já foi tentado com outros nomes. Uma evidência disso são os sucessivos retornos de ideologias políticas que, apesar de terem envelhecido mal, retornam com os ares sedutores da novidade.

É claro, caberia observar e marcar com mais cuidado a qual Romantismo se atribui essa noção mais impetuosa e audaz de juventude. Estaria ela já presente no Romantismo alemão, ou em suas versões bem menos filosóficas? Na

Grã-Bretanha, na França ou alhures? Ajudar nesse tipo de análise é um dos papéis de uma historiografia da cultura.

Se a contribuição romântica é indiscutível, como aquilatar toda a dimensão da influência do Idealismo, que contou com pensadores incomparavelmente sistemáticos e criativos? Não é possível supor que os ecos dessa escola sejam tantos a ponto de produzir uma cacofonia difusa, difícil de identificar? Pelo número de pensadores que se refere aos autores idealistas, às suas ideias ou aos seus métodos, estou disposto a apostar que sim.

Ao nos dedicarmos ao Idealismo por algum tempo, aliás, o que mais se destaca nos discursos de seus apaixonados adversários é o quanto ignoram sobre as largas porções de conceitos idealistas que esposam. Quem pensa atacar um conceito de fim da história de Hegel, por exemplo, na maioria das vezes ignora que o movimento do espírito jamais poderia permitir um fim para a história; e quem pensa atacar a noção de racionalidade histórica, com exemplos de fracassos humanitários, como o holocausto, ignora que a razão na história não é uma versão pueril de providência divina garantindo um final feliz. Se Schelling é objeto do interesse da neurociência e Fichte é um autor fundamental para a mais recente filosofia da mente, isso se deve unicamente à revisitação cuidadosa e competente de suas ideias, esforço que exige remover as grossas camadas de interpretações ruins e caricaturais dos autores de cem, cento e cinquenta anos atrás.

Embora bravatas contra a razão caiam bem naqueles que operam reducionismos antropologizantes (sejam psicologismos, sociologismos ou reducionismos linguísticos e antropológicos quaisquer), é sempre com grande assombro que se as ouve no terreno filosófico. É compreensível que, a partir de uma crítica economicista, psicologista ou antropológica, chavões como "a beleza está nos olhos de quem vê", "verdades" com "s" ou "justiça para quem?" e "qual bem?", façam sentido negativamente enquanto oposição ao dogmatismo, mas todo filósofo deveria receber treinamento específico para entender que eles exprimem contradição intrínseca ao próprio conceito que criticam. Afinal, se for relativa, não é justiça, e sim privilégio; se não o é aos olhos de todos, não é beleza, e sim gosto ou moda; se não é invariável, não é verdade, e sim opinião ou posição.

Esses vícios, contudo, já correm muito fundo na nossa cultura para que os estudantes e profissionais disponham das vacinas adequadas, particularmente quando alcançamos um estado de cinismo e de niilismo tão generalizado que não mais permite que as bases do pensamento lógico e dialético sejam sequer lançadas. Sócrates já evidenciara que há sempre algo de relativo na verdade, na beleza e no bem, sem que essa relatividade redunde em relativismo crasso, pois é tão obtuso ignorar o permanente quanto o relativo e mutável. A essência e raiz da filosofia é essa tensão saudável entre o transitório e o invariável; e ao processo eminentemente racional de se acompanhar e discutir a dinâmica entre eles se deu o nome de dialética.

Uma infinita quantidade de males derivou do reducionismo do conceito de dialética a uma espécie opcional de postura filosófica.

Menos evidente, mas não menos limitante, é o vício do subjetivismo individualista. Apesar de seu imenso mérito na diagnose da recursividade lógica da subjetividade, Descartes concebeu a inteligência como imaculada e encerrada em si mesma. Espinosa e Leibniz abriram as portas para uma concepção metafísica mais forte da inteligência, considerando-a como universalidade concreta, mas foi só com Hegel que uma noção social e cultural dessa universalidade foi alcançada. Tendo inventado o pensamento sociológico, Hegel mostrou que não pensamos ideias nossas, distintas das dos outros, mas pensamos com e através da teia coletiva de conceitos cultural e socialmente constituídos. Nossa linguagem, nossa religião, nossa arte, nossa vida política, enfim, todas as estruturas humanas concretizadas funcionam como atmosfera espiritual na qual nos formamos como seres discursivos e reflexivos. Ao conversarmos, referimo-nos não apenas a figuras concretas, como Júlio César e Sócrates, como também a figuras da imaginação, como Afrodite e Dom Quixote. Essas figuras não são posse ou criação dos interlocutores, precedendo-os, às vezes, em milhares de anos.

Quando supomos, por exemplo, que certas mazelas e preconceitos da sociedade atual são estruturais, ou que identidades são estruturas sócio-históricas, coletivas, e não apenas individuais, estamos usando linguagem derivada das concepções filosóficas de Hegel. Se nada entendermos de Hegel, corremos o risco de comprar essa linguagem em um sentido raso e desfigurado, que pode matar, por exemplo, a dialética entre indivíduo e coletividade.

Quando falamos de um retorno do conceito de consciência de si como conceito autorreferente – um problema que vem ganhando fôlego na filosofia da mente – estamos falando de um retorno a Fichte. E, ao falarmos de um respeito à natureza ou às formas de vida como intrinsecamente valiosas e em relação orgânica com o que nos constitui enquanto humanos, estamos falando de um retorno a Schelling.

Esses parcos exemplos são em si esmaecidos diante da real dimensão das contribuições desses autores, mas eles ajudam a lembrar o quão frutífera foi a geração que vai de Kant a Hegel, e o quão relevante – embora, talvez, implícito e quase inconsciente – o seu pensamento é para o pensamento contemporâneo.

Sendo este um livro de história da filosofia, seu objetivo principal é apresentar e discutir certa visão sobre o percurso evolutivo de um conjunto de ideias e modelos teóricos, mas um livro de filosofia guarda também algumas teses implícitas. A principal tese implícita com a qual o leitor deve topar é a de que Idealismo e Romantismo não são capítulos encerrados da história da filosofia, e sim os fundamentos do pensamento contemporâneo, na exata medida em que esse pensamento vive os conflitos de uma dialética pós-iluminista. Sem a correta e profunda compreensão desses fundamentos, a consciência contemporânea não poderá se assumir ou se superar.

Conforme a precisa observação de Richard Kroner, em seu livro *De Kant a Hegel* (1961), vivemos em uma época inusitada da história da filosofia, na qual muitos (incluindo pessoas reconhecidas publicamente como filósofos) advogam o fim e a obsolescência da metafísica. Uma rebelião inútil, já que não encontramos outros termos para melhor designar a vocação da filosofia: escavar o discurso e o saber até suas raízes primeiras (Kroner, 1961, p. 31).

Para os que optem por uma definição que tenha em vista as implicações culturais desses movimentos, Idealismo Alemão e Romantismo podem ser esticados para englobar a arte realista, o desenvolvimento do conceito de inconsciente, na psicologia, o socialismo, as teologias do processo, os espiritualismos do século XIX e parte do evolucionismo biológico e social. Conquanto gozadoras de identidade própria, essas transformações dependeram de realizações românticas e idealistas. O legado dessas escolas, assim, estende-se para além da filiação declarada ou de uma adesão incondicional

– possivelmente caricata – a elas. Essa adesão, aliás, é controvertida e disputada entre os próprios protagonistas desses movimentos, e há comentadores que os interpretam ou descrevem com exclusão de alguns nomes tidos como centrais para outros.

Por essas razões, é preferível ler esses movimentos como eventos de mutação cultural irreversível, tais quais a filosofia clássica grega ou a escolástica, e não como escolas para as quais alguns autores têm e outros não têm a carteirinha de filiação. É claro, opositores ou indiferentes também há em quantidade, mas mesmo esses muitas vezes formataram ou modularam seu pensamento segundo esse confronto ou a partir de um "desgosto" com o que frequentemente chamam de "intelectualismo" dos idealistas ou de "irracionalismo" dos românticos. Embora não errem tanto o alvo, veremos por que esses adjetivos merecem as aspas.

Com o propósito de apresentar o desenvolvimento histórico dessas duas escolas, com base em suas maiores realizações, pensei ser adequado suprimir ao máximo minha própria visão sobre elas, ou sobre sua influência nos capítulos subsequentes da evolução do pensamento humano. Este livro ocupa, assim, o lugar de um manual ou de uma história geral das filosofias românticas e idealistas. Em meu melhor juízo, contudo, tentei apontar, quando fosse o caso, problemas interpretativos e as soluções mais confiáveis que encontraram no debate especializado. Sem esses apontamentos, qualquer texto corre o risco de incorrer em inverdades em nome da isenção histórica, ou, no mínimo, deixar o espaço aberto para que o leitor concluísse em favor de uma perspectiva já invalidada, o que nunca é adequado para um trabalho filosófico.

Uma tendência diletante da cultura brasileira nos leva, algumas vezes, à timidez diante de um disparate proferido por um autor de grande prestígio, quando, ao contrário, tudo o que nos ensinam esses mesmos pensadores é a encarar com coragem e absoluto rigor os méritos dos argumentos. Sempre que uma pendenga leva o grande fulano a detratar o magnífico beltrano, portanto, a reverência à verdade deve ser maior do que a esses respeitáveis senhores, e o nosso dever é antes o de informar e demonstrar que o primeiro distorceu, reduziu ou caricaturou as ideias do segundo, e não a adoção de uma pretensa imparcialidade que, nesse caso, não passaria de uma maquiagem de defunto.

Resistir a esse hábito de descompromisso sem recair no vício oposto de balançar bandeira para nossos favoritos, contudo, é uma arte que todos pensamos exercer melhor do que de fato logramos na prática. Onde eu falhar, só posso contar com a crítica dos pares e a chance de uma retificação em futuras edições.

Sem que o presente texto seja uma continuação, embora encaixado na sequência cronológica e tematicamente próximo, há uma forte ressonância entre ele e a *História da liberdade religiosa*. Ambos os livros pretendem aclarar o processo do desenvolvimento histórico-cultural da liberdade, conforme as grandes expressões da vida humana nas quais o conceito se manifestava: a religião, no primeiro livro, a ciência e a arte, neste. Essa sintonia está longe de representar, contudo, uma relação mais forte, pois as três esferas da vida mereceriam ser preservadas em sua importância capital para a existência humana. A mudança, e o que impede que os dois livros sejam efetivamente uma série, se deve àquilo que há de específico e de peculiar ao Romantismo e ao Idealismo, e que seria bem mais difícil de abordar em associação com outras teses. Ademais, essas duas escolas já são tão metodologicamente específicas que um estudo que incluísse outras posições apresentaria enormes desafios à concisão e à clareza.

Por isso, penso que a história do Romantismo e do Idealismo seja tão útil e relevante quanto uma visão mais panorâmica e, necessariamente, mais simplificada da história da cultura. Esses dois movimentos contribuíram mais que quaisquer outros para uma metamorfose e aprofundamento da história da cultura, a ponto de interessarem particularmente a qualquer filósofo ou historiador dos processos culturais, mesmo no sentido mais universal do conceito de cultura.

A circunscrição histórica ao período que vai da publicação da *Crítica da razão pura* às últimas publicações de Hegel em vida é fruto de uma necessidade técnica. Afinal, um manual ao mesmo tempo geral e especializado sobre o Idealismo e o Romantismo em língua portuguesa é uma lacuna inadmissível à formação filosófica. Espero que fique suficientemente evidente, contudo, que essa especificidade histórica não deve incentivar o generalizado vício de limitar o pensamento vivo e presente, apenas surgido, mas nunca limitado a este ou aquele período ou região geográfica, a uma peça curiosa do museu da cultura.

De forma muito clara, a filosofia contemporânea inteira reage a, no mínimo, Kant e Hegel, pelo menos até mais ou menos a década de 1930, quando se consolida e populariza a filosofia analítica. Ainda que uma leitura – para não dizer redação – colegial dos manuais de história da filosofia sugira uma sucessão de superações e passos adiante, é a Kant e/ou Hegel que retornam consistente e repetidamente Herbart, Trendelenburg, Schopenhauer, Lange, Marx, Nietzsche, Spencer, Brentano, Bergson, James, Husserl, Russel, Heidegger, Peirce e seus muitos e diversos discípulos. O fato de os pensadores mais originais se dedicarem por mais de um século aos idealistas e românticos, mesmo que para confrontá-los, diz mais e mais eloquentemente que qualquer apologia. Por questionável que seja o adágio "falem mal, mas falem de mim", no terreno científico a permanência é sempre um certificado de qualidade, pois só resiste à crítica mais dura, constante e diversificada o que é intrinsecamente resistente e valioso.

A lista de defensores e discípulos de Kant, dos idealistas e dos românticos é quase tão ampla e ilustre quanto a dos críticos. Pensadores, como Ernst Cassirer, tiveram orgulho de se contarem entre os neokantianos. Wilhelm Dilthey, o criador do conceito e da base metodológica e epistemológica das ciências humanas, entendia-se como um continuador da tradição de Schleiermacher e Hegel. Karl Popper, figura mais proeminente da filosofia da ciência, considerava o pensamento de Kant a base incontornável do criticismo. Os neoidealistas foram menos famosos – embora Rudolf Eucken tenha sido contemplado com o prêmio Nobel de literatura –, mas se somam aos muitos pensadores marxistas que entendem ser imprescindível retornar a Hegel para expandir e qualificar os fundamentos da própria escola.

Contados individualmente, os movimentos e as escolas críticos do Idealismo não reúnem conjuntos tão extensos e tão influentes de apoiadores, e, apesar de geniais e revolucionários, seus propositores não inspiraram sucessivos retornos e renascenças, e não houve até agora uma escola neoheideggeriana, neoschopenhaueriana ou neojamesiana. Não apenas não há, como é sensato apostar que não haverá – e sem que isso soe como demérito –, pois tais movimentos teriam de rediscutir as filosofias de seus mestres à luz de uma visão de todo o debate filosófico, contexto no qual essas filosofias acabaram por ocupar segmentos e setores, não reconfigurando o debate como um todo.

Muito possivelmente, um renascimento de qualquer filosofia do final do século XIX ou do século XX passaria por uma reavaliação genética de suas origens, frequentemente na filosofia clássica alemã; passaria, portanto, por uma confrontação com Kant ou com o Idealismo e por um sucessivo alargamento do escopo das teses e princípios fundamentais daquela filosofia que pretendia originalmente revisitar. De certa forma, foi a isso que a incomparável erudição de Heidegger o levou, e é bem hegeliana a noção – ou a descoberta – de que a pretensão de dar um passo adiante obriga a uma revisão de *toda* a história da filosofia e da cultura.

A única alternativa a essa revisão sistemática de seu lugar na história seria a de tentar saltar para fora da história; isto é, para uma discussão sobre o mérito "puro" de sentenças ou de questões. Essa alternativa, que se firmou como tradição analítica, está igualmente consciente de que não pode negociar ou pôr em questão essa exclusão histórica, sob risco de ser reabsorvida no tronco do qual se abstraiu.

O que a filosofia clássica alemã tem de grandioso, portanto, não é a mera popularidade ou a mera resiliência de alguns de seus conceitos, mas a relação estrutural com o modo e com o fundamento do filosofar contemporâneo, e que faz com que Nietzsche, Husserl ou James, por exemplo, se sintam obrigados a revisitá-la e a confrontá-la se quiserem permanecer e contribuir com o avanço do debate filosófico.

Do ponto de vista prático, um dos desafios de todos os que já escreveram sobre o Idealismo ou sobre o Romantismo é decidir quanto espaço deve ser dado a Kant. É impossível não tratar das questões principais, sem as quais seria necessário pressupor amplo conhecimento prévio por parte dos leitores. Além de ser uma alternativa excludente, penso que esta não seria uma forma generosa de proceder. Por mais desgastante que seja investir muitas páginas na difícil exposição de Kant, para que ela, ao final, seja mais uma cama conceitual para outros autores do que um tratado sobre a filosofia transcendental em si, essa parece ser a forma mais honesta de "aclimatação" do leitor às perspectivas idealistas e românticas.

Tomada a decisão de escrever sobre Kant, contudo, é preciso decidir quando parar. Simplesmente tudo o que Kant escreveu foi lido e relido pelos que o sucederam, e é frequente que as diferenças entre escolas e autores tenham muito a ver com a ênfase sobre tais ou quais livros, esta ou aquela interpretação dos textos de Kant. Inevitavelmente, pagamos um alto preço ao decidirmos dar mais espaço à estética transcendental e menos espaço à dialética transcendental, por exemplo, mas é imperioso lembrar que as reduções e simplificações têm em vista aquilo que é capital para a recepção de Kant por parte desses sucessores, e não para a justa análise da filosofia kantiana.

Ao celebrarmos os 300 anos do nascimento de Immanuel Kant, o leitor também entenderá a saberá perdoar o fato de que o espaço dedicado a tão importante pensador tenha merecido um pouco mais de atenção, a qual será sempre insuficiente para avaliar toda extensão de suas realizações e o quanto suas ideias têm influenciado as culturas de todo o mundo.

Elemento não menos característico e difícil de enquadrar é o pensamento de Goethe. Como o leitor perceberá, Goethe é o nome que mais aparece transversalmente, perpassando praticamente todas as discussões. Considerando-se que a maior parte das discussões aqui são metafísicas, e que Goethe era um poeta e cientista, essa relação é peculiar e chamativa.

Se Goethe não é um exemplo ideal de romântico, é menos ainda um exemplo de autor idealista, e, como Kant, contribui com ambas as discussões permanecendo às suas margens. Não é sem razão, contudo, que grande número de autores cede à tentação de batizar todo o período como "a época de Goethe". Ele foi o maior poeta, em uma época em que a poesia era a forma suprema de arte, uma figura política central em todas as reformas culturais e de longe a figura com mais e maiores contribuições científicas dentre todos os pensadores analisados neste livro.

Embora a produção filosófica dos românticos seja esporádica e bem menos volumosa que a dos idealistas, o tipo de indução exercido pela imensa e muito influente obra de Goethe poderia ser interpretado mais em favor da tendência romântica que da idealista. Por outro lado, a impossibilidade de caracterizar Goethe como pertencente a qualquer grupo se revela, ao longo das páginas seguintes, na forma assistemática de suas aparições, e seria perfeitamente justo intitular este livro "Idealismo, Romantismo e Goethe." Reconhecer essa presença paralela, de um curinga que vira o jogo, mas não pertence a nenhum naipe, corresponderia melhor à interpretação ortodoxa de Goethe.

Por fim, algumas palavras precisam ser dedicadas ao tempo presente.

Nenhum filósofo, especialmente se esse filósofo considera a história como processo evolutivo das ideias e da consciência, jamais admitiria a circunscrição do que pensou a uma janela de tempo. Já pobre e bárbara do ponto de vista técnico ou científico, essa perspectiva é absurda e fatal para a filosofia, pois exclui da meditação e das contribuições de cada autor o que têm de perene, ou seja, o que elas têm de propriamente filosófico.

A ciência, por questões práticas e didáticas, pode ser estudada a partir de seu estado presente. Não há problema em se começar pelos artigos dos últimos cinco anos, dispensando o aluno de estudar textos de cem anos atrás, pois a ciência trata das melhores teorias disponíveis sobre o que é o caso, e não sobre o processo de aclaramento dos métodos e das teorias. A filosofia assume para si essa segunda tarefa, embora não se resuma a ela.

Platão e Aristóteles continuarão a ser estudados porque puderam ser mais que autores circunscritos a um período histórico e um contexto cultural. Imaginar que as profundas ideias de Schleiermacher ou Schiller sejam peças obsoletas após meros duzentos anos, que sejam construções de momento, incapazes de contribuir para nossa autocompreensão e para a solução de problemas atuais, seria roubar-lhes *todo* o mérito filosófico. É certo que, em alguma medida, essas ideias são datadas, foram expostas de forma que hoje pode soar arcaica, que estão associadas a redes de conceitos pertencentes a uma cultura e um momento histórico. E, no entanto, se esses autores conseguiram pensar algo sobre a natureza, sobre o âmago do ser, sobre as propriedades do pensamento, sobre o fluxo da própria história, o resultado desse aspecto perene de sua meditação é, por definição, imortal; e merece aclaramento constante; e o fruto dessa investigação há de nos ser muitíssimo proveitoso.

Uma exegese isolada e puramente técnica da maioria desses autores, portanto, corre o risco de matar não somente sua própria perspectiva como anular todo o proveito que esse estudo possa nos trazer para além de uma erudição específica sobre determinado conceito em determinado autor. Se há algo a que as duas correntes se dedicaram, no embalo que lhes foi emprestado pela vocação prática, cultural e política do Iluminismo, foi justamente em preservar a pujança e a vitalidade do exercício do pensamento contra todas as ameaças de cristalização e reducionismo tecnicista.

O ano de 2023 foi de grandes perdas para o estudo da filosofia clássica alemã, com as mortes de Dieter Henrich e Klaus Düsing. Não apenas experimentamos um sensível decréscimo na sabedoria geral da espécie humana sem suas presenças como ficamos também carentes de grandes intérpretes da filosofia alemã. Esse seria um fato suficiente para justificar um intenso retorno ao Idealismo e ao Romantismo, e não duvido que isso venha a acontecer ao longo dos próximos anos.

Com este livro já pronto, vi-me pensando sobre essas perdas como possível indício de uma decadência da atividade filosófica e da própria consciência humana. Uma vez, porém, que nossa alternativa ao pessimismo é prosseguir trabalhando, gostaria de imaginar que grande quantidade de acadêmicos inspirados por Düsing e Henrich se lançarão às tarefas mais difíceis. É deste grupo que eu gostaria de me contar como membro, e não posso pensar forma melhor de honrar autores tão importantes na minha trajetória.

1
PRÉ-HISTÓRIA DO IDEALISMO E DO ROMANTISMO

1.1 Immanuel Kant e outros avós

Toda história começa com uma pré-história, uma condição de partida pressuposta ou, às vezes, ignorada que aclara e contextualiza o que é narrado na história principal. O protagonista da pré-história do Idealismo e do Romantismo é Immanuel Kant, mas há muitos personagens coadjuvantes na ausência dos quais a compreensão desses movimentos é gravemente empobrecida. Há, também, personagens "transversais" quase tão importantes quanto Kant, como J. W. Goethe, personagens "ocultos", como Jakob Böhme, e grande número de "figurantes" que encorpam as cenas e emprestam credibilidade à tese de que esses movimentos não se restringiram às universidades de Jena e de Berlin, envolvendo quase todo o ambiente intelectual alemão.

É certo que toda realização intelectual se apoia sobre ombros de gigantes, mas Idealismo e Romantismo se destacam nesse quesito por aprofundarem a própria noção de enraizamento e continuidade histórica do pensamento em geral, e por se oporem a uma parte simplista da visão iluminista sobre a constituição do conhecimento. A partir do construtivismo kantiano e de outras contribuições, já não era mais possível pensar a verdade como facilmente dedutível de certezas autoevidentes ou da confiabilidade da percepção sensível.

Com a reviravolta cética de David Hume, à qual apenas Kant soube reagir sem a descaracterizar[1], o espírito humano foi elevado à posição central da dinâmica metafísica, sem que esse destaque o isentasse de uma nova e desafiadora ameaça de sentido.

Descartes havia percebido que apenas o Eu poderia resistir à dúvida filosófica metódica e extrapolada à hipérbole, mas, de resto, manteve a correspondência plena entre pensamento e coisa (*adequatio rei intellectus*) não muito aquém do que propuseram Aristóteles ou Tomás de Aquino.

Foi Hume quem percebeu que essa correspondência entre pensamento e coisa poderia ser utópica; e foi Kant quem primeiramente encarou as dramáticas consequências dessa constatação para a metafísica. A consequência central é a de que podemos pressupor, mas jamais saber, se há alguma correspondência entre as coisas tal como realmente são e nossas percepções e juízos sobre elas, de modo que todo o mundo que podemos conhecer é um mundo com rosto humano, um mundo para o espírito.

Essa constatação levaria a filosofia moderna (de Descartes em diante) ao seu desfecho e esgotamento, abrindo espaço para todas as tentativas de sua superação e complementação nas várias formas da filosofia contemporânea, mais social/intersubjetiva, mais "mundificada" e mais desconfiada das capacidades humanas.

Pensadores muito diversos, às vezes diametralmente opostos entre si, como F. Schiller, J. W. Goethe, F. H. Jacobi, G. E. Schulze, S. Maimon, K. L. Reinhold, J. G. Herder, C. Diez, F. I. Niethammer e J. A. Eberhard reagiam a Kant ou tentavam dar continuidade à filosofia kantiana, de modo que não é exagero afirmar que a cultura alemã dos anos 1787 (com a segunda edição da *Crítica da razão pura*)[2] a 1793 (pouco antes de Fichte apresentar sua nova

---

1. Ernst Cassirer destaca a importância da releitura feita por Hume do Idealismo de Berkeley, o qual identificava corretamente a precedência da mente sobre a matéria, mas falhava em concluir disso que a filosofia deveria dar uma guinada da ontologia para a epistemologia; isto é, de um discurso sobre o ser (essencialmente mental) das coisas para um discurso sobre o funcionamento da mente. Consequentemente, a causalidade deixaria de ser vista como propriedade que conecta os fatos para ser vista como fundamento de um juízo sobre esse tipo de relação (Cassirer, 1907, II, p. 260-262).

2. Importa observar que desde a primeira edição da *Crítica da razão pura*, em 1781, e da recepção dos *Prolegômenos a toda a metafísica futura que possa apresentar-se como ciência*, de 1783, a recém-criada filosofia crítica transcendental já experimentava colossal repercussão, mas é a partir da segunda e mais palatável edição da crítica e da fundamentação da ética na *Crítica da razão prática* (1788) que essa filosofia aparece aos olhos de todos como novo "sistema" filosófico, hábil a constituir a base dos cursos de filosofia nos países germânicos.

filosofia), pelo menos, gravitava ao redor da filosofia transcendental de Kant, tentava digeri-la e encontrar novos caminhos a partir dela. Entre os poucos intelectuais de peso que não reagiram intensamente a Kant podemos destacar alguns que também não se dedicam à filosofia, como C. M. Wieland e F. Klopstock, ou que se dedicam a assuntos filosóficos apartados da metafísica, como J. K. Lavater e G. C. Lichtenberg.

Tão importante quanto a geração que absorveu e processou a filosofia kantiana, contudo, foi a geração que a precedeu, a de M. Mendelssohn, G. E. Lessing, J. J. Winckelmann, C. A. Crusius e G. F. Meyer. Embora não tão vastas e radicais, suas contribuições ajudaram a preencher muitas lacunas nos projetos idealistas e românticos, na medida em que tais projetos pretendiam versar sobre matérias insuficientemente abordadas por Kant.

Considerando que a escola Leibniz-Wolff se limitou praticamente apenas à Universidade de Halle, e ainda fazia uso intenso do latim, a geração de 1770 em diante é efetivamente a primeira a filosofar integralmente em alemão. Isso marcou, certamente, uma nova atitude cultural em relação à filosofia, mas a mudança não se deu com a exclusão de influências estrangeiras que, ao contrário, pareciam tão presentes quanto nunca. Rousseau, Voltaire, Hume e Adam Smith estavam vivamente presentes no debate intelectual alemão das últimas décadas do século XVIII. Logo, figuras mal absorvidas como as de Vico, Espinosa, Shaftesbury, renascentistas como Bruno e inúmeros antigos ganhariam *momentum*[3]. A filosofia clássica alemã é, ao mesmo tempo, propriamente alemã e altamente integrada ao todo da tradição ocidental.

Caminhando da concepção de gênio individual para a de movimento cultural, o Idealismo não poderia fomentar uma visão personalista do trabalho filosófico, evidenciando antes a ideia muito bem trabalhada na obra de Dieter Henrich de uma *constelação do pensamento*, na qual a imagem formada pelas múltiplas estrelas é mais importante do que cada uma delas tomada isoladamente. É claro, toda constelação possui o seu centro ou sua estrela mais fulgurante, e a perda de qualquer delas, ainda que discreta, empobrece a forma final do conjunto, de modo que a imagem não pretende ignorar a

---

3. Não por último, os antigos. Eles não apenas apareceriam formal e maciçamente a partir de Schelling e Hegel, como estão mais sutilmente declarados, mas não menos enraizados no pensamento de Kant. O uso de termos antigos – frequentemente em grego – e as referências nominais a Platão, Aristóteles, Epicuro ou Zenão já são bastante sugestivas, mas são ainda mais significativas as referências implícitas, que vezes demais passam batidas ao leigo (Santozki, 2004, p. 29-127).

importância específica de cada pensador e obra, e sim assumi-la enquanto engajada com as demais. O surgimento da filosofia clássica alemã se caracterizou, também, por um volume e qualidade de interação intelectual nunca antes vistos, com os grandes autores constantemente colaborando em iniciativas conjuntas como as revistas *Der teutsche Merkur*, *Die Horen*, *Athenaeum* e o mais breve, mas significativo *Kritisches Journal der Philosophie*.

Não apenas os idealistas e os românticos, contudo, como também propostas filosóficas independentes ao longo do século XIX, do psicologismo antropológico de Fries e Herbart à nova metafísica de Fechner e Lotze, ou ao materialismo de Lange (Beckenkamp, 2017, p. 15-26), reagirão ou se inspirarão em Kant de um modo ou de outro, de modo que será difícil encontrar filosofias que não se definam pelo legado da filosofia transcendental ou por fazerem questão de se afirmarem "não kantianas." É necessário, portanto, falar de Kant sempre que falamos da filosofia alemã posterior a ele, especialmente a filosofia pouco posterior a ele. Um problema que surge, porém, é que essa proximidade e tentativa de superação condicionam muito as posições desses mesmos autores, de modo que um afastamento maior se faz necessário. Um afastamento excessivo, contudo, acaba por descaracterizar a essência do pensamento kantiano tanto quanto uma abordagem comprometida ou reativa. Para o bem ou para o mal, o neokantismo foi o primeiro esforço consistente, rigoroso e sistemático de reavaliação de Kant.

Espécie de escolástica kantiana e, ao mesmo tempo, tentativa de emprestar novo fôlego à filosofia crítica transcendental, o neokantismo foi (corretamente) criticado por sua abordagem muitas vezes encomiástica e quase todas as vezes apologética da filosofia de seu herói, quando, talvez, nem perfeitamente fiel fosse.

Iniciado a partir de esforços diversos, ainda que não de todo isolados, começando pelos trabalhos de Wilhelm Windelband e Hermann Cohen – caracterizando, respectivamente, uma escola de Baden e uma escola de Marburg – no final do século XIX, e englobando grande quantidade de autores no começo do século XX, o neokantismo representa uma reação à decadência da filosofia por ocasião do materialismo e do positivismo. A solução encontrada por esse grupo de autores é o retorno ao que a filosofia moderna produzira de melhor; isto é, a filosofia crítica transcendental. É, portanto, uma visão datada, que reage ao que esses pensadores preocupados com a credibilidade da ciência e da ética viam como degeneração da filosofia no final do século XIX, e cujas origens vislumbravam já no que seria, para eles, uma errônea ou distorcida interpretação de Kant por parte dos idealistas. Daí a necessidade de se resgatar o espírito e a própria letra da filosofia de Kant; mas, resgatar do quê? Pensavam resgatá-la da disputa de egos que se segue desde a geração subsequente, em que autores diversos quiseram lançar sistemas e cosmovisões igualmente ou até mais revolucionários, produzindo uma poluição especulativa que acabou por empurrar a intelectualidade para os braços do relativismo e do irracionalismo. Para a maioria desses neokantianos, portanto, a filosofia consequente e rigorosa de Kant não encontrou igual desde então, e, embora respeitando as grandes contribuições de diversos autores posteriores, seria mais justo e benéfico que todas fossem reposicionadas e reavaliadas como desdobramentos, críticas ou refinamentos que são.

Datada quanto possa ser, a abordagem dos neokantianos tem seu valor por duas razões: 1) esse mesmo comprometimento de época com uma "renascença kantiana" nos auxilia a entender criticamente a apropriação feita pelos idealistas; 2) outras abordagens posteriores, conquanto beneficiadas pelo avanço da pesquisa histórica e da própria discussão exegética, também estão comprometidas e com mais diversas causas do que a pura reabilitação de Kant (estão comprometidas com a fenomenologia, com a filosofia analítica, com a pós-modernidade etc.). Com todos os seus defeitos, a abordagem proposta pelos neokantianos tem a vantagem de ser menos estranha e distante do ponto de vista dos vieses e comprometimentos que assume.

Os neokantianos apresentam ainda outra vantagem ligada ao seu contexto histórico. Eles buscam resgatar Kant de autores que, pela proximidade com ele, são todos suficientemente relevantes para um estudo sobre o Idealismo – ou talvez, também, para uma época um pouco mais adiante, mas esse já não seria nosso interesse aqui. Relativamente próximos de Kant e dos idealistas, os neokantianos muitas vezes têm sua exegese e suas críticas circunscritas quase apenas ao período compreendido entre Kant e Schopenhauer; ou, pelo menos, concentradas nesse período. Não seria absurdo, por exemplo, recorrer a eles para uma boa análise de Goethe ou Hegel, embora talvez não de Fichte[4].

---

4. Somente a partir dos estudos de Dieter Henrich, particularmente seu livro *A visão original de Fichte*, a filosofia original de Fichte e sua real importância começou a ser apreciada e, a bem da verdade, estudada de forma analítica.

1.2 O primado da prática sobre a teoria e a razão que cede espaço à fé

O título do presente tópico resume o projeto kantiano como um todo. Rios de tinta já foram escritos sobre Kant e sua obra, e certamente alguns córregos volumosos estão em contradição com outros tantos a respeito da essência do projeto kantiano. Para alguns, a meta do projeto seria a constituição da ciência; para outros, a moralidade; para outros, ainda, uma defesa regrada ou domesticada do Ceticismo[5]. Que a filosofia de Kant, contudo, estabelece um primado da prática sobre a teoria é ponto mais ou menos incontroverso desde seus primeiros seguidores, como Reinhold e Fichte, até a mais recente e muito bem munida análise contemporânea.

Este primado da prática se expressa claramente ao longo da obra toda. Está presente no destaque dado e na reverência geral com que o filósofo de Königsberg trata a filosofia moral, desdobrando-a em diversas obras que incluem consequências jurídicas e políticas. Está também presente no movimento mais significativo da revolução copernicana, que radica sobre o sujeito o critério de verdade antes buscado alhures (na natureza, em Deus...) [KrV B76-84]. Está, ainda, presente na forma como esse sujeito pensa e estrutura representações da realidade para sua consciência [KrV B136-138], o que se dá por força de uma espontaneidade ativa do pensamento [KrV B74; B91; B102-103; B131-132].

Mais fortes do que essas preocupações de ordem técnica é a conclusão a que chega o próprio autor no final da *Crítica da razão pura*, realizando a promessa lançada no prefácio, de "limitar a razão para dar lugar à fé." De fato, a fé tem lugar de destaque na Doutrina transcendental do método. Ela tem o objetivo de deixar claro que os seus objetos não são objetos da ciência, e não se pode falar sobre sua realidade, mas tampouco são objetos de uma fé revelada, e sim de uma fé racional correspondente ao que os iluministas convencionaram chamar de teologia natural. Essa fé natural promana da busca pela felicidade [KrV B834], que, por sua vez, é uma demanda da razão à completude de sua vocação prática (moral), mas também é reforçada pela

---

5. O que precisa acontecer, por meio de uma devida apreciação das bases da lógica, pois, "o resultado de uma teoria do conhecimento psicológica é o ceticismo" (Kroner, 1961, p. 59).

constatação da razão teórica de que a completude teórica do mundo – que ela não atinge a não ser especulativamente – é também um indício de que a mesma aspiração da razão prática nela encontra eco.

Assim que a crítica resulta no seguinte desfecho simbólico:

> Para essa unidade que me é dada como fio condutor do estudo da natureza, não conheço outra condição que não a de pressupor que uma inteligência suprema tudo tenha ordenado segundo os mais sábios fins. Consequentemente, pressupor um sábio criador do mundo é condição de um intento acidental, mas de modo algum trivial, a saber, uma guia para a investigação da natureza. Os resultados das minhas pesquisas também confirmam frequentemente a utilidade dessa pressuposição, e, como nada se pôde alegar contra ela, eu diria muito pouco se chamasse essa minha convicção de uma mera opinião; ao invés disso, desta mesma relação teórica pode-se dizer que creio firmemente num Deus. Em sentido estrito, porém, esta fé não é prática, mas deve ser chamada uma fé doutrinal, que a *teologia* da natureza (teologia física) deve necessariamente produzir por toda a parte. Tendo em vista esta mesma sabedoria, e considerando o quão excelentemente equipada foi a natureza humana e que esta mesma natureza deu à vida humana duração breve e desproporcional a essas capacidades, pode-se também encontrar razão suficiente em favor de uma fé doutrinal na vida futura da alma humana [KrV B854][6].

Com isso, Kant mostrou que sua promessa inicial não era uma bravata ou um aceno gentil aos que poderiam se incomodar com um livro que executa o oposto – como tantos intérpretes disseram. Ao invés disso, o projeto científico da *Crítica da razão pura* se mostrava, ao final, perfeitamente integrado ao projeto kantiano mais amplo de avaliação da totalidade da vida e da consciência humana, para a qual os meios, incluindo o conhecimento, submetem-se aos fins [KrV B832; B844]. Tão claro é isto que o filósofo chegaria a afirmar que o uso especulativo da razão, embora útil, não satisfez nossas expectativas [KrV B832], as expectativas da razão pura, para as quais só o âmbito moral da razão pode oferecer satisfação, ainda que, afeita à sua natureza, nunca na forma do saber.

---

6. Obs.: esta e algumas outras traduções da *Crítica da razão pura* foram cotejadas com a excelente tradução apresentada por Manuela Pinto dos Santos e Alexandre Fradique Morujão na edição da Calouste Gulbenkian.

É de estranhar, portanto, que alguns escolados em Kant vejam em sua filosofia um passo em direção ao positivismo, ao cientificismo ou a qualquer outra espécie de filosofia mais materialista. Seria, talvez, aceitável chamá-la de secularizante, mas ainda assim não no sentido materialista ou ateísta que alguns dão a esse termo. Não menos absurda é a opinião dos que afirmam que o filósofo introduz na *Crítica da razão prática* o que havia proibido ou eliminado na *Crítica da razão pura*; opinião esta que se mostra infundada já segundo a *Crítica da razão pura*, denunciando que o opinante não avançou para além da metade do livro.

A essência da proposta crítica e transcendental, que é capital para a constituição do Idealismo Alemão, é que o Eu não possa ser tomado como substância, nem apreender substâncias externas a si. Esse movimento aparta a filosofia transcendental dos dogmatismos filosóficos, mesmo quando muito refinados e já (devidamente) subjetivados pela percepção cartesiana do papel do Eu no sistema do mundo. Na filosofia de Kant, entretanto, o Eu se desdobra dialeticamente[7] da relação entre o ato de pensar e o esboço que adquire de si nesse mesmo ato (Coelho, 2013, p. 164).

---

7. Sim, o termo aqui é usado retrospectivamente para associar Kant à compreensão dos idealistas sobre esse processo (Henrich, 1982, 60-61).

1.3 A *Crítica da razão pura*

a) Contexto e motivação

No primeiro prefácio (1781), chamam atenção as declarações sobre os problemas que a razão coloca inevitavelmente para si mesma, e sobre o fato de que a crítica teria resolvido todos esses problemas. Ainda que Kant justifique que esse resultado excepcional é devido à clareza com que a razão estabelece as questões e oferece uma única solução satisfatória para cada uma delas, a colocação não deixa de parecer bastante pretensiosa, especialmente diante do vasto trabalho executado previamente por outros lógicos e metafísicos.

No segundo prefácio (1787), destaca-se uma das sentenças mais repetidas da história da filosofia: "tive de limitar o saber para dar lugar à fé." Essa afirmação, que explicita o caráter luterano da matriz cultural do autor, muitas vezes aparece como curiosidade sem lugar sistemático na interpretação da obra.

Também à natureza íntima da *Crítica da razão pura* pertence o papel central dado à lógica, que, inclusive, nos ajuda a entender o caráter limitado e restritivo do escopo de trabalho da razão, bem como do livro em si. Afinal, Kant entende que a vocação da filosofia de seu tempo é a defesa da ciência newtoniana, em sua exatidão e precisão, das sérias suspeitas levantadas pelo Ceticismo de David Hume, que atingiam até mesmo o princípio de causa e efeito. Por isso é tão importante manter sob os olhos que o projeto da crítica quer falar daquilo que a razão pode formular por seu próprio poder, constituir sozinha, e abordar segundo suas próprias leis. A razão não poderia, portanto, ir à natureza como pedinte ou como aprendiz, para ser instruída, devendo antes abordá-la na qualidade de juíza que determina os procedimentos e ordena às testemunhas que se apresentem.

Por fim, é também declarado no segundo prefácio que, se a natureza pautasse a forma da intuição dos objetos, deles nada poderíamos conhecer *a priori*, mas esta é justamente a única forma de evitar o Ceticismo de Hume, o qual havia minado o conceito de indução, provando-o inconsequente. Se não podemos extrair leis da natureza, por indução, temos de impô-las *a priori*. Felizmente, para a solução proposta por Kant, isso é exequível.

Dessa possibilidade de subsunção da ordem natural às estruturas e princípios da razão decorre outro resultado desejado, o de defender a moralidade da ameaça de uma explicação redutiva naturalista [KrV BXXVIII]. Ora, se não apenas o conhecimento da natureza está, agora, regrado segundo a força ativa da razão humana, como também esse conhecimento se mostra limitado a falar apenas do caráter objetal das coisas – em terceira pessoa, para usar linguagem mais recente – sobra espaço para pensar a moralidade como um projeto paralelo e independente da razão sobre o comportamento – na relação entre primeira e segunda pessoa, que não cabe no conhecimento dos fatos.

Tal o propósito da virada transcendental, de cuja forma tanto se fala, sem que nas explicações sobre essa forma esteja sempre clara a motivação.

Kant certamente tem em mente a forma do pensamento racional conforme desvendado/estabelecido na Antiguidade: "Estética (Euclides), Lógica (Aristóteles) e Dialética (Platão)" (Santozki, 2004, p. 80). O fato de a estética estabelecer um plano puro, universal e fixo para a matemática e para a física; o fato de a lógica se dividir em categorias e juízos; e o fato de a dialética tratar de ideias que ultrapassam o escopo do conhecimento, mas podem servir como referenciais e ideais regulativos (Santozki, 2004, p. 80), são todos sugestivos de que as analogias com a Antiguidade não são casuais.

O que distingue a filosofia de Kant não é tanto uma mudança formal, e sim a revolução no entendimento sobre a gênese, o escopo e a aplicação dessas ferramentas bem delineadas pelos antigos. O revolucionário filósofo é, na verdade, o primeiro a vê-las efetivamente como ferramentas e justificar esse papel instrumental e construtivo em uma estrutura sistemática do pensar [KrV BXVI-XVII]. Caberia às funções básicas do entendimento e da sensibilidade papel mais ativo e construtivo, portanto, porque o novo Ceticismo (de Hume) denunciava a correspondência com a estrutura da realidade como expectativa ou hábito infundado. Desse modo, o Ceticismo de Kant justifica sua famosa teoria sobre a *distância transcendental* entre o olhar e o pensamento do sujeito e a "verdade da coisa em si mesma."

Forma-se, assim, uma nova e peculiar dualidade, que já não é a do antigo dualismo ontológico ou de substância, correspondendo antes a uma dualidade entre coisa e representação. De um lado, o objeto que não podemos conhecer, a coisa-em-si, é dito *noumenon* (realidade incognoscível). De outro, nossas *impressões* sobre as coisas são reconhecidas como próprias da nossa mente, e são ditas *phainómenon* (aparência ou o que aparece).

Cético quanto à pretensão de capturar a realidade da coisa, considerando essa pretensão a origem de todo dogmatismo, Kant conclui que é logicamente impossível algo sabermos sobre as coisas em si mesmas, o que, por sua vez, reforça o caráter transcendental do conhecimento. Em outras palavras, as coisas que vemos são analisadas, julgadas, pensadas e enquadradas em uma teia de outros conceitos e noções esquemáticas, mas pouco ou nada sabemos sobre a natureza das próprias coisas, ou, o que e como elas são. Isso, contudo, nada interessa ao cientista e ao filósofo, uma vez que os juízos e conceitos que construímos são mais que suficientes para enquadrar todos os objetos de maneira tão precisa a ponto de possibilitar o conhecimento exato de seu comportamento enquanto fenômenos dados ao nosso olhar.

Conclui-se dessa perspectiva transcendental e de sua motivação cética que o conhecimento depende – e só pode depender – de condições dadas *a priori* [KrV BXIX-XXI; B2-6], e que independem de qualquer experiência. Tanto quanto essas condições formais, no entanto, precisamos igualmente da própria experiência como o conteúdo de representações que pretendam fazer referência ao campo dos acontecimentos, dos fatos.

Para fundar o conhecimento científico, é necessária uma "análise escolástica, e não popular" [KrV BXXXVI], pelo que enganam as apresentações da filosofia kantiana que diluem o seu aspecto técnico, o único aspecto em que ela faz sentido e é efetiva.

Ao que se pode definir *a priori*, por exemplo, cabe unicamente o caráter de necessidade [KrV B14-18]. Logicamente, um princípio afirma ou nega de maneira peremptória, e mesmo quando é problemático ou provável, o é por força de necessidade lógica, e não da casualidade e da contingência. Aquilo, contudo, que depende da experiência é intrínseca e inevitavelmente casual, e é só pela experiência que disso podemos concluir qualquer coisa que seja. Se um cisne é branco ou preto, só o sabemos pela visão. A raiz de 25, por outro lado, é necessariamente 5 para todos os seres pensantes possíveis em todos os cantos do universo, e mesmo após o fim do universo, pois essa conclusão não depende de experiência alguma, de ocorrência alguma.

b) Os papéis da estética e da lógica transcendentais

Entre as mais impactantes propostas de Kant está a de que esta mesma força de necessidade que conhecemos como inegável na matemática está também nas nossas noções básicas sobre a forma da sensibilidade. Isso porque a forma da sensibilidade é também *a priori* e, portanto, fixa[8]. Prova disso é a natureza necessariamente metafísica, ou até idealista, da absolutidade do tempo e do espaço. E essa essência metafísica – em geral, não suficientemente observada pelos cientistas, como tantos pressupostos ou aspectos metafísicos de tantas teorias científicas – só se reafirmou no curso do período que vai de Newton a Kant (Cassirer, 1907, II, p. 375-403). Chamamos essas formas *a priori* ou estruturas da sensibilidade de tempo e espaço; ou seja, a forma contínua da sucessão dos acontecimentos e a forma contínua da disposição dos objetos em relação uns aos outros. Caso não fossem *a priori*, tempo e espaço não permitiriam que fossem formulados juízos apodíticos sobre temporalidade e espacialidade [KrV B47]. Contudo, não apenas são possíveis como muito comuns e com eles temos profunda familiaridade, visto que a matemática e a física, com base em relações exatas entre objetos, nos apresentam infindáveis exemplos de regras e leis no plano espaço-temporal.

O que popularmente chamamos de ciências exatas só podem ser exatas devido à natureza apriorística da forma da sensibilidade. Na verdade, se medimos rigorosamente qualquer grandeza física, movimento ou forma dados na experiência, percebemos que raramente a natureza expressa em si mesma a perfeita exatidão. Por essa razão é que as ciências teóricas têm gosto pela abstração e por modelos ideais, em que as condições absolutas e perfeitamente exatas podem ser alcançadas.

É com base nessas relações perfeitamente exatas, traçadas pela mente como as linhas-base de um esboço arquitetônico, que os juízos podem formular uma determinação igualmente invariável na forma de lei ou regra.

---

8. Posteriormente, um dos mais recorrentes ataques à CRP se basearia na discrepância entre essa estabilidade newtoniana do tempo e do espaço e a relatividade permitida pelas descobertas geométricas e físicas da virada do século XX. Esses ataques, contudo, muitas vezes falham em identificar aquilo em que Newton e Kant diferem. É verdade que Kant assume como demonstrada a ideia newtoniana de que o tempo é absoluto, homogêneo e unitário, por exemplo, e esse ponto realmente não pode ser defendido, mas essa unidade absoluta é, para Kant, transcendental, enquanto para Newton era uma realidade empírico-matemática. Os ataques de Mach, por exemplo, ao tempo absoluto, que ferem a absolutidade do tempo empírico, não necessariamente abalam a representação ideal *a priori* do tempo (Düsing, 2002, p. 57).

Uma vez que a sensibilidade, como diz o próprio nome, recebe dados de fora, seu papel não é o da concepção do conteúdo, e sim o da mera formatação deste em um plano logicamente determinável (o plano fixo do tempo e do espaço).

Em sua dissertação, *Sobre a forma e os princípios dos mundos sensível e inteligível* (1770), o filósofo alertara para o fato de que intuições são sempre singulares, referentes à singularidade de um objeto dado, ao passo que categorias são sempre universais, referentes às formas e aos tipos possíveis de objetos (Longuenesse, 2007, p. 133).

À estabilidade da intuição, viabilizada pelo fato de que toda intuição é "montada" sobre um referencial puro (*a priori*) de espaço e tempo, aderem as categorias, as formas conceituais puras do entendimento. Com isso, o filósofo executa o que o discurso do vigário saboiano de Rousseau intuiu e recomendou: a constituição genética do juízo humano (Frank, 2016, p. 34). No *Emílio*, o filósofo grandemente estimado por Kant escreveu:

> Posso sentir o que é ordem, beleza, virtude, posso contemplar o universo, elevar-me à mão que o governa, posso amar o bem e fazê-lo, e me compararia aos bichos? Alma abjeta, é tua triste filosofia que te torna semelhante a eles: ou antes, tu queres em vão aviltar-te, teu gênio depõe contra teus princípios, teu coração bondoso desmente tua doutrina e o próprio abuso de tuas faculdades prova sua excelência a despeito de ti (Rousseau, 1979, p. 314). [...] Nenhum ser material é ativo por si mesmo, *e eu o sou* [...] minha vontade é *independente* de meus sentidos; consinto ou resisto, sucumbo ou sou vencedor e sinto perfeitamente em mim mesmo quando faço o que quis fazer ou quando não faço senão ceder a minhas paixões. Tenho sempre o poder de querer, não a força de executar [...] o sentimento da minha liberdade só se apaga em mim quando me depravo e impeço enfim a voz da alma de erguer-se contra a lei do corpo [...] Quando me perguntam qual é a causa que determina minha vontade, eu me pergunto qual é a causa que determina meu julgamento: porque é claro que essas duas causas não são senão uma; e se se compreende bem que o homem é ativo em seus julgamentos, que seu entendimento não é senão o poder de comparar e julgar, vê-se que seu orgulho é apenas um poder semelhante ou derivado daquele; escolhe o bom como julgou o verdadeiro, se julga errado, escolhe o mal. Qual a causa, então, que determina sua vontade? Sua faculdade inteligente, seu poder de julgar; a causa determinante está em si mesmo" (Rousseau, 1979, p. 317-318).

A grande admiração de Kant pela visão rousseauniana não o impedia de ver que essas formulações eram promessas não cumpridas. Caberia a ele torná-las reais e lhes emprestar o caráter da objetividade.

Diferentemente da tradição realista, Kant concebe as categorias sob sua ótica transcendental, daí a necessidade de uma demonstração exata de como elas são possíveis, justamente, enquanto formas puras do entendimento. Se derivassem da natureza das coisas, da realidade, essa demonstração não seria necessária, pois bastaria supor dogmaticamente que a realidade não permite pensar de outro modo os objetos, que provavelmente se constituem segundo as mesmas regras conforme os pensamos. Kant não quer nem pode mais assumir essa pressuposição, e, portanto, precisa de uma dedução metafísica das categorias a partir das formas básicas de se ajuizar.

O filósofo chama de dedução metafísica a regressão das formas de pensamento aos elementos básicos que o possibilitam. Trata-se, obviamente, de uma regressão abstrata a partir de pensamentos concretos. Mais lógica que metafísica, a dedução metafísica recebe esse nome por se referir a elementos tradicionalmente tidos por metafísicos (verdades sobre a realidade) (Höffe, 2005, p. 89). A análise propriamente metafísica de Kant aparece no anexo sobre a anfibolia dos conceitos de reflexão e na dialética (Coelho, 2022b). Ele dá o nome de dedução transcendental à exposição mais funcional do pensamento sobre conteúdos concretos. Simplificando, a dedução metafísica mostra as formas básicas e absolutamente indispensáveis para se pensar qualquer objeto; e a dedução transcendental mostra como um objeto pode ser "construído" pelo pensamento como um objeto puro, isto é, um conceito. Demostrar que os dois processos mentais são possíveis e como funcionam é fundamental para o conhecimento, pois, se não fossem possíveis, não poderíamos pensar uma laranja sem intuição direta de uma laranja diante dos olhos.

Sobre isso foi escrita uma imensa massa de críticas (Guyer, 2009; Hoeppner, 2021), mas nos limitaremos a uma exposição muito breve da dedução metafísica devido ao seu papel relativamente subordinado na recepção posterior da filosofia transcendental, que, historicamente, favoreceu a dedução transcendental.

Kant começa por distinguir bem as funções da sensibilidade e da lógica, e enfatiza que à lógica cabe estabelecer um cânone para a *pensabilidade* dos objetos [KrV B77-78]. Abstraindo todo o conteúdo do objeto, a lógica transcendental pensa apenas a sua "forma lógica" [KrV B79]. Lembra, contudo, que não aplica o nome *transcendental* a qualquer conhecimento *a priori* – algo que eu tenha inferido ou deduzido antes da experiência – e sim "apenas ao estudo/conhecimento que permite saber como certas representações são possíveis *estritamente a priori*" (grifo meu) [KrV B80]. O autor oferece um exemplo que torna essa distinção muito mais fácil: não é o espaço (forma *a priori* da sensibilidade) que é transcendental, e sim a *constatação* de que o espaço pode se referir *a priori* a objetos.

Na sequência, Kant observa que a lógica é um critério formal de verdade. Ela não determina se o conteúdo de uma afirmação é verdadeiro, mas determina se as suas condições formais são contraditórias e ambíguas ou claras e exatas. O autor declara, então, que fará uma analítica dos conceitos, um "desmembramento ou decomposição da própria faculdade do entendimento", e admite que essas pré-condições para conceber (conceitos puros) objetos são "encontradas" na mente, sem que se saiba ao certo como e por que se formaram da forma como são [KrV B90-92][9]. Entra aqui outra noção elementar para a filosofia kantiana: a de juízo. O juízo é o ato comum do pensamento de distinguir, definir e estabelecer relações entre as ideias, sendo, portanto, muito mais natural para os não iniciados na filosofia que os conceitos puros. Todos dizem "o gato está sobre a mesa", mas bem poucos dizem "o gato só está ali porque, segundo a modalidade, ele é tanto possível quanto existente."

A grande diferença, portanto, entre os juízos e as categorias é que os primeiros se referem ao nível discursivo, aquilo que efetivamente dizemos sobre as coisas, ao passo que as últimas se referem a um nível pré-discursivo daquilo que está implícito no que dizemos[10].

---

9. Sobre isso diz Norman Smith: "The *fons et origo* of all the confusions and obscurities of this section are thus traceable to Kant's attitude towards formal logic. He might criticise it for ignoring the interdependence of conception, judgment, and reasoning; he might reject the second, third, and fourth syllogistic figures; and he might even admit that its classification of the forms of judgment is not as explicit as might be desired; but however many provisos he made and defects he acknowledged, they were to him merely minor matters, and he accepted its teaching as complete and final. This unwavering faith in the fundamental distinctions of the traditional logic was indeed, as we shall have constant occasion to observe, an ever present influence in determining alike the general framework and much of the detail of Kant's Critical teaching" (Smith, 2003, p. 184).

10. Tive o privilégio de orientar a pesquisa de mestrado de Pablo Giorgio de Sousa Lima, que competentemente analisou essa distinção (Lima, 2019).

As formas lógicas dos juízos possíveis são 12, divididas em 4 classes. Quanto à quantidade podem ser universais, particulares ou singulares; quanto à qualidade podem ser afirmativos, negativos ou infinitos; quanto à relação, categóricos, hipotéticos ou disjuntivos. Por fim, a classe da modalidade (problemáticos, assertóricos e apodíticos) não fala sobre o conteúdo dos juízos, e sim sobre sua relação com todo o nosso sistema de crenças, ou seja, se uma dada premissa ou afirmação é arbitrária, assertórica ou tem a força da inevitabilidade lógica. Algumas dessas formas podem parecer – e, na tradição, foram criticadas como – acréscimos desnecessários. Kant justifica todos os acréscimos com base em uma concepção da mediação das oposições, possibilitada por um terceiro juízo. Ao qualificar a alma como não mortal, por exemplo, reconheço este juízo como negativo quanto à mortalidade da alma, mas também posso reconhecê-lo como infinito, pois essa negativa joga o conceito alma em um grupo genérico de todas as coisas não mortais [KrV B97]. Mais tarde, aliás, essa definição encontraria desdobramentos muito complexos no pensamento de Hegel.

Podemos, portanto, relacionar dado juízo à quantidade de elementos que ele pretende determinar, e essa relação se dá de três maneiras: todos os homens são mortais (universal); entre os habitantes da Terra Média, alguns são homens, outros são elfos, parte desses habitantes, portanto, é mortal (particular); Aragorn é um homem, e, portanto, mortal (singular). Diferente dos demais tipos, no entanto, é o tipo modal, que consiste em uma espécie de "juízo filosófico" [KrV B100]. Enquanto os outros tipos descrevem e relacionam as coisas, o tipo modal especifica o valor de verdade do que foi dito. Por exemplo: pode haver alienígenas por aí (problemático); certamente há terráqueos (assertórico); todos os pontos de um círculo são equidistantes do centro (apodítico).

Aprofundando o bisturi, Kant remonta dos tipos de juízos a certas formas lógicas muito básicas, e muito mais abstratas, as categorias. Sem elas, o que percebemos pela intuição seria cego; sem intuição o que pensamos conceitualmente seria vazio [KrV B75]. O conhecimento depende dessa síntese [KrV B102], mas é preciso mostrar como é possível uma síntese entre as formas lógicas puras da mente e as intuições. Ora, essa síntese só é possível graças à natureza *a priori* (mental) das formas da sensibilidade (tempo e espaço).

Sem esse enquadramento da sensibilidade, perfeitamente compatível com o entendimento, a relação entre a formatação da intuição e a formatação lógica do entendimento não seria possível, ou, na melhor hipótese, misteriosa.

Da parte da lógica, a síntese é viável porque as disposições conceituais puras (categorias) se adequam à intuição. Tais são as categorias que Kant infere das formas lógicas dos juízos:

1. Da quantidade:	2. Qualidade:	3. Realidade:	4. Da Modalidade:
Unidade	Realidade	Inerência e subsistência (*substantia et accidens*)	Possibilidade – Impossibilidade
Pluralidade	Negação	Causalidade e dependência (causa e efeito)	Existência – Não existência
Totalidade	Limitação	Comunidade (ação recíproca entre o agente e paciente)	Necessidade – Contingência

Antecipando-se, talvez, à crítica de artificialismo, o autor da *Crítica* observa que o fato de serem sempre três as categorias de cada classe derivada da dicotomia lógica, sendo a terceira categoria da classe sempre uma ligação entre as outras [KrV B110]. *Totalidade*, portanto, é a unidade da pluralidade; *limitação* é a realidade ligada à negação; *comunidade* é a determinação causal recíproca de duas substâncias; e *necessidade* é uma existência obrigada pela própria possibilidade. Kant declara como *matemáticas* as categorias de quantidade e qualidade, e como *dinâmicas* as categorias de realidade e modalidade.

Assim, a categoria de *comunidade*, por exemplo, descreve um estado de equilíbrio entre duas forças, enquanto *causalidade e dependência* designa uma relação do tipo "se A, então B." *Unidade* se refere à minha gata Marie, *pluralidade* a todos os gatos do Brasil, e *totalidade* a todos os gatos em geral. A totalidade também pode versar sobre o infinito ou indeterminado, quando eu falo, por exemplo, a totalidade do tempo, ou a totalidade dos números. Posso confirmar a *realidade* de uma cidade chamada Juiz de Fora, e posso *negar* que haja uma cidade chilena com o mesmo nome; ou, também posso ser propositalmente mais vago e *limitar* o nome Juiz de Fora, dizendo que não há cidades fora do Brasil com esse nome.

Embora tanto a estrutura quanto a exposição dessa *dedução metafísica* das categorias a partir das formas lógicas dos juízos contenham problemas, colocá-las em evidência e superá-las exigiu a dedicação dos maiores lógicos da história por quase um século e meio.

Bem mais crucial para o desenvolvimento da filosofia posterior, contudo, é a *dedução transcendental*. É esta que pretende explicar como aquelas categorias que encontramos como fundamento e pré-condição de todo conhecimento realmente aderem a dados objetos. Para a percepção, os objetos apenas nos aparecem. A sensibilidade enquadra-os na estrutura de tempo e espaço, mas eles permanecem como um agregado, um "diverso", na linguagem de Kant. Quando nos deparamos com algo novo e estranho isso fica mais claro, pois olhamos para aquilo e pensamos consciente ou inconscientemente "o que é isto?" Essa pergunta será respondida por uma análise da consciência que, embora subterrânea e implícita na maior parte dos casos, envolve alguns dos elementos mais complexos e importantes da mente.

> Como nos mostrou a dedução metafísica na estética e na analítica, estamos de posse de conhecimento *a priori*, ora de tipo sensível ora de tipo conceitual. Ambos, tanto as formas intuitivas do espaço e do tempo quanto os conceitos puros do entendimento foram aplicados *a priori* de modo totalmente independente da experiência sobre os objetos. Isso é um fato. Mas o que nos autoriza a aplicar as formas *a priori* da faculdade do entendimento aos objetos? *Quid iuris*? Esta é a pergunta transcendental, e a resposta para ela é a dedução transcendental. Tornar apreensível a validade objetiva das formas puras do entendimento *a priori* – tal a tarefa da dedução transcendental (Birven, 1913, p. 11).

Eminentemente filosóficas, as funções propriamente transcendentais do entendimento são aquelas que contêm implícita a noção do *locus* e do papel das funções subordinadas. Adequar a intuição às estruturas formais do entendimento, portanto, é tarefa ativa e consciente de pensar uma coisa e dar resposta à pergunta formulada em minha própria consciência: "que é isto?"

Esse movimento da mente só é possível se ela ativamente juntar os componentes lógicos e sensíveis em uma unidade só atribuível por ela mesma. Kant identifica essa função com o *Eu penso* da tradição filosófica moderna [KrV B131-132], mas lhe emprestando radicais e significativas modificações.

Para diferenciá-la da percepção sensível, o filósofo chama essa consciência de *apercepção pura*, um ato evidentemente autoconsciente e ativo. Essa capacidade de perceber a si próprio em ato é elaborada por ele já desde 1770 como uma autopercepção (Beckenkamp, 2017, p. 78). A unidade "contextual" dada não apenas a um objeto como também a todos os pensamentos enquanto coerentemente enfeixados sob o poder espontâneo dessa consciência organizadora é a que nos permite olhar para toda e qualquer representação de objeto e chamá-las de *minhas* representações [KrV B134-138][11]. "O primeiro conhecimento puro do entendimento, totalmente independente das condições da intuição sensível, portanto, sobre o qual se funda o resto do seu uso, é, pois, o princípio da unidade sintética originária da apercepção [KrV B137]." Dessa forma, todo o conhecimento humano depende desse princípio, estando fatalmente ligado à autopercepção de que cada objeto existente é objeto da *minha* consciência.

Embora a teoria da associação psicológica – principalmente ligada a Hume – tenha sobrevivido historicamente, ela havia recebido aí um golpe de morte. Funcional por outros aspectos, a teoria associativista britânica não era capaz de se justificar logicamente, falhando em apresentar o porquê da conexão constante e exata dos fenômenos mentais, e deixando de constatar que a afinidade transcendental entre os pensamentos revela uma síntese formal (Cassirer, 1907, II, p. 535-579), o que é observado até mesmo por simpatizantes tardios, como William James (James, 1952).

A sensação do peso de um objeto na minha mão difere do conceito de peso. Ao afirmar, portanto, "a pedra é pesada", realizo uma cópula entre a representação de pedra e a de peso. Foi a função lógica do juízo que submeteu o diverso das representações a uma unidade geral [KrV B143]. Quando

---

11. Sobre a relação entre as funções transcendentais, às quais denomino propriamente filosóficas, e a tendência do hemisfério direito do cérebro à regência contextual dos pensamentos em geral, ver *The Master and his Emissary: The Divided Brain and the Making of the Western World* (McGilchrist, 2009).

essa cópula não acontece, podemos nos enganar, como quando pegamos uma pedra falsa, cenográfica, ou de um material raro que praticamente não possui peso, e nos assustamos com a ausência da cópula entre aquele objeto e a representação de um grande peso. Ao descobrirmos pedras aparentes ou pedras levíssimas, somos forçados a *repensar* nosso juízo sobre essa ligação. Até ali, contudo, podemos ter a falsa impressão de que a ligação é automática e natural.

As condições através das quais o diverso dado nas intuições sensíveis se reúne em uma consciência são as categorias. Não se deve, contudo, confundir esse protagonismo da subjetividade no processo do conhecimento com um Idealismo ingênuo, como o retratado por muitos críticos do Idealismo. O conhecimento das coisas, Kant afirma repetidamente [KrV B146-147], depende indiscutivelmente da experiência, na ausência da qual só é possível um conhecimento formal, não factual, não da realidade.

Esse conhecimento formal é muito importante para ciências puras e formais, como a matemática, em que as categorias são aplicadas pela imaginação a planos espaciais e temporais abstratos [KrV B151-155], com vistas à formulação de regras e leis gerais válidas para qualquer cenário possível dentro das condições *a priori* do entendimento e da sensibilidade. Ninguém precisa da experiência de viver um milhão de anos para saber que esse tempo é mil vezes maior que mil anos, nem percorrer um ano-luz para saber que essa distância equivale a *x* vezes a distância entre Brasília e Tóquio. Não é sequer relevante que Brasília ou Tóquio existam, pois o conhecimento permitido *a priori* é o conhecimento de experiências *possíveis* [KrV B166], e que vale para a "forma" de qualquer experiência.

Essa espontaneidade do pensamento, e o fato de ele se reconhecer sempre como autoconsciência, não apenas viabilizam o conhecimento empírico e teórico, portanto, como também me permitem "determinar minha existência" [KrV B157]. Sem essa capacidade de autodeterminação, as sensações e as representações ocorreriam à nossa mente como provavelmente ocorrem aos animais, sem que pudéssemos nos dar conta jamais de que são *nossas* representações, e que é um sujeito agente que as concebe.

Segue-se a essa análise dos conceitos e às suas respectivas deduções, metafísica e transcendental, uma análise dos princípios, que visa "aplicar aos fenômenos os conceitos do entendimento, os quais contêm as condições das regras *a priori* [KrV B171]." Essa tarefa é viabilizada pela faculdade de julgar, que aplica através de exemplos os conceitos abstratos a casos ilustrativos. Esses exemplos ilustrativos são, em sua forma mais pura, *esquemas* que a imaginação elabora exatamente para aplicar ao caso concreto as regras gerais [KrV B179-182]. Toda essa parte se dedica a mostrar como a ciência é possível, partindo dos juízos e conceitos mais simples para leis mais elaboradas sobre a experiência em geral[12].

É fácil constatar que a matemática é abstrata, pois estamos acostumados à propriedade principal da abstração no uso da matemática: a indiferença. Que um tamanho incomensurável será a décima parte de um dez vezes maior é inegável, mas também é inegável que poder tirar conclusões como essa sem nunca encontrar um limite é a característica mais evidente da matemática, e que evidencia que ela não fala de coisas, e sim de regras. A intensidade, por outro lado, apela mais ao nosso senso de realidade, «exigindo» da mente uma derivação da experiência, embora sua operação formal também seja quantitativa. No exemplo de Kant, se multiplicamos na imaginação a luminosidade lunar duzentas mil vezes, temos a imagem *a priori* da luminosidade solar [KrV B221]. Alguém que nunca viu o sol poderia conceber na imaginação essa intensidade.

Em resposta a uma das maiores questões levantadas por Hume, sobre a impossibilidade de se fundar objetivamente a noção de causa e efeito, da qual depende toda a ciência, Kant observa que subordinar dois estados de um fenômeno a condições dadas *a priori* pela mente não difere em nada de todas as demais funções do entendimento. Não se trata de defender, portanto, um caráter mental da causalidade em uma visão de mundo realista, em que esse caráter não se sustenta, mas, após o percurso feito até aqui, pode-se afirmar confortavelmente que a sucessão de dois estados no tempo permanece referente à identidade de uma substância, porque o conceito de substância submeteu os estados dados na intuição, precisamente conforme o modo da relação causal [KrV B233-234; 240].

---

12. Cassirer afirma que "os conceitos do entendimento não podem ter outro ou maior objetivo que o de possibilitar e fixar claramente a ordenação espaço-temporal dos fenômenos" (Cassirer, 1907, II, p. 578).

Kant parece satisfeito com a analítica, e declara como importante o seu resultado, a saber, que o entendimento puro, *a priori*, "não pode senão conduzir a uma antecipação da experiência" [KrV B303]. Este é sem dúvida alguma um resultado fantástico e revolucionário, apesar do tom desapaixonado em que é proferido, pois isso significa que a grande controvérsia da filosofia moderna foi resolvida, a controvérsia entre as fontes do conhecimento, que dividia racionalistas e empiristas. Agora, com a filosofia transcendental, ficava claro que cada partido tinha sua cota de razão e de erros. Não é a experiência que produz o conhecimento, mas este está radicalmente ligado a ela. É possível um conhecimento *a priori*, sem participação da experiência, mas esse conhecimento assenta exclusivamente sobre deduções e inferências lógicas das condições formais da experiência. A parte da estrutura mental voltada à composição da experiência, portanto, dita toda a possibilidade de conhecimento, intuitivo ou formal[13]. Saber isso, e conhecer o papel exato de cada função, não era possível para as metafísicas dogmáticas, fossem elas racionalistas ou empiristas.

Na experiência ou por uma antecipação da imaginação, só lidamos com fenômenos, seres dos sentidos. Kant chama de *númenos*, seres do entendimento, os objetos que não aparecem nem se relacionam com a sensibilidade. Estes seres numinosos seriam exatamente os que escapam à capacidade de representação humana e, portanto, incognoscíveis. Corresponderiam, assim, por exemplo às coisas como elas seriam em si mesmas, sem o concurso da mente humana.

c) Anfibolia dos conceitos de reflexão

Pode parecer insensato dedicar um tópico a um apêndice da lógica logo após uma tão curta exposição da estética e da lógica transcendentais. A razão para destacarmos a importância do apêndice intitulado *Anfibolia dos conceitos de reflexão*, resultante da confusão do uso empírico do entendimento com o seu uso transcendental está na sua grande importância para a compreensão dos movimentos filosóficos posteriores, particularmente o Idealismo.

---

13. "From that, the critical conclusion of the first *Critique* can already be drawn: there is an *a priori* knowledge of objects, that they are truly there, which was the claim of the metaphysician over against the empiricist; but this knowledge is nothing but the knowledge of the necessary *conditions* of *possible* experiences, and that all knowledge is thus linked to the possibility of experience was the claim of the empiricist over against the metaphysician. Therefore, both of them are right in some way, but neither of them is completely correct because neither knows the true relationship between sensation and cognition and, so, the origin of all possible knowledge" (Henrich, 2008, p. 36).

O conceito moderno de reflexão remonta a Locke, quando a consciência se divide em funções paralelas de perceber e de pensar os dados da percepção. Com Kant, reflexão passa a ser o ato mental de nos voltarmos para as relações entre nossas representações e o aparato que as propicia, em contraste com a mera reflexão lógica, que responde apenas se duas representações são idênticas ou diversas.

Uma vez que só se pode obter conhecimento pela experiência, a reflexão não é um conhecimento sobre o aparato cognitivo, e sim sua mera explicitação, ou um estado de espírito que permite a investigação das "condições subjetivas pelas quais podemos chegar a conceitos" [KrV B316]. Este movimento aparentemente simples de explicitação, contudo, resume tudo o que podemos esperar de uma metafísica. Sendo a metafísica a filosofia primeira e o chão sobre o qual se apoiam as ciências, a reflexão tem, pois, papel extremamente relevante. É ela que confere ou fiscaliza, por exemplo, se uma representação pertence ao entendimento puro ou ao empírico. Cabe à consciência investigar não apenas o que pensa como também *que pensa*. Nas palavras de Kant, nem todo juízo carece de exame, mas todos carecem de reflexão, ao menos se queremos buscar os seus fundamentos.

Decorre da lógica transcendental que as determinações de uma substância fenomênica são inteiramente relacionais, referidas a outros objetos. Sem outro ponto de comparação, não podemos sequer dizer onde está o fenômeno. Éle estaria no limbo. Em relação aos objetos do entendimento puro, dá-se exatamente o contrário. Todas as determinações são internas e procedem de suas autorrelações e transformações [KrV B321]. Disso se infere algo essencial sobre a metafísica de Leibniz: não podemos pensar acidentes internos senão os dados no sentido interno; isto é, algo que seja um pensamento ou um análogo do pensamento [KrV B321]. Por esta razão, diz Kant, Leibniz foi obrigado a concluir que a substância primordial tinha necessariamente de ser espiritual, substância pensante.

A reflexão transcendental permite, então, identificar o "lugar" dos conceitos, conforme sua constituição sensível ou pura. Na sua ausência, o intelecto começa a devanear e confunde objetos da imaginação, especulativamente plausíveis, com objetos da realidade verificada. Fazemos, assim, "uso inseguro dos conceitos, e podemos assumi-los acriticamente como princípios válidos para a realidade", "confundindo os objetos puros do entendimento com os fenômenos [KrV B326]." A esta anfibolia ou confusão sobre o papel da reflexão Kant atribui o dogmatismo dos sistemas filosóficos anteriores, citando Leibniz como exemplo de um pensador que pretendeu desvendar ou produzir um "sistema intelectual do mundo."

d) Dialética transcendental

Kant não entende a dialética como ciência da razoabilidade, da mediação ou das hipóteses, e sim como uma "lógica da aparência", no sentido mais pejorativo possível. O entendimento tratava do conhecimento empírico e de um conhecimento puro das experiências possíveis. A dialética, contudo, não trata de conhecimentos sequer projetados como possíveis, e sim da especulação pura do que está para além da experiência. Se seus objetos são pensáveis, e, portanto, merecem tratamento técnico, sua natureza é essencialmente problemática por ultrapassar as fronteiras do conhecimento.

Não interessa aqui discutir se esse entendimento da dialética é adequado (Berti, 2013). O mais correto seria dizer que não é, mas, sendo esse o termo escolhido pelo autor, interessa compreender sua função na *Crítica*.

A origem da dialética são "certos conceitos e princípios que a razão não deriva nem dos sentidos nem do entendimento [KrV B355]." "Seja o entendimento a faculdade de unificar fenômenos mediante regras, a razão será a faculdade de unificar regras sob princípios [KrV B359]." Não podendo tratar de conhecimento, portanto, a razão tem uma demanda ainda maior do que a do entendimento, que é a de unificar todos os (seus) princípios com vistas a uma unidade contextual que valha como visão de mundo (Henrich, 1999, p. 207). Por não poder estabelecer objetividades, como o entendimento, a razão padece de uma deficiência, que é a de não ter jamais confirmadas as suas propostas. O grande erro de muitos pensadores, conclui Kant, foi ter assumido as elaborações da razão como conhecimentos sobre a natureza e a realidade, não as entendendo como mais precárias que as elaborações exatas do entendimento. Daí o sentido e a necessidade de uma crítica da razão pura, que estabelecesse a fronteira exata do que pode valer como conhecimento e do que consiste em aventura ou especulação da razão com base em seus interesses (Beckenkamp, 2017, p. 148-149; p.152-153).

Comparando Platão e Aristóteles, Kant dá a entender que o conceito platônico de ideia se relaciona à sua dialética, enquanto o conceito aristotélico de categoria, enquanto uma condição de possibilidade de entender se relacionaria ao entendimento [KrV B370].

Sabemos que a coisa ficou séria quando um texto que quase nunca faz referências cita Platão e Aristóteles no mesmo parágrafo. Kant reconhece em ambos um bom enquadramento dos limites da razão, embora pretenda entendê-los melhor que eles próprios se entenderam. Esta famosa afirmação seria, depois, usada por intérpretes de Kant em relação a ele mesmo, que não parece jamais ter concordado com essa inversão de perspectiva. Julgava, talvez corretamente, ter melhor entendido Platão por identificar a raiz de seu movimento transcendente em direção às ideias. Esta raiz seria o interesse prático da razão [KrV B371], o qual não pode ser fundado sobre o conhecimento, mas é, não obstante, uma demanda inegociável e constituinte da própria razão.

Tal é o valor das ideias. Que elas não possam formar conhecimento nem ser enquadradas no plano da objetividade não significa que não tenham valor. Que a perfeição moral da justiça ou da virtude não seja jamais flagrada em nós ou em qualquer outra pessoa, não resulta que seja uma mentira [KrV B372]. Significa, sim, que transcendem toda a experiência dada ou possível, mas não poder versar sobre a experiência não significa que não possam dirigir de maneira geral o conhecimento com vistas a outros fins e propósitos que façam sentido à vida humana. É claro, as ideias de Platão diferem das de Kant por não se reconhecerem os limites da filosofia crítica-transcendental e, portanto, dizerem respeito à realidade última que engloba, inclusive, o homem[14].

Pensar nos limites da capacidade de pensar implica agrupar sinteticamente as possibilidades da representação ou a possibilidade do próprio pensar. Essa aspiração acompanha a busca por unidade sintética na medida em que a ameaça de contradição ou fragmentação tornaria sem sentido a sua tarefa. As ideias transcendentais exercem esse papel de agrupar sinteticamen-

---

14. "Für Platon besitzen Ideen „schöpferische" Kraft, die kantischen Ideale hingegen nur „*praktische Kraft* (als regulative Prinzipien)" (KrV A 569 / B597). Platons Fanatismus lag in dem utopischen Glauben, Ideale vollständig schöpferisch verwirklichen bzw. in eine wirkliche Gemeinschaft mit ihnen treten zu können. Hier setzt die Platoninterpretation Bruckers an, der Platons Theorie völlig ablehnt" (Santozki, 2004, p. 118).

te todas as condições e possibilidades em geral, as quais se dão em três grandes horizontes de realidade: o sujeito, horizonte de todos os pensamentos; o mundo, horizonte de todos os fenômenos; e Deus, horizonte de todas as possibilidades [KrV B391]. Explicar como a consciência chega a esses princípios transcendentes é o papel do segundo livro da dialética.

Sobre o sujeito, a razão estabelece paralogismos, pois pressupõe sua unidade absoluta sem nada saber objetivamente sobre esse "espírito." Sobre o mundo, também não se pode saber mais que um número muito limitado de coisas, dadas na experiência. A pressuposição de uma unidade do cosmo, a qual chamamos de universo ou natureza, forma-se segundo antinomias dessa possibilidade. Por fim, sobre o Ser Supremo, que daria unidade a todos os possíveis, sobre o qual também nada sabemos, Kant dá o nome de ideal da razão pura. Os problemas da dialética se dividem nessas três classes.

Como diz o nome, um paralogismo é um erro ou impossibilidade lógica. Ao assumirmos como substância esse sujeito de todos os pensamentos, constatamos que só pode ser objeto do sentido interno, e concluímos que tem de ser imaterial. Sendo simples, tem também de ser incorruptível, e sendo idêntico a si, tem de ter personalidade (unidade e identidade dos pensamentos). Por interagir com objetos do mundo material, sem ser ela mesma um objeto, chamamos esta alma de *vida* [KrV B402-403].

O problema, afirma o filósofo, é que todas essas constatações sobre a "natureza da alma" tomam-na por substância, quando nenhum indício temos de que seja uma substância, pois se baseiam unicamente no ato mental de autoconsciência de um Eu que acompanha todos os pensamentos [KrV B404]. Dessa função puramente transcendental, não se pode extrair ou inferir nada de concreto, nenhuma existência real para além de seu caráter funcional.

Kant destaca que essa negação de uma doutrina da alma não redunda em materialismo, pois a perspectiva transcendental justamente provou só ser possível um sistema do saber com base na espontaneidade do pensamento, e nunca nos objetos e fenômenos. Em outras palavras, a filosofia transcendental mostra que os mais importantes problemas filosóficos só são solúveis à luz da constatação da agência do sujeito do pensamento, e que lidar com pensamentos como ocorrências impossibilita a compreensão de sua constituição e modo de operação. Os espiritualistas seriam dogmáticos da substância espiritual; os materialistas, dogmáticos da substância material; ele, porém, escapa de ambos os dogmatismos através da perspectiva transcendental.

Na cosmologia, que se estrutura em antinomias, a ideia transcendental de mundo forma-se com base em uma pressuposição tão simples quanto necessária: se há condicionados (fenômenos) deve haver um condicionante ou incondicionado como condição total dos condicionados [KrV B436]. Essa condição tem de se referir: 1) aos quanta do tempo e do espaço, apresentáveis como uma série; 2) à decomposição e divisibilidade da matéria; 3) à ordenação causal de todos os fenômenos; e 4) à própria contingência, na medida em que a natureza contingente dos fenômenos supõe uma *necessidade incondicionada*. Podemos entender melhor essas condições dos fenômenos considerando "em relação ao tempo, a possibilidade de pensar o mundo como tendo ou não tendo começo, em relação ao espaço, como tendo ou não tendo limite, em relação à realidade material, como consistindo de partes ou não, e em relação à existência, como implicando uma parte necessária ou não" (Beckenkamp, 2017, p. 253).

Destaca-se o caráter de oposição dual das opções, daí o termo antinomia. Resumidamente, a consequência dessa dualidade inevitável é tornar as alternativas impraticáveis enquanto conhecimento. Não se pode, portanto, nem afirmar que haja um limite nem que não haja limite para o espaço, não se pode afirmar que haja um ser supremo necessário nem que não haja. As clássicas questões da metafísica, e que tantos grandes filósofos tentaram resolver afirmativa ou negativamente, não são sequer solúveis.

Com seu jeito inconfundivelmente lúcido de explicar coisas muito difíceis, Kant tira a seguinte conclusão da dialética cosmológica:

> Agora temos todo o jogo dialético das ideias cosmológicas, às quais não é possível se deem objetos congruentes em qualquer experiência possível, como tampouco seria possível que a razão as pensasse em harmonia com as leis da experiência; ideias essas que não são pensadas arbitrariamente, e às quais a razão é levada necessariamente no contínuo progresso da síntese empírica, na medida em que quiser se libertar de todas as condições e tocar em sua totalidade incondicional tudo aquilo que segundo as regras da experiência só se poderá sempre determinar de modo condicionado [KrV B490].

Apesar de frustrante para cientistas e filósofos, o resultado negativo alcançado pela dialética tem grande valor prático aos olhos de Kant. O malogro da esperança da razão de tudo entender e explicar dá espaço para a escolha humana, que pode se orientar na vida preferindo considerar a mortalidade ou a imortalidade da alma, a existência ou inexistência de Deus, a liberdade da vontade ou a submissão às necessidades naturais [KrV B492]. Condenados a não conhecer as respostas, os seres humanos as podem criar conforme seus próprios fins práticos ou existenciais. Dito de modo mais simples, podemos viver a vida que queremos, justamente porque não nos é dado conhecer os móveis e propósitos últimos do mundo e do nosso ser[15].

Embora os resultados da dialética já estejam suficientemente claros, é importante também considerar o tratamento dado à teologia racional que, na filosofia transcendental, é classificada como ideal. Diferente das ideias da razão, que ultrapassam o âmbito da experiência, mas ainda se referem aos princípios e regras contextuais do entendimento da realidade, o ideal da razão pura é em si mesmo ideia, não referente ao mundo [KrV B596-597]. Trata-se de uma busca da razão pelo que filósofos antigos chamaram de "pensamento que pensa a si mesmo", perfeição suprema e origem de todas as demais realidades.

Não tendo a força concreta da realidade objetiva, os ideais servem para inspirar a ação humana como condições da vida pensante. A razão, no entanto, quer atribuir existência ao que ela é capaz de conceber, e essa tendência a leva naturalmente às provas da existência de Deus. Com base em tudo o que foi dito anteriormente, é evidente que as provas não podem levar a conclusões objetivas, mas elas não deixam de ser sugestivas, pois é como se toda a razão estivesse apontando para esse ideal supremo como o conceito por trás de todas as suas regras. Se não têm nem poderiam ter força constitutiva, podem, não obstante, ter força reguladora, na qualidade de ponto de atração para o qual converge todo o pensamento humano, garantindo-lhe a unidade [KrV B669-673].

---

15. Da terceira antinomia, por exemplo, derivam as condições de possibilidade de uma razoabilidade moral. Como Henry Allison observou, é uma obviedade estrutural que a estratégia aparentemente estranha de associar essa antinomia a questões cosmológicas é essencial para justificar ontologicamente a possibilidade de liberdade prática (Allison, 1990, p. 13-14). A estranheza, portanto, fica por conta da pobreza da maioria dos modelos filosóficos, que mal arranha a superfície das exigências sistemáticas e de exaustão explicativa da razão.

e) A Doutrina transcendental do método

Parte menos estudada e compreendida da *Crítica da razão pura*, a doutrina transcendental do método exerce papel tão relevante quanto as demais no conjunto sistemático, embora, de fato, execute pouco e apenas conclua um jogo que se definiu ao longo da analítica e da dialética transcendentais. Por largo tempo, a *Crítica* tem sido interpretada de uma forma distorcida conforme agendas mais positivistas ou puramente epistemológicas que pregaram a irrelevância da doutrina do método, ou até da dialética. Sem uma doutrina do método, contudo, não se poderia dar nem fechamento sistemático nem falar deste fechamento em uma "história da razão" [KrVB736]. Dentre as conclusões que a doutrina do método pode tirar das fases precedentes da *Crítica* está a separação formal entre disciplinas, destacadamente a matemática e a filosofia, enquanto métodos racionais supremos para o trato das funções básicas da razão. Faz-se, também, a crítica do uso indevido de métodos matemáticos para o trato de questões filosóficas, o que foi "sonhado" pelos racionalistas como melhor meio de trazer a esta disciplina o caráter apodítico que dá à matemática o seu incomparável *glamour* [KrV B752-761]. Essa confusão das naturezas formais das duas disciplinas evidencia não apenas falha no processo de análise de suas funções próprias como igualmente um fracasso em perceber o valor do caráter mais abrangente da filosofia.

A natureza da razão a leva à autocrítica, e impedir que a crítica se estenda a qualquer um dos frutos da razão, pretextando ser este infalível ou garantido por qualquer condição que seja, descamba em um autoengano da razão e, conseguintemente, na perversão de sua própria natureza.

Embora o papel da filosofia de Rousseau seja reconhecidamente grande na ética kantiana, é a Hobbes e a seu conceito inverso da relação entre natureza e sociedade que Kant recorre a título de exemplo. Assim como o homem no estado de natureza é selvagem, desregrado e inconstante, a razão sem crítica estaria sempre em um estado volátil e dogmático, qual choque de dois debatedores que apenas desejam sobrepujar um ao outro com suas opiniões sem fazerem avançar seu conhecimento. A submissão às leis, longe de limitar nossa liberdade, a apruma e a torna eficaz e legítima segundo regras e leis que preservam o direito dos outros. Disso resulta o bem-estar social. Semelhantemente, a razão que se apruma e se regra encontra suas formas legítimas e produtivas de expressão, com ganho daquilo que é seu maior bem, o conhecimento e o esclarecimento sobre suas próprias funções [KrV B780].

Como foi dito ao final da dialética, um resultado ainda mais profundo é obtido a partir da investigação da razão em sua tendência a resolver problemas gerais que extrapolam o seu uso seguro. Esse resultado não pode ser compreendido à luz do malogro da razão em resolver esses problemas, mas pode ser compreendido à luz do interesse prático da razão em ver o sujeito a quem pretende orientar alcançando os fins últimos de sua existência como ser pensante; fins esses, por sua vez, radicados na moralidade.

Com base nas famosas três questões filosóficas elementares da filosofia de Kant, "que posso saber?", "que devo fazer?" e "que me é permitido esperar?"[16], é evidente que o caráter prático da segunda questão faz com que a terceira escape ao âmbito do mero conhecimento. Seguindo a reiterada e consistente lógica triádica do autor, o terceiro elemento medeia os anteriores, e as esferas do saber e da ação são conciliadas em uma expectativa ou esperança da razão de ver concretizado um estado de coisas compatível com a lei moral. O nome que Kant dá a esse estado de coisas é *Sumo Bem*. "Pois toda esperança almeja a felicidade, e está para a prática e a lei moral tanto como o saber e a lei natural para o conhecimento das coisas. Aquela leva à conclusão de que algo é porque tem de acontecer, o saber leva à conclusão de que algo é porque algo aconteceu" [KrV B833].

Embora a esperança da razão esteja fundada na prática, e o saber sobre tal estado de coisas seja positivamente impossível, o conteúdo da esperança não é ação, e sim ideia. Tal conteúdo não seria possível se o ideal da razão pura e outras ideias transcendentais não tivessem permitido ao ser humano conceber pontos de convergência mesmo em seu uso teórico, pois, do contrário, seriam inconcebíveis e não se apresentariam à consciência. Conversivamente, qual seria a utilidade de buscar conhecimento se a vida humana não dispusesse o conhecimento segundo fins e propósitos? Ora, a razão teórica se mostrou incapaz de conectar a razão pura e de lhes dar fundamento, o que só é possível para o poder superior da razão prática [KrV B846]. Aqui, contudo, é imprescindível lembrar do papel e da natureza autocrítica da razão. Se ela conduz inevitavelmente a uma grande síntese da qual o Ser Supremo é o ponto fulcral de todos

---

16. Pouco mais tarde, mediante a reflexão antropológica, Kant acrescentaria uma quarta, a qual pretendia resumir as outras três: o que é o ser humano?

os nossos pensamentos e atos, é também verdade que a razão reconhece ser este ponto uma projeção e esperança de *sua* própria completude, e não uma certeza. Esta é a perspectiva do Absoluto ou de Deus que os idealistas tentarão seguir. Eles aprofundarão, aliás, o papel da consciência nessa sua busca ou destinação ao Absoluto, o qual conceberão como consciência absoluta.

1.4 Os *Prolegômenos a toda a metafísica futura*

Cerca de dois anos após a publicação da primeira edição (1781) da *Crítica da razão pura*, Kant escreve um opúsculo destinado a apoiar o projeto crítico, tornando-o mais palatável e reagindo a algumas críticas que ele considera infundadas, sobretudo a de Christian Garve. O opúsculo intitulado *Prolegômenos a toda a metafísica futura que possa apresentar-se como ciência* cumpriu a função pretendida pelo autor, mas hoje tem seu papel relativizado pelas profundas alterações efetuadas na segunda edição (1787) da Primeira Crítica.

Apesar de menos fundamental, trata-se ainda de um texto bastante estudado e considerado importante contributo para a compreensão do projeto crítico. Kant reage, por exemplo, às acusações de Idealismo afirmando que sua doutrina do conhecimento baseada na intuição só pode ser considerada um realismo [A 62] (Kant, 2008), uma vez que não faculta ao sujeito lidar com representações puras. Semelhante purismo corresponderia a um Idealismo visionário, ao passo que a visão ingênua de uma correspondência total entre a representação e coisas simples consiste num Idealismo sonhador [A 71]. O Idealismo transcendental evitaria esses dois enganos essenciais referindo-se à "faculdade de conhecer", pelo que melhor ainda seria chamá-lo de crítico para diferenciá-lo do sonhador e do visionário.

É à incapacidade de Aristóteles em perceber que as categorias são juízos da experiência em geral, predicáveis a partir da intuição pura e oferecendo suas formas possíveis de apresentação, que Kant atribui o erro de inúmeros autores por séculos também numerosos de aplicarem-nas a objetos numinosos com grande desfavor para o progresso do conhecimento. Desse erro decorre o designarem sob a palavra metafísica o conjunto formado pela soma do entendimento, da teoria do conhecimento e da especulação [A 121,122]. Este erro teria sido evitado se algo como a doutrina transcendental do método estivesse disponível anteriormente, mas, como vimos, ela só era possível a partir do correto discernimento das especificidades do entendimento e da dialética segundo uma perspectiva transcendental. Em outras palavras, sem executar todo o projeto apresentado na *Crítica da razão pura*, realmente não teria sido possível compreender os lugares sistemáticos dessas esferas.

Didaticamente, os *Prolegômenos* apresentam as três grandes ciências – matemática, física e metafísica – como correspondentes, respectivamente, à analítica dos conceitos, à analítica dos princípios e à dialética. Aqui, contudo, ele dá grande ênfase ao dualismo imanente/transcendente, em que a imanência se refere à experiência e a transcendência ao que a extrapola.

> Sem a resolução desta questão, a razão jamais se satisfará a si mesma. O uso experimental, a que a razão confina o entendimento puro, não cumula toda a determinação própria da razão. Cada experiência particular é apenas uma parte da esfera inteira do seu domínio, mas a *totalidade absoluta de toda a experiência possível* não é em si mesma nenhuma experiência; constitui, no entanto, para a razão, um problema necessário, cuja simples representação exige conceitos inteiramente diferentes dos conceitos puros do entendimento, cujo uso é apenas *imanente*, isto é, incide na experiência, tanto quanto ela pode ser dada, ao passo que os conceitos da razão incidem na integralidade, isto é, na unidade coletiva de toda a experiência possível, e assim ultrapassam toda a experiência dada e se tornam *transcendentes* [Prol. A 126].

O discernimento das ciências possíveis fere mortalmente o modelo básico da metafísica tradicional, a metafísica de substância ou substancialista[17]. Por outro lado, não é possível abdicar da metafísica, já que ela resulta de uma disposição da própria razão a dar fechamento sistemático para suas necessidades de entendimento e sentido. Nesse impasse, resta à razão lançar-se à autoinvestigação, autocrítica de suas funções e limites.

---

17. "Está ou morta ou mortalmente ferida a metafísica da substância; isto é, a metafísica dogmática que supõe ser possível à mente captar a essência das coisas, mas surge no lugar dela uma metafísica da subjetividade, que já não fala da essência da coisa, porém da possibilidade do pensamento em geral e da análise das formas desse pensamento. A tarefa mais analítica caberá à epistemologia, e seu objeto é o entendimento. Já a tarefa eminentemente reflexiva de composição de um quadro geral da operação da mente caberá à metafísica. Contudo, seu objeto não pode mais ser a verdade ou a realidade última das coisas e do ser; deve e só pode ser o horizonte de coerência e sentido deste vasto reino da mente, que encerra a possibilidade do conhecível e do que pode ser julgado moralmente, mas que se sabe ao mesmo tempo limitado quantitativa e qualitativamente. Quantitativamente, pela finitude da experiência que uma vida humana pode comportar, pelo número de ações que pode efetivamente empenhar; qualitativamente porque, por princípio, diz respeito exclusivamente ao modo de ver e julgar do sujeito, ignorando tanto uma perspectiva distinta de outros seres sencientes (alienígenas, anjos…) quanto de um (possível) ser supremo que conheça as coisas em si mesmas" (Coelho, 2022b, p. 113).

> Por conseguinte, sempre haverá no mundo e, mais ainda, em cada homem, sobretudo no homem que pensa, uma metafísica que, à falta de um padrão geral, cada qual talhará a seu modo. Ora, o que até agora se chamou metafísica não pode satisfazer nenhum espírito que reflete; mas abdicar dela inteiramente também é impossível, portanto, é necessário *tentar* uma crítica da própria razão pura ou, se existe uma, *examiná-la* e submetê-la a uma prova universal, porque não há outro meio de satisfazer esta necessidade premente, a qual é mais do que um simples desejo do saber [Prol. A 192].

Kant, portanto, não eliminou a metafísica do cardápio, mas a tornou dependente e subordinada a um *locus* peculiar em seu edifício sistemático, dando espaço e força à filosofia moral. Os idealistas entenderiam que essa execução criou condições e deixou rastros com implicações bem maiores do que seu criador pôde calcular.

1.5 A *Crítica da razão prática*

a) Fundamento e legitimidade da moralidade

Kant estabeleceu teoricamente o primado da prática, observando que todo ato mental obedece a um propósito, mais do que a uma regra. As regras e os princípios, aliás, têm também o seu sentido em uma intenção e uma visão de conjunto acerca do que se fala. A preocupação ética, por outro lado, sempre fora capital ao longo da filosofia moderna desde, no mínimo, Espinosa, Leibniz e Locke, que a colocaram ombro a ombro com a teoria do conhecimento, e recebera grande impulso dos moralistas britânicos e de Rousseau, para os quais a ética já era positivamente superior a outras preocupações filosóficas.

Na filosofia transcendental, a ordem cronológica dos fatores pode produzir sensação inversa, mas, na verdade, se o pensamento crítico é o começo da filosofia, a supremacia da liberdade é o seu fim[18].

---

18. "The subordination of everything under the concept of freedom is the last result of philosophy, not the first step, so philosophy cannot start from the idea of freedom. Instead philosophy must remain an *investigation*. Because it cannot begin with the principle of the system, the system—but not the method—of philosophy is the *result*. The method remains critical investigation into the origin of the entire system of our cognitive faculties" (Henrich, 2008, p. 60).

Esta base estava mais clara em Sócrates, para o qual o caráter moral da busca da verdade era desde sempre decretado como condição de possibilidade do discurso filosófico. Diferentemente da erística, a dialética é uma busca amigável de um objetivo benéfico para todos os interlocutores, e o seu abandono, similarmente, resulta em equânime prejuízo. Também pertencem a Sócrates os louros por ter primeiramente constatado que a pré-condição do filosofar era a consciência da possibilidade do saber em geral e o livre engajamento em uma árdua tarefa, só atraente à luz dos mais altos ideais da alma.

Por ser uma propriedade tão elevada e originária, a liberdade não poderia jamais pertencer ao entendimento, senão somente à razão. A liberdade não é orientada a coisas e casos isolados, e sim ao contexto geral da vida do ser pensante[19]. À liberdade não interessa dar resposta a dada situação empírica, mas, sobretudo, orientar a ação segundo um plano diretor para toda a vida, para o tipo de pessoa que eu quero ser e o tipo de caráter que quero ter.

A *Crítica da razão pura* havia tratado a liberdade do ponto de vista de sua contradição com a causalidade natural, ponto de vista que forçosamente conduz a razão a um impasse.

> Entendo por liberdade, em sentido cosmológico, a faculdade de iniciar *por si* um estado, cuja causalidade não esteja, por sua vez, subordinada, segundo a lei natural, a outra causa que a determine quanto ao tempo. A liberdade é, neste sentido, uma ideia transcendental pura que, em primeiro lugar, nada contém extraído da experiência e cujo objeto, em segundo lugar, não pode ser dado de maneira determinada em nenhuma experiência, porque é uma lei geral, até da própria possibilidade de toda a experiência, que tudo o que acontece deva ter uma causa e, por conseguinte, também a causalidade da causa, causalidade que, ela própria, aconteceu ou surgiu, deverá ter, por sua vez, uma causa; assim, todo o campo da experiência, por mais longe que se estenda, converte-se inteiramente num conjunto de simples natureza. Como, porém, desse modo, não se pode obter a totalidade absoluta das condições na relação causal, a razão cria a ideia de uma espontaneidade que poderia começar a agir por si mesma, sem que uma outra causa tivesse devido precedê-la para a determinar a agir segundo a lei do encadeamento causal [KrVB561].

---

19. "Freedom belongs to reason rather than to understanding, because it requires the idea of the totality of a person's volitions, not just the idea of a present set of actions that might be compatible with each other. Freedom also belongs to reason because it commands unconditionally" (Henrich, 2008, p. 58).

Uma vez que a dialética transcendental da Primeira Crítica considera a liberdade do ponto de vista da série de causas e, consequentemente, do ponto de vista da causalidade eficiente, continua possível a consideração da liberdade como espontaneidade da intenção e da finalidade do agir. A vantagem desse movimento é que ele coloca a liberdade no terreno numinoso, para além da ordem do conhecimento e, até mesmo, das ideias sobre a ordem natural[20].

Com isso, a filosofia moral propriamente dita sequer começou, mas foi preservada a sua condição de possibilidade de um assédio indevido do plano teórico.

A parte moral da filosofia crítica surge em 1788 com o nome *Crítica da razão prática*. Neste mesmo ano, Kant é nomeado para um segundo mandato como reitor da universidade de Königsberg, então, entre as mais prestigiosas e engrandecidas, em parte, inclusive, graças a ele próprio.

No prefácio dessa Segunda Crítica, o autor afirma que as ideias de liberdade, Deus e imortalidade, demonstradas como teoricamente insustentáveis, provam-se objetivas na prática, pois haurem essa objetividade da lei moral [KpV A4]. Em uma nota, na décima página, ele também dirá que:

> A união da causalidade enquanto liberdade com a causalidade enquanto mecanismo natural, a primeira estabelecida pela lei moral e a segunda pela natural, e no mesmo sujeito, o homem, é impossível sem representá-lo como ser em si mesmo em relação à lei moral e como fenômeno em relação à natural, aquele como consciência pura, este como consciência empírica [KpV A10].

Fica evidente um segundo tipo de dualidade, além daquele estabelecido entre o sujeito e o objeto no processo do conhecimento. Esta, agora, é uma dualidade da razão entre a consciência de pertencer ao mundo da natureza e da experiência e a consciência de pertencer ao mundo da razão e da liberdade. A *Crítica da razão pura* permitiu não apenas entender como a razão nos situa em um mundo de objetos, lida com eles e se autocompreende como consciência-sujeito que para si elabora um mundo de representações, como também demonstrou que a liberdade e o propósito dominam essa mesma

---

20. "The whole argumentation amounts to a demonstration that there is no *logical* contradiction between freedom and causality, provided that the phenomena/noumena distinction is accepted. 'For if appearances are things in themselves, then freedom cannot be saved' [KrV A 536/B 564]" (Lau, 2008, p. 318).

esfera (teórica) na qualidade de sua *razão de ser*. Agora, porém, a nova crítica inaugura todo um campo de investigação quase tão vasto quanto aquele, dedicado à análise e à elaboração das leis adequadas à vida do ente racional. Se o primeiro livro resolveu o problema ancestral de onde o homem se situa no cosmo, o segundo livro resolveu os também perenes problemas do para que e do porquê. Explorando mais um pouco a comparação, o primeiro livro debruça-se sobre a razão enquanto pura, pois sua crítica tem em vista domesticar o uso puro da razão especulativa e enfatizar a necessidade de um lastro na experiência. A crítica da razão prática é uma crítica da ação em geral, que já é essencialmente pura, e não é relevante enfatizar, nessa crítica, a diferença entre conceitos da experiência e ideias puras, e sim apenas estabelecer a possibilidade e as condições do pensar prático [KpV A29-31].

No entendimento, as regras visavam sempre a apresentação clara e universal do objeto à consciência, para que os objetos pudessem ser conhecidos, discernidos uns dos outros e em suas relações. Na moralidade, por outro lado, a razão busca outro tipo de regras: regras do agir. E tais precisam ser regras sobre a vontade, isto é, delimitar o que se deve fazer, pressupondo-se que um agente livre possa querer diversas coisas, mas também conseguir determinar firmemente aquilo que quer de maneira absoluta [KpV A36]. Se a determinação da vontade for relativa, isto é, condicionada à flutuação imprevisível das paixões, será o oposto de objetiva, racional. Por isso, não faz sentido falar em razão prática a não ser que a razão possa impor imperativamente leis invariáveis *a priori*.

Tendo capacidade de elaborar regras invariáveis, a razão consegue não apenas produzir imperativos categóricos, mas também imperativos condicionados, hipotéticos, os quais determinam ações segundo certos efeitos esperados. Por fim, também é possível elaborar máximas que não funcionam, como regras universais e invariáveis, sendo puramente subjetivas, pessoais. Recapitulando, a razão prática identifica: 1) regras aleatórias, as máximas, como "sempre que possível, escolher sorvete e não pudim"; 2) regras imperativas hipotéticas, preceitos que visam o melhor meio para se alcançar um fim, como "se quero baixar o colesterol, tenho que diminuir o consumo de doces e frituras"; e 3) imperativos categóricos, que operam como leis morais e valem independentemente do fim.

As máximas, então, não são universalizáveis. Os imperativos hipotéticos são invariáveis de uma maneira condicionada, uma vez que sua força depende do comprometimento subjetivo com determinado fim. A forma lógica (silogística) da regra vale para todos, mas sua vigência está subordinada a desejos particulares ou contingentes. Se quero X, necessariamente tenho de fazer Y, mas tenho todo o direito de não querer X. Se quero, por exemplo, economizar uma grande quantia até o final do ano, tenho de começar agora a poupar 25% do meu salário, ou ganhar essa quantidade a mais etc., mas não posso querer economizar uma boa quantia e ao mesmo tempo gastar tudo o que tenho agora. O imperativo categórico não tem esse caráter de hipótese, é integralmente universal e determina, para todo ser pensante e independentemente de seus desejos, como se *deve* agir.

A atração ou repulsão causadas pelo prazer e pela dor, pelo agrado e desagrado, foram bem exploradas por Espinosa como os motivadores fundamentais da ação, levando-o a concluir que nossas ações são determinadas por essas relações [KpV A40-41]. Mesmo reconhecendo sua força, Kant subordina essas escolhas baseadas em determinações exteriores às escolhas determinadas racionalmente, pois as últimas, não dependendo de gostos e interesses pessoais, esclarecem a regra pura do agir *apenas* segundo a excelência da ação. Jamais uma ação poderá garantir sua excelência tanto quanto uma ação determinada exatamente pelas condições formais da dignidade. Ao contrário, toda ação interessada é, no fundo, egoísta, como também reconheceu Espinosa, e o que é egoístico é movido por outro critério que não o de certo e errado, bom e mau (Noller, 2016, p. 102).

Antes de passar à defesa do imperativo categórico, que a muitos parece anti-intuitivo, convém destacar a crítica às máximas e à pretensão de torná-las fundamento da ética na forma de regras. A definição de uma regra estabelecida para satisfazer um desejo pessoal é contrária à generalização, pois a noção de bem-estar e satisfação é individual. Diferentes interesses "podem até coincidir fortuitamente" de modo que o interesse de cada indivíduo pareça compatível ou mesmo idêntico ao dos demais; contudo, porque "o interesse de cada um dirige-se apenas a ele mesmo, o interesse não bastará para constituir lei a longo prazo" [KpV A50]. Trata-se de uma constatação sem traço algum de dogmatismo, baseada apenas na impermanência do interesse e dos critérios de satisfação e bem-estar.

Se, por outro lado, uma lei universal necessariamente deve assentar sobre a permanência e a invariabilidade, é certo que ela não pode ter relação ou sofrer qualquer influência do interesse. Seria contraditório que uma lei invariável dependesse ou se relacionasse com algo essencialmente variável. No entanto, isso gera forçosamente a conclusão – para muitos, desagradável – de que a moralidade necessariamente não pode ter a ver com o interesse e a satisfação. Esta demanda puramente lógica, baseada na contradição entre as naturezas da lei universal e das disposições subjetivas, conduz à conclusão de que só pode haver moralidade se a vontade puder escolher contra a influência dos desejos e interesses, isto é, contra as leis naturais. Sem esse poder, a lei natural forçaria, algumas ou muitas vezes, o indivíduo a escolher prazeres e conveniências contrários à lei moral, e nisso seria inimputável, pois não estava em seu poder reagir ao domínio das paixões. Assim, para que a moralidade seja possível, e sejamos responsáveis por escolher *entre* uma lei dada pela razão e os interesses, é necessário pressupor para a vontade humana a propriedade especial, a liberdade [KpV A51]. Ser livre, então, não é uma pressuposição inicial da razão moral, e sim uma, ou melhor, a primeira e maior consequência da mera possibilidade de uma investigação racional do comportamento humano.

Tanto quanto a obediência automática à razão produziria um bem automático, que não seria moral, uma obediência a automatismos biológicos ou psicológicos produziria uma servidão animal (egoística). A moral só é possível se, ao invés de uma ou outra compulsão, o sujeito inteligente tiver a capacidade de arbitrar entre esses interesses ou inclinações (Noller, 2016, p. 131).

Este é um ponto fulcral para a teoria moral kantiana, e que costuma ser negligenciado em exposições de manual em favor de uma excessiva ênfase ao formalismo e ao caráter imperativo da lei moral. Por essa razão, torna-se mais difícil perceber em que sentido a filosofia moral é crítica. Para compreender isso, é preciso entender que a liberdade e a lei moral não são pressupostas de saída, dogmaticamente, e sim estabelecidas como condições de possibilidade da moralidade. Como nos deparamos com essas condições de possibilidade? Quando nos colocamos a questão ética: que devemos fazer? Nesse momento, o ente que até aqui poderia ter passado por autômato do determinismo natural, coloca a si mesma a questão "sou moral?" "Posso escolher livremente?"

"Posso determinar minha ação a partir de uma força só minha, não direcionada de fora por atrações e repulsões relativos?" "Sou efetivamente responsável pelo que escolho?" Para que as respostas para essas questões sejam positivas, é obrigatório supor a capacidade de formular regras de comportamento independentes da influência das paixões. Não é possível, então, começar uma ética sem fundamentar a possibilidade do agir moral 1) na independência da regra do agir de toda compulsão ou determinação dos desejos; e 2) em uma capacidade de livre escolha da vontade, um poder de determinar inteiramente livre da influência de determinações externas a ele.

b) A lei moral

"Distinguir a doutrina da felicidade da doutrina da moralidade é a primeira e mais importante função da Analítica da Razão Prática Pura" [KpV A165], pois sem essa distinção exata a racionalidade ético-moral não é sequer possível.

Dada a possibilidade de haver uma norma moral dada apenas pela razão, cabe perguntar se essa norma é executável, e se pode aderir a máximas concretas da ação em um mundo natural. Sem rodeios, Kant estabelece assim o princípio ou lei fundamental da razão prática pura: "age de forma tal que a máxima da tua vontade possa sempre valer igualmente como princípio de uma legislação geral/universal [KpV A54]." Novamente, trata-se de um princípio minimalista e que decorre do que foi estabelecido como pré-condição mínima da moralidade, e esse princípio nada acrescenta de particular. Como a perene "regra de ouro" de não fazer o que não gostaríamos que nos fizessem, trata-se de um princípio sem conteúdo, mas de indiscutível validade formal. Assim como na matemática não faz diferença se calculamos maçãs ou abacaxis, para a moralidade não faz diferença o conteúdo específico da ação, desde que em sua forma ela não esteja corrompida por motivações distintas do respeito à regra puramente racional do agir.

Dadas essas razões, é possível cobrar também das leis morais o princípio da *autonomia* da vontade; isto é, que a vontade esteja sempre liberta para decidir independentemente de uma atração ou repulsão pelo conteúdo (objeto apetecido), e apenas conforme a forma da legislação [KpV A58]. Disso decorre o reforço de uma consequência já observada pela necessidade de universalidade da lei: a de que não se pode insinuar na lei nenhuma mescla de materialidade, incluindo aí condições altamente desejáveis, como a felicidade [KpV A54]. Seja individual ou coletiva (altruísmo), a felicidade é meta relativa, posto que a felicidade é representada segundo as experiências de cada um [KpV A63], e, portanto, não passível de generalização e incondicionalidade. Por outra, se ao invés de autônoma, a lei moral fosse condicionada pelo princípio da felicidade, não faria sentido impor punição alguma aos infratores da lei. A noção de punibilidade – gerar sofrimento ou privar de um bem – deriva justamente da consciência de que a lei moral não está baseada na felicidade. Se estivesse, um agente moral só poderia agradar, jamais advertir, limitar, proibir ou punir. É possível dizer que o pai que corrige é justo e bom, mas é impossível dizer que ele está gerando a felicidade da criança ao colocá-la de castigo ou ameaçá-la com a perda de algum privilégio. Kant acredita que qualquer pessoa consegue enxergar essa distinção fundamental entre o bem e a felicidade, e que uma felicidade ou contentamento momentâneo pode ser um mal moral, assim como uma infelicidade ou descontentamento momentâneo pode representar um bem moral.

A autonomia ou liberdade da vontade tem para a consciência a força de um *faktum* [KpV A72], já não do mundo empírico, e sim da razão pura. Este *fato da razão* significa basicamente que a razão se confirma como prática, ou seja, como competente para elaborar as condições necessárias e suficientes para a autodeterminação. Não se trata, pois, de um fundamento teórico, que a *Crítica da razão pura* declarou não ser possível, mas de uma "autoconsciência prática" (Noller, 2016, p. 138; Allison, 1990, p. 237), a autopercepção da possibilidade de livre agência e da responsabilidade que desta decorre. Essa autodeterminação, por sua vez, coincide com a capacidade de formular regras puras para o comportamento. Não fossem puras, e sim condicionadas – voltamos ao mesmo ponto – não poderia haver autodeterminação, pois os objetos causadores de agrado e desagrado se imiscuiriam na vontade determinando a escolha.

A possibilidade de constatar um fato da razão depende de isso não ser proibido na crítica da razão teórica, a qual, pelo contrário, provou o limite da jurisdição da razão teórica no traçado das fronteiras do entendimento. Para além deste, tudo o que a razão teórica podia oferecer a mais séria especulação ou ilusão, pois não é possível fazer discurso teórico sobre a realidade numinosa, que não se presta à sua análise. A analítica da razão prática, por sua vez, mostrou que pode estabelecer determinações sobre a realidade numinosa, para além da experiência sensível, desde que em sentido puramente prático. Assim, clarifica-se, de certo modo, o caráter do numinoso como espiritual e intelectual em contraposição ao sensível.

> A lei moral nos põe nas mãos, então, ainda que não uma perspectiva, um *faktum* para o qual os dados do mundo sensível e o uso da razão teórica não oferecem explicação, e que atesta e até determina positivamente a existência de um puro mundo inteligível, e que nos permite dele conhecer algo, a saber, uma lei [KpV A74].

Aquela liberdade que não podíamos conhecer segundo as leis do mundo natural, pois, obviamente, não era produto de *coisa* alguma; é elemento absolutamente certo do mundo numinoso. Melhor ainda, a liberdade é *fundamento* do mundo numinoso. Para que este exista, não basta a especulação sobre um reino de coisas além do conhecimento, o que é desprovido de sentido. É preciso um fundamento de outra ordem, e que esta seja pertinente aos seres pensantes [KpV A84-98]. O *mundo do espírito*, então, é o mundo da vontade livre e da ação moral. Um dos grandes erros da metafísica dogmática foi tentar transferir, para o mundo do espírito, elementos apenas pertinentes ao mundo sensorial, falando, portanto, de substâncias espirituais análogas às substâncias materiais. Essa visão, entende Kant, ainda denuncia um materialismo residual na compreensão filosófica da realidade do espírito.

Ao lado dessa condição de possibilidade da moralidade está o objeto da lei moral. Se esse objeto se confundir com o prazer, dependerá da experiência, o que teria, por consequência, a relatividade desse objeto. Para que funcione racionalmente como objeto invariável da lei, o bem almejado deve ser dado não pela sensibilidade, e sim contido na pura determinação da razão prática a respeito do significado de ação moral [KpV A101-109]. Um objeto (bem) que precedesse a lei, portanto, jamais poderia ocupar a categoria do bem em geral – tampouco seria possível definir de forma exata em que consiste o mal –, pois se teria formado em condições diversas àquelas em que unicamente é possível falar em moralidade: a concordância com a lei moral [KpV A112].

Sendo a lei puramente formal, contudo, faz-se necessária a atuação de uma faculdade de julgar os casos concretos em que a lei moral é ou não aplicável [KpV A119]. A aplicabilidade também envolve uma complicação, que é a de atribuir uma propriedade da razão pura (o bem) a casos empíricos, do mundo natural. A faculdade de julgar prática, então, precisa operar tendo em vista a seguinte regra: "pergunta a ti mesmo se a ação que pretendes iniciar, e que te é possibilitada pela tua vontade, tivesse de ocorrer segundo as leis naturais, das quais tu és uma parte" [KpV A122]. Sendo isso impossível, esta ação facilmente revela-se *moralmente impossível*. Talvez ocorrências semelhantes possam manifestar-se no mundo natural, mas não em conexão com a determinação da vontade livre; ou, situações outras possam ser concebidas em pensamentos, mas não executadas no mundo natural. O primeiro erro reflete um empirismo da razão prática; o segundo, um misticismo da razão prática.

Imagine-se, no primeiro caso, que o meu braço, por um ato reflexo independente da minha vontade, protegesse alguém de um golpe. Esse gesto não poderia ser considerado moralmente bom. Por outro lado, se imaginarmos que alguém pode, magicamente, fazer um grande bem, mas esse gesto mágico é impossível no mundo natural, e só na imaginação pode ser concebido, a consideração desse tipo de gesto é moralmente inútil.

Outro tema capital da analítica da razão prática e da concepção de moralidade é a de móbil da ação; isto é, a parte executiva que permite à lei ser efetivada na prática. Essa discussão torna-se bastante complicada devido à abrangência do conceito de vontade em Kant, que inclui diversas observações peculiares ao seu arcabouço terminológico, a começar pela distinção entre vontade como condição do agente (*Wille*) e a vontade executiva ou poder de decidir (*Wilkür*) (Allison, 1990, p. 129-133). Em outros autores, por exemplo, bastaria dizer que a regra moral é produzida pela razão e executada pela vontade. Em Kant, e mais ainda no Idealismo ou no Romantismo, o conceito de vontade (particularmente como *Wille*) não está descolado do conceito de razão, ou de pessoa, e é insuficiente ou errado usá-lo apenas como referindo um "combustível" ou força bruta da ação.

Ao dizer, por exemplo, que a vontade é determinada pela lei moral, Kant não está dizendo que a vontade é subordinada à razão, ou que tenha um papel apenas mecânico na execução dos atos morais, e sim que a lei moral, enquanto uma determinação prática *da vontade*, diz de maneira formal o que é um bom querer, uma *boa vontade* [KpV A128].

Por força do *amor de si*, é natural ao animal humano escolher, procurar ou fugir de coisas de acordo com os sentimentos de agrado e desagrado. Por isso, justamente, é estranha à consciência empírica a noção de uma vontade de agir motivada unicamente pela determinação intelectual, mas essa determinação intelectual não deveria ser tão estranha, pois compreendemos, no plano da teoria, em relação ao mundo natural, que nossas tendências e preconceitos podem afetar o progresso da ciência, e submetemos a matéria da nossa opinião ao escrutínio da razão com a finalidade de alcançar um juízo mais adequado. Embora em terreno completamente distinto, a analogia com o plano da razão prática é válida. No entanto, entre a vontade de agir racionalmente e a vontade de seguir os impulsos de prazer e desprazer, há um conflito de interesse, no qual *sentimentos*, e não opiniões e pensamentos, estão em jogo. Administrar racionalmente sentimentos e interesses é, aparentemente, tarefa mais desafiadora do que a de administrar conceitos.

Essa administração é possível, e disso temos prova sempre que obedecemos a lei moral, em detrimento de fins outros motivados pela expectativa de prazer e bem-estar. Na sua aplicação, aliás, evidencia-se em nós um móbil da ação, um sentimento, que é exclusivamente determinado pela lei. Assim, a lei moral determina ação e, consequentemente, a sua determinação material ou objetiva o bem, e a determinação subjetiva, motivação para agir [KpV A133]. Esses não são agregados exteriores à lei, mas derivam da sua mera possibilidade de ser regra da vontade, de modo que o bem e o mal são julgados conforme à adequação ou inadequação de um caso à lei moral, e o sentimento de respeito à lei é uma vontade de seguir a própria regra da vontade. "Assim, o respeito à lei não é móbil da moralidade, e sim a própria moralidade subjetivamente vista como móbil, na medida em que a razão prática derruba todas as exigências do amor de si e tem em vista a lei, à qual imbui de autoridade" [KpV A134].

Do respeito à lei resulta ainda um respeito concreto pelas pessoas que dão exemplo de grandeza moral. Esse respeito é como um corolário do respeito à lei, e reconhece o mérito naquele que a cumpre de maneira tal que abate inteiramente meu orgulho, provando, pelo exemplo, a exequibilidade da lei [KpV A136].

Por fim, é possível dizer que o respeito à lei é um sentimento intelectual que reconhece haver a possibilidade e o motivo para o agir moral apenas a partir da consciência da lei. Kant associa a essa consciência a noção de dever, uma noção específica da consciência da escolha certa para a minha vontade.

Mas não é suficiente agir de acordo com o dever, por acidente ou conveniência; é preciso agir por dever, sem outra motivação além do amor ao bem e do respeito à lei [KpV A144]. Para um ser perfeito, capaz de sempre seguir a lei moral, sempre superando as tentações de a negar em favor do amor de si, a lei moral é perfeitamente exprimível como vontade santa. Para o ser finito, no entanto, frequentemente servo das paixões e sujeito a equívocos na relação entre seu interesse pessoal e seu interesse racional, a lei se expressa como dever, um mandamento que determina a prescrição da ação, sem determinar sua execução [KpV A146].

No entender de Kant, esta é a razão pela qual o grande mestre moral prescreveu: Ama a Deus sobre todas as coisas e o teu próximo como a ti mesmo. Ela expressa perfeitamente o dever moral elaborado pela razão e expressa perfeitamente o oposto de todo interesse individual e todo amor de si. Amar a Deus é empiricamente impossível, uma vez que Deus é ideia e não objeto dos sentidos. Só se pode amar a Deus intelectualmente, e, mais precisamente, através da mediação da lei moral, no mesmo senso do respeito a ela. Da mesma forma, não é possível amar ao próximo em geral sem observar que essa não é uma prescrição empírica de afeição e simpatia pelos particulares, e sim na forma moral, com respeito intrínseco pela dignidade de todo ser humano e operando em cada ação o dever para com o humano em geral [KpV A147-148].

> Dever! Tu, nobílimo grande nome, que não admites em ti adulações, mas antes exiges cumprimento, que, para mover a vontade, não aterrorizas ou ameaças com coisas que causem aversão ao ânimo, que apenas propões uma lei que tem acesso ao ânimo e que até a contragosto desperta veneração (ainda que nem sempre leve ao cumprimento), contra a qual todas as inclinações emudecem, mesmo quando secretamente se lhe oponham: qual é a origem digna de ti, e onde se encontram as raízes de tua elevada procedência, que rechaça o parentesco com toda inclinação, e de cuja raiz deriva a condição de valor que somente seres humanos podem atribuir a si? [KpV A154].

Qual é essa origem? De onde e de que resulta que o ser humano encontre em si uma disposição para a santidade, para a incondicionalidade e para a perfeição? Em nenhum outro lugar do que em sua *personalidade*, diz Kant, querendo, com isso, referir-se ao "caráter de ser pessoa", agente inteligente autodeterminante.

c) Dialética da razão prática

Ao especular sobre a totalidade absoluta das condições a que se refere, a razão prática produz para si uma dialética semelhante à da razão teórica. Na razão prática, o horizonte de totalidade refere-se à execução e aos resultados da execução da lei moral e sua plenitude. O objeto dessa totalidade incondicionada da razão prática chama-se *sumo bem* [KpVA193-194].

Para manter a razão prática em solo crítico, é necessário observar que o sumo bem, enquanto objeto ou fim da lei moral, não determina a vontade ao cumprimento da lei. Enquanto objeto, ele é ainda estranho ao princípio de autodeterminação, que somente a própria forma da lei pode oferecer. É natural, portanto, que a razão leve o homem a querer o sumo bem, mas ele jamais agirá por dever; isto é, moralmente, se sua ação tiver por motivador essa aspiração. De outra forma, a aspiração ao sumo bem, ainda que não seja egoísta, não coincide com a pureza de intenção, que é a intenção de cumprir a lei por sua própria dignidade, independentemente das consequências [KpV A196].

Isso, porém, é o que cabe ser dito acerca da independência da lei moral. É preciso observá-la até mesmo diante da possibilidade de um objeto dado pela razão. Mas, porque o sumo bem não é propriamente um objeto, e sim uma condição ideal projetada pela razão, ele é bem mais uma nova consequência (extrapolativa) da lei moral [KpV A197].

Quanto à definição, o sumo bem é a coincidência da virtude – e, conseguintemente, do mérito – com a felicidade. Felicidade esta, no entanto, projetada como condição ideal pela razão, e não submetida a objetos sensíveis particulares na forma do desejo; ou seja, não uma felicidade empírica.

Como foi mostrado na analítica da razão prática, felicidade e moralidade são conceitos diversos, e que não podem ser conciliados [KpV A202]. Por isso, sua conciliação depende de uma dialética, que extrapola as condições objetivas do discernimento das funções para uma síntese projetiva. Kant observa, ainda, que é preciso estabelecer uma ordem causal para as duas condições. Ou somos motivados pela promessa de felicidade a executar a lei moral, ou a cumprimos por dever e, em decorrência da nossa moralidade, nos fazemos merecedores de uma felicidade "ao nosso alcance" [KpV A204]. A esta altura, qualquer leitor poderá concluir que o primeiro caso contraria o próprio conceito de moralidade. O segundo caso não é mais sustentável, pois uma conexão entre o conceito de felicidade, que obedece a nossas disposições naturais, e o conceito de moralidade, puramente racional, não se justifica diante do abismo entre os dois territórios da consciência. Estamos diante de uma antinomia da razão prática.

A solução possível para esse impasse reside em uma perspectiva transcendental sobre o sumo bem, que desmaterialize seu conceito e o transporte ao plano numinoso de uma possibilidade incondicionada[21]. Disso já temos indícios pelo fato de que o cumprimento do dever gera em nós certos regozijos, como o contentamento que temos diante de nossa própria virtude, um análogo ou prelúdio da bem-aventurança, que é a independência completa da compulsão e da subserviência às paixões [KpV A213-214]. Contudo, essa felicidade tem de permanecer promessa teórica, ainda que promessa racional, necessária, pois, ao se tornar objeto de crença teórica (dogma), corromperia o fundamento da moralidade.

Tivesse se restringido à especulação teórica sobre uma condição natural de cumprimento do sumo bem, a razão prática naufragaria em sua antinomia, mas, ao projetar essa condição para o plano transcendental, sob a condição de aí não construir uma mera – e ilegítima – extensão imaginária do mundo físico, ela torna não apenas possível como altamente elevada a concepção do sumo bem.

Duas condições são exigidas pela razão para que essa projeção ideal seja logicamente sustentável: 1) que a adequação entre virtude e felicidade seja garantida através de uma força moral que opere de maneira irresistível e infalível, o que corresponde à figura de um supremo juízo do mundo, Deus; 2) que a perfeição moral ou santidade, inatingível para seres finitos, possa ser concebida como resultado de uma escala infinita de progresso, o que, por sua vez, exige a sobrevivência e permanência da alma após a morte do corpo. Tais são os postulados que a razão oferece a si mesma como pressupostos – por isso, não dogmáticos – necessários – por isso, logicamente inevitáveis [KpV A238].

---

21. Incômoda para muitos autores entre o final do século XIX e quase o fim do século XX, e por desembocar nos postulados da razão prática, muito criticados, no passado, como anexos indevidos a uma filosofia moral crítica, essa noção de um mundo numinoso onde o sumo bem pudesse ser consumado recebeu os mais diversos e estranhos tratos, incluindo a interpretação ostensivamente distorcida de um sumo bem político e social, neste mundo (Lipscomb; Krueger, 2010). Por outro lado, não poucos autores, a exemplo de Recki e Sternberg, acusaram Kant de simplesmente acrescentar conceitos teológicos contraditórios com o que fora defendido na analítica da razão prática, recaída motivada por razões psicológicas e culturais (Recki, 2016; Sternberg, 1912).

Tradicionalmente apresentadas como teológicas, essas ideias são demonstradas por Kant como produtos da razão prática, destinados a formar o horizonte de inteligibilidade e confiabilidade da ordem moral (Guttmann, 1906, p. 71). Notadamente, portanto, Kant não trata os postulados como ideias religiosas. Dedica pouco tempo à ideia de imortalidade nas *Lições sobre teologia filosófica*, que também pouco espaço recebe na dialética da *Crítica da razão pura*. Para ele, essa ideia só poderia ser tratada da maneira adequada pela filosofia moral, não pela religião (Wood, 1978, p. 8-25), embora tenha grandes consequências para o que ele chama de "religião racional."

Do caráter de necessidade desses postulados da razão prática, resulta o que Kant chama de "fé racional pura [KpV A227]", que equivale a uma versão crítica da teologia natural. Como o autor apresenta em detalhe em *A religião nos limites da simples razão*, trata-se de uma fé racional, que nada agrega ao conhecimento especulativo, porque o que ela acrescenta no âmbito prático são *esperanças* de completude do que é necessário pressupor para o funcionamento da racionalidade prática [KpV A].

A Terceira Crítica de Kant ainda estava por se escrever, mas o sucesso explosivo da primeira garantiu *momentum* a todo o trabalho do autor, instantaneamente considerado clássico assim que eram publicados os livros. Como veremos a seguir, a partir de 1788, já se pode dizer que cada nova obra de Kant estabelece as condições da discussão sobre o tema de que trata. Também já é possível dizer que a intelectualidade alemã se ocupava, desde essa data, de lidar com o que a filosofia transcendental tivesse para dizer sobre antropologia, psicologia, estética ou teologia, ou qualquer outro tema, fosse para absorver ou para rechaçar essas formulações.

1.6 Herder e seu *Ideias para uma filosofia da história da humanidade*

Johann Gottfried Herder foi, em alguns sentidos, uma figura de passagem; mais especificamente, passagem do protagonismo de um movimento que se afastava de Kant e, sob inspiração de Hamann, caminhava para um naturalismo (expandido) da história a uma posição secundária à sombra de Goethe. Não pouco o tinham como figura principal da nova geração de poetas e intelectuais modernos e progressistas (*Sturm und Drang*), mas ele próprio, após o encontro com Goethe, entendia que este fazia à grande o que tantos faziam tentativamente.

Desde 1765, expressava o desejo de conciliar "o cristão e o filósofo" dentro de si (Leuser, 1990, p. 91). Em outubro de 1776, já muito respeitado, chega a Weimar para ficar, e "até sua morte, em dezembro de 1803, viveu na casa paroquial atrás da igreja municipal" (Leuser, 1990, p. 93).

Seguindo o conceito de progresso histórico de Lessing, associado à noção de desenvolvimento do mundo vegetal, de Goethe, Johann G. Herder elaborou um conceito de evolução profundamente influente sobre a filosofia e a ciência dos próximos cem anos (Hillebrand, 1880, p. 120).

Incomparavelmente mais vasto e meticuloso que a elaboração seminal de Lessing, o projeto de Herder dominou a filosofia da história até o final da década de 1790. O também brilhante, mas menos sistemático e abrangente, discurso de Schiller sobre a história universal e a filosofia da história de Kant eram ambos fortemente influenciados por Herder. A origem axial da filosofia da história, no entanto, remonta ao texto também revolucionário de Lessing, *A educação do gênero humano* (1780)[22].

É claro, essa influência de Lessing, embora capital, não deixava de ser processada e medida pela régua do próprio Herder, que sempre fora mais cristão. Não é raro que suas preocupações naturalistas se somassem a outras, teológicas ou espiritualistas, como a ideia de que Jesus seria o modelo ideal da evolução humana, ou de que a evolução seria essencialmente um desabrochar de potenciais espirituais em contraste com o meio material.

Eclesiástico entre os gênios leigos, Herder era também, talvez, o mais espinosano. Ao mesmo tempo, foi um dos grandes responsáveis por unir o monismo naturalista de Espinosa – já contaminado pelo individualismo de Leibniz a partir da recepção de Lessing – ao sentimentalismo de J. J. Rousseau. Com isso, a religiosidade de Herder casava-se a uma filosofia do Um e Todo (*Hen kai Pan*).

Se Kant, com a intermediação de Reinhold, é a origem absoluta da sistematicidade formal do Idealismo Alemão, seu conteúdo está disperso por uma

---

22. Uma obra que tive o orgulho de ser o primeiro a traduzir ao português, o que era meu desejo desde que dela li as primeiras páginas, ainda como estudante de graduação, cf. Lessing, 2019. Para uma análise mais detalhada do pensamento de Lessing, cf. Coelho, 2022a.

gama mais ampla de influências, que vão da própria influência kantiana, centrada na primazia da liberdade, aos diversos conceitos de intuição defendidos por autores diversos, passando pelo naturalismo espiritualista de Goethe e, sem dúvida, pela visão imanentista e natural da história proposta por Herder. Este último, contudo, declara, no prefácio do *Ideias*, que o seu naturalismo é também um naturalismo expandido, não materialista, que permite "enxergar a Deus através de Suas obras" (Herder, 1784, I).

Herder começa o livro situando o ser humano em seu devido lugar no cosmo. O Sol é uma de um turbilhão de estrelas, e a Terra um de diversos planetas. Nada nos leva a crer que nossa estrela e nosso planeta tenham algo de especial em relação aos demais. Começamos a registrar a história após um número indefinido de revoluções deste planeta ao redor de sua estrela. Não há dúvida de que, dadas as propriedades minerais da Terra e sua posição em relação à sua estrela, ela se evidencia como palco extremamente adequado à manifestação de incontáveis formas viventes. Uma cadeia discernível de leis e princípios rege toda a vida. As plantas, por exemplo, são gestadas no corpo de suas "mães", e depois lançadas ao mundo para crescer. Após os primeiros brotos da infância, atingem a juventude na floração, época exuberante e pujante de sua existência. Essa exuberância míngua com a aproximação da decrepitude (Herder, 1784, I, p. 66-67).

Atribuindo a Lineu a autoria da teoria da evolução natural, Herder considera o homem como animal terrestre, situado no reino dos animais. Analisa características fisiológicas, como a proporção de massa encefálica em relação ao tamanho da cabeça, a disposição dos membros e como são flexionados. Longe de serem autômatos, observa: os animais são todos motivados por impulsos e objetivos e parecem equipados pela natureza para o sucesso de seus cometimentos; e "não há virtude ou impulso algum encontrado no coração humano que não esteja aqui ou ali presente em um análogo do mundo animal" (Herder, 1784, I, p. 170), o que não quer dizer que não haja diferença entre a humanidade e as outras espécies. O homem difere do bicho por ser racional e, sendo racional, goza de organização fisiológica única, que lhe permite desenvolver a linguagem e a técnica/arte[23].

---

23. Uma defesa atual dessa posição é traduzível em diversas expressões da pesquisa moral evolucionista. Um exemplo modelo é o da filósofa Mary Midgley em seu *The Ethical Primate: Humans, Freedom and Morality* (Midgley, 2002).

Sendo único, o ser humano não é nem imune nem condenado ao modo de vida dos outros animais. Pode, por exemplo, ser determinado pelo clima e ambiente geográfico, mas o será tão menos quanto maior uso fizer dos recursos que o diferenciam dos animais e lhe permitem controlar o meio e as situações (Herder, 1784, I, p. 239). Sociável por natureza, a constituição afetiva e racional do homem lhe permite perceber intuitiva e instantaneamente que não deve fazer ao outro o que não gostaria que lhe fizessem (Herder, 1784, I, p. 252). Engaja-se em atividades coletivas e participativas tais quais a política, a ciência, a filosofia, a cultura em geral, as quais erroneamente muitos consideram individuais. A mais alta das atividades humanas, entretanto, a que mais testifica sua grandeza, é a religião: a busca por uma causa suprema de todas as coisas, invisível e sem forma, de que o ser humano não tem experiência alguma, mas não tem como não enxergar como o fim e o fundamento de tudo, e de sua vida como ser pensante. Acostumado ao concreto, todavia, o ser humano arrasta o sublime e transcendente para o plano da imagem palpável, e dá seu próprio rosto à divindade, criando ídolos (Herder, 1784, I, p. 258). Como esta não é uma observação sobre a cultura, e sim sobre a natureza, é preciso regressarmos ao estudo das leis fundamentais da natureza.

Não há regresso ou retrocesso na ordem natural e, na verdade, alega Herder, não há sequer estagnação. Tudo é progresso. A destruição e a morte, que ao homem inculto parecem males e retrocessos, são tão fundamentais ao progresso quanto o nascimento e o crescimento. O dinamismo (heraclitiano) da vida da natureza inclui intensa transformação, rearranjo e imprevisíveis mudanças. Chocar-se com o aparente caos do dinamismo natural equivale a julgar o todo pela parte, a unidade absoluta pela perspectiva, como bem mostrou Espinosa. Assim como a natureza amadureceu do pó à planta, da planta ao elefante, do elefante ao homem, também o homem precisa continuar a amadurecer e a progredir, mas, agora, através de gestos mais espirituais que materiais. Haverá, igualmente, algo depois do homem. Somos fim da cadeia dos animais, mas começo de uma nova; das feras somos a flor, mas para o estado futuro da humanidade somos o broto que precede e anuncia a flor.

Se esta Terra não puder comportar a constituição de uma humanidade futura, esta encontrará para si outro ambiente mais propício. Este mundo parece, para Herder, destinado "ao exercício e à provação", mas nossos maiores gênios nos dão noção do que deve ser um mundo superior. Da mesma forma como nós nos compadecemos dos animais, e compreendemos melhor que eles os seus erros e limitações, os habitantes desses mundos melhores se apiedam de nós e da condição do nosso mundo (Herder, 1784, I, p. 313).

Leibniz estava certo ao afirmar que cada ser é um espelho do universo, mas é necessário que cada um contenha em si também a imagem do progresso futuro, não apenas a do passado, e isso deve certamente incluir a ideia de seu próprio progresso (Herder, 1784, I, p. 316). É, dessa forma, pensa Herder, que os seres humanos enxergam por antecipação a vida espiritual e seu crescimento para Deus.

É imediatamente perceptível que o projeto, como aparece no primeiro livro, é mais sistemático que histórico, mas também não sistemático no sentido de uma metafísica dedutiva, e sim como uma ciência evolutiva e uma teologia científica (Andraschke; Loos, 2002, p. 37-43).

A tese de Herder destoou das noções iluministas concretistas e centradas no presente, dando ensejo a uma nova forma de concepção do posto do homem no cosmo, fortemente influente sobre a tradição romântica. Se os iluministas queriam mudar o mundo, Herder mostrou que essa mudança pode estar mais condicionada a uma imensa cadeia natural, na qual cada mudança é muito mais vegetativa e conjuntural do que protagonizada por indivíduos de posse de um livre-arbítrio simplista. Mais do que isso, ao apontar para um vasto e constitutivo passado, depositou sobre os ombros dos pensadores o "peso" da história natural e cultural (Collingwood, 1946, p. 35-36), um peso que é depois muito bem mensurado por Hegel, e sentido como angústia por Kierkegaard e Nietzsche. Nesse sentido, Herder é elemento-chave para a compreensão do Romantismo.

Esta introdução geral ao tema, no primeiro livro das *Ideias*, dá lugar a uma análise menos filosófica e mais empírica dos povos, que são descritos conforme seu ambiente, no segundo. Herder enfatiza que a grande discrepância entre os povos e suas adaptações fisiológicas para determinados ambientes não significam pluralidade de raças. Defendendo haver apenas uma e mesma raça humana, Herder torna-se um dos primeiros grandes opositores das noções de hierarquia racial, na contramão de muitos outros autores do período. Esta raça ou espécie goza de uma ferramenta fisiológica adequada à criação de um meio através do qual o progresso cultural é possível: a linguagem. E Herder acrescenta que um impulso tremendo à compreensão do entendimento e do coração humano decorreria de um profundo estudo comparado dos idiomas (Herder, 1785, II, p. 236).

A começar pelo idioma e pela técnica, o ser humano cria para si objetos culturais que servem de recursos e ferramentas para novos progressos espirituais. Isso cria na cultura uma "tradição", que é o nome dado por Herder a um conjunto de práticas e noções transmitidas pelas gerações como suportes para que os indivíduos não tenham que construir a cultura a partir do zero. A maior de todas as tradições, diz Herder, é a religião (Herder, 1785, II, p. 265). Sendo um elemento básico e de natureza metafísica, isto é, apontando para ideias universais e transcendentes ao invés de pontuais e condicionadas, a religião é o chão a partir de qual todas as civilizações antigas construíram suas artes, ciências e direito (Herder, 1785, II, p. 270).

O terceiro tomo trata da história da civilização propriamente dita. A visão é inequivocamente eurocêntrica, mas há um também claro esforço para representar, no mínimo, as grandes civilizações fora da Europa. Uma vez que se trata de uma filosofia da história, e não de uma história da civilização, a segunda metade do livro dá tom completamente diferente ao discurso, investigando as causas dos desdobramentos históricos observados nas culturas destacadas. Essas causas são explicadas pela tese de que as ocorrências históricas não são fortuitas ou casuais, e sim, ao contrário, meios para o contínuo progresso da humanidade e de sua cultura (Herder, 1787, III, p. 350). A partir daqui uma semelhança com *A educação do gênero humano* se torna mais perceptível.

O quarto volume, finalmente, traz uma importante chave de leitura para o restante da obra. No estudo da história da humanidade, precisamos dar sentido a certos fenômenos culturais radicais, como o Cristianismo. Que um homem pobre e sem relevância social tenha iniciado um movimento cultural em uma província irrelevante do Império romano, e que esse movimento cubra hoje metade da superfície da Terra e defina grande parte de vida das nações, é algo bastante desafiador para qualquer filosofia da história (Herder, 1791, IV, p. 52-55). Igualando o pobre e o nobre, o herege samaritano ao sacerdote, oferecendo consolação em um reino que não é deste mundo, e dando nova e original ênfase ao pensamento moral, o Cristianismo transformou bárbaros em filantropos, fez castos a partir dos degenerados, e prosperou em tantas culturas e climas diferentes que parecia sugerir uma efetiva transcendência em relação aos parâmetros particulares.

Essa exaltação ou apologia não deixa de ter função programática na filosofia da história de Herder, pois o fato da transformação cultural da humanidade, representada pelo Cristianismo, garante a possibilidade de uma educação contínua da humanidade para novos patamares. Já não mais prevalece o utopismo dos sábios e artistas da Antiguidade, que almejavam uma *kalokagatia* aristocrática, e sim a humanidade e a razão, traços da época e da cultura cristã em seu auge (Herder, 1791, IV, p. 328).

1.7 As primeiras reações à filosofia transcendental: Reinhold, Jacobi, Maimon

Não apenas racionalismo e empirismo (positivamente) como também o Ceticismo (negativamente) tinham seu referencial de verdade centrado na substância. A revolução copernicana proposta pela filosofia transcendental visava exatamente deslocar esse centro da coisa para as condições mentais que permitem o conhecimento; e é desse ponto de vista que Kant condenará como dogmáticas as metafísicas centradas no desnudamento da substância. Por eliminar esse acesso à substância é que Kant falou negativamente da metafísica – ou da tradição metafísica – na Primeira Crítica e nos *Prolegômenos*. O que ele não percebeu suficientemente, ou não explorou, contudo, foi o significado radical de seu novo projeto metafísico. Terminara a era da verdade fora de nós, e começara a era da verdade em nós; a metafísica da substância deu lugar a uma metafísica da subjetividade (Henrich, 2004, p. 318-321).

O que impediu Kant de perceber plenamente as implicações desse movimento foi o seu apego à cláusula cética de não poder conhecer o que está além do conhecimento. Assim, estabeleceu uma linha de fronteira entre dois "mundos": o dos fenômenos e o dos números. Um o mundo do conhecimento, o outro o mundo das coisas em si mesmas, para além do conhecimento. Embora epistemologicamente saudável, essa cisão gerava dois grandes problemas aos olhos dos primeiros críticos de Kant: 1) o saber e a própria realidade pareciam fragmentados, divorciados; 2) o velamento da realidade mesma soava como um encobrimento do ser e, o que é pior, não parecia haver demonstração alguma de que assim deveria ser. Embora essa crítica seja relativamente injusta, porque o que Kant estabelece sob o conceito de número não equivale a uma substância velada e sim a um não saber, de tipo mais socrático que dogmático; é inteiramente verdade que Kant parece ter abdicado de uma explicação satisfatória para um arranjo tão peculiar.

Como a anterior, essa geração de pensadores alemães formara-se na escola racionalista Leibniz-Wolff (Coelho, 2022a) e, aos seus olhos, o sensualismo de David Hume tinha conotações nefastas. Para eles, essas consequências prenunciavam a derrocada não apenas do racionalismo, enquanto escola, como da própria razão. Com a razão, por sua vez, tudo o que lhes era caro, o sentido da vida, a noção de um propósito maior, de um fundamento da moralidade, de uma beleza transcendente, para além do gosto volúvel, tudo isso haveria de ser substituído por noções utilitárias, egoístas (supostamente "naturalistas"). Para os pensadores alemães, tudo isso soava como degeneração da humanidade. A grande questão de época, então, era: Kant resolveu definitivamente esse problema, ou ainda precisamos de novos reparos?

O primeiro crítico incisivo de Kant foi o fideísta Friedrich Heinrich Jacobi (1743-1819). Jacobi via, ao longo da história da filosofia, um esforço espúrio e pretencioso da espécie humana em substituir a verdade revelada por uma verdade puramente humana. Esse esforço teria por base a presunção, já que não apenas o ser humano dispõe da revelação para saber as coisas que tanto se afadiga para saber como também pretende que a verdade alcançada por ele seja mais confiável que a entregue do alto por Deus. A filosofia, portanto, depende de uma certa índole ímpia, a qual Jacobi, mais de uma vez, chama de *babilônica*, em contraposição exata à índole piedosa, que orienta a vida a partir da revelação[24].

Curiosamente, a filosofia mundana redunda sempre em fracasso, concluindo que não se pode conhecer a Deus, não se pode provar a liberdade e a moralidade. Consequentemente, a filosofia acaba por pregar as mais ímpias

---

24. Não seria exagero retratar essa como uma posição antifilosófica (Kroner, 1961, p. 315).

doutrinas, a exemplo do materialismo, do determinismo e do relativismo moral, de que Espinosa seria o maior representante (Jacobi, 1785).

Jacobi não tinha, contudo, desprezo por Espinosa. Pensava que alguns homens pareciam condenados a não conhecer a fé, e só lhes restava o caminho (infrutífero) da especulação. Tinha, também, grande respeito e admiração por Gotthold Ephraim Lessing, que é objeto de seu livro *Sobre a doutrina de Espinosa em cartas a Moses Mendelssohn* (1785). O livro surgiu de um acalorado debate entre Jacobi e o filósofo judeu Moses Mendelssohn, a respeito de uma suposta adesão de Lessing à doutrina espinosana. Amigo muito próximo de Lessing, Mendelssohn ficou estarrecido com essa revelação, e trocou cartas com Jacobi para a apurar e compreender. Em certa ocasião, conta Jacobi, Lessing lhe teria confessado não ter mais fé no conceito ortodoxo de Deus. "Neles já não encontro satisfação. *Hen kai Pan* (Um e Todo)! Não conheço nada além disso" (Jacobi, 1785, p. 12). Jacobi teria respondido que aquilo soava espinosano, com o que Lessing teria concordado. Esse diálogo, conforme narrado por Jacobi, teria repercutido fortemente sobre aquela segunda metade da década de 1780. Lessing era um titã para os alemães daquele período, e sua morte recente (1781) tornara a "questão espinosana" o maior dos rumores intelectuais.

A eminência de Lessing emprestou respeitabilidade ao nome de Espinosa, o qual não gozava de boa reputação na Alemanha, onde a filosofia era fortemente cristã. Na França, na Holanda ou no Reino Unido, a situação poderia ser diferente, mas a recepção de Espinosa em uma Alemanha que vivia o século do pietismo foi muito ruim. De repente, no entanto, um modelo de tolerância, virtude e fé (Lessing) era associado a essa estigmatizada filosofia, e isso gerou um movimento de reinterpretação de Espinosa, que teria papel seminal tanto no Romantismo quanto no Idealismo. Esse efeito positivo talvez não fosse possível se o acusador, Jacobi, também não soasse um tanto destemperado e pouco razoável, como veremos a seguir[25].

Pelo meio da conversa, Lessing teria perguntado a Jacobi se ele acreditava na causa única e absoluta de Espinosa, ao que Jacobi respondeu que não, pois

---

25. De qualquer forma, com destaca Joãosinho Beckenkamp, o texto de Jacobi está entre os principais motivadores para uma ampla (e, geralmente, favorável) revisão de Espinosa (Beckenkamp, 2004, p. 43).

preferia a concepção de um Deus pessoal. Para esse conceito teísta, contudo, não poderia oferecer prova alguma, visto que as provas se esgotam na concepção naturalista do tipo de Espinosa, e o Deus cristão depende de um *salto mortale* da f (Jacobi, 1785, p. 17).

Os principais textos filosófico-teológicos de Lessing atestam um grau menor de comprometimento com a causa espinosana do que essa conversa registrada por Jacobi permite concluir (Lessing, 2019), de modo que é cabível questionar até que ponto suas posições na conversa refletem a nata de sua filosofia. Alguns intérpretes de Lessing também apontam para a inconfundível influência de Leibniz em sua obra (Schwarz, 1954). Jacobi admite que ele parecia responder "ora sério ora zombando" (Jacobi, 1785, 35), mas só é preciso conhecer o mínimo sobre a filosofia alemã do século XVIII para saber que Deus é o tema máximo – para muitos, o único – da filosofia. Considerando que a conversa era sobre Deus, e que o interlocutor era Lessing, é sensato interpretar os momentos irônicos como propositalmente lacônicos. O mais provável, portanto, e o que seria mais fácil acomodar à doutrina expressa nos textos do autor, é supor que ele não queria dar a Jacobi todas as respostas sobre a questão.

De acordo com a perspectiva de Jacobi, "todo espinosismo é ateísmo (Jacobi, 1785, p. 170)" e, uma vez que o sistema Leibniz-Wolff não lhe parece menos fatalista, pode-se também condenar como ateu todo filósofo alinhado a este (Jacobi, 1785, p. 172). Não é difícil concluir que, segundo Jacobi, resta muito pouca filosofia não ateísta na Modernidade. Sem o Deus verdadeiro revelado pelas Escrituras, o saber humano é tão morto quanto o falso Deus construído pela filosofia. A este Deus morto corresponde um mundo morto, de autômatos, e o conhecimento limitado por essa perspectiva tampouco é conhecimento do que mais interessa ao espírito humano.

Jacobi não vê, portanto, nenhuma outra opção filosófica além das duas seguintes: apostar no caminho da fé[26], tendo o saber escorado em Deus, ou

---

26. Nisso, Thomas Wizenmann foi mais perspicaz e efetivo, enfatizando que a fé positiva consistiria em uma substituição da teologia natural (no contexto alemão da época, *a priori*) pela revelação, empírica: "It is one of the merits of the Resultate that Wizenmann puts forward a simple and powerful argument in favor of positive religion. Where Jacobi is vague and merely suggestive, Wizenmann is clear and bluntly argumentative. His argument is especially interesting since it begins with Kantian premises and then draws fideistic conclusions from them. In the hands of the pietists

abdicar do saber junto com a fé (Jacobi, 1815, p. 17-34). Os filósofos, contudo, não desistem rapidamente de seu esforço de Sísifo e elaboram sistemas sofisticados para, no final, reapresentarem a mesma doutrina, equivalente à de Espinosa. Este é o caso também de Kant, que pretende ter superado o dogmatismo e o Ceticismo e, segundo Jacobi, realmente rearranjou a filosofia de maneira originalíssima, mas, na base de seu sistema, pressupõe um nada, que é a coisa-em-si (Jacobi, 1815, p. 143).

O autor parece razoavelmente consciente da necessidade de pressupor a verdade da percepção, e acusa Kant de não oferecer solução melhor e mais crítica que a dele, pois a alegação de que os sentidos não fornecem a verdade das coisas, e sim meras impressões subjetivas, é também uma pressuposição (Jacobi, 1815, p. 35). "Assim", afirma, "a trilha da doutrina kantiana conduz a um sistema da subjetividade absoluta." Por esta razão, Hume foi apresentado no diálogo de 1787 como "defensor da fé." Afinal, ele provava a futilidade do projeto fundacional da razão (Jacobi, 1815, p. 127-129; 164). É claro, porém, que Hume não estaria mais próximo da verdade que os demais filósofos, pois sua aposta tem um ar de cinismo, é meramente instrumental. Uma aposta séria deve incluir a pressuposição da verdade, a qual, como se viu suficientemente, precisaria se revelar segundo um caráter imediato, pois o maior adversário da verdade é o Ceticismo, que pressupõe justamente que a verdade não se encontra ou não se confirma de modo algum. Prenunciando filosofias da consciência de segunda pessoa, como a de Martin Buber, Jacobi dá como exemplo dessa imediatez a relação *Eu e Tu*.

Após Jacobi, dois outros pensadores fundamentais para o desenvolvimento do debate sobre a filosofia transcendental foram o filósofo austríaco Karl Leonard Reinhold (1757-1823) e o filósofo judeu lituano Salomon Maimon (1753-1800).

---

an essentially Kantian-style epistemology becomes a powerful weapon in humbling the claims of reason and uplifting those of faith. [...] On the basis of this Kantian definition and distinction, Wizenmann builds his case for positive religion. If we know that God exists, then we cannot know it through reason, which cannot demonstrate the existence of anything. Rather, we must know it through experience. But what kind of experience gives us knowledge of God? There is only one kind that gives us such knowledge, Wizenmann insists, and that is revelation. The basis of all religion is therefore positive, resting upon the belief in God's revelation" (Beiser, 1987, p. 112).

Em resumo, Maimon havia feito uma crítica simples, mas poderosa à filosofia kantiana ao observar que a estética transcendental parecia derivar da analítica transcendental, isto é, que as intuições puras de tempo e espaço tinham muito pouco de intuição e muito a ver com as regras do entendimento (Maimon, 2010). A partir dessa constatação relativamente trivial, Maimon reforçará a conclusão a que Jacobi chegara, anos antes por outros meios, de que o conceito de coisa-em-si, central para a filosofia kantiana, careceria de fundamento. Uma vez que a intuição se dá necessariamente como unidade de forma e conteúdo, falar de uma abstração da forma e de um conteúdo reconhecidamente incognoscível não faria sentido, sendo antes mais adequado permanecer no plano da uniformidade sistemática das filosofias das quais Kant debocha como dogmáticas.

Tendo em vista esse reparo do que entendia ser uma inconsistência da filosofia kantiana, Maimon produziu uma solução monista, apontando para o fato de que sensibilidade e entendimento são gradações quantitativas de uma única fonte cognitiva, e que o entendimento finito seria formalmente, mas não realmente distinto do infinito. A noção kantiana do juízo sintético *a priori* tampouco explicava como uma síntese é sequer possível (Kroner, 1961, p. 341), o que, novamente, levava Maimon a flertar com os modelos metafísicos monistas da escola Leibniz-Wolff. De certa maneira, a formulação de Maimon resgatava concepções de Leibniz e Espinosa para minar o dualismo kantiano. Evidência muito clara disso é seu artigo *Alma do mundo*, em que ele afirma o conceito platônico de alma do mundo como "substrato de todos os objetos reais" (Maimon, 1790, p. 48). Kant teria mostrado corretamente, afirma Maimon, que nada podemos ajuizar sobre a existência concreta dessa alma do mundo, mas tampouco podemos conhecer nossa própria alma, e isso não nos impede de perceber a necessidade racional de a pressupor (Maimon, 1790, p. 50).

Um argumento consistente a favor da noção de alma do mundo, e contra a proibição kantiana de estudá-la, seriam as teorias biológicas, como a da evolução e a da epigênese. Os maiores representantes dessas teorias na época, como Johann Blumenbach, pressupunham uma força formativa inteligente ou arquetípica a orientar os fenômenos biológicos. As teorias biológicas, portanto, pressupunham forças inteligentes ou anímicas que obrigavam a consideração metafísica do conceito de alma do mundo, que era justamente o conceito máximo do animismo nos objetos. Como consequência, as coisas não seriam objeto passivo dado na intuição, e sim forças vivas já dotadas da inteligência e da espontaneidade que Kant supunha serem acrescentadas às coisas pela nossa subjetividade. Outra evidência em favor do animismo é o fato de que nossa consciência evidentemente opera em níveis inconscientes; isto é, diversas funções biológicas inteligentes operam à revelia de nossa atenção ou mesmo durante o sono profundo. Temos sonhos elaborados enquanto a consciência está embotada e sustentamos intuições e sensações íntimas que, embora não justificáveis, são muito certas (Maimon, 1790, p. 79-88).

Esses dois primeiros críticos de destaque foram contemporâneos do mais celebrado continuador de Kant, Reinhold. Convertido ao luteranismo e casado com a filha do grande classicista Christoph Wieland, Reinhold já tinha ferramentas adequadas para uma carreira acadêmica bem-sucedida. Acrescentou a essas qualidades sociais uma pujante e original interpretação da filosofia de Kant, já desde o final dos anos 1780, o que o catapultou para o primeiro plano da arena filosófica.

Na direção do célebre jornal *Teutsche Merkur*, Reinhold inicia uma série de artigos intitulados *Cartas sobre a filosofia kantiana*. Segundo o que ele defende nesses artigos, a filosofia moral kantiana tinha o objetivo de reconciliar a moral e a religião. A quinta carta, por exemplo, publicada no segundo trimestre de 1787, era intitulada de *O resultado da Crítica da razão a respeito da vida futura* (Reinhold, 1787). O argumento central desse ensaio partia da confrontação entre materialismo e espiritualismo na Antiguidade, a qual resultou em ênfases diametralmente opostas, ora sobre o entendimento ora sobre a sensibilidade, em muitos sistemas filosóficos antigos (de Platão, de Aristóteles, de Epicuro, dos Estoicos). Excessiva ênfase na sensibilidade, a qual a experiência condenava como perecível e dependente dos órgãos (também mutáveis), empurraria o sistema para o materialismo e para a expectativa de destruição da alma após a morte do corpo. Excessiva ênfase no entendimento, por outro lado, reverteria o pêndulo para o extremo oposto, em favor de formas e atributos permanentes do intelecto, e uma correspondente expectativa de sobrevivência da alma racional à morte corpórea. Em ambos os casos, contudo, os sistemas tinham problemas em reconciliar as perspectivas opostas, o que é tarefa fundamental para qualquer sistema da realidade.

Tal estado desfavorável de coisas teria sido resolvido, afirma Reinhold, pela *Crítica da razão pura*. Reinhold, que é um dos primeiros a usar o termo filosofia da religião; dá a esse termo grande importância na interpretação da posição de Kant que, contrariando os dogmatismos materialistas e espiritualistas, daria solução crítica ao problema fundamental da alma e, com ela, às origens da liberdade.

Dado o tremendo sucesso de suas cartas sobre a filosofia kantiana, Reinhold reuniu-as em um livro que ampliou e contextualizou em 1790. No livro, Reinhold dissocia seu interesse sobre filosofia da religião e sobre a esperança de imortalidade da alma de qualquer tipo de sobrenaturalismo ou religião positiva. Para ele, a existência hiperfísica da alma corresponderia a crenças religiosas menos sofisticadas, mas, graças a Kant, a filosofia desvendou o fundamento moral da ideia de imortalidade (Reinhold, 1790, p. 233-235). Não se trata mais, portanto, de uma coisa hiperfísica que sobrevive à morte, e sim de uma ideia necessária da razão para harmonia de seu entendimento de mundo. Em outras palavras, Kant não prova a imortalidade da alma, enquanto coisa existente, mas prova a inevitabilidade lógica da pressuposição de uma continuação da vida para fins morais. Esta prova filosófica teria também uma consequência muito feliz sobre a acomodação da metafísica à doutrina de Jesus, uma vez que esta última expressa uma realidade do coração, não do entendimento (Reinhold, 1790, p. 343-344).

Ao lado dessas constatações sumamente práticas, Reinhold começa a elaborar um sistema fundamentador para a metafísica kantiana, agora incluindo a ampla e complexa epistemologia da *Crítica da razão pura*. Como Jacobi e Maimon haviam observado, a ligação entre o objeto e o sujeito no ato de representar parecia não ter fundamento. Além disso, o dualismo kantiano tornava essa mesma ligação problemática, pois ela parecia se dar entre duas esferas funcionalmente incompatíveis da atividade racional. Após uma tentativa frustrada de encontrar as causas da representação, Reinhold dá um importante passo na direção do Idealismo Alemão ao assumir sua imediatez como *fato* da consciência.

Reinhold dará a seu novo ângulo de explicação da filosofia transcendental o nome de Filosofia Elementar, fazendo alusão a um projeto fundamentador dos primeiros princípios e elementos da filosofia (Reinhold, 1791, p. xiv). Em seu livro *Sobre o fundamento do saber filosófico* (1791), Reinhold começa contrapondo Locke e Leibniz como modelos de abordagens erradas sobre a representação. Dedicando-se a explicar a representação como respectivamente fruto da percepção e do entendimento, do conteúdo *ou* da forma, Locke e Leibniz falharam em entender a união radical desses dois movimentos mentais em sua imbricação; isto é, que eram elementos mentais desde sempre referidos *um ao outro* (Reinhold, 1791, p. 18-63). Kant logrou compreender essa relação, mas lhe faltou o passo final de apresentar a justificação suficiente para ela. Do "grande resultado da *Crítica da razão pura*", isto é, que não se pode conhecer as coisas em si mesmas, e sim apenas a sua representação, Reinhold conclui que é necessário fundamentar a filosofia na própria representação (Reinhold, 1791, p. 74-75). Se esse é o objetivo da filosofia crítica transcendental, que seja também a sua base e o seu princípio.

Por esta razão é que o filósofo dá à representação a função de fato, ao invés de definição. A unidade sintética da apercepção de Kant recebe um papel que este não teria admitido, de origem genética, e não apenas de elemento sintético (Bondeli, 1995). Kant não trabalha com definições (Reinhold, 1791, p. 96-97), preferindo a exposição analítica de como as coisas são executadas e aprofundando a análise sobre as pré-condições desses processos executivos da mente. O fato da consciência de Reinhold, por sua vez, é um momento ou uma instância criativa dos processos mentais (Reinhold, 1791, p. 104). É o ponto a partir do qual a atividade do pensamento principia.

No intuito inicial de defender o kantismo, o filósofo austríaco acabou se vendo obrigado a desenvolver uma nova e própria filosofia, que acrescentou complicações à discussão e à recepção da filosofia kantiana não menores que as acrescentadas por Jacobi ou Maimon.

O número de escritores importantes que reagem à filosofia de Kant entre 1785 e 1795 é enorme, e certamente a exposição desses três mais famosos não esgota a lista dos que merecem ser considerados em um estudo aprofundado. Seria necessário considerar, por exemplo, as reações especificamente teológicas de autores como Johann F. Flatt, Gottlob Storr e Friedrich Süskind, teólogos dogmáticos que viam a filosofia transcendental como ameaça à moral cristã, bem como a interpretação também teológica, mas bastante favorável a Kant, de Immanuel Carl Diez (Henrich, 2004). A grande reviravolta filosófica, contudo, só começaria de fato com as críticas a essas primeiras críticas à filosofia kantiana.

2
O PONTO DE INFLEXÃO DO IDEALISMO TRANSCENDENTAL

2.1 O Aenesidemo de Gottlob Ernst Schulze

Embora haja casos em que uma crítica devastadora ofusca um trabalho anterior, recém trazido à luz, é também muito frequente que a crítica tenha o efeito oposto, de alimentar ainda mais uma fogueira já vigorosa. Não é também incomum que uma crítica ajude a torcer, ou até subverter, o significado original de seu objeto, imbuindo-lhe de uma vitalidade que o próprio autor criticado não teria oferecido. Nesta última linha de eventos, insere-se espetacularmente o caso do *Aenesidemo*.

Em 1792, mesmo ano de publicação do primeiro grande escrito crítico de Johann Fichte sobre a revelação, Gottlob Ernst Schulze publica uma resenha contra Reinhold, com título algo inflado, que pode ser traduzido assim: *Aenesidemo, ou, sobre os fundamentos da Filosofia Elementar oferecida pelo Sr. Prof. Reinhold em Jena. Junto com a defesa do Ceticismo contra as pretens*ões da Crítica da razão.

O estilo literário do texto não favorece nem um pouco o objetivo conceitual analítico da obra. Há excesso de ironia, em um sentido não socrático e puramente depreciativo, e o texto não convence literariamente. Por não ser literariamente sofisticado ou agradável, a extensão do livro e o excesso de figuras de linguagem acabam por torná-lo maçante, prejudicando ainda mais o propósito propriamente filosófico. Para piorar, a tipologia que baseia toda a crítica e a acusação de dogmatismo contra todos os sistemas não céticos é ela mesma dogmática e carente de justificação. O Ceticismo é apresentado como uma certeza de que "todo o saber é incerto" (Schulze, 1911, p. 33). Apesar de tudo, no entanto, o livro não deixa de ser instigante e entrega o que promete: uma boa crítica da tentativa de Reinhold de fundamentar a filosofia crítica e, de quebra, uma crítica razoável à própria filosofia kantiana.

Como proposta cética, o *Aenesidemo* denuncia a pretensão de certeza irrefutável da *Crítica da razão pura*, sustentando essa denúncia na falta de fundamentação última, a qual Reinhold, por sua vez, tenta oferecer.

Começando por Schulze, o *Aenesidemo* mostra que o princípio fundamental de toda a filosofia elementar de Reinhold, o princípio da consciência, não permite justificar minimamente a constituição do sujeito e do objeto representados. Vago e não fundamentado ele mesmo (Schulze, 1911, p. 49-51), o princípio da consciência não é formativo e constitutivo e exige certo malabarismo para que dele sejam extraídos os elementos que ele deveria fundamentar.

Basicamente, o princípio da consciência afirma que representação, sujeito e objeto apareceriam como que espontaneamente a partir de um fato da consciência. Ao invés de um verdadeiro fundamento, essa afirmação apenas cria um pressuposto de que se precisa admitir dogmaticamente. Consciente da necessidade de fundamentar e sistematizar a filosofia transcendental, Reinhold não parece igualmente consciente de que sua proposta apenas repete a abordagem analítica de Kant, mas piorando a situação ao inserir um elemento analiticamente desnecessário e com pretensões fundamentadoras.

O ataque é justificado e preciso, embora se faça acompanhar de uma mais longa e bem menos precisa avaliação da filosofia kantiana. Essa avaliação é enviesada pela assumida perspectiva humeana de Schulze, que basicamente crê que a *Crítica da razão pura* não responde nem supera os problemas levantados por Hume. Essa crença ou suposição acerta o alvo de raspão. Não é inteiramente errada, mas falha em compreender a razão pela qual a filosofia crítica é menos dogmática que o seu ceticismo.

Schulze diz que a negação de um contato ou mediação entre a mente e um *realiter* na base da experiência é dogmática. Supor que a experiência se refere ao objeto *realiter* também seria dogmático. Por isso, Hume – corretamente, na visão de Schulze – afirmou ser impossível concluir qualquer coisa sobre essa relação (Schulze, 1911, p. 106). Ao radicar as características do objeto em uma constituição da faculdade de representar (entendimento), portanto, Kant teria dado a esse problema uma resposta criativa, mas ainda proibida pela crítica cética de Hume. Ligado a esse problema está um outro: o de saber se a coisa em si é representável (Schulze, 1911, p. 168). Afinal, de onde vem a convicção de que deve haver algo para além da representação, se todo o nosso contato efetivo com um objeto *não se refere* a ele mesmo, e sim apenas à representação? Essa convicção "baseia-se em um obscuro sentimento?" (Schulze, 1911, p. 172).

À constatada falta de fundamentação para o conceito de coisa em si[27], Schulze oferece, contudo, uma resposta igualmente infundada e insatisfatória, que consiste em apontar vaga e dogmaticamente para uma força autoevidente da fenomenalidade como única origem possível para o conhecimento. Assim, Schulze reapresenta a filosofia crítica como inclinada ao Ceticismo e à semelhança de Reinhold, mas por outros caminhos, torna a consciência ou egoidade absoluta, sem a necessidade de uma artificial mediação entre sujeito e um mundo exterior. Só podemos julgar as coisas como aparecem em nossa representação, sem malabarismos para ancorar essas representações em um mundo de coisas acerca das quais nada podemos saber.

Embora o texto de Schulze represente uma compreensão imprecisa dos elementos e do propósito da filosofia transcendental, ele leva a cabo, no mínimo, relevantes críticas ao projeto de Reinhold de sua fundamentação sistemática.

Reinhold, Jacobi e Maimon lideravam então os projetos de reapresentação e crítica da filosofia transcendental. Divergindo bastante quanto à forma de corrigir ou negar o projeto kantiano, esses autores ajudaram a compor uma percepção homogênea de que havia algo de errado com esse projeto, demandando respostas mais conclusivas.

Na contramão de Schulze, o projeto de Reinhold buscava uma fundamentação absoluta para o modelo kantiano. Uma vez que Kant parte da análi-

---
27. Problema que faz eco à crítica de Jacobi (Beckenkamp, 2004, p. 68).

se e de uma visão reticente quanto à ligação entre intelecto e coisas, Reinhold prefere inverter a ordem lógica do modelo e falar de uma absolutidade da representação. A representação seria a unidade original de todos os atos da consciência, a partir dos quais só secundariamente, por análise, desdobramos propriedades subjetivas e objetivas.

As duas abordagens, conquanto brilhantes, eram incompletas e, por isso, não levavam a nada. Fichte foi o primeiro a solucionar o problema da fundamentação da filosofia transcendental, substituindo as antigas noções de primazia da verdade sobre a liberdade por uma primazia da liberdade sobre a verdade, o que, aliás, era mais conforme ao projeto kantiano.

Reinhold não apenas deixou de fundamentar rigorosamente como sequer apresentou uma sugestão acerca da relação entre a representação – para ele o elemento fundamental – e suas causas (Henrich, 2008, p. 144). Em outras palavras, como observaria Fichte, ele não funda o saber sobre nada que goze de um poder fundacional. Ao contrário, ele corretamente afirma o princípio da unidade como necessário, mas o candidato apresentado para preencher essa função falha em executá-la.

A solução e o defeito da abordagem de Schulze têm ambas a ver com seu "psicologismo"; isto é, com a pressuposição de que estamos fadados a apenas interpretar fatos mentais. Embora ingenuamente comparado ao Idealismo, esse tipo de psicologismo difere diametralmente do que qualquer pensador idealista já propôs, mas a associação não deixou de fomentar grosseiros erros interpretativos, notadamente no ambiente acadêmico de língua inglesa. O ponto de discórdia está na noção da primazia da consciência sobre a objetividade. No psicologismo, essa primazia aparece com tons relativistas, como impressão subjetiva sobre as coisas, limitando o saber ao terreno instável das percepções e análises subjetivas. Como Schulze corretamente concluiu, essa perspectiva dá razão e aumenta a força ao Ceticismo. A perspectiva idealista, ao contrário, aborda a realidade sob a ótica objetivista do "estar aí" das coisas e busca entender como à consciência é possibilitado um saber objetivo, metafisicamente fundado, o que solapa o Ceticismo.

De certa forma, a perspectiva psicologista está muito aquém da tradição metafísica, ao passo que a perspectiva idealista a continua e valida.

2.2 O brilho de Weimar; *rendez-vous* da alta cultura

Eventualmente, uma conjunção favorável garante impulso a uma sociedade, mas os saltos só ocorrem na presença de grandes líderes. Atenas teve Péricles; Roma, Augusto; o Japão teve o imperador Meiji. Lugarejos menores podem não ter se elevado tão alto, mas também estabeleceram seu lugar na história graças a líderes locais. Foi o caso da corte de Weimar, minúsculo ducado que mudou a cultura mundial graças à liderança de Anna Amalia von Braunschweig-Wolfenbüttel (1739-1807), então arquiduquesa de Sachsen-Weimar-Eisenach.

Não seria justo denominá-la déspota esclarecida em favor de sua época, pois era bem mais esclarecida do que despótica. Em 1775, articulou, com o filho Karl August, a mais importante de diversas boas decisões para a cultura e prosperidade da cidade e dos ducados: convidar Goethe para uma posição administrativa fundamental, que permitiu ao poeta sanar as contas públicas, fomentar as artes e a ciência e vitalizar a Universidade de Jena. Foi sob a influência, ora mais ora menos direta, de Goethe que a Universidade de Jena se tornou a vitrine intelectual da Alemanha, concentrando em sua pequena, e até então apagada estrutura, os maiores nomes da época, como Reinhold, Schiller, Fichte, Schelling, Hegel e Schlegel.

Quando F. Schiller chegou a Weimar, em 1787, a cidade tinha 16 mil habitantes, e "apesar de seu prestígio cultural", "não havia perdido seus ares provincianos" (Safranski, 2006, p. 258).

Herder e Wieland receberam suas posições respectivamente no começo e em meados dos anos 1770; Schiller, apenas no final dos anos 1790, mas, vivendo na cidade universitária de Jena, apenas dez quilômetros distante de Weimar, não lhe era difícil participar do alto círculo cultural da última. Todos estavam relacionados entre si. Goethe, por exemplo, recomendou Herder para o cargo de superintendente geral ainda em conversações preliminares, quando mal acabara de chegar à cidade e instalar-se em seu próprio cargo (Safranski, 2006, p. 263).

Wieland chegara a Weimar a convite da duquesa Anna Amalia, que o encarregou da educação de seus filhos. Era um poeta dos mais prolíficos e conhecido por obras de fôlego, entre as quais se destaca *Oberon*, sobre um rei dos elfos; fez traduções de autores antigos e modernos e editou uma importante coletânea de contos de fadas de Johann Musäus. Foi também fundador e editor do importante jornal *Teutsche Merkur* – um híbrido de periódico científico de ares iluministas e revista de belas artes e alta cultura. Trabalhou praticamente sozinho na edição do jornal até o casamento de uma de suas filhas com Karl L. Reinhold, que, de 1785 até 1790, contribuiu com o sogro no trabalho editorial.

O arqueólogo e historiador classicista Johann J. Winckelmann, que morreu antes (1768) da glória de Weimar, exerceu enorme influência sobre as artes na Alemanha, imprimindo uma guinada para a bela forma greco-romana[28].

Em um lugar que reunia os maiores poetas e não modestos naturalistas, é compreensível que o surgimento da Terceira Crítica de Kant tenha causado alvoroço. O ambiente Weimar-Jena foi o responsável pela mais intensa discussão sobre essa última crítica de Kant nos anos 1790.

Entre meados dos anos 1770 e os primeiros anos de 1790, Weimar foi caracterizada por um movimento de amplas implicações sobre a cultura mundial, o *Sturm und Drang* (Tempestade e Ímpeto); um movimento jovial, rebelde e sentimentalista do qual fizeram parte Klopstock, Herder, Goethe e o jovem Schiller. Oposição ao mecanicismo e ao espírito burguês, o *Sturm und Drang* tenta reumanizar o sujeito moderno (Korff, 1954, p. 33).

O cenário musical de então refletia o ideal clássico, embora seu verdadeiro fundamento fossem as noções universalistas e racionalistas das *Luzes*. Diferente da fase logo inaugurada pelo Romantismo, e dos momentos mais impetuosos do *Sturm und Drang*, a tendência musical era equilibrada e no-

---

28. "Winckelmann's *History of Art* is at once a system of aesthetics and a history. There may be, and there are, many points on which we are at variance with Winckelmann, and the fundamental idea even of his great book – that the aim of art is the creation of ideal forms – is no longer, I hope, admitted by aesthetic criticism. Nevertheless, his book acted as if it was a revelation of the Hellenic world. Winckelmann had himself something of the spirit of the Greeks, and so became naturally their most eloquent interpreter. It was as if he had brushed away the dust from the ancients, and revealed to view the purity of their outlines, buried as they were under a dense layer of rubbish. He endeavoured to show in language hitherto unparalleled — a prose lofty and noble, nay, majestic, without affectation, and correct without purism — in a language worthy of the ancients, that the Greek art of the time of Pericles rested on the same basis as the Platonic philosophy; the basis of idealism, contemplating the real world as a reflection of the world of ideas, and trying to reconstruct for the senses, as Plato tried to do for the intellect, those ideas which were like the lost types of the created world. Against the unquiet, overladen style of his own time, he invoked the calm and simplicity of the Greek art, even introducing to painting the rules of sculpture." (Hillebrand, 1880, p. 90).

bre[29]. Na verdade, foi o próprio *Sturm und Drang*, exercendo influência sobre Mozart e Haydn, que começou a pressionar a música para além dos padrões dominantes ao longo do século XVIII (Grout; Palisca, 2007, p. 530).

É possível sustentar, portanto, que o palco que possibilitou o nascimento do Romantismo, particularmente em sua fórmula alemã original, foi montado pela explosão cultural de Weimar. A gênese do Romantismo é duplamente francesa e alemã; e corresponde diretamente aos dois tipos de rousseaunismo, a saber, o ideal de igualdade política e o ideal de liberdade plena. O primeiro prevaleceu na França dos movimentos sociais, mas o segundo penetrou fortemente na Alemanha dos poetas e, indubitavelmente, boa cota da responsabilidade sobre esse fenômeno recai sobre Herder. A pessoa de Herder centraliza a disseminação do ideal de humanidade de Rousseau na Alemanha, impulsionado pelo poder de sua influência na cultura alemã dos anos 70 e 80 do século XVIII. Na Alemanha, Herder e Lessing tiveram papel análogo ao que teve Rousseau na França. A formação teológica e artística de Herder fez com que a recepção de Rousseau fosse pautada pelo aspecto mais despolitizado do autor genebrino (Korff, 1954). Não se pode esquecer que as ideias de Rousseau chegam a um ambiente que já experimentava as culminâncias do ímpeto libertário iluminista, materializadas na pessoa de Lessing.

Se essa atribuição é devida, então o ambiente Weimar-Jena foi responsável não apenas pela gestação do Idealismo Alemão como também do Romantismo, aumentando ainda mais o valor histórico dessa conjuntura para a cultura universal. É possível que ambos os movimentos tivessem surgido por força da tendência histórica, mas eles seriam menos intensos, menos orgânicos e, provavelmente, se alastrariam mais devagar se não nascessem em uma capital cultural que os incentivou, e que pinçou cada pensador talentoso da obscuridade para o pedestal nacional.

Cum grano salis, e apesar da importância da presença de todo um panteão da cultura, Weimar era essencialmente regida por Goethe; e Goethe essencialmente pelo espírito de Weimar. Os poderes que o cargo lhe confe-

---

29. "A música que seria considerada ideal em meados e na segunda metade do século XVIII pode, portanto, ser descrita como se segue: a sua linguagem devia ser universal, não limitada pelas fronteiras nacionais; devia ser ao mesmo tempo nobre e agradável; devia ser expressiva, mas dentro dos limites do decoro; devia ser "natural", ou seja, despojada de complexidades técnicas inúteis e capaz de cativar imediatamente qualquer ouvinte de sensibilidade mediana" (Grout; Palisca, 2007, p. 480).

ria não eram maiores do que a respeitabilidade e autoridade que ele próprio conferia ao cargo. Anna Amalia foi a responsável pelo começo da glória de Weimar, Karl August pela sua consolidação, mas poucos historiadores do período discordarão que o lance decisivo das duas administrações foi a escolha de Goethe como capitão de todo o processo. Diferente da República de Platão, a Weimar de Goethe foi um ambiente liberal, onde a indução do progresso artístico e científico vinha mais do exemplo e do patrocínio do que de um projeto. Talvez em nenhum outro ponto da história tenha havido mais vibrante modelo de uma vida pública dedicada ao florescimento humano.

2.3 O despertar crítico de Johann G. Fichte

Johann G. Fichte é um autor para o qual as diferentes fases e transformações do pensamento não representam abandono de uma preocupação fundamental, em torno da qual giram suas distintas propostas desde sua "conversão" à filosofia transcendental, por volta de 1790. As revisões, os melhoramentos ou os aclaramentos e os diferentes processos de pensamento apresentados por Fichte se mantêm fiéis à intuição original de que a filosofia kantiana, a qual atesta incomparavelmente a liberdade, deveria ser fundada na própria liberdade.

Igualmente constante e peculiar ao pensamento de Fichte é a sua recursividade sobre as origens e a constituição do próprio pensamento, no que, talvez, nenhum outro pensador tenha feito um investimento tão persistente e tão frutífero.

A trajetória dessa busca quase obsessiva pela "explicação do pensamento" começa com seu primeiro contato com a filosofia de Immanuel Kant, por ocasião de um pedido de um aluno que com Fichte tomava aulas particulares sobre filosofia. Os traços biográficos dessa conversão são muito patentes na correspondência de Fichte:

> Em carta ao amigo Weishuhn, diz: "eu vivo em um novo mundo, desde que eu li a *Crítica da razão pura*. Proposições que eu acreditava que eram irrefutáveis são para mim derrubadas; coisas que eu acreditava que nunca poderiam ser provadas, por exemplo, o conceito de uma liberdade absoluta, de dever etc., são provadas, e eu sinto-me a respeito disso tanto mais feliz. É incompreensível que força e que estima para a humanidade nos dá este sistema" (Döring, 1974, p. 17).

A convicção da liberdade haurida do texto kantiano lhe dá um sentimento de alívio, de alegria: "Devo confessar que agora acredito plenamente na liberdade do homem, e vejo claramente que só pressupondo a liberdade é possível o dever, a virtude e, em geral, uma moral" (Medicus, 1925, p. 23).

Em carta de 12 de agosto de 1790 recorda Fichte a Johanna Rahn seu primeiro estudo da filosofia kantiana, dizendo: "Entrei apaixonada e profundamente na filosofia kantiana e vejo que tanto o intelecto como o coração tiram disso um grande proveito" (*apud* Siemek, 1984, p. 78).

E, em carta datada de 5 de setembro, reforça sua cosmovisão transformada graças ao estudo de Kant: "Vou dedicar a essa filosofia pelo menos alguns anos da minha vida e desse momento durante vários anos tudo o que eu escrever relacionar-se-á a ela. Ela é demasiadamente difícil e, por isso, necessita algo para fazê-la mais fácil." Sobre o caráter ético desse momento decisivo, ele assinala: "A filosofia de Kant faz com que o intelecto se eleve de um modo inconcebível sobre todas as coisas terrenas. Assinalei para mim uma moral nobre e em vez de ocupar-me das coisas externas, ocupo-me mais comigo mesmo" [Döring, 1974, p. 16] (Utteich, 2009, p. 114).

Fichte foi rapidamente projetado à fama já desde seu primeiro trabalho crítico, graças a uma confusão envolvendo a *Tentativa de uma crítica à toda a revelação* (1792). O texto foi publicado anonimamente, e, em razão do aspecto analítico e da terminologia kantiana, foi presumido como texto de Kant. Quando a confusão foi desfeita, muitas homenagens já haviam sido rendidas ao texto e isso chamou atenção para o jovem pensador.

Por serem muito menos técnicos e escritos para o grande público, dois ensaios curtos posteriores (1793), que tratam da liberdade de expressão, merecem ser brevemente considerados antes da análise do livro sobre a revelação.

Em 1793, na *Reivindicação da liberdade de pensamento* (Fichte GA I, 1, 1964), o filósofo defende a liberdade de imprensa e de expressão e ataca a intervenção do Estado na publicação de textos, advogando que estes sejam, na medida do possível, livres de qualquer restrição. Enaltece em tons iluministas a importância capital da liberdade de pensamento e expressão para a formação do espírito, da personalidade individual. Ainda em 1793, na *Contribuição à retificação do juízo do público acerca da Revolução Francesa*, destaca a ilegitimidade de qualquer heteronomia e associa direta e causalmente a liberdade metafísica e a liberdade prática ou política. Essa percepção é sintetizada na declaração: "nenhuma vontade estranha é lei para nós; nem mesmo a da divindade, se esta pudesse ser distinta da lei da razão" (Fichte GA I, 1, 1964, p. 237 [82]).

Adicionalmente, o texto combate duramente o materialismo e declara a filosofia transcendental como a única adequada ao fomento da autonomia (Fichte GA I, 1, 1964, p. 252 [101]; p. 278 [131]).

> Sei bem que muitos duvidam da existência de eternas leis da verdade e do direito, e não lhes excitam os nervos nenhuma verdade além da vontade da maioria e nenhum bem moral além do retesar ou afrouxar dos nervos. [...] Não é aqui minha tarefa defender sua humanidade contra eles próprios, e provar-lhes que não são animais irracionais, senão puros espíritos. [...] Como deveriam eles chegar às ideias de sabedoria ou direito? (Fichte GA I, 1, 1964, p. 211 [49]).

A autonomia, por sua vez, precisa da mediação da "cultura" para florescer[30]. Tal cultura filosófica e esclarecida, contudo, não corresponde à cultura material e dada, reconhecida pelo antropólogo como fato. Esta teria pouco valor para qualquer filósofo, pois não interessa saber em que creem ou o que fazem as comunidades, e sim em que deveriam crer e o que deveriam fazer *segundo a razão*. Unicamente esta cultura esclarecida pode legitimar qualquer regra. Nem Deus, diz Fichte, teria o direito de decretar uma lei contrária à razão. Felizmente, um Deus irracional é um conceito contraditório e a própria noção de lei é ligada pela razão à noção de uma justiça perfeita, isto é, de Deus.

> Nisso nenhum estranho (Deus não é um estranho) pode ser juiz. A lei da qual o juiz invisível deste tribunal fala é a lei moral, na medida em que se relaciona unicamente com o mundo do espírito. Em sua primeira relação, ele [o homem] é espírito. Então, pode ser observado na sociedade, vivendo entre seus iguais. Nessas relações, sua lei é a lei moral, na medida em que determina o mundo dos fenômenos, e se chama lei natural. Diante de tal tribunal cada um é seu próprio juiz, com o qual convive. Nesta relação ele é humano. Agora, ele fecha contratos (Fichte, GA I, 1, 1964, p. 278 [131]).

---

30. "Cultura significa o exercício de todas as forças com o fim da plena liberdade, a total independência de tudo que não nós mesmos, que não nossa pura intimidade (*reines Selbst*)" (Fichte GA I, 1, 1964, p. 241 [73]). Nesse exato sentido, criei uma série de vídeos introdutórios sobre a alta cultura: https://www.youtube.com/watch?v=njEkKrD754A.

Retornamos ao ensaio sobre a religião tendo em mente esse contexto da recepção da filosofia kantiana. Na *Tentativa de uma crítica à toda a revelação*, Fichte estende a análise transcendental aos móbiles da ação, continuando o trabalho de Kant na direção de uma exposição acurada dos motivadores, entendendo que a liberdade depende do traçado dos limites desses motivadores. Derivando da matéria e de como ela é recebida pela sensação, portanto, o impulso que nos move para ou contra um objeto está sujeito às determinações sensíveis (Fichte, 1793, p. 6-8). É fundamental para a compreensão da filosofia de Fichte, contudo, observar que a determinação sensível não torna o impulso passivo como a própria sensação. Ele é também espontâneo; ou seja, é reação do espírito à sensação, e não consequência mecânica dela (Fichte, 1793, p. 8). A sensação limita-se a informar a consciência a respeito das características materiais dos objetos, mas a inclinação para ou contra estes é já um gesto da consciência. Com isso, Fichte varre para longe a noção mecanicista de uma pura passividade do gosto, mas ainda estamos, certamente, no terreno empírico, que só permite falar de uma doutrina empírica – logo, relativa – da felicidade (Fichte, 1793, p. 9-10).

Uma vez que o dado ou recebido passivamente pela sensação se refere à matéria, o espontâneo é sempre gesto da consciência em relação à sua forma. A forma do conceito, contudo, é elaborada pelas regras invariáveis do entendimento. É preciso, então, uma outra forma mais correspondente ao nosso modo de lidar com a matéria enquanto tal, uma forma que seja reação da nossa liberdade, e não do nosso entendimento. Essa forma dada pela liberdade é justamente uma função da faculdade desiderativa (Fichte, 1793, p. 14-15), que põe em escala o quão apetecíveis são os objetos conforme sua matéria. Dito de modo mais didático, conhecemos o tamanho, o peso e onde está o picolé de limão através das ferramentas do entendimento, mas desejamos ou rejeitamos um picolé com esse sabor específico com base na faculdade desiderativa.

Se a faculdade desiderativa é relativa, no entanto, a vontade segue uma ordem superior, como mostrou Kant na *Crítica da razão prática*.

Duas almas, como disse Fausto, habitam em nosso peito. As duas são expressão da nossa capacidade de impor ao objeto uma propriedade tal que o torne atrativo ou repulsivo, mas a faculdade desiderativa o faz conforme um interesse individual, e a lei moral o faz conforme a forma mais racional (e universal) possível da vontade assumida em sua máxima pureza. O sentimento moral se prova superior na prática, pois é capaz de vencer e, em vencendo, capaz de produzir um regozijo tão infinitamente maior e de qualidade mais nobre, que se evidencia como "chispa divina em nós (Fichte, 1793, p. 25)." A hierarquia de qualidade da satisfação, portanto, é o que unifica essas duas propriedades distintas da intencionalidade.

Muitas – quase todas – as críticas à filosofia moral kantiana pecam por confundir os papéis do arbítrio e da liberdade, supondo que o imperativo da lei moral constrange ou, no mínimo, tolhe formalmente a incondicionalidade da liberdade. Fichte não cometeu esse erro interpretativo, e destaca que a lei moral é a condição lógica para a possibilidade de uma determinação da vontade inteiramente livre das cadeias da ordem natural; e que tampouco o desejo seria um gesto arbitrário de eleição se quem deseja não fosse antes pessoa, capaz de escolher livremente (Fichte, 1793, p. 27-28). Nesse caso, estariam certos os deterministas que afirmam que pessoa alguma jamais escolheu um item em um cardápio de restaurante, sendo todas as pessoas invariavelmente determinadas por pré-condições que escapam à "ilusão" da consciência.

No sentido das filosofias do propósito e sentido da vida, Fichte entende a conciliação entre a lei moral e o plano da vida como exigência da lógica interna da razão em sua integridade. É o que Kant tentou propor com os postulados da razão prática pura; isto é, tirar as conclusões necessárias da relação entre a lei moral e a possibilidade de sua real execução.

A perfeição da lei, portanto, exige ao menos a projeção de suas consequências em termos de exequibilidade, ao que damos o nome de Deus, ser cujo caráter coincide perfeitamente com a lei moral (Fichte, 1793, p. 41).

Dada a pensabilidade do conceito de sumo bem, a razão prática exige igualmente a conformidade entre a lei e a felicidade; ou seja, que haja um estado concebível onde a retidão e a felicidade se conjuguem como bem máximo e completo em um estado bem-aventurado.

> Estamos em todas as nossas decisões obrigados a considerá-Lo como o único capaz de conhecer-lhes o valor exato, uma vez que a Ele caberá julgar-nos conforme este valor, de modo que apenas o Seu juízo

de aprovação ou desaprovação é correto. Nosso temor, nossa esperança e nossas expectativas se referem a Ele: só em Seu conceito sobre nós encontramos nosso verdadeiro valor. A santa reverência a Deus que necessariamente deve nascer em nós, associada ao desejo de uma felicidade que só Dele podemos esperar, não determina a faculdade desiderativa a querer o correto (nem poderia, pois essa determinação funda-se sobre si mesma), mas determina nossa vontade empírica a produzi-lo continuamente. Aqui já vemos a religião baseada em uma ideia de Deus como um determinador da natureza segundo fins morais, bem como também baseada em um desejo de felicidade que foi ampliado e fortalecido por não estar mais atrelado à virtude, e sim desejoso de a realizar (Fichte, 1793, p. 58).

Esta religião da razão pura, contudo, corresponde à religião filosófica, que difere da fundada histórica ou empiricamente pelos fundadores da religião. Fichte refere-se bastante negativamente a esta última e, na linha da teologia natural iluminista, termina a quarta parte do livro sem deixar espaço para dúvida de que aquele que demonstra *a priori* a religião natural, a saber, Immanuel Kant, está acima dos que revelam empiricamente a religião histórica, incluindo Cristo (Fichte, 1793, p. 81). Como em outros tantos tratados de teologia natural, a forte defesa racional de elementos tradicionalmente vistos como religiosos não pode ser confundida, portanto, com defesa das instituições ou doutrinas das religiões históricas, às quais não são feitas concessões, nem sequer de espaço no livro.

A conclusão do livro, perfeitamente harmônica com a filosofia moral de Kant, é a de que só a fé racional/natural goza de legitimidade e pode pretender oferecer pontos de crença que sejam universalmente válidos, como uma revelação natural a todas as consciências. Esses pontos se resumem às postulações de Deus e da imortalidade da alma; todo resto é anexo empírico (histórico e cultural) e, portanto, relativo.

Com o livro, Fichte não apenas se punha ao lado de Reinhold como candidato a representante maior do kantismo, como enfatizava, mais uma vez, os traços iluministas (seculares) e, ao mesmo tempo, fundamentalmente piedosos da filosofia transcendental. Uma relação dialética que continuaria no centro da discussão filosófica por mais algumas décadas.

2.4 Kant *ex machina*: as novas cartadas do jogo

A história do Idealismo e do Romantismo costuma ser contada muito linearmente, como se Reinhold escrevesse depois de Kant, Schelling depois de Fichte, Schiller depois de Goethe, e assim por diante. Essa linearidade é falsa; o processo dinâmico e coletivo da discussão filosófica era cheio de reviravoltas espetaculares, como em uma competição na qual os atletas que perderam ontem podiam ganhar hoje e voltar a perder amanhã. Não entendemos essa época se não imaginarmos um ambiente de permanente apreensão e expectativa, em que, para os atores envolvidos, tudo podia acontecer.

Enquanto o mundo reagia às duas primeiras críticas, mais digerindo-as do que efetivamente confrontando-as ou superando-as, Kant continuava a produzir textos perenes e profundos entre 1790 e 1792. Lançar uma terceira crítica, dois anos depois da segunda, colocando, mais uma vez, questões e perspectivas nunca imaginadas e a respeito de problemas que as grandes mentes mal sabiam começar a abordar, apenas reforçou a convicção, cada vez mais universal, de que havia algo de sobre-humano nesse autor.

Não obstante, na época e ainda hoje, não poucas pessoas avaliam a *Crítica da faculdade de julgar* como mero anexo, e uma obra significativamente menor no corpo sistemático da filosofia kantiana.

A apresentação da Terceira Crítica não ajudou a desfazer essa impressão, pois o próprio Kant admitia, na longa introdução do livro que aquele era um texto de ligação, quase um "acabamento" da filosofia transcendental, justificado pelo fato de que as duas críticas anteriores haviam feito o essencial, mas não tudo o que havia a ser feito.

Faltava, por exemplo, explicar filosoficamente a ideia de finalidade presente tanto no estudo da biologia quanto na arte. Em um contexto em que ambas as atividades viviam um momento nunca antes visto na Alemanha, a explicação filosófica dessas era absolutamente necessária.

Unir as atividades em um único livro foi providencial para a melhor percepção da filosofia transcendental como filosofia abrangente e sistemática. A Terceira Crítica não chegava como um acréscimo casual, e sim como grande ponto de convergência dos pensamentos ainda dispersos ou não enfeixados pelo projeto crítico. Agora, deveria ficar claro para todos que o projeto de Kant reconfigurava e recolocava as mais importantes ideias platônicas, em três sucessivas críticas: do verdadeiro, do bom e do belo.

O filósofo começa justificando a necessidade de uma terceira crítica, o que era necessário uma vez que toda a sua filosofia tinha evidenciado haver apenas duas possíveis analíticas objetivas: a do entendimento e a da liberdade. A filosofia da arte e a filosofia da natureza, então, deveriam consistir em derivações ou mediações entre aquelas duas analíticas possíveis, e, por isso, não poderiam produzir conceitos, e sim apenas juízos. Sua analítica deveria apresentar, então, caráter extrapolativo, ou, em suas palavras, reflexivo. Nossos conceitos sobre natureza ou sobre a liberdade são, porém, apartados por uma grande distância, já que os conceitos sobre a natureza falam do sensível, enquanto os conceitos da esfera prática falam do suprassensível (Kant, 1902, V, p. 175). Faz-se necessária, então, uma mediação racional, ainda que "artificial"; isto é, extrapolativa ao solo firme das possibilidades analíticas da razão, com o intuito de dar acabamento ou fecho final ao projeto filosófico. Essa intenção evidencia uma preocupação sistemática que, embora sempre presente em Kant, pode ter ganhado *momentum* com a filosofia de Reinhold.

Em suma:

> Somente na família dos mais elevados patrimônios do conhecimento há um membro entre o entendimento e a razão. Este membro é a faculdade do juízo, donde origina-se a validade da busca, através da analogia, senão de uma legislação própria, ao menos o seu próprio princípio. [...] bem como certas características que a tornem válida. Daí que surge um novo fundamento, o da faculdade de Juízo que unifica nossas capacidades de representação. Então todas as faculdades ou patrimônios da alma podem ser alinhados segundo estes três, que não são mais que o patrimônio do conhecimento, o sentimento de agrado ou desagrado, e o patrimônio do comportamento. Para o patrimônio do conhecimento somente o entendimento é constitutivo. [...] Para o patrimônio do comportamento, enquanto o mais elevado dos patrimônios sob o conceito de liberdade, a razão somente é constitutiva (Kant, 1902, V, p. 177).

A especificidade da faculdade de julgar diante do entendimento é somente subsumida, e trata de pensar o particular como pertencente ao geral. Conseguintemente, não pode formar conhecimento da natureza, senão apenas a refletir sobre ela de maneira especulativa-contemplativa. Os princípios derivados da mera forma analisada enquanto forma podem produzir conhecimento, mas os princípios derivados de uma analogia entre a forma e um propósito ou intenção livre da natureza são fruto de uma síntese reflexiva, nunca do entendimento (Kant, 1902, V, p. 184). Em outras palavras, os objetos avaliados pelo juízo especulativo são eles mesmos objetos especulativos; não dados na experiência, mas aplicados às experiências.

Kant compara os juízos reflexivos a um tipo de ponte entre os terrenos firmes do conhecimento e da ética. O ato de produzir a ponte, e a ligação entre os dois terrenos firmes (*Brückenschlag*), é um feito espetacular, mas não se pode supor que a ponte seja tão firme quanto o chão. Ao contrário, apesar do ganho imenso proporcionado pela conexão, precisamos ter em mente, criticamente, que essa mediação está justamente apoiada pelas duas pontas sobre os terrenos firmes das margens.

Se, ao caminhar pela mata, por exemplo, encontro uma pedra, não me ocorrerá que essa pedra chegou ao lugar em que está senão pela ação de causas mecânicas, mas, se especulo sobre a dureza das pedras, a liquidez da água e a vida das plantas, pode me ocorrer que suas características são perfeitamente adequadas para formar um ambiente onde as plantas floresçam. Por outro lado, se, no mesmo passeio, encontro uma cadeira, identifico nela prontamente a ação humana de construir propositalmente um objeto para a finalidade de sentar. Alguns passos adiante, encontro uma belíssima flor e já não penso apenas no propósito natural como também na qualidade daquele objeto para o meu gosto. Ao voltar para casa, lembro-me de olhar para o quadro na sala e penso sobre a concepção do artista e de que modo ele transmitiu os sentimentos pretendidos para a obra. Cada um desses casos terá de ser cuidadosamente separado na análise filosófica dos nossos juízos sobre fins.

Diferente dos juízos determinantes que compõem a ciência, portanto, o juízo reflexivo toma a forma de uma atribuição de propósito ou "adequação" do objeto a fins inerentes à mente humana. Sendo os propósitos estético e teleológico, representam respectivamente as formas segundo as quais concebemos um objeto para nossa apetição ou "adequado" ao quadro maior da natureza. É claro, depois de bem estabelecida essa subordinação, Kant proporá também uma analítica dos juízos reflexivos propiciados pela faculdade de julgar, mas essa analítica agora é nitidamente extrapolativa.

Por este movimento, transfere-se para a esfera transcendental o que todas as metafísicas anteriores radicavam na esfera do ser, nas formas do *logos* ou da divina providência. Esse movimento, justificado pela necessidade de acomodar o Ceticismo, teve gigantesca repercussão sobre a história da filosofia da natureza e das ciências, ainda que Kant seja mais um ator exemplar do que o produtor desse estado de coisas que, no final, representou uma espécie de "morte da teleologia" (Coelho, 2022c). Em razão desse problema já perceptível para contemporâneos de Kant, como Goethe e Schelling, não haveria razão para não contornar o abismo entre as esferas da teoria e da prática e para pressupor uma concordância original entre espírito e natureza. Em 1790, entretanto, esse desejo não podia ser conceitual e sistematicamente executado. Garantir logicamente essa possibilidade conceitual está entre as grandes realizações de Fichte em 1794.

Para falar da união do nosso sentimento de apetição com o conceito de um propósito/adequação na natureza, Kant observa que todo propósito do homem em relação à natureza, e também ao que o faz esperar dela e projetar-lhe um propósito, tem ligação com a apetição. No entanto, a função reflexionante da faculdade de julgar se orienta predominantemente mais para a apetição ou para a razão. Se, por um lado, juízos estéticos e juízos teleológicos estão unidos, são, por outro lado, distintos. Como é sabido, Kant ajudou a destacar o termo teleologia da ação humana, restringindo-o à noção de finalidade na natureza. Por isso, ele teve de cunhar outro termo para a noção de propósito (humano) na arte e seu respectivo juízo: o estético.

Passamos, então, à analítica da faculdade de julgar estética. O juízo do gosto está na base da estética, e ele não é um juízo em que "a representação se relaciona com o objeto através do entendimento, com vistas ao conhecimento, e sim que se relaciona com a pessoa através da imaginação, com vistas ao sentimento de prazer ou desprazer" (Kant, 1902, V, p. 203). Calcular a altura e a forma de um prédio, ou considerar a engenharia aplicada, é inteiramente diferente de julgar a aparência do prédio e suas qualidades arquitetônicas.

É bastante óbvio que a forma estética de julgar um objeto tem a ver com o agrado e, portanto, com um vínculo prático que se insinua na observação da forma, embora esta última esteja ligada ao entendimento. Porém, diferente do agrado envolvido na satisfação de um desejo, como o desejo de comer, o juízo do gosto tem pretensão de universalidade. Aceitamos que uma pessoa não goste de um sabor que adoramos, mas não aceitamos facilmente que uma pessoa julgue feia ou desinteressante uma obra que nos causa profundo deleite. Igualmente, não podemos chamar de belo algo cujo gosto é condicionado por um interesse, pois o interesse relativiza a apetição segundo uma relação essencialmente empírica. Por esta razão, Kant dirá que a beleza é um agrado desvinculado de qualquer interesse (Kant, 1902, V, p. 211); mas devemos ter em mente também que esse desinteresse está visceralmente ligado ao caráter universalista do juízo de gosto (Grupillo, 2016, p. 41-44). Poderíamos dizer que se trata de um agrado mais intelectual, no qual cabe à discussão a respeito de uma concordância universal.

Na ciência ou na lógica, construídas em torno de conceitos invariáveis, não há espaço para opiniões e gostos, mas os juízos estéticos são necessariamente muito mais subjetivos, pois são centrados exatamente em uma relação pessoal de gosto ou desgosto, o que torna a unanimidade impossível. Então, há uma ambiguidade na raiz do juízo estético. Enquanto juízo, ele tem de se referir a uma generalidade ao menos possível, mas, enquanto baseado no agrado e não em conceito, ele é fatalmente relativo à pessoa.

A beleza é a ideia que refere essa generalidade possível dos juízos estéticos. Nas palavras de Kant, "Belo é aquilo que, sem conceito, agrada em geral[31]" (Kant, 1902, V, p. 219).

Após variadas observações sobre as especificidades dos juízos estéticos conforme diferentes casos, o autor trata do ideal de beleza. A razão tem ideias como o entendimento tem conceitos e, como exposto na *Crítica da razão pura*, as ideias são formadas a partir de princípios gerais da razão, e não da estrutura do entendimento. O Belo, então, é um ideal para a imaginação (Kant, 1902, V, p. 233-236). Não aparece ou se identifica com coisa alguma, mas é

---

31. Disso resulta também a possiblidade de se definir objetivamente o bom gosto. A partir do impasse sobre a questão antropológica da existência do bom gosto, Arthur Grupillo define sua tese sobre a contraposição entre o homem de gosto e o egoísta lógico: "A fim de guiar nossa discussão sobre o caráter legítimo ou ilegítimo da pressuposição da existência desse fundamento comum a todo homem, utilizaremos, aqui e ali, dois dos tipos antropológicos descritos por Kant. A um deles chamamos *homem de gosto*, como tipo ideal do sujeito requintado, amante do belo e das artes, que sempre está seguro da correção e do desinteresse de seu juízo. O outro tipo quase se confunde com o homem de gosto, se atentarmos para seu pedantismo e vaidade. Trata-se do *egoísta lógico*, descrito como aquele para o qual "a concordância de seu próprio juízo com o juízo dos outros é considerada um critério dispensável". Portanto, pode-se resumir metaforicamente, assim, a meta de nossa investigação: somente se for provado o direito que o homem de gosto tem de ajuizar na posição dos outros sob a pressuposição da existência de um sentido comum a todos os homens, poderá ele salvar-se da desagradável acusação de "egoísmo lógico" (Grupillo, 2016, p. 80).

um fecho ou conexão da consciência que regula o objetivo da faculdade de julgar com referente ao agrado.

Após a analítica do belo, o filósofo transcendental principia a analítica do sublime – seguramente devedor da proposta estética de E. Burke – distinguindo-o como um sentimento ligado à incondicionalidade e ausência de limite, ao passo que o belo se refere à forma definida das coisas contempladas (Kant, 1902, V, p. 244). No belo, enxergamos ou concebemos uma "técnica da natureza", em que a proporção e a perfeição das formas sugerem um arranjo proposital e virtuoso; e isso produz em nós um sentimento de fascínio pelo exterior. No sublime, ao contrário, enxergamos o caos na natureza, a pura grandeza e o puro poder, que nos assombram e provocam em nós um sentimento de fascínio interior (Kant, 1902, V, p. 246). Magnífico exemplo dessa distinção é a sublimidade da matemática. O que nos assombra ou espanta em grandes números, imensidões de tamanho ou de tempo, não é a forma, como na beleza, ou o interesse, como na existência concreta de um objeto apetecível, e sim puramente a quantidade ou tamanho (Kant, 1902, V, p. 248-249). A grandeza não vem de nenhum objeto, como uma enorme árvore ou uma enorme montanha. A grandeza vem da ideia de imensidão, da sensação de um absoluto. Por isso, o céu estrelado, por exemplo, provoca em nós a perspectiva de imensidade, necessária ao estímulo do sentimento de sublimidade. Não é a estrela ou o vasto espaço que cobre a vista que produzem a imensidão do céu, e sim o voo da imaginação a perder-se no infinito, a insuficiência do conceito e da própria imaginação ao deparar-se com algo de grandioso. A mente tocou o incomensurável, a grandeza do quadro para além dos objetos.

Quando alguém acostumado às relações e às proporções de qualquer parâmetro ouve um número absurdamente desproporcional à média, é tomado de um sentimento de assombro que não tem a ver com o objeto medido, e sim com o mero valor numérico da quantidade ou tamanho. O cinema sabe manipular perfeitamente o juízo de sublimidade para nos impactar.

Na física – que Kant subsome à esfera da dinâmica – essa grandeza é manifesta como poder. Consequentemente, o sentimento excitado em nós é o de temor, pois nossa imaginação nos lembra o quão frágeis somos diante da fúria do vulcão ou da força da catarata.

Se a impressão de uma revoada de pássaros em cantoria nos deixa a refletir se tamanha perfeição da forma foi ou não pretendida pela natureza, o mesmo não se pode dizer da arte, em que a beleza é sempre fruto de uma intenção: a consecução de um propósito (*Zweck*) (Kant, 1902, V, p. 303-305).

Não se diz de uma arte que ela seja científica, nem de uma ciência que ela seja bela. Isso não significa que as duas expressões não sejam complementares. O científico e as belas artes representam a conquista da razão sobre as impressões desorganizadas da superstição, de um lado, e da arte supérflua ou vulgar, de outro. As belas artes, portanto, são aquelas em que é máximo o rigor do juízo estético, e nas quais se pode encontrar consórcio com o maior número de ciências (linguística, história, erudição dos clássicos, teoria musical etc.) (Kant, 1902, V, p. 305). É o casamento destas ciências que faz da arte uma construção refinada.

Estudadas e refinadas, as belas artes se acomodam ao mundo natural e da cultura. A estátua parece pertencer ao jardim quase como objeto natural; o poema é sentido como uma revelação de sentimentos que todos podem identificar; a música, criada hoje, soa eterna. Tal excelência não depende apenas de estudo e esforço, mas também de gênio, que é o nome pelo qual designamos uma capacidade ímpar de dar regras à arte (Kant, 1902, V, p. 307).

Não produzindo conceito, a obra do gênio não acrescenta ao conhecimento, mas permite a *expressão* intelectual do sentimento. As regras da arte, assim, operam como uma linguagem de expressão do sentimento. Não visam dizer *o que é*, e sim *transmitir* o sentimento. Seguir estas regras de expressão de maneira perfeita: esta é a tarefa do gênio e define o campo das belas artes[32].

Passando à crítica dos juízos teleológicos, baseia-se na impressão de uma adequação da natureza a finalidades (*Zweckmäßigkeit*), que permite à razão compreender a unidade na diversidade das manifestações; e nos dá ideia de uma ordem ou planejamento unificado para a natureza, além de proporcionar a beleza do conjunto. Esta noção, afirma Kant, embora se justifique transcendentalmente, não encontra na experiência qualquer fundamentação. Nas

---

32. Richar Kroner destaca que essas definições de genialidade e de arte terão imensa repercussão sobre a geração de Kant, na qual a preocupação estética, pela primeira vez na história, foi colocada no topo dos sistemas ou modelos de muitos pensadores. Muitas vezes – nas mãos de idealistas e, principalmente, românticos – essas ideias teriam desdobramentos com os quais Kant não concordaria, ou, talvez, nem poderia imaginar (Kroner, 1961, p. 265).

figuras geométricas, por exemplo, "que são todas desenhadas segundo princípios", a adequação das formas a certos fins é evidente (Kant, 1902, V, p. 362).

Aqui, as definições iniciais podem parecer difíceis, mas basta lembrar das atuais discussões sobre teologia, *design* ou propósito na natureza, que seguem como naquela época. Não é possível ter conhecimento desses elementos, mas é possível filosofar sobre a possibilidade de que haja algo mais do que causas mecânicas operando. De fato, é razoavelmente aceitável dizer que as causas puramente mecânicas tenham sido superadas tanto na biologia quanto na física (Johnston; Dingle; Greenbury; Camargo; Doye; Ahnert; Louis, 2022; Coelho, 2022c), mas daí não decorre que a visão de mundo predominantemente materialista/naturalista tenha sido descartada. Esta ideia, de que a teleologia é uma tendência da razão humana que não diz respeito ao conhecimento, e sim à reflexão sobre a experiência, foi popularizada nos círculos acadêmicos graças ao trabalho de Kant e de pensadores do começo do século XIX.

A biologia sempre esteve parcialmente ligada à teleologia, pois suas leis não nos permitem enxergar como a causalidade mecânica (extrínseca e eficiente) explicaria, por exemplo, crescimento e reprodução. A árvore forma outras segundo a espécie, "e forma-se a si mesma enquanto indivíduo", tomando a matéria da natureza de uma forma própria. Não há como explicar o processo "a partir do mecanismo natural (físico)" (Kant, 1902, V, p. 371), pois esse não explica como ar, terra, água e luz podem se transformar em planta apenas segundo as leis da mecânica. É necessário acrescentar novas leis que expliquem o caráter produtivo dos seres vivos. "O nexo causal é chamado causa eficiente (*nexus effectivus*). Contraposto a ele, no entanto, é possível pensar um nexo causal segundo conceitos da razão (de finalidade)" (Kant, 1902, V, p. 372), se considerarmos não só o conjunto das causas eficientes como também toda a cadeia em que o fenômeno está inserido e que, evidentemente, parece sugerir uma continuidade não apenas mecânica, mas também um propósito de perpetuação da espécie.

Em um relógio, já conseguimos ver causas puramente mecânicas que não sugerem mais uma sequência cega. Operando apenas segundo essas leis, o relógio denuncia também um arranjo complexo e proposital cuja intenção é tirar proveito dessas leis. Mas Kant não cai na ingenuidade de autores anteriores, que compararam os seres vivos a máquinas peculiares, distinguindo-os da série mecânica por uma propriedade única que é a de formarem-se a si próprios; "não gozam apenas de força movente como também de força formativa" (Kant, 1902, V, p. 374), pelo que Kant os denomina seres organizados.

É evidente que o acréscimo de causas finais não anula ou compete com as mecânicas. É possível falar do cavalo correndo como um peso que deforma a grama; ou de um rio que se enche no degelo como um fenômeno cego da pura mudança de estado da água em função da temperatura. Também é possível refletir sobre as cheias providenciais do Nilo e, sobre elas, produzir um sentimento de gratidão; ou observar que o cavalo só arrasta o arado porque alguém quis sulcar a terra. Nesse último caso, do burro que gira uma mó ou do boi que arrasta um carro, uma técnica extrínseca foi aplicada ao animal; mas, no caso do crescimento da planta, a técnica de converter matéria em broto, em folha, raiz, flor ou fruto é intrínseca; e é ela que nos faz desconfiar de uma divisão no seio da própria natureza, entre a lei mecânica e leis naturais, que lembram uma técnica intencional.

Essas duas opções geram uma dualidade de interpretação e a razão, aqui, ao se perguntar se essa dualidade é válida em absoluto, produz para si um conflito (dialética), para o qual há duas alternativas teóricas: um *Idealismo* do propósito da natureza, o que significaria que nossa mente "enxerga" nos fenômenos a teleologia inteligente, ou um *realismo* do propósito da natureza, em que este propósito é real e está na ordem das coisas. A segunda opção nos conduz a adotar a ideia do hilozoísmo, ou *anima mundi*, imaginando um "mundo vivo"; ou a ideia de que a natureza segue o comando e a intenção de um ser inteligente, o que nos leva ao teísmo (Kant, 1902, V, p. 391-395).

Por que nenhum sistema responde satisfatoriamente à questão? O Idealismo trata a intuição de um propósito na experiência como matéria subjetiva, mas não pode fugir da constatação de que a matéria da intuição do propósito é díspar da matéria de outras intuições mecânicas, de modo que há algo que nos faz crer no propósito. O Realismo, Kant cita principalmente o de Espinosa, peca por esconder a subjetividade por trás de um véu de determinismo. Se há determinismo absoluto, não há como falar de propósito, e o próprio conceito de sujeito primordial da metafísica espinosana é um não sujeito. O espiritualismo de Espinosa, para Kant, é um materialismo com os nomes Deus, sujeito e vontade, para o que, na verdade, significa natureza, leis e condicionamento.

Que é que podemos afirmar a partir desta dialética, considerando que há uma contradição entre os princípios *a priori* do entendimento, que afirmam a suficiência do princípio mecânico como necessidade sistemática, e os princípios mais altos da razão, a identificarem na experiência um planejamento inteligente e intencional? Ora, certo de que a contradição impede qualquer julgamento objetivo do tipo: há, ou não há, um ser superior. Essa conclusão permanece puramente dogmática (Kant, 1902, V, p. 398-400). Resta-nos a conclusão *subjetiva* de que "a finalidade, que nosso próprio entendimento tem de pôr na base da possibilidade interna de diversas coisas naturais, não pode ser pensada e conceituada de outra forma senão no-la representando e ao próprio mundo como produto de uma causa inteligente (um Deus)" (Kant, 1902, V, p. 400).

Na doutrina do método da faculdade de julgar teleológica, Kant explica por que a teleologia é tão importante. Se a analítica mostrou de onde deriva, ou para que foi concebida, a doutrina do método aponta para seus fins últimos no sistema do saber humano. É possível, por exemplo, enxergar um propósito na história e através das transformações naturais, como se a cultura humana marchasse sob a direção de um planejamento superior (Kant, 1902, V, p. 430-433). Com isso, estavam dadas as condições de possibilidade para uma filosofia da história, levada por Lessing e Herder a um nível nunca antes visto – e depois muito desenvolvida pelo Idealismo.

Em 1792, meses depois da crítica da revelação de Fichte, Kant publica *A religião nos limites da simples razão*. Por esta época, qualquer escrito longo e sistemático de Kant caía como uma bomba no cenário intelectual, exigindo tomadas de posição e reações de praticamente todos os pensadores.

A primeira frase do prefácio já enfatiza a subordinação da religião racional à moralidade:

> A moral, na medida em que é fundada sobre o conceito de ser humano enquanto um ser livre, mas, por isso mesmo, atrelado pela razão a leis necessárias, não carece nem da ideia de um ser acima de si para reconhecer seus deveres nem qualquer outro móbil além da própria lei para observá-la (Kant, 1902, VI, p. 3).

A moral é, pois, completamente independente da religião, sem o que, inclusive, não seria moral, e sim obediência a uma lei externa à da consciência. A moral, que começa na investigação sobre a possibilidade de uma dignidade intrínseca da ação, esgota-se em si mesma. Ela, de fato, aponta para a existência desejável de condições que a tornem harmônica com um *plano de vida* do agente, mas em nada depende dessa harmonia e segue operando na sua ausência. Ao sugerir essa harmonia em um plano de vida que possa dar sentido final à existência humana, unificando dignidade e felicidade em um bem sem jaça, a moral constrói uma ponte para fora de si, em direção a um terreno que extrapola especulativamente sua determinação, e que culturalmente chamamos *religião*. Esta, porém, nada mais é do que o conjunto de conclusões possíveis sobre a busca do fim último da razão, o bem supremo.

A vida prática das pessoas, contudo, é bem diferente. Dotado do potencial tanto para o bem quanto para o mal, o ser humano é dito mau por natureza ou bom por natureza com base nesta ou naquela perspectiva. Isso não tem outro significado que o reconhecimento de que o homem pode obrar bem ou mal, mas seria errado atribuir tanto a culpa quanto o mérito da ação à natureza, pois escolhas só podem ser morais se executadas por um arbítrio livre (Kant, 1902, VI, p. 21). Em decisões *adiáforas*, isto é, amorais, como a escolha entre comer torrada ou fruta no café da manhã, a decisão pode ser entregue à determinação natural sem qualquer prejuízo moral, mas, "em questões morais, não se pode admitir outro motivador além da lei moral mesma" (Kant, 1902, VI, p. 23-24).

O livro descreve três disposições fundamentais dos fins da ação humana: para a animalidade, para a humanidade e para a personalidade. A disposição para a animalidade serve à preservação física e egoística do indivíduo e da espécie, mas pode degenerar em vícios como violência e bestialidade (desregramento geral). A disposição para a humanidade, sociedade ou cultura é baseada na ideia da imagem de si frente aos outros e na necessidade de interações mediadoras, mas também pode degenerar em vícios. Envolvendo um sentido pervertido de sociabilidade, as viciações da disposição para a humanidade são positivamente vistas como diabólicas, como malignidade, a exemplo da inveja, da ingratidão, do sadismo etc. A disposição para a personalidade não tem vício, pois visa ao cumprimento da lei moral e, assim, realiza o seu desejo de afirmação da personalidade racional exatamente na execução do bem (Kant, 1902, VI, p. 26-27).

A identificação dessas disposições é meramente antropológica, mas – e essa é a grande questão do texto – o que leva as pessoas a escolherem disposições contrárias ao cumprimento da lei moral e, consequentemente, favoráveis ao mal? Se a razão aponta de maneira clara para a superioridade hierárquica de seus móbiles sobre os impulsos naturais, e se os próprios impulsos naturais não são em si maus (somente quando viciados, pervertidos), como as más inclinações se insinuam na consciência e acabam vencendo as boas disposições?

Como sempre, a preocupação de Kant é metafísica, e não lhe interessa saber apenas como algumas pessoas escolhem o mal, e sim qual é a propensão humana em geral que permite as más escolhas.

O autor começa por identificar as causas da falência ou da suficiência do arbítrio, que seriam derivadas das propensões naturais. A primeira causa de falência do arbítrio seria a fragilidade, bem exemplificada pelo apóstolo Paulo quando ele afirma não fazer o que quer. A segunda causa, a impureza, ocorre quando permitimos que outros móbiles, que não o respeito à lei moral, se insinuem em nossas escolhas. Mesmo escolhendo bem, portanto, o fazemos pelas razões erradas. Nesse caso, podemos imaginar alguém que age bem tendo em vista a aprovação social, uma recompensa na vida futura ou para escapar de um perigo ou desconforto. Por fim, a terceira causa seria a malignidade, a viciosidade ou a corrupção, que ocorre quando se deseja substituir totalmente os móbiles do arbítrio por outros não relacionados com a lei moral. Diferente da impureza, aqui não há coincidência conveniente entre outros impulsos e o bem moral, e sim a competição e a substituição consciente do móbil da razão por outros (Kant, 1902, VI, p. 29-30). O sujeito poderá até agir de acordo com a lei, mas de forma dissimulada.

Por óbvio, essas causas não podem derivar de uma compulsão natural, pois, nesse caso, ninguém seria imputável por agir mal. Bem e mal só podem ser frutos de escolhas conscientes. Por outro lado, agir livremente, que é pré-condição para agir moralmente, bem ou mal, significa agir conforme as funções mais altas da consciência, isto é, agir consciente de sua liberdade e racionalidade. Essa situação gera um impasse, que, por sua vez, tem por base uma aparente contradição com a percepção anterior, gerada pela *Crítica da razão prática*, de que agir racionalmente equivale a agir sempre bem. Entre o animal, que segue inclinações naturais e não é moralmente imputável, e o anjo, que escolhe sempre e somente com base no respeito à lei moral, está o homem, que é, por assim dizer, *semiconsciente* de que a plenitude de sua liberdade coincide com a ação moral.

A propriedade, então, que permite ao homem optar pelo mal, consiste em uma perversão ou falência intelectual de confundir os móbiles adequados das máximas que regulam sua ação (Kant, 1902, VI, p. 36). Tendo em vista sua felicidade, o ser humano se depara com uma escolha motivacional: ou cumprir o dever, ou ser feliz. Dessa falsa disjunção deriva a noção *radical* de que nosso melhor interesse contradiz o dever, e, portanto, tanto a eleição da lei quanto a eleição da felicidade são igualmente racionais, mas parece haver uma contradição entre o bem moral e o que é bom para mim. De fato, ambos são racionais no sentido de representarem bens. O problema do mal é que ele confunde os móbiles determinantes das escolhas, fazendo com que os móbiles dos interesses pareçam preferíveis ao móbil moral. Como resultado, a intenção de cumprir o mandamento da lei sem outro móbil, além da compreensão de sua dignidade, tem de competir com a intenção corrompida em favor do bem-estar.

Em se tratando de um equívoco constitutivo no cálculo dos móbiles, este mal não é casual, e sim radical, corrompendo todo o gênero humano.

Kant dá como exemplo a frase de um parlamentar inglês que teria dito: "todo o homem tem seu preço." Ao lado desse poderíamos colocar o ditado de Lord Acton: "o poder absoluto corrompe absolutamente." Nesses exemplos, podemos imaginar perfeitamente situações em que algumas pessoas são facilmente corrompidas com pequenas ofertas, enquanto outras só são corrompidas mediante grandes ofertas, ou ofertas superlativas. Em algum ponto, contudo, é normal que a pessoa pense que pode fazer tanto bem com uma quantidade imensa de dinheiro ou poder que essa escolha pareça justificar uma – talvez pequena – infração da lei moral. A radicalidade desse mecanismo de tentação pode ser, ainda, expressa na ideia de que até os santos enfrentam ao menos uma tentação capital na vida; Jesus foi tentado no deserto, Buda sob a sombra da figueira, e assim por diante. O fato de essas e outras cenas serem tão frequentemente associadas à intervenção diabólica, figura esta que estaria à espreita de todos, capaz de tentar a todos, só reforça a tese de Kant, de que o mal é processo constitutivo na consciência.

Como seria de se esperar, o filósofo não conclui que a raça humana está entregue ao mal, simplesmente, e, como o título do livro também permite inferior, a religião tem um papel nessa história. Mas não a religião dos pedidos e da transferência de responsabilidade. Kant condena explicitamente aqueles que pedem força esperando que Deus tome a iniciativa de suas boas ações, ou os que pedem perdão como se uma tabela de suas más intenções pretéritas fosse apagada para um novo começo (Kant, 1902, VI, p. 51-52). Não, a consolação que a religião racional pode oferecer destoa totalmente das promessas supersticiosas e mágicas. É uma consolação moral, que enfatiza a capacidade inesgotável de se redimir escolhendo o bem.

Ferramenta poderosa em favor da eleição do bem é o exemplo paradigmático de um ser perfeitamente bom. Por esta razão, a religião cristã empresta enorme poder ao esforço moral de seus membros ao apresentar-lhes, na figura do filho de Deus, um modelo de indefectível dignidade (Kant, 1902, VI, p. 61-62). Aquilo que a religião cristã revelou na figura empírica de Jesus Cristo, contudo, já era desde sempre conhecido da razão, ou melhor, da religião racional, já que a razão elabora, em conformidade com a lei moral, um modelo teórico do seu perfeito cumprimento (Kant, 1902, VI, p. 62).

Como a religião corretamente observa, não superamos a tentação e entramos no estado virtuoso de forma prática, mas podemos ser "persuadidos" ou levados a uma conversão do coração da ilusão do interesse para a verdade do bem; da vontade que aceita a "lei do mundo" para uma vontade que só aceita a lei de Deus. Sabemos que nos faltam as forças para efetivar essa mudança em todos os atos, e tampouco conseguimos prever se nosso caráter convertido se manterá fiel ao dever. Por isso, concebemos, ou melhor, projetamos um estado em que um auxílio divino (graça) permite essa execução de maneira mais utópica que prática, mais como um vir a ser do que como um ser puramente moral (Kant, 1902, VI, p. 70-76). Tal é o sentido da virtude teologal da esperança. Seu caráter teologal está justamente na nossa incapacidade de tornar a projeção da razão uma certeza.

Essa conversão radical do mal ao bem implica negar a oferta positivamente tentadora do mal e abraçar no bem as consequências que contrariam nossos interesses egoísticos, pelo que a religião – e não apenas a cristã – entende que é preciso renunciar a este mundo para aceitar o divino (Kant, 1902,

VI, p. 74). Renunciar a este mundo não apenas acarreta abandonar tudo o que ele tem a oferecer diretamente, como também em aceitar a indisposição de parte da comunidade humana que, capaz de constatar que ele rejeitou a ordem do mundo, o verá como um estranho.

Decorre também da avaliação da razão sobre as possibilidades concretas do cumprimento da lei moral de que a superação do mal só seria efetivamente possível em uma comunidade ética em que as intenções de todos os agentes estivessem convertidas ao bem (Kant, 1902, VI, p. 94). Considerando a subsequente crítica às igrejas e ao sectarismo, o conceito de comunidade ética parece refletir antes o conceito de *igreja invisível* dos primeiros protestantes. Em uma linha que agradaria muito ao crescente grupo dos sem religião ou sem denominação da atualidade, Kant dá o seguinte título ao capítulo posterior às críticas sobre as igrejas: "O paulatino declínio da fé das igrejas em favor da supremacia da fé religiosa pura é a aproximação do Reino de Deus" (Kant, 1902, VI, p. 115). Esse tipo de expressão é o retrato perfeito da conciliação entre a tendência secularizadora do Iluminismo e a índole resolutamente religiosa dos alemães do século XVIII (Coelho, 2022a).

Como Mendelssohn ou Lessing, Kant considera a melhor religião empírica aquela cuja constituição se mostre mais capaz de unir todos os seres humanos em uma comunidade ética, tendo em vista mais o Reino de Deus que sua expressão empírica (a igreja em si) (Kant, 1902, VI, p. 131).

O livro termina com uma condenação a todo aparato social e cultural superposto à religião natural e identifica como causa desse desvio a pretensão de ser favorito ao invés de servo de Deus.

A recepção da doutrina kantiana da religião foi variada, incitando desde a extrema contrariedade, até a extrema exaltação. Não poucos teólogos viram nela mais um golpe iluminista contra a fé e a igreja, enquanto filósofos – uns mais, outros menos religiosos – geralmente a receberam entusiasmadamente como libertadora e, ao mesmo tempo, piedosa. O texto, de fato, fomenta, no mínimo, essas duas interpretações principais, e, para a teologia luterana, continua central para a autocompreensão da fé.

Juntos, os dois novos livros de Kant não viravam o jogo cujas regras estavam postas pelas duas primeiras críticas, mas acrescentavam a ele importantes e inesperadas cartadas, forçando o mundo intelectual a novas acomodações.

2.5 O complemento crítico de F. Schiller à filosofia moral de Kant

Com uma reputação que já começava a rivalizar com a do próprio Goethe, o médico e poeta Friedrich Schiller chega a Weimar em julho 1887. Já era, então, o célebre autor de obras expressivas como *Os bandoleiros* e *Intriga e amor*, e acabara de terminar o *Don Carlos*, além de muitos poemas menores como a *Ode à alegria*, imortalizada na nona sinfonia de Beethoven. Não se tratava, portanto, de alguém sem credenciais, mas o moço, nascido em 1759, não contava ainda trinta anos, e aquela era Weimar, a cidade dos gênios.

De formação abrangente e espírito tanto moderno quanto clássico, Schiller absorvia em si os vagalhões iluministas, refletindo-os ou reciclando-os ao seu modo, sem passividade. Era também versado nos clássicos antigos e do começo da Modernidade, e, desde sua forte decepção com o materialismo médico, decididamente espiritualista. Leu avidamente os moralistas britânicos e, já no começo dos anos 1780, desenvolvera uma filosofia própria baseada no amor. Como todo gênio das letras, tinha ilimitada admiração por Shakespeare.

Por mais brilhante que fosse sua formação, por mais grandiosas que fossem suas obras pretéritas e por mais excepcionais que fossem seus talentos, viver da pena era tão incerto e difícil quanto para qualquer outro escritor de qualquer época. Este não é um mundo gentil com os escritores, embora receba bem os escritos. Em todas as épocas, o dinheiro fica nas mãos de quem encaderna e vende o livro. Schiller não era exceção, e, de tempos em tempos, vivia à míngua.

Após um contato decepcionante com Goethe, ao qual Schiller descreve com certo ressentimento, seu brilhantismo, aos poucos, conquista a atenção dos ilustres eruditos de Weimar e Jena. Schiller repassara na imaginação, muitas vezes, o encontro com Goethe, e isso gerou nele uma ansiedade atroz. Talvez se imaginasse como um Hesíodo diante de Homero, ou um Ovídio diante de Virgílio. A sua época, contudo, mais afortunada, tornava o encontro possível. Goethe e Schiller estavam na mesma cidade e compartilhavam as mesmas amizades e relações sociais. O fato de Goethe recebê-lo sem pompa e circunstância, mal mostrando interesse sobre sua pessoa ou obras, teve sobre Schiller um efeito depressivo. Em parte, sentia-se humilhado pelo gigante de quem pretendera ser um igual; por outra parte, a graça de Goethe era a chave para o reconhecimento público, o passaporte para o panteão dos gênios e o ingresso para o amparo governamental. O atraso em relação a essa graça deixava a vida de Schiller em suspenso, mas ele não deixou de se movimentar.

Devido à influência de Herder e, principalmente, Reinhold, Schiller começou a estudar seriamente a filosofia kantiana, ainda em 1787. Nesse quadro de influências, é bem provável que a influência de Herder fosse "negativa" ou depreciativa, ao passo que a de Reinhold positiva e encomiástica. De todo modo, Schiller entendeu corretamente o recado: não interessavam as posições prévias; agora era imperioso estudar Kant. Em pouco tempo, ninguém duvidaria que ele se tornara um filósofo transcendental e que sua filosofia era tão centrada na liberdade quanto a de Kant ou a de Fichte (Windelband, 1905, p. 400).

O ano de 1788 transcorreu entre aventuras amorosas, leituras de Kant, e dificuldades financeiras e de saúde, mas terminou com uma promissora indicação de Goethe para que Schiller recebesse a cadeira de história da universidade de Jena, que, nos anos seguintes, viria a ser considerada a universidade mais importante da Alemanha e ponto de encontro de muitos de seus maiores nomes – incluindo, não por último, o próprio Schiller.

Do que se pode deduzir das correspondências de ambos, o primeiro encontro malfadara por conta de uma má impressão sobre Schiller da parte de Goethe, que o associava aos *Bandoleiros*. Goethe julgava a obra excessivamente juvenil e sentimental e não acompanhara a evolução de Schiller desde então. Ao chegar da Itália, vendo a sociedade ilustrada render culto ao jovem poeta, Goethe foi tomado por um perceptível desdém. Nas semanas que se seguiram, contudo, enquanto Schiller nutria forte ressentimento pelo tratamento recebido, Goethe leu novos textos seus, especialmente a história dos Países Baixos, e decidiu indicá-lo a um cargo na universidade (Safranski, 2006, p. 298-299). No dia 26 de maio de 1789, a fama de gênio e erudito garantiriam um anfiteatro abarrotado, e Schiller proferiria uma das mais célebres aulas magnas de toda a história. Não sem uma ponta de fortuita ironia, o título da aula inaugural era *O que significa e por que razões se estuda história universal*. O texto se tornaria referência atemporal para a filosofia da história, mas a ninguém escapa que se trata da pena de um poeta.

Schiller começa dirigindo o discurso à juventude, aos estudantes:

> Quanto maior o presente que eu tenho para entregar-vos – e que presente mais elevado pode o homem conceder aos homens, senão a verdade? – tanto mais devo carregar também a preocupação de que seu alto valor não diminua por estar em minhas mãos. Quanto mais viva e puramente os vossos espíritos puderem receber sua influência, e nesta, que é a mais feliz de todas as épocas, e quanto mais rapidamente se vos inflamarem os sentimentos juvenis, tanto mais recai sobre mim a exigência de prevenir que se converta em indigna velhacaria e ilusão esse entusiasmo que apenas a verdade tem o direito de despertar (Schiller, 1838, X, p. 363).

As pessoas não sabiam, até então, ou já há muito haviam se esquecido, que uma aula poderia ser dada na língua de Apolo.

Do segundo ao quarto parágrafo, destaca que o estudo da história é humanístico – presume-se não ser amontoado tecnicista de fatos, mas isso está apenas implícito –, e que, portanto, interessa a todos, na medida em que todos precisam e devem se formar enquanto homens. Que é preciso, também, começar o estudo discernindo claramente sua finalidade, pois tal é a natureza de um estudo filosófico. Do contrário, as chances favorecem o estudioso de carreira, que dá aulas apenas pelo pão, e que incapacita a si mesmo para a apreensão do espírito (Schiller, 1838, X, p. 364). A quem interessa apenas o conforto, contudo, não interessa o avanço. Mais vale repetir para sempre as mesmas aulas, pois o investimento de tempo em novos estudos o desviaria de seus outros e mais prementes interesses, pautados pelo comodismo (Schiller, 1838, X, p. 364-365).

Em absoluta oposição ao comodista está o filósofo, e nisso consiste sua satisfação. Não quer o aplauso e o falatório proveniente da propaganda através da qual o comodista garante seu salário, quer, antes, o desafio e o risco da busca da verdade. Onde o professor de carreira separa e cria muros, preservando hermeticamente seu tesouro dos olhares críticos, o filósofo une e traz para o embate (Schiller, 1838, X, 366). Onde o assalariado isola, o espírito filosófico conecta; quer explicar o mundo e mostrar a relevância real e concreta do seu estudo. "Todos os seus esforços se direcionam ao aperfeiçoamento de seu saber; sua nobre impaciência não se apazigua até que todos os seus conceitos tenham sido ordenados em um todo harmônico" (Schiller, 1838, X,

p. 366-367). É então, desse centro e fulcro de sua especialidade, seja artística ou científica, que ele apreende seu lugar e seu propósito como intelectual.

Também diferente do comodista é a atitude do filósofo diante do contraditório. A derrubada de suas crenças não lhe fere o ego; a superação de seu sistema não lhe é vergonhosa, pois "é à verdade que ama, não ao seu método ou sistema" (Schiller, 1838, X, p. 367). Não se regozija com o enaltecimento de seu nome, de sua obra, e sim com o progresso do gênero humano. Para a mente filosófica, todos os esforços de todas as mentes parecem operar em seu favor. Para o carreirista, tudo conspira contra si (Schiller, 1838, X, p. 367-368). Cada reputação que se levanta é uma ameaça; cada nova descoberta alheia, um vexame para sua especialidade.

A qual desses estudiosos, a qual desses perfis, pergunta Schiller, interessa a história universal, a história filosófica? Que os especialistas em algum tema obscuro disputem as datas de nascimento de tal general, ou o número de termos na província da Gália, ao filósofo interessa a trajetória do espírito, as transformações da cultura, a direção e o sentido da marcha humana enquanto espécie.

> A diligência humana moldou a presente forma do mundo amanhando o solo selvagem com paciência e engenho. Ali, ganhou terras ao mar, aqui, rasgou com canais a terra seca. Zonas e estações submeteu e integrou o homem, endurecendo sob seu céu as mudas tenras que trouxe do Oriente. Assim como levou aos mares do sul e às Índias a Europa, também ressuscitou na Europa a Ásia. Céus mais serenos sorriem agora sobre as florestas germânicas, que, varadas por mão humana, deixam-se tocar pelos raios do sol; e as ondas do Reno refletem as vinhas da Ásia. Às suas margens levantam-se populosas cidades, onde enxameiam divertimentos e trabalho em vida febril. Aí encontramos o homem, na posse pacífica de sua propriedade, seguro entre um milhão de outros, ele, de quem antes um único vizinho roubava o sono. A igualdade que ele perdeu ao entrar na sociedade, retornou para ele através de leis sábias. Fugiu da pressão cega do acaso e da penúria para baixo do suave domínio dos contratos, e abdicou da liberdade dos animais de rapina para salvar a liberdade mais nobre da humanidade. [...]
>
> É a lei que guarda sua propriedade – e a ele cabe o mais inestimável dos direitos, o de eleger seus próprios deveres (Schiller, 1838, X, p. 371).

Idealista ou ingênuo quanto isso possa soar, estou aqui, agora, escrevendo um longo e trabalhoso livro, sem que nenhuma obrigação me tenha imposto essa tarefa e sem que nenhum ganho presumível me sirva de estímulo; não posso deixar de apreciar a perspicácia de Schiller em perceber que a civilização nos permite conceber fins e propósitos que livremente assumimos como deveres.

Quantas maravilhas artísticas, quantas obras do saber, continua Schiller, não devemos à liberação de alguns seres humanos – ainda não todos – da luta pela sobrevivência? E "que largo passo na direção do enobrecimento foi dado pelo fato de serem virtuosas as leis, ainda que os homens não o sejam" (Schiller, 1838, X, p. 372). E

> até mesmo nossa religião – deturpada por mãos traidoras, através das quais nos foi legada – quem poderá deixar de reconhecer nela a mais enobrecedora influência sobre a melhor filosofia? Nosso Leibniz e nosso Locke tiraram para si tanto proveito dos dogmas e da moral do Cristianismo quanto os pincéis de Rafael e Corregio tiraram da história sagrada (Schiller, 1838, X, p. 373).

Não imagina, portanto, o poeta filósofo, que o progresso seja irrevogável, ou homogêneo, ou o simples galgar de degraus de uma "escada da perfeição." Metáforas tão pobres e simplórias não correspondem ao conteúdo ou à forma da obra de Schiller. O progresso é essencialmente ideal. O trabalho acumulado refina as ideias por seleção qualitativa dos argumentos mais e menos resistentes, mais ou menos defensáveis. Como resultado, avançam mais rápido que o coração dos homens, e uma geração vê sumirem as ideias bárbaras ou obscurantistas, sem que, necessariamente, isso represente uma visão ingênua do melhoramento das consciências. O gênio abre picadas na mata e arrasta, pelo seu pioneirismo e pela sua excelência, populações inteiras, legiões de outros artistas, técnicos, professores e líderes sem gênio. Isso não significa que as massas terão a fé de São Francisco, a delicadeza de Mozart ou a erudição de Erasmo, mas terão essas referências e será um tanto mais difícil descer tão baixo quanto as gerações que não as tinham.

Sobre o progresso, então, diz: "incomensuravelmente desigual é dado povo, em dada terra, se apenas o observamos em diferentes épocas", e "que abrupta transição das trevas para a luz, da anarquia para a ordem, da felicidade para a miséria, se tivermos em vista apenas o homem restrito a esse cantinho do mundo, a Europa" (Schiller, 1838, X, p. 374).

E o trecho mais significativo para a filosofia da história:

> O próprio fato de aqui e neste instante nos encontramos todos, neste estágio da cultura nacional, com esta língua, esta moralidade, essas vantagens civis, com esta quantidade de liberdade de consciência, é talvez o resultado de todo os acontecimentos pretéritos de todo o mundo: a história mundial inteira já seria útil, no mínimo, para nos explicar como chegamos até aqui. Para que nos encontrássemos todos os cristãos, precisou essa religião ser preparada por incontáveis revoluções; partindo do Judaísmo, precisou encontrar o estado romano tal como era, para que pudesse se espalhar celeremente pelo mundo, e ascender, finalmente, até o trono dos próprios césares. Rústicos antepassados das florestas turíngias tiveram de ser batidos pelos francos a fim de abraçar essa fé. Em meio à sua crescente riqueza, entre o povo ignorante e governantes fracos, o clero precisou ser desviado e recompensado por perverter sua ascendência, e converter seu sereno poder de consciência em espada mundana. A hierarquia teve de despejar sobre o gênero humano todas as abominações de Gregório e Inocêncio, para que a máxima perversão moral e o despotismo espiritual em gritante escândalo levassem o inabalável monge agostiniano a anunciar sua queda, levando consigo a hierarquia romana de metade da Europa – isto, para que aqui, agora, nos reuníssemos como cristãos protestantes (Schiller, 1838, X, p. 375).

Esse rico parágrafo não apresenta apenas uma visão orgânica e coerente da história, não é progressista no sentido pobre de tantos pensadores positivistas, românticos tardios ou utopistas de um século depois, nem dialética em sentido pobre, como síntese de contrários estáticos. É uma visão digna de lugar na história da filosofia da história, entre a geração heroica de Herder e Kant e a geração científica de Hegel.

Diferentemente de Kant, Schiller não concentrou seu conceito de história universal nos acontecimentos políticos, mas englobou todo o "campo do espírito" e da cultura (arte, religião, mentalidades, costumes, técnica...) (Collingwood, 1946, p. 42). Também pesou muito o fato de que, como no caso da estética, Schiller tinha a vantagem da experiência concreta com o objeto, no caso, a história. Historiador e poeta, soube falar de história e poesia com os pés mais bem plantados no chão da experiência que o filósofo "puro", ainda que este fosse imbatível em sua própria especialidade.

Se é apenas com Hegel que temos uma explicação conceitual da história, com Schiller já temos a intuição explicitada e delineada de que o presente é síntese e ponto de confluência do passado; é o absoluto dos fatos fotografado em um momento. Ao contrário do que pensarão os piores intérpretes de Hegel, o absoluto na história não é uma previsão sobre um caminho empírico, um oráculo ou bola de cristal sobre um "plano de Deus." Ela é síntese inevitável dos diversos contextos passados, exatamente na medida em que esses contextos aparecem factualmente como elementos concretos do presente. Aqui, o mau intérprete do Idealismo supõe haver uma "dedução *a priori*" da história, quando, na verdade, há uma constatação de que o presente só é minimamente compreensível se as suas causas puderem ser discernidas e explicadas como princípios e origens do observado. Exatamente como qualquer historiador razoavelmente capaz tenta fazer. O que há, portanto – e isso aparece de forma cristalina no texto de Schiller – é uma exigência de racionalidade da tarefa do historiador.

O auge da atividade de Schiller como historiador coincidiu com o rápido crescimento de sua atividade como filósofo, que, em poucos anos, tomaria a dianteira. A influência de Kant se faz notar desde 1789, mas é apenas com a leitura da *Crítica da faculdade de julgar*, em 1791, que ele assumiria integralmente a postura transcendental. Daí em diante, Schiller investe a maior parte de suas forças em uma filosofia estético-moral que opere pequenas correções na exposição kantiana sobre esses dois temas. Sendo ele mesmo um dos maiores artistas vivos, e com a intensa convivência com Goethe – para muitos à época, considerado o maior poeta de toda a história –, Schiller estava mais bem equipado para a tarefa de desvendar o fio condutor da estética do que Kant.

Politicamente ambíguo, Schiller parecia equilibrar respeito à ordem e às leis a uma rebeldia liberal quase anárquica. Quando a república francesa foi instaurada em meio ao processo da Revolução Francesa, em 1792, Schiller foi saudado como cidadão de honra, gesto simbólico com que também se agraciou George Washington e Pestalozzi, entre outros.

Os anos de 1790 e 1791 são dedicados à redação da *História da guerra dos trinta anos*, cujos temas e enfoques estavam bem afinados com o momento de furor político. Em 1793, enfim, publica dois textos altamente significativos para a interpretação transcendental da beleza: *Kallias* e *Sobre a graça e a dignidade*. No ano seguinte, começaria a escrever sua obra-prima filosófica: *Sobre a educação estética do homem*, em forma de cartas.

No *Kallias*, que também trata da objetividade da beleza enquanto esta é "aparição da liberdade[33]", a nata do argumento moral é o diagnóstico de que a moral e a sensibilidade podem interagir, e que essa interação produz uma tipologia[34]. O poeta e romancista não poderia deixar de nos oferecer um exemplo plástico, e pintado com vivíssimas cores.

Em algum lugar, um homem foi atacado por ladrões e deixado para morrer na estrada, nu, ferido e exposto ao frio intenso (Schiller, 2002). Para sua sorte, a estrada é razoavelmente movimentada; para a nossa, a série dos transeuntes exemplifica os cinco tipos de disposição sentimental diante de uma questão moral.

O primeiro transeunte é um sujeito a quem o estado do infeliz viajante repugna. Joga-lhe a bolsa e pede que ofereça dinheiro aos próximos viajantes, comprando, com isso, a ajuda de que precisa. Embora o gesto não possa ser considerado positivamente mau, e poderia ter ajudado, a forma ofensiva com que a oferta é feita indignou o favorecido. Um pouco mais de elaboração poderia ter deixado isso claro, mas, em todo caso, o que Schiller quis dizer com essa cena é que uma ajuda oferecida com óbvios sinais de má vontade acaba por não ser útil, pois se torna inaceitável. Esta seria uma "benevolência passional", produzida apenas pelo incômodo que o sofrimento provoca. Na sequência, um segundo transeunte avalia a situação e oferece ajuda em troca de uma recompensa. Schiller diz que esse gesto tem utilidade, mas não é benévolo. Embora seja pouco plausível que o viajante ferido negasse ajuda pela segunda vez, ele o faz, e, com isso, ganhamos novos exemplos.

Chega o terceiro transeunte e ouve a narrativa do viajante assaltado. Com dignidade, este terceiro viajante diz "será difícil para mim separar-me da capa, que é a única proteção do meu corpo doente, e ceder-lhe o meu cavá-lo, pois minhas forças estão esgotadas. Mas o dever me ordena servir-lhe" (Schiller, 2002, p. 73). Esta foi uma atitude moral, motivada pelo respeito à lei, mas o exigente moribundo de Schiller ainda não está satisfeito, pois vê nesse gesto um sacrifício que ele não pode aceitar. Afinal, por que um deveria

---

33. Schiller chega a confessar, na primeira carta Körner "eu realmente tentei uma dedução do meu conceito do belo, mas não se pode passar sem o testemunho da experiência" (Schiller, 2002, p. 42).

34. Agradeço a Rodrigo Ribeiro de Carvalho por discutir pormenorizadamente esse ponto comigo ao longo de sua pesquisa de mestrado.

oferecer uma ajuda penosa para si próprio? Ademais, a estrada é movimentada e o viajante caído vê chegarem mais dois. Esses, contudo, são seus dois piores inimigos, que o queriam morto. Audaz, ainda que prostrado, o viajante convida-os a concluírem sua vingança, mas eles se recusam. "Não, para que você veja quem *nós* somos e quem *você* é, então tome estas roupas e se cubra. Vamos tomá-lo entre nós e levá-lo até onde possa ser socorrido." O viajante fica sensibilizado com o gesto de grandeza de seus adversários, mas por ser schilleriano e não kantiano responde: "você desarma o meu ódio: venha agora, me abrace e complete sua boa ação perfeita mediante um afetuoso perdão" (Schiller, 2002, p. 74). Foi exigir demais; os inimigos se recusam a superar as mágoas, embora estivessem dispostos a ajudar.

Por fim, ao afastar dos dois últimos, o homem caído vê chegar ainda outro transeunte, curvado sob pesada carga. Ao avistar o moribundo, o transeunte joga de lado a carga e pede para que ele suba em suas costas. Aflito, esse último homem não impõe condições ou mantém reservas, e o homem caído lhe pergunta o que será de sua carga. "Isso eu não sei, e não me preocupa", diz o homem. "Sei, no entanto, que você precisa de socorro e que tenho o dever de dá-lo a você" (Schiller, 2002, p. 74). A ação deste último homem, conclui Schiller, não foi apenas moral, mas também bela.

Essa análise em nada contradiz a filosofia moral kantiana, pois o critério de moralidade não foi movido de seu lugar. Apenas se acrescentou a ele um novo critério, uma análise da disposição e do sentimento que, em acordo com Kant, não fundamenta a moralidade da ação, mas acrescenta a ela candura e encanto. Se a retidão é a regra da moralidade, o seu encanto está em cumprir a lei sorrindo.

A partir do Kalias, toda a obra filosófica de Schiller será definida pela tentativa de adicionar à moral kantiana uma dimensão mais cardíaca, mais delicada e mais estética (Noller, 2016, p. 236-244).

Ainda na confluência entre moralidade e estética, *Sobre a graça e a dignidade* enfatiza o elo entre ambas. Desde o primeiro parágrafo, Schiller explicita a tese de que a beleza difere em algum sentido da graciosidade, motivo pelo qual é dado à Afrodite, deusa da beleza e do amor, um cinturão mágico capaz de despertar em todos a sensação de que a usuária seria dotada de incomparável graciosidade. "Nem toda beleza", portanto, "é graciosa" (Schiller, 1838,

XI, p. 323). Juno, que não é de modo algum carente de encantos próprios, toma emprestado o cinturão de Afrodite com o intuito de eliminar a intensa concorrência no coração de Júpiter. De uma forma sutil, o mito mostra que a beleza difere da graça por oferecer apenas a aparência amável, enquanto a graça oferece uma essência ou natureza amável. Ora, a diferença entre uma aparência e uma essência atraentes é que a primeira é estática, e a segunda dinâmica. A graça, que vem de dentro, é uma atração despertada pela beleza do movimento, pela graciosidade dos gestos, das expressões, do estado interior.

Não é difícil concluir, a graciosidade é uma delicadeza espiritual, uma expressão física de características estéticas não físicas, mas psicológicas e espirituais (Schiller, 1838, XI, p. 327-328). Com isso, Schiller estabelece um elemento intermediário entre uma beleza da pura aparência, sensível, e a moral, espiritual. A graça não deriva da construção física do corpo, segundo leis da natureza, como a beleza da aparência, mas também não é puramente inteligível, carecendo da expressão física para se manifestar. A liberdade, que na vida moral se expressa como ordem inteligente da ação, expressa-se também na graciosidade como a personalidade dos gestos. São duas dimensões da subjetividade a se expressarem. O que caracteriza a graciosidade como expressão livre são a sua gratuidade e casualidade. O que "vemos" na graciosidade é o espírito expressando sua maneira única, livre e pessoal de ser, não a compulsão e a determinação das leis naturais (Schiller, 1838, XI, p. 338-339). Em outras palavras, a natureza explica um gesto mecânico de estender o braço para alcançar um objeto do interesse (ex. alimento), mas não explica que gestos possam ou como possam ser gratuitos, como em um jogo ou brincadeira. A natureza não explica por que alguém, durante a faxina, cantarola ou dança com a vassoura. O que explica isso é a parte concreta do livre espírito, que Schiller chama de personalidade.

A graciosidade contribui de forma patente para a fisionomia (Schiller, 1838, XI, p. 351-352) e é, por isso, que louvamos grandes atores; eles conseguem imprimir na máscara fisionômica exatamente as sensações, estados de ânimo e disposições que o enredo pretende transmitir. Por essa mesma razão, alguns atores são duramente criticados por sua suposta incapacidade de expressar na fisionomia as fortes variações de estado de espírito vividas por suas personagens. Também são bons exemplos anedóticos os de celebridades da música, dos esportes ou de outras áreas que, convidados a atuar, não convencem, e soam como atores de escola, passando uma impressão de que seu desconforto e sua falta de familiaridade com a atuação sobrepõem-se aos estados subjetivos que seus personagens deveriam expressar.

Tendo deixado claro que a graciosidade é uma potência do espírito, seria contraditório supô-la oposta às outras, como Kant dá a entender, embora, para Schiller, não intencionalmente:

> Na filosofia moral kantiana, a ideia e dever é apresentada com tanta dureza que espanta para longe de si toda graça, e isso pode facilmente tentar os entendimentos mais fracos a buscar a perfeição moral através de um ascetismo sombrio e monástico. Por mais que esse sábio universal tenha tentado nos precaver contra essa confusão, [...] acabou por dar ocasião a ela (Schiller, 1838, XI, p. 365).

A dificuldade de Kant em integrar a moralidade à sensibilidade (em sentido espiritual) é o que acabará por motivar as críticas caricaturais de uma ética para robôs, desvitalizada e desumanizada[35] A teoria do ressentimento de Nietzsche ou a teoria do superego de Freud acabam por explorar essa instância artificial – apartada no núcleo vital e existencial – da moral normativa e deontológica. A consequência disso é a percepção de que não apenas a moralidade é artificial, pois desvitalizada, como impossível de executar quando não coincida com o interesse, e, nesse sentido, hipócrita (Henrich, 2009, p. 110). Para evitar esse desfecho, é imperativo (sem trocadilho) que o dever seja harmonizável com o sentimento.

Vê-se que, "pela mesma razão que Schiller é poeta, e primeiramente poeta, ele é também filósofo; ou, ao menos, o tipo de filósofo que ele é" (Schmid, 1905, p. 275), pois o que ele defende tanto na estética quanto na moral é a reabilitação de certos elementos da consciência só familiares ao artista, e negligenciados pela exploração kantiana.

Do ponto de vista moral, a personalidade se divide "entre a liberdade moral e a não liberdade sensual" (Schmid, 1905, p. 278), mas, do ponto de vista estético, divide-se entre uma aparência de determinação e uma aparência de

---

35. „Kants Fehler lag nicht darin, dass er den Ursprung der Kerndimension der sittlichen Bewusstsein konsequent in der Selbstbeziehung der Person verankert hat. Sein Fehler war es, nicht auch noch die Dynamik in den Blick gebracht zu haben, die in diesem Bewusstsein angelegt ist und die über die Selbstbeziehung des Einzelnen hinausführt" (Henrich, 2009, p. 105).

liberdade (graça). "Graça consiste na liberdade dos movimentos arbitrários; dignidade, no domínio sobre os não arbitrários" (Schiller, 1838, XI, p. 381). É desse refinamento conceitual que brotará um dos mais conhecidos conceitos de Schiller, o de *bela alma*. Esse conceito reflete a longevidade do conceito de *kalokagatia*, a beleza da virtude ou fusão entre a beleza e o bem, e não significa mais do que cumprir o dever alegremente. Se a nobreza da alma está na retidão e na virtude, a beleza de alma está no prazer e alegria que ela desenvolveu pela virtude, e este é o estágio final de educação do ser humano.

As ideias estéticas, morais e culturais dos textos supracitados ganham corpo e aprofundamento no livro de 1794, *Sobre a educação estética do homem*. Assim como o *Kallias*, o novo livro sobre estética foi escrito em cartas, mas, agora, os temas estavam mais sistematicamente estruturados em forma de tratado. As primeiras cartas são interessantes por seu aspecto culturológico. A segunda carta, por exemplo, critica o utilitarismo que já, naquela época, começa a suplantar os cuidados estéticos, o capricho e bom gosto. A velocidade, o baixo custo e a praticidade dão sinais de degeneração na arquitetura, por exemplo. Também Alexis de Tocqueville, décadas depois (Tocqueville, 2008), comentaria a respeito das casas dos Estados Unidos que elas parecem descartáveis, e que, ao passo que construções europeias de muitos séculos conservavam seu charme, as construções americanas, de apenas quarenta anos de idade, tinham terrível aspecto.

Genericamente otimista, Schiller vê uma tendência ao progresso, já antevista na aula magna sobre o propósito da história universal. Civilizar é transportar o homem do estado natural para o estado moral (Schiller, 1867, XII, p. 9).

Na quarta carta, começa a reaparecer um tema que foi central em *Kallias* e *Sobre a graça e a dignidade*, a harmonização entre natureza e razão por intermédio da estética. Essa reconciliação contraria a ideia de que a civilização consiste em um combate à natureza. O homem cultivado "é amigo da natureza", "respeita-lhe a diversidade", mas, ao mesmo tempo, não permite que a unidade da razão degenere em caos e desordem (Schiller, 1867, XII, p. 13). Essa "unidade na diversidade" é a fórmula para a liberdade concreta, que deixou de ser abstração para ser expressão de um espírito que age e se manifesta em um corpo.

A tese de Schiller fica inteiramente evidente no seguinte trecho da oitava carta: "a razão desempenhou seu papel quando encontrou e expôs a lei; agora cabe à bravura da vontade e à vivacidade do sentimento dar-lhe cumprimento" (Schiller, 1867, XII, p. 22). Kant reconheceu esse papel da vontade, mas não o explicou suficientemente. Schiller continua: "se a vontade deve sair vitoriosa do confronto com outras forças, então deve ela mesma tornar-se uma força e produzir um impulso que lhe conduza ao reino dos fenômenos" (Schiller, 1867, XII, 22). Não é por falta de clareza e discernimento que o homem não se emenda, mas por falta de energia e condição moral. A lei, ainda que jamais explicada antes de Kant, nunca esteve longe do alcance de qualquer consciência que tenha meditado sobre o certo e o errado, o bem e o mal. A firmeza de caráter, contudo, é bem conhecida das almas mais sensíveis ou heroicas como o elemento da equação moral de mais difícil desenvolvimento.

A luz mais íntima da consciência encontra e elabora em si a verdade impoluta, mas é preciso que essa verdade "apareça" aos sentidos. Este é o papel da beleza: ela permite "acolher amorosamente o que o pensamento já validou" como justo (Schiller, 1867, XII, p. 26). Em sentido prático, Schiller recomenda que estejamos e nos engajemos no mundo, sem sermos do mundo, no sentido da subordinação à ordem mundana. Temos de aprender a "viver no nosso século", na nossa sociedade, "sem sermos seus produtos", e a "oferecer aos contemporâneos aquilo que precisam, não o que pedem" (Schiller, 1867, XII, p. 26). Essas as características do homem bom e civilizado. Não basta um cumprimento formal da lei – o que não é sugerido por Kant, mas, frequentemente, interpretado a partir de seu "tom" – é preciso expressar a lei moral *fenomenicamente*, no caráter, no ânimo, na índole e nos gestos.

É perfeitamente compreensível que Kant não quisesse confundir a tarefa fundamentadora de sua filosofia moral com os elementos pedagógicos, antropológicos e culturais capazes de a estimular, mas não pode haver dúvida que a rudeza, a falta de modos, a baixeza e a indignidade gerais da índole e das expressões, a impaciência e as compulsões desregradas, enfim, todas as características colaterais que o próprio Kant diagnosticou como sinais do predomínio do egoísmo e do orgulho sobre a razão, não podem permitir que desabrochem as delicadas flores da delicadeza, da simpatia, da graça e da candura.

Seguindo um caminho esboçado por Reinhold, Schiller ancora as esferas que Kant definiu apenas intelectualmente no plano antropológico. Assim, as esferas da razão e da sensação, para Kant separadas metafisicamente, para Schiller serão explicadas como tendências ou impulsos. A existência material do ser humano, expressa em um impulso sensível (receptivo), está marcada pelo tempo. Existir sensivelmente significa experimentar o fluxo incessante das transformações materiais que se refletem em um respectivo fluxo de sensações. A razão, por sua vez, proporciona-nos um impulso formal, que permite ver, naquele fluxo, uma unidade e uma permanência. São impulsos obviamente opostos por suas distintas naturezas, de modo que a vida estaria fragmentada, cindida ao meio, se um terceiro e mais refinado impulso não pudesse conectar os dois primeiros.

Conectar coisas distintas por natureza, contudo, exige uma educação das tendências prévias, uma educação da sensibilidade, para que esta não usurpe o lugar da liberdade, e uma educação da razão, para que essa não usurpe o lugar da sensação. Cultura é o nome que damos a essa educação que medeia os elementos sensíveis e inteligentes; e o seu sucesso é a junção ou mediação desses dois impulsos em um terceiro: o impulso *lúdico*. Seja a materialidade desdobrada no tempo em fenômenos sensíveis, Schiller acredita poder chamá-la conceitualmente de *vida*; seja a inteligibilidade estabelecida por regras e leis da razão, o autor chama-a de *forma*. O lúdico, portanto, expressa-se como *forma vivente*, a beleza propriamente dita (Schiller, 1867, XII, p. 33-42).

Essa natureza mediadora da beleza faz dela pedra angular e coroa da civilização. A ela, somente, cabe moderar e equilibrar a relação entre o sensível e o inteligível, evitando tanto a alienação sensual quanto a abstrata (Schiller, 1867, XII, p. 50).

A vigésima segunda carta começa com uma visão sistemática da beleza difícil de dissociar da filosofia do espírito de Hegel. Schiller, aí, fala da beleza como o atestado máximo da realidade (Schiller, 1867, XII, p. 61), pois o belo é síntese do mundo material e do intelectual; uma síntese objetiva o bastante para fazer do sentimento e do ânimo (íntimos) uma aparência concreta coletiva no corpo da cultura. Consequentemente, "quanto mais universal o temperamento e menos limitada a direção que um gênero artístico ou produto comunica à nossa índole, tanto mais nobre esse gênero e tanto mais elevado o seu produto" (Schiller, 1867, XII, p. 62).

Na vigésima terceira carta, recebem destaque as implicações morais da teoria estética. Nada de essencial daquilo que foi estabelecido na *Crítica da razão prática* é contestado, e a beleza não é nem poderia ser fundamento da moralidade. Contudo, ela explica melhor, pela primeira vez, como a moralidade pode coincidir com a felicidade. O impulso lúdico, portanto, fala de uma fruição que decorre da harmonia entre o sensível e o inteligível, entre o império da razão e as circunstâncias existenciais (Schiller, 1867, XII, p. 63).

Ainda que alguns intérpretes tenham dito de Schiller algo parecido com o que se diz – com justiça – de Goethe, que "sua arte é sua metafísica" (Schmid, 1905, p. 281), é evidente que as ferramentas e os dons específicos dos filósofos não estão ausentes na obra do primeiro. Ainda na contramão de Goethe, não vislumbrava uma teoria estética puramente artística, compreendendo a necessidade de uma fundamentação conceitual rigorosa. Nesse sentido, em 25 de outubro de 1794, ele escreve a Körner: "o belo não é um conceito da experiência, mas sim um imperativo. É, certamente, objetivo, mas somente enquanto exercício da natureza racional sensível" (Windelband, 1905, p. 405). Semelhantemente a postulações éticas, não há como garantir que as pessoas perceberão e apreciarão o belo, mas é possível prescrever que elas deveriam.

Por fim, em *Sobre a poesia ingênua e a sentimental*, afirma: "o poeta ou é natureza ou está à sua procura; no primeiro caso é ingênuo, enquanto no segundo, é sentimental" (Schiller, 1867, XII, p. 128). Tal passagem marca precisamente a diferença entre Schiller e Goethe e, como o primeiro, de tipo sentimental, está vinculado à tradição transcendental. Enquanto Goethe quer ser um artista que é expressão da natureza, a qual ele supõe e afirma como desde sempre divina e bela, Schiller é a alma livre que a almeja, que se esforça para construir, a partir de si, uma ponte para a objetividade. Essa distinção, que não pode ser confundida com mera "tomada de posição" filosófica, reflete os elementos mais básicos das "disposições" dos artistas e, de certa maneira, da cultura em que estão inseridos (Barbosa, 2014). Tal o motivo pelo qual, por exemplo, os gregos são fortemente identificados com o ingênuo e a geração romântica, embalada por Rousseau e Kant, com o sentimental.

Essa tipologia, contudo, precisa ser aplicada na estrutura da cultura, sem o que a estética não tem papel civilizador. De volta à "aridez" de Kant, e da filosofia em geral:

A maior parte da humanidade está tão entretida nas dores da miséria e do trabalho exaustivo que não pode aceitar mais acidez e amargor advindos das dificuldades do pensamento. É preciso que os intelectuais, os que o podem, tomem para si a tarefa de cozinhar os alimentos mais duros do pensamento. Entregar ao povo a verdade em formato palatável significa usar de habilidade para despertá-lo para o que no fundo já sabe (Schiller, 1974, p. 55).

Já vai longe a geração dos intelectuais preocupados em cozinhar os alimentos mais duros, seja porque desistiram da interlocução com o público, seja porque, eles próprios, já não digerem ou cozinham alimentos difíceis. Em meio ao movimento conceitual complexíssimo da transição do kantismo ao Idealismo, autores, como Schiller, Goethe, Novalis e os irmãos Schlegel, estabeleceram um contraponto fundamental para arrancar a filosofia do intelectualismo e forçá-la a lidar com o plano da vida e da cultura concreta, sem que, com isso, fosse conspurcada a grandeza da própria tarefa.

2.6 O jovem Goethe: uma vida em torno da poesia e da verdade

Filho de burgueses bem-sucedidos da cidade-estado de Frankfurt, Johann Wolfgang Goethe nasceu ao meio-dia, em 28 de agosto de 1749, mesmo ano de nascimento de Mirabeau e Laplace. Em sua autobiografia, quase imediatamente reconhecida como a culminância do gênero, o poeta brinca com a conjunção estelar muito favorável, embora tenha nascido "meio morto", e só a custo e sob grande aflição geral abriu os olhos (Goethe, 2002, p. 9).

De sua infância, dedicada ao estudo de diversos idiomas e autores clássicos, lembra-se de dois episódios marcantes para sua formação: o terremoto de Lisboa e um incêndio que ele causara acidentalmente. Quando as notícias do terremoto de 1755 chegaram, Goethe tinha seis anos de idade. Os comentários gerais de que fiéis e descrentes foram indistintamente varridos afetaram a criança, que duvidou, pela primeira vez, da figura de um Deus paternal e intervencionista. Não muito tempo depois, no entanto, o menino decidiu erigir um altar próprio, onde pudesse adorar a Deus à sua maneira. Pegou um púlpito de música do pai, velas, incenso e uma coleção de objetos naturais (flores, frutas, pedras?). Queria que os elementos grandiloquentes do Velho Testamento estivessem bem acomodados a um naturalismo pagão, embora não soubesse disso. Adorou com entusiasmo ao Deus manifesto na natureza, mas, porque a cerimônia se alongasse demais, as velas incendiaram tecidos do altar sem que o menino percebesse, até que fosse tarde demais a não ser para se afastar e ver a obra religiosa a qual se dedicara ser destruída pelas chamas (Goethe, 2002, p. 28-29). Dessa amarga decepção, Goethe tirou uma lição para toda a vida. É preciso tomar muitíssimo cuidado com a pretensão de uma aproximação excessiva de Deus. Esse traço cético/cínico, assim como a disposição intensa em favor da espiritualidade, equilibrar-se-iam em uma visão inteiramente original sobre a religião.

Goethe foi um daqueles raríssimos autores a produzir obras significativas na juventude e na maturidade. Ele poderia ser comparado a Kant por produzir suas obras-primas em idade avançada, mas poderia, do mesmo modo, ser comparado a Schiller, Novalis e Schelling por produzir obras imortais antes dos trinta anos.

Wieland e outros artistas, pensadores e cientistas falaram de Goethe com uma reverência que pareceria exagerada para qualquer um não familiarizado com a biografia do homenageado. Não poucos, na época ou depois, considerariam Goethe "o homem completo", ou "o mais humano dos homens[36]."

Escritores de poucos amigos, como Nietzsche, que não pouparam praticamente ninguém, costumam ter apenas palavras gentis e lisonjeiras para descrever o bardo alemão.

Inclassificável, Goethe é um problema para historiadores e dicionaristas, que se veem forçados a isolá-lo em um lugar próprio, individual, à parte das correntes e tendências. Todos os partidos e alinhamentos costumam citá-lo como exemplo de erudição, tornando-o uma exótica unanimidade nos terrenos mais fragmentados e polarizados.

---

36. "There may have been others of clearer understanding, of greater energy, of deeper feelings, or of more vivid imagination, but it is quite certain that there never was an individual in whom all these faculties were united in such striking proportions. And, moreover, there has rarely been an individual of szuch highly developed powers of soul, whose physical life has so fully retained its independence and has so thoroughly permeated the spiritual. This wonderfully perfect amalgamation of Goethe's nature elevates it to the rank of the extraordinary, and, at the same time, accounts for its seemingly contradictory manifestations. But it is this seeming contradictoriness that has made it so difficult for most people to obtain a correct and adequate idea of him. He observes colour refractions like a physicist, examines bones and ligaments like an anatomist, and comments on bankrupt law like a jurist. Gifted with unusual clearness in the comprehension and analysis of men and things, his early appearance on the stage of action is marked by the wisdom and experience of a man of the world and a diplomat. And yet this same man writes poetry overflowing with imagination, goes about in the real world absorbed in dreams, sees many things and many people, not as they are, but in the light of his own fancy, is frequently incapable of making out a clear understanding of objects and their mutual relations, and stands in the midst of human activities a naive and often helpless child" (Bielchowski, 1909, p. 1-2).

Como qualquer pessoa sensível, era terrivelmente solitário e melancólico, ao menos na juventude. A maturidade, o estudo da ciência e da filosofia tornaram-no imponente, mas, na juventude, o sentimento e a emoção eram fortes e relativamente incontroláveis. Dessa disposição surgiram poemas rebeldes ou anárquicos, e *Os sofrimentos do jovem Werther*. Embora Goethe, mais tarde, deplorasse os tons juvenis dessa fase, eles aderiram à sua imagem e o catapultaram para a notoriedade.

Sem dúvida alguma, Goethe foi mais poeta que qualquer outra coisa, mas dedicou-se tão intensamente à ciência e à espiritualidade – para não usar o termo religião, para ele bastante problemático – quanto qualquer outro que não fosse um cientista ou um místico muito devoto, e estudou filosofia quase com a mesma seriedade e dedicação.

Pela sua objetividade e pela clareza de suas implicações, a atividade de Goethe como cientista natural é uma introdução mais didática ao seu pensamento em geral.

a) Naturforscher: ciência e epistemologia do jovem Goethe

Bem menos considerados e apreciados são os textos científicos de Goethe, que exerceram enorme influência cultural dentro do espaço germânico e ainda hoje têm seu valor para o desenvolvimento das ciências reconhecido, mas que, por diversas razões, foram malrecebidos em outros ambientes culturais e associados à filosofia da natureza dos autores idealistas ou a propostas esotéricas. Neste segundo caso, autores admiradores de Goethe, como Rudolf Steiner, acabaram por prestar certo desserviço a uma apreciação puramente científica dessa parte da obra de Goethe. Do ponto de vista de sua própria concepção – que hoje se classificaria como um ponto intermediário entre a filosofia da ciência e a epistemologia – a concepção naturalista de Goethe operava uma "correção" empirista à proposta kantiana (Matussek, 1998), à qual correspondem noções metafísicas, que Goethe só apresentou parcial, precária e quase inconscientemente[37], mas que não deixaram de despertar admiração por sua profunda originalidade.

Cronologicamente, os textos de Goethe intercalam observações e ensaios científicos com ensaios sobre a própria ciência, de cunho mais epistemológico,

---

37. Questão à qual me dediquei nas minhas pesquisas de mestrado e doutorado.

uns tirando proveito dos outros, de modo que é mais esclarecedor seguir a linha do tempo do que forçar uma classificação artificial por tipos de texto. Como Schiller, o bardo nacional também levou dois ou três anos para começar a absorver a influência de Fichte e Schelling, de modo que vale a pena falar de seus textos de 1795 e 1796 como ainda pré-idealistas ou não influenciados pelo Idealismo.

De 1770 a 1797, Goethe dedicou-se a um número de áreas e temas científicos suficiente para uma carreira e um lugar na história independentes de sua atividade artística. Começou por estudar anatomia, cirurgia e mineralogia ainda como estudante, e, na sequência, desenvolveu pesquisas ou estudos sobre o naturalismo de Espinosa (1773), osteologia, geologia, botânica (1776), cromática, evolução das espécies (1786), metamorfose, climatologia, óptica (1791) e entomologia (Goethe, 2003, p. 279). De tempos em tempos, conforme sentia a necessidade, escrevia sobre as implicações filosóficas desses estudos.

Destacam-se, em sua visão filosófica sobre os estudos da natureza, as filosofias de Espinosa e Kant, as quais ele tenta conciliar[38]. Mais próximo de Herder do que de Schiller, Goethe tende para o naturalismo de Espinosa, ao menos em relação à visão de mundo científica, mas ele não deixa de ter Kant em alta conta, chegando a louvá-lo como o maior pensador alemão e criador de uma filosofia que impõe conclusões incontornáveis.

Após um primeiro contato, no começo da década de 1770, voltará ao estudo de Espinosa com seriedade, e com o auxílio de Herder e da senhora Stein, em 1786, concebendo uma visão sintética da metafísica, da arte e da ciência natural. Essa concepção, ainda que pouco refinada para os padrões da alta filosofia praticada por seus contemporâneos, permitiu-lhe enxergar com razoável precisão a demanda sistemática e monista que emergia da filosofia transcendental. Avesso às pretensões racionalistas, contudo, Goethe não levava a sério projetos fundamentadores, mantendo-se fausticamente cético quanto à real capacidade da filosofia de abranger a essência da verdade. É a dinâmica desse jogo que nos dá acesso à visão de mundo ou à metafísica implícita do grande poeta e pensador.

A pátria da fé de Lutero e da mística pietista deu novos ares à filosofia de Espinosa, e as peculiaridades da recepção espinosana na Alemanha são bem

---

[38]. As próximas páginas deste tópico contêm muitos trechos reciclados de minha tese de doutorado, cujo tema eram as concepções filosóficas de Böhme e Goethe. No geral, entendo ser a presente exposição significativamente mais madura e trabalhada do que a da tese.

conhecidas dos pesquisadores. Sempre consideravelmente panteísta, a cultura germânica viu crescer de seu solo rebentos como Nicolau de Cusa, Mestre Eckhart, Paracelso e Jakob Böhme. Futuramente, pensadores germânicos como C. G. Jung e Martin Heidegger seguiriam falando de heranças telúricas que não conviria ignorar em favor do tecnicismo e da abstração da Modernidade. O Espinosa de Lessing, Herder, Goethe e dos idealistas depois deles não está, portanto, muito longe de Leibniz, Rousseau ou mesmo da mística cristã. No caso de Goethe, particularmente, um ecletismo insaciável buscava também conexões com a alquimia, a cabala e o neoplatonismo. O seu era um naturalismo de poeta, não de geômetra.

Esse naturalismo poético e místico casava-se perfeitamente com as intenções de outros admiradores de Jakob Böhme: Schleiermacher, Schelling e Hegel[39], e, com eles, Goethe pode ser considerado um dos criadores da "dialética da natureza" (Wehr, 1971, p. 130-132).

Muitos anos depois (1829), em suas conversações com Eckermann, Goethe teria dito: "Na filosofia alemã havia ainda duas coisas a serem realizadas. Kant escreveu a *Crítica da razão pura*, a partir da qual muitíssimo aconteceu, mas que não fechou o círculo. Agora seria preciso que alguém mais hábil, mais grandioso, escrevesse a crítica dos *sentidos* e da compreensão humana..." (Eckermann, 2022). Com isso, queria dizer que os adendos necessários ao sistema de Kant eram mais aditivos que corretivos, embora, na prática, seus textos sobre ciências naturais algumas vezes sugerissem algo positivamente diverso e não facilmente conciliável com a filosofia transcendental. Rudolf Steiner, com razão, chamou a perspectiva de Goethe sobre o conhecimento de *fenomenologia*, um termo que foi considerado justo por muitos outros comentadores (Cameron, 2005; Robbins, 2005).

O intuitivismo ou a fenomenologia de Goethe, evidentemente, tinha a ver com sua posição sobre os problemas e limitações da filosofia kantiana. Sendo ela o "chão" da nova filosofia, propostas alternativas tinham de encontrar nela as brechas nas quais suas raízes poderiam se firmar. Enquanto numerosa tropa de filósofos e teólogos exploravam aspectos lógicos da filosofia transcendental, com forte concentração sobre as questões da fundamentação

---

39. Segundo Franz von Baader, a influência de Böhme sobre esses três autores seria tão óbvia que dispensaria qualquer explicação (Baader, 1855, p. 163).

e do Ceticismo, Goethe via nas três críticas três diferentes modos de acesso à filosofia transcendental. Parecia achar a *Crítica da razão prática* menos contestável que a *Crítica da razão pura*, mas é apenas com a publicação da *Crítica da faculdade de julgar* que ele se empolga e vislumbra um ponto de apoio para sua visão científica, incompatível com a letra, mas, talvez, não muito incompatível com o espírito do kantismo.

Já em 1780, Johann Friedrich Blumenbach causara agito na biologia a partir do seu conceito de impulso formativo (*Bildungstrieb*). Essa concepção vinha ao encontro da percepção do senso comum de que a biologia era incompatível com os princípios do mecanicismo que regia a física. Uma ciência da vida deveria, no mínimo, começar respeitando os princípios fundamentais dos fenômenos viventes. Blumenbach observou a regeneração de partes cortadas de plantas e concluiu que:

> Existe em todas as criaturas vivas, dos homens às larvas, do cedro ao mofo, um impulso particular inato e ativo por toda a vida. Este impulso [*Trieb*] inicialmente imprime nas criaturas a sua forma, então a preserva, e, se acaso são danificadas, é a partir dele que se podem regenerar. Este é um impulso (ou tendência, ou esforço, como se queira) completamente distinto das disposições gerais do corpo; também totalmente distinto das outras forças [*Kräfte*] especiais, particulares dos corpos organizados. Ele mostra-se como uma das primeiras causas de toda a geração, nutrição e reprodução. Para evitar os equívocos e distingui-lo de todos os demais poderes naturais, eu lhe darei o nome de *Bildungstrieb* (*nisus formativus*) (Richards, 2002, p. 218).

Processualmente semelhante à entelequia, de Aristóteles, o impulso formativo evidentemente só seria explicável como princípio de ordem e inteligência na natureza, o que também acabou inevitavelmente por fazer referência às formas ideais de Platão. "A pergunta acerca dos instintos dos animais só se permite esclarecer pelo conceito de mônada e entelequia. Cada mônada é uma entelequia, que sob certas circunstâncias se manifesta. Um estudo fundamental dos organismos permanece envolto em mistério" (Goethe, 1976, p. 234).

Somente esse princípio ideativo-formativo, propunha Blumenbach, explicaria como a digestão de mil tipos de substâncias redundam em um crescimento organizado de todos os tecidos altamente especializados do corpo, de um ovo ou bebê, ou de um ferimento. De outro modo, como o crescimento dos galhos poderia ser, ao invés de mecânico, como o espalhamento de algo jogado sobre uma superfície, ordenado e "proposital", com o fim de uma maior exposição aos raios do sol?

Como vimos, a *Crítica da faculdade de julgar* explicou essa percepção como produto de um juízo hipotético formulado pela conexão reflexiva entre o mundo (mecânico) e a vontade (livre). Blumenbach e Herder, no entanto, seguidos não muito de longe por Goethe, relutavam em aceitar a explicação de Kant, que mais parecia uma conveniência interna de seu próprio sistema do que uma explicação satisfatória para o que os fenômenos "diziam". Por outro lado, o poeta entusiasmou-se com o que a Terceira Crítica concedia, e viu nisso uma prova de que não é possível evitar a conclusão de que natureza e arte contêm causas finais imanentes.

Goethe expressa esta empolgação em seu único ensaio sobre a filosofia de seu tempo, *Influências da Nova Filosofia*:

> Deixei-me agradar pelos conhecimentos *a priori*, bem como pelos juízos sintéticos *a priori*: já que por toda a minha vida, poetizando ou observando, procedi de modo sintético, e, depois, novamente analítica; a sístole e diástole do espírito humano era para mim como uma segunda respiração, jamais separada, sempre pulsante. O princípio me agradava, mas não ousava entrar no labirinto: ora me impediam as tarefas poéticas, ora o entendimento humano, e eu não me sentia em nada melhorado. Infelizmente, Herder era, apesar de discípulo, também um adversário de Kant, e assim me encontrei ainda em pior estado, não podendo concordar com Herder, nem tampouco seguir Kant. [...] Chegou-me, então, em mãos, a Crítica da faculdade de julgar, e a ela eu devo uma época de minha vida repleta de suprema alegria. Ali eu via as minhas tão díspares atividades lado a lado, arte e investigação natural tratadas igualmente, as faculdades de julgar estética e teleológica iluminavam-se reciprocamente [...]. Minha aversão às causas finais era ali regrada e justificada, eu podia discernir fins de consequências, e também compreendi por que o entendimento humano geralmente os confunde. Alegra-me que a arte poética e as disciplinas naturais comparadas estejam tão estreitamente aparentadas, pelo fato de ambas estarem sob uma mesma faculdade de julgar (Goethe, 1998, VI, p. 406).

A "aversão às causas finais" pode causar algum espanto aos que conhecem um pouco das teorias goetheanas, mas se tendo em vista o ambiente do século XVIII, dominado pela teologia natural e por noções francamente teístas de causalidade final, é muito provável que a crítica de Goethe tivesse em mente a noção de um "plano de Deus", e não uma teleologia imanente. A

Terceira Crítica de Kant, de fato, põe às claras o que antes poderia ser subsumido como manifestação da vontade do Criador. Isto que para Goethe era intolerável, Kant regrara e submetera à forma de juízos reflexivos, com força apenas de hipótese – ainda que uma força muito grande, por se tratar de hipóteses que ocorrem invariavelmente e *a priori* a todas as pessoas. Consequentemente, Goethe pôde acomodar sua percepção de uma legislação própria da biologia à filosofia crítica, que também conectara a biologia à arte. O que até então era obscuro tornou-se claro para Goethe, e sua teoria deu largos passos na direção do Idealismo.

Em *Sobre a necessidade de hipóteses*, Goethe acomoda melhor o que absorveu da Terceira Crítica à sua própria concepção naturalista:

> Uma hipótese eleva a alma e lhe restitui a elasticidade, que lhe havia sido roubada pelas experiências particulares e fragmentadas. Elas são, na ciência natural, o que na moral representa a crença em um Deus, e em tudo a crença da imortalidade da alma. Este sentimento elevado se une a tudo aquilo que resta de bom no homem, aquilo que o faz subir acima de si mesmo e o leva adiante e além do que sem ele chegaria (Goethe, 1998, VI, p. 379).

À semelhança do kantismo, a hipótese é aí comparada a outras inferências e postulações da razão. Tem, pois, caráter de inevitabilidade, mas, ao mesmo tempo, não o de certeza. Mas, como Goethe é sensivelmente mais otimista em relação a alguns aspectos da teoria do conhecimento – ao passo que também mais cético em outros – o que ele quer enaltecer com esse parágrafo não é a capacidade da razão de produzir hipóteses, e sim o "fato" de que a síntese da razão nos permite apreender verdades inacessíveis à postura analítica. Organicista, Goethe entende que a análise disseca, separa e mata, sendo imprópria para o estudo do todo do fenômeno. O anatomista abre o corpo para enxergar melhor as partes, mas o corpo vivo não é um conjunto de peças, um mecanismo, e sim uma unidade ideal que forma suas partes e órgãos. Ao dissecar o corpo, portanto, o anatomista perde algo em favor da melhoria da análise. Se quisesse conhecer a lebre ou o gato, deveria vê-los vivos, em movimento, com todo o seu organismo funcionando segundo fins (manutenção da vida, reprodução, fuga da dor etc.).

Contrariando os cientistas que começavam a esboçar teorias evolucionistas, Kant classificou a unificação de todos os fenômenos da vida como "aventura da razão." Goethe, no entanto, tinha a impressão de que a natureza mesma "dizia", através de todos os seus seres e fenômenos, algo distinto do que Kant afirmara com base apenas no pensamento. Parecia-lhe que a natureza permitia concluir mais do que o possível segundo os limites impostos pela filosofia crítica, e que Espinosa e Leibniz estavam mais certos ao afirmar, respectivamente, que podemos ter ideias adequadas da natureza, e que organismos são definidos pela ideia de continuidade, não pela soma das partes.

Em sua viagem à Itália, na qual se dedicou intensamente ao estudo das plantas, Goethe coletou observações e teve vislumbres a partir dos quais logo desenvolveria a teoria de um de seus mais importantes livros científicos, *A metamorfose das plantas* (1790). Segundo ele, o princípio de unidade de todas as plantas corresponderia a um *typus*, um arquétipo, mas não como arquétipos psicológicos ou mentais de outras tantas teorias, e sim um arquétipo *natural*. O *typus* original da planta é uma planta primordial (*Urpflanze*), da qual todas as demais derivam por evolução e especificação. Essa planta primordial teria raízes, caule, folhas, flores e fruto, mas algumas plantas poderiam evoluir e se especializar de acordo com diferentes necessidades e condições locais, atrofiando o caule a ponto de as folhas saírem de um bulbo que quase se confunde com as raízes, ou não chegando a produzir fruto, lançando diretamente as sementes a partir da flor e assim por diante. A ausência empírica de algum elemento, portanto, não comprometeria a teoria, mas sua ausência na planta original impediria a existência desse elemento em qualquer planta empírica, de modo que é forçoso admitir cada elemento que exista empiricamente como potencial na planta primordial.

Ainda hoje, não é possível fazer biologia excluindo o geral do particular, pois a dupla implicação tem caráter lógico (Caro, 1866, p. 111). As tentativas de explicar o geral a partir de condições mais simples, embora consistam em um esforço obrigatório para qualquer ciência, mostram-se infrutíferas diante de sistemas complexos, forçando-nos a considerar outras ordens de realidade fenomênica (notadamente a biológica e a psicológica) só abordáveis em seus próprios termos[40].

---

40. "A subsequent and associated challenge to simple mechanism has been the discovery of the informational character of DNA—even if the mentalistic term "information" is treated as a metaphor for the self-reproducing patterns that define biological characteristics from the cellular to the ethological level (Artmann, 2008). The reason why DNA may be embarrassing for mechanism is that its function is not determined simply by casual chemical reactions or the mechanical connections

Goethe observou isso explicando satisfatoriamente a anastomose a partir de sua teoria. A anastomose é um fenômeno de ligação que pode acontecer em objetos inanimados (cristais, rios e regatos) ou organismos (muito comum em plantas, geralmente problemático em animais). No segundo caso, se dá entre dois órgãos ou partes de um órgão e dá origem à interligação de diferentes veios das plantas ou formação de órgãos animais grudados. Segundo uma teoria mecanicista/materialista, seria muito difícil explicar esse fenômeno no mundo orgânico, mas Goethe sugeriu que os órgãos das plantas poderiam se conectar porque "fazem sentido" uns para os outros – para não usar uma linguagem mais explicitamente teleológica, como "cooperam para o mesmo fim" (Goethe, 1790).

No ensaio *Fenômeno puro*, aparece uma noção de "empirismo verdadeiro", contraposto à experiência encarcerada pelos limites puramente intelectuais estabelecidos pela filosofia transcendental:

> O pesquisador natural busca tocar e reter a particularidade dos fenômenos; ele não atenta em um único caso apenas para como o fenômeno aparece, mas também para como deveria aparecer... há, entretanto, grande diferença se, como fazem os teóricos, se deixa escapar pelas frestas um grande número, ou se sacrifica a ideia do fenômeno por uma falha... Quando experimento a constância e a consequência do fenômeno, até o grau conhecido, então eu tiro daí uma lei empírica e a prescrevo para as próximas aparições. Se na sequência a lei e os fenômenos coincidem plenamente, então eu venci, se não coincidem perfeitamente, então me faço atento para a exceção e demando as determinações sob as quais aquele caso contrariou a lei, e assim eu vejo que tenho de pôr de lado todo o trabalho e buscar uma perspectiva maior (Goethe, 1998, VI, p. 392).

Goethe não apenas via seu empirismo como mais objetivo, por levar a sério a possibilidade de a natureza instruir a mente, como entendia-o como um empirismo delicado (*zarte Empirie*); isto é, não necessariamente contra-

---

between its parts, but purely by the organized structure of the information encoded in it. On the contrary, as changes at the molecular level have direct consequences for the behavioural and adaptive level of the entire organism, and the transmission of the molecular structures depend on the fitness of the entire organism in its environment, the complexity of the entire structure is enhanced by this mutually causative arrangement (Wills, 2016). The arrangement not only excludes mechanistic linearity, but also draws attention to the cooperation between molecular and phenotypical processes" (Coelho, 2022c, p. 53). Também é imprescindível considerar as já não recentes críticas ao reducionismo mecanicista feitas pelas teorias da complexidade (Mazzocchi, 2008).

ditório com o que a filosofia transcendental estabelecera em seus princípios. Essa afirmação pode parecer absurda, e, sem dúvida, a falta de refinamento conceitual de Goethe dá ampla margem para duvidarmos da real consistência de seu modelo e de suas aparentes pretensões de "correção" da filosofia transcendental, mas ele merece que lhe seja reconhecido o mérito de constatar semelhante rudeza e falta de refinamento no conceito kantiano de experiência. Afinal, não há dúvida de que esse conceito era mecanicista e que apenas por essa razão podia fechar com exatidão a forma da experiência em geral. Goethe só o pôde superar, nesse sentido, porque sua concepção de experiência era mais fenomenológica e antimecanicista.

Na sequência do mesmo artigo, o poeta naturalista apresenta as três formas de visão do cientista natural:

1. O fenômeno empírico: o qual todo ser humano percebe e que conduz a...

2. O fenômeno científico: elevado pelos ensaios nos quais ele é apresentado sob outras circunstâncias e determinações que não aquelas em que já é conhecido e posto em uma cadeia mais ou menos satisfatória.

3. O fenômeno puro: vem ao final como resultado de todas as experiências e ensaios. Jamais pode ser isolado, mas se mostra em uma cadeia de fenômenos; para representá-lo o espírito humano deve adequar-se às oscilações empíricas, isolar o acaso, separar o impuro (o impróprio do fenômeno), fazer desenvolver-se o indefinido, sim, por que não, descobrir o desconhecido (Goethe, 1998, VI, p. 393).

Ao invés de uma análise do entendimento, essa parece uma evolução psicocognitiva da percepção e da concepção do que está sob observação. Da percepção pura ou sensorial, do senso comum, à percepção científica, mediada pelo exame e reflexão criteriosos, o objeto não permanece o mesmo. Para enfocar o aspecto mecânico, é preciso isolar abstratamente o objeto, ou um conjunto de objetos. Isso é precisamente o que ocorria com a maioria dos experimentos físicos até o final do século XIX, mas não pode ocorrer com os biológicos, pois não existe gato sem rato, rato sem grão, e assim por diante. *Em cadeia*, portanto, o fenômeno adquire outro aspecto, mais orgânico e integrado à *natureza*, que é, mais que um cenário, um organismo do qual o fenômeno é um órgão.

Por isso, o experimento científico é "intermediação" entre sujeito e objeto:

> Tão logo observamos um objeto em relação consigo mesmo e com outros, e não o colocamos imediatamente sob nossa apreciação ou rejeição, então poderemos com desapaixonada atenção formular um conceito bastante significativo de suas partes e relações... tão logo os homens se façam atentos aos objetos com aguçados sentidos, se encontrarão tão atraídos quanto destinados à observação... Se, por um lado, cada experiência, cada ensaio lhe leva (ao pesquisador) a ver a natureza como isolada e, de outro lado, se a força do espírito humano anseia violentamente por reunir tudo o que está fora dele e lhe é conhecido, então não se vislumbra o perigo em que incorre, quando se quer unificar uma ideia concebida com uma única experiência. Na maioria das vezes, formam-se, por esses esforços, teorias e sistemas, que muito bem fazem jus à astúcia do autor, mas que, ao buscarem mais que o aplauso mais fácil, ao buscarem fomentar um avanço do espírito humano maior do que lhes seria possível sem a certeza sensorial, então se tornam tanto danosos quanto debilitantes (Goethe, 2003, p. 6-7; 10).

Pontos-chave aqui são a "certeza sensorial" e a "observação" Kant não tem, como Goethe observa, uma filosofia sensorial, ou um lugar próprio para o sensório, que é generalizado como fonte de alimentação da intuição sensível. Interessa-lhe, sobretudo, passar logo ao terreno firme e objetivo do universal *a priori*; mas Goethe, tendendo ao naturalismo de Espinosa, supõe achar, na experiência, uma objetividade revelada pela percepção. Esse passo a mais em direção ao realismo pode ser interpretado pela filosofia transcendental como um passo na direção do dogmatismo, mas o poeta cientista parecia acreditar que esse era um passo sugerido e/ou exigido pela ciência.

Analogias com a fenomenologia são cabíveis, especialmente com a de E. Husserl. A principal dessas analogias se refere à percepção, tida não apenas como primacial como também capaz de "evoluir" ou "amadurecer" se trabalhada. Esse trabalho, contudo, é tão intelectual quanto sensorial, ou intelecto-sensorial, o que aproxima Goethe do Idealismo e não tanto de concepções pré-críticas. Também semelhantes ao Idealismo ou a um mundo da vida é a ideia goetheana de que "o ser humano está desde a raiz em ligação essencial com o mundo, sua percepção é intencional e todas as ciências derivam desta percepção." Nossos órgãos, portanto, não seriam meras representações de uma mente pura, senão "a 'carne do mundo' que emerge para olhar a si mesma" (Robbins, 2005, p. 8).

Goethe tinha até mesmo a noção de uma *epoché*, uma redução fenomenológica que ele definia como diminuição dos juízos sobre a coisa e a experiência. Com isso, acreditava ser capaz de "captar" elementos essenciais do fenômeno e as inter-relações entre diversos fenômenos, o que vem a ser uma visão/intuição *compreensiva*. Em favor dessa expectativa, ele declara: "o sublime seria compreender que toda facticidade já é teoria. O azul do céu nos revela as leis fundamentais da cromática. Não se procura simplesmente nada atrás dos fenômenos: eles mesmos são a doutrina" (Goethe, 1976, p. 116).

Perceber estes elementos fundamentais constitui uma experiência de tipo superior (Goethe, 2003, p. 13). Goethe propõe uma "delicada empiria" (*Zarte Empirie*)[41] como modo de controlar os sentidos e diminuir a distorção que as expectativas do pesquisador causam sobre a observação, produzindo assim aquelas experiências de tipo superior que, segundo ele, eram metodologicamente acessíveis, mas pouco praticadas pelos cientistas e filósofos da natureza. Ao contrário desta experiência que se *observa* em diversos testes, a hipótese é um *argumento* formulado para provar uma ideia que se fez da experiência[42].

Prenunciando Hegel, Goethe enxergava já a necessidade de um olhar sistêmico, não pelas razões transcendentais (e *a priori*) de fundamentação dos sistemas que empolgaram Reinhold, Fichte e o jovem Schelling, e sim porque nossa *experiência* de mundo nunca pode ser uma experiência não natural. Ser natural significa que toda experiência é, desde o nascimento dos bebês, uma experiência do todo, do fenômeno em seu contexto, do fenômeno em movimento, vivo, e, como Hegel depois destacaria de maneira incomparável, lida e interpretada por significados, ideias e valores socioculturais[43].

Na *Metamorfose das plantas*, portanto, o autor conclui não apenas que o impulso formativo seria viável como hipótese, como também que sugeria algo

---

41. "Há uma delicada empiria, que se faz intimamente idêntica ao seu objeto e através desta identidade torna-se a verdadeira teoria. Tal progresso do patrimônio do espírito pertence, no entanto, a um tempo muito instruído" (Goethe, 1976, p. 114).

42. "O homem se anima mais com a representação do que com a coisa, daí a quantidade e o gosto que se tem por hipóteses, terminologias, sistemas, teorias que unem muitas coisas em poucas explicações" (Goethe, 1976, p. 11).

43. Recentemente, uma muito comentada e competente apresentação dessa mesma tese em termos neuropsicológicos foi realizada por Iain McGilchrist em *The Matter with Things: Our Brains, Our Delusions and the Unmaking of the World* (2021).

sobre a natureza "em si mesma"[44]. Variações nas mesmas espécies de planta mostravam empiricamente que a incidência de sol, o vento, a temperatura, a altitude e o solo determinavam uma variedade de adaptações, de modo que não era razoável supor que as regras da forma (mecanicismo) estivessem na base de tais fenômenos. Deveria haver também regras "formativas" (*Bildung*) imanentes[45].

A questão, então, era: como seres vivos buscam ou orientam-se para a formação, ao invés de reproduzir passivamente uma forma estática? Era necessário conceber princípios teleológicos imanentes – ou teleonômicos, para usar uma linguagem científica contemporânea (Mayr, 1974) – para explicar como seres vivos "procuram" ou "querem" coisas; e como adaptam suas raízes para melhor absorver a água, torcem galhos e ramas para melhor captar a luz, crescem, florescem e frutificam sem serem a isso forçados por causas externas (ainda que dependendo de fatores externos, mais como recursos do que como causa)[46].

> No princípio lógico da ideia de arquétipo ou forma primordial (*Urbild*) da planta, Goethe identificou a folha como o órgão sobre o qual e para o qual existe o fenômeno planta. Em torno da folha, todos os órgãos da planta alinham-se como servos de sua existência, assim como todos os órgãos animais se alinham na sustentação da vida cerebral, em torno da qual gira a vida do animal. O cotilédone, o pistilo, as pétalas e os estames são folhas metamorfoseadas para diversas outras funções. Assim diz Goethe em carta a Herder: "com efeito, tive a ideia de que aquele órgão que costumamos chamar de folha abarca o verdadeiro Proteo capaz de esconder-se e de revelar-se em todas as formações. Para trás e para frente, a planta é sempre folha tão inextrincavelmente unida com o futuro germe que um não pode ser pensado sem o outro" (Coelho, 2012).

Ao invés de impedir e "eliminar a percepção da unidade e integridade dos fenômenos orgânicos, a aplicação do mecanicismo a eles só ressaltou"

---

44. Segundo Herbert Schnädelbach, a noção goetheana de morfologia, enquanto processo formativo orientado a um *typus*, só seria significativamente aperfeiçoada por Darwin. (Schnädelbach, 1999, p. 101).

45. "Se observarmos, no entanto, todas as formas, particularmente as orgânicas, não encontramos jamais a presença de algo fixo, algo pacífico ou isolado, mas sim que tudo oscila em um movimento contínuo. Daí que a nossa língua obriga-nos ao uso da palavra Formação (*Bildung*), tanto em sentido mais que suficiente para entender as origens quanto o devir de algo" (Goethe, 2003, p. 48).

46. Robert Richards chega a afirmar que Goethe teria sido o primeiro a propor uma causalidade télica a partir da observação, como hipótese efetivamente científica (Richards, 2002, p. 445).

essas características (Goethe, 2013, p. 57). O que antes do mecanicismo era notado, após sua aplicação à biologia gritava. Todo impulso formativo seria definido conforme a espécie, mas as espécies também remontariam a um tronco comum, um primeiro fenômeno primordial (*Urphänomen*). Sendo a folha o âmago do fenômeno primordial das plantas, o centro nervoso seria o âmago da Animalia. Ambos, a planta e o animal primordiais, buscariam atingir o máximo desenvolvimento de seu princípio central. A planta maximiza a captação de luz, o animal o progresso sensorial e comportamental ao meio. Não havia a ideia de seleção natural, mas, certamente, havia uma ideia evolucionista e de progresso, muito afeita ao final do século XVIII[47].

Goethe tinha total consciência, por exemplo do fototropismo, e não deveria ignorar completamente o geotropismo. Percebia, portanto, que os seres vegetais se moldavam em reação a estímulo, ou buscando um estímulo ausente ou de difícil acesso.

Driblando a restrição crítica de Kant a um princípio teleológico objetivo, o qual ele identificava como *intellectus archetypus*, intuição total e divina, Goethe conclui:

> Realmente o autor aqui parece referir-se ao entendimento divino, e já que no reino moral devemos nos elevar a uma região superior e abordar o ser primeiro através da crença em Deus, virtude e imortalidade, então o mesmo deve ocorrer no terreno intelectual. Talvez sejamos dignos, através da intuição de uma natureza continuamente criativa, de participar mentalmente da sua produtividade. Eu mesmo tenho sido incessantemente arrastado, a princípio inconscientemente e movido por um impulso interno, a uma tal imagem e tipo primordiais. A fortuna me favoreceu neste esforço, e pude construir uma representação de todo proporcional à natureza, de modo que nada mais me impede de assumir corajosamente a "aventura da razão", como a denominou o velho de Königsberg (Goethe, 1998, VI, p. 409).

Traduzindo as concepções de Goethe mais de meio século depois, Helmholtz conclui que a teoria da metamorfose permitiria explicar como alguns órgãos se subordinam a outros, como que subcontratados para tarefas que nem lhes interessam primariamente, e sim ao todo do organismo. Assim, a espinha dos seres primitivos e dos fetos parece se desenvolver e se metamor-

---

[47]. Com mudanças, é claro, o princípio de especialização sensorial e cognitiva continua sendo um dos balizadores centrais da atual compreensão dos mecanismos evolutivos (Halliday, 2022, p. 263).

fosear para cobrir o cérebro e o coração, como se as vértebras metamorfoseadas revestissem estas regiões propositalmente (Helmholz, 1903, p. 27), ou, como se desde sempre essa fosse sua finalidade.

Toda essa estrutura apontava para uma visão integrativa: cientificamente organicista, filosoficamente naturalista, no sentido de uma filosofia da natureza, e poeticamente encantada e exuberante. A natureza não era apenas Um e Todo, nem se resumia ao divino, mas era também manifestação excelente e adequada dessas instâncias absolutas. Não havia traço remanescente de "degradação" em relação ao absoluto espírito. A natureza, agora, era o máximo e o absoluto. Não um absoluto espinosano, quase materialista, que apagasse a individualidade, e sim um absoluto que conciliasse Leibniz e Espinosa (individualidade e totalidade), Rousseau e Kant (sentimento e razão)[48]. A síntese dessa visão de mundo capaz de sintetizar ciência, filosofia, poesia e religião é o fragmento ensaístico *A Natureza*:

> Nela estamos cercados e imersos... sem nos pedir ou avisar, ela nos toma na circulação de sua dança. Ela cria sempre novas formas e o que aí está nunca esteve nem nunca estará. Vida é sua mais bela invenção, e a morte um artifício para que haja muita vida. Ela cria necessidades porque *ama o movimento*. Incrível como gera tanto movimento com tão pouco esforço. Cada necessidade é uma benção, rapidamente satisfeita, rapidamente renovada... Ela não tem língua nem discurso, mas cria línguas e corações através dos quais sente e fala. Sua coroa é o amor, e só através dele pode-se aproximar dela... Ela é astuta, mas por bons motivos... Ela é inteira e ainda assim, sempre *incompleta* (Goethe, 2002, p. 28-31).

Na medida em que a ciência de Goethe encontrava um caminho para a poesia, a sugestão da *Crítica da faculdade de julgar* soava proporcionalmente mais atrativa. Poesia e ciência, espírito sintético e analítico, tudo integrado e não mais separado em convite a uma filosofia da natureza. Se esta só seria executada por Schelling, anos depois, é Goethe o responsável por criar as condições de possibilidade para a nova disciplina e, consequentemente, para o Idealismo objetivo.

---

[48]. "Na observação da estrutura do mundo sua plena dimensão, sua última divisibilidade, não podemos evitar que no todo jaz uma ideia de fundamento, através da qual Deus na Natureza, a Natureza em Deus, desde a Eternidade e por toda a Eternidade quer criar e agir. Intuição, observação e meditação conduzem-nos a este mistério. Criamos ideias e conceitos que seguem análogos a este princípio primordial" (Goethe, 2003, p. 19).

b) Poeta e romancista

Após o período traumático da guerra dos trinta anos, e da lenta reconstrução dos estados e da cultura que se sucedeu, foi só entre a terceira e a quarta década do século XVIII que os alemães voltaram a se dedicar com vigor à poesia.

A dramaturgia foi inventada por Lessing, que também foi o primeiro a ocupar essa posição, no teatro de Hamburgo. Lessing também marcou a estética moderna com seu texto *Laocoonte ou sobre as fronteiras entre a pintura e a poesia* (1766), no qual estabeleceu que a poesia enxerga o mundo e a vida de uma forma distinta das artes plásticas. Até então, achava-se que todas as artes expressavam a mesma visão ou cena por métodos ou ferramentas diferentes, mas Lessing mostrou que a poesia é temporal e rítmica, apresentando os acontecimentos da vida, ao passo que as artes plásticas como que "fotografam" os objetos estáticos.

Ao lado de Lessing, F. G. Klopstock foi o grande escritor alemão das décadas de 1960 e 1970. Produziu o épico moral *Messias*, e numerosos poemas marcados pela falta de vínculo com o estilo e as regras da poesia francesa.

Com licença poética e uma pitada de drama, pode-se dizer que

> depois que Klopstock restaurou a vida emocional da Alemanha, Lessing ergueu a espada reluzente, e com poderoso golpe, libertou a nação dos grilhões de teorias artísticas errôneas, da falsa escravidão a regras, do literalismo morto e da fria ortodoxia (Bielchowski, 1909, p. 107).

Um jovem Goethe, influenciado por essa geração e provocado de todos os lados por mudanças no cenário religioso, científico e filosófico, quis criar para si uma visão de mundo inteiramente privada, na qual nem mesmo a fé dependeria de qualquer revelação exterior ao seu próprio coração e sua própria experiência.

Assim se expressa o poeta a respeito dessa transição:

> O espírito da contradição e o gosto por paradoxos jaz em todos nós. Estudei com empenho as diferentes opiniões, e ouvi com certa frequência que cada um, no final, tem sua própria religião; então, não me ocorria nada mais natural do que eu também poder formular para mim mesmo a minha própria, e isso fiz com grande prazer. O novo platonismo constituía a base; o hermético, o místico, o cabalístico, também tinham sua função; e assim formei para mim um mundo, que me parecia peculiar o bastante (Goethe, 2002, p. 99).

De muitas palavras, o poeta nada proferia em vão. Nenhuma palavra era vazia. Ele fez seu Werther definir assim a essência do mundo: "é o amor que ao mundo, no seu mais íntimo mantém junto", e sustentou isso até o fim da vida, apesar de muito ter mudado em relação a muitas outras coisas.

Ainda hoje, a obra de 1774 está entre as mais associadas ao homem que viveu cinquenta e oito anos depois dela. Como o próprio autor reconheceria, trata-se de um manifesto típico do *Sturm und Drang*. Ao lado de *Os bandoleiros*, de Schiller, o *Werther* é considerado a quintessência do movimento.

A peça do jovem ferido por sua primeira decepção amorosa tem óbvios contornos autobiográficos, o que contribuiu para acentuar a curiosidade de parte do público sobre o autor. Por esta época, já era respeitado como profundo conhecedor de Homero, Shakespeare e Ossian, e, como o personagem do livro, no começo da carreira de magistrado.

Não é necessário dizer que a obra decorre da paixão arrebatadora do jovem autor por Charlotte Buff, mas é fundamental saber que ele se viu à beira do suicídio frente ao fato de não poder consumar essa relação. O ato fatídico de autoextermínio que o assombrava foi exorcizado pelo protagonista, que o cometeu (Goethe, 2002, p. 154)

Apesar do ar jovial – positivamente imaturo, segundo o velho Goethe – muitos dos temas que marcam o trabalho do poeta estão aí reunidos. Natureza e sociedade, indivíduo e sociedade, sentimento e razão, subjetividade e objetividade, todos em tensão dialética e fluxo dinâmico por não ter a vida que queria, e por não realizar o maior desejo de seu coração, Werther se suicida, mas seu autor não.

Refletindo sobre a situação, ele chega a especular sobre a falta de naturalidade do suicídio. É tão antinatural esse gesto, diz ele, que ao cogitá-lo pensamos em uma ferramenta, preferencialmente mecânica (no caso, a pistola), como meio de execução (Goethe, 2002, p. 163-164).

O autor foi poupado do mesmo fim ao transferir de forma simbólica e catártica parte de seu sofrimento para a história. Esse não é o motivo pelo qual todos os grandes autores escrevem?

Poderoso manifesto contra as convenções sociais, o livro instiga o leitor contra uma moral dos costumes, sendo, por isso, considerado subversivo. Goethe já era, também, o exímio escritor que não pararia de acumular admiradores, particularmente entre outros escritores e poetas. O intimismo do estilo epistolar desenvolvido por ele, então entre os 23 e os 24 anos, é assustadoramente profundo e envolvente, com reflexos permanentes sobre o gênero novelesco e o drama em geral. Ele leva o leitor a sentir tão vivamente as angústias, as contradições e a tristeza do protagonista que a reação mais natural e comum é a de concordância, ou seja, em favor da afeição genuína de Werther e Lotte e contra o compromisso previamente assumido por ela.

A parte luminosa do autor não está ausente no personagem. Werther tem alma delicada e gentil; é indomável e afável ao mesmo tempo; ama toda a natureza, que vê como sagrada nos mais mínimos detalhes.

Para melhor entender a fase do Werther, é preciso considerar que ela está espremida entre intensas transformações, refletidas em alguns dos mais famosos poemas de Goethe, como *Prometeu* e *Ganimedes*, e nos estudos de Espinosa. Essa transformação filosófica e existencial é narrada por Goethe como centrada em sua nova concepção religiosa, sua *Privatreligion*.

> Eu queria conceber uma divindade que a si mesma produzisse por toda a eternidade, e que não se permitisse, no entanto, pensar sem a multiplicidade. Assim, ela precisava aparecer sob a forma de um segundo, o qual conhecemos sob o nome de Filho, e estes dois deveriam prosseguir no ato de sua realização e se manifestarem novamente num terceiro, o qual seria igualmente atuante, vivo e eterno. Com isso, o círculo da divindade estava fechado, e não seria possível acrescentar um outro que lhes fosse completamente igual. Uma vez que, no entanto, o impulso produtivo é irrefreável, houve de produzir-se um quarto, que contém em si a contradição, através da qual este, como ela (a divindade), deveria ser absoluto, ao passo que por ela limitado e nela contido. Este era Lúcifer, que a partir de então seria transmitido a toda a força criadora, e do qual todos os seres restantes deveriam surgir...
>
> Quanto mais ele em si mesmo se concentrava, mais desventurado se tornava... A partir desta concentração de todo o criado, pois tudo era derivado de Lúcifer e deveria segui-lo, surgiu tudo o que percebemos como matéria, tudo o que concebemos como pesado, sombrio e rígido, mas que por sua vez origina-se, se não de maneira imediata, por sua filiação da própria essência da divindade, sendo tão absolutamente poderoso e eterno quanto seu pai (Lúcifer) e avós (as três pessoas da divindade).

> Assim que toda a desgraça, se nos é permitido expressar desta forma, procede exclusivamente do direcionamento unilateral em direção a Lúcifer; a tais criaturas falta, sem dúvida, a melhor parte: pois ela possui tudo o que com a concentração se realiza, mas lhe falta tudo o que somente pela expansão se pode empreender, e assim poderia ter-se esfacelado toda a criação por ininterrupta concentração, aniquilando-se na companhia de seu pai Lúcifer, e abdicando de todas as aspirações à eternidade ao lado da divindade. Essa situação foi avaliada por Elohim (os três elementos divinos), e eles tiveram a opção de esperar por uma era, até que o campo estivesse novamente livre e o espaço aguardasse deles uma nova criação, ou a de agarrarem-se à presente e trazer o mal à esterilidade através de sua infinitude. Eles optaram pela última alternativa, e num instante suplantaram por sua mera vontade todo o mal...
>
> Eles deram ao ser infinito a faculdade de se expandir... a verdadeira pulsação da vida se formou novamente e o próprio Lúcifer não podia alterar a rota desta influência (Goethe, 2002, p. 101).

Nos termos da tradição filosófica, o que ocorreu nessa passagem foi bem mais uma emanação, aos moldes de Fílon de Alexandria e, principalmente, uma hipostasiação, aos moldes de Plotino, do que uma gênese bíblica. Fílon considerou Deus como uma espécie de força pura, cujo produto seria o *logos*. Força organizadora do caos, o *logos* já não é estritamente divino, mas conserva a positividade. Esta, contudo, está já em face na negatividade, pois o caos que o *logos* organiza é a matéria, a negatividade, a contrariedade (Zeller, 1923, III, p. 410-440).

Embora a semelhança com Espinosa seja muito enfatizada pelo próprio poeta, é o neoplatonismo que melhor caracteriza a dinâmica da sua cosmovisão. De Espinosa, ele toma mais a "sensação serena" e a madura aceitação da ordem das coisas (Goethe, 2002, p. 185), uma característica tanto estoica quanto análoga à submissão enfatizada no Velho Testamento, que Goethe vê como compatíveis com seu naturalismo.

Por isso, a emanação, que é uma expansão elástica, lembra mais os contornos poéticos do que Goethe quer representar do que o ser desde sempre completo de Espinosa. Ainda mais apropriada, no entanto, é a noção de hipóstase, ou emanação criativa, em que o afastamento da origem "gera" outra "camada" do ser. A metáfora mais usada nesse modelo é a dos raios do Sol, que dele derivam, mas que com ele não se confundem (Coelho, 2017). Não se deve confundir essa criação ou geração, contudo, com uma ruptura ou diferenciação séria, capaz de ensejar um dualismo ou pluralismo ontológico. A ordem do ser é mantida, o sistema é monista. Deus não cria nada diferente de si, e, portanto, não é um outro fora do mundo. Deus é *ens manifestativum sui* (Hofmann, 2001, p. 463).

A parte difícil de explicar em toda cosmologia é a teodiceia, o surgimento do mal, por Goethe caracterizado como Lúcifer. Apesar da referência metafórica, a "traição" do princípio divino não corresponde de fato a um ato de rebelião contra Deus, e sim ao princípio impessoal do "estranhamento" da matéria em relação a sua origem. A matéria não pensa, não é livre, não sente; e se coloca, por isso, como oposto absoluto daquilo que pode criar, viver e pensar, a origem. Se o ofício divino é a ação criadora, ininterrupta, seu oposto só pode ser a rigidez. Se ao divino cabe expandir-se, variar-se em uma infinidade de outros, o princípio que se lhe opõe só pode ser o do egoísmo, da concentração em si, sem expansão para fora nem amor ao que é de fora. A ausência de movimento e expansão produz uma recrudescência que se manifesta na densidade da matéria. O egoísmo concentra, paralisa, pesa; eis o mal. Mas, uma vez que tudo provém do primeiro, nada está definitivamente apartado da ação. A força viva e livre dorme, mas não morre; e a matéria sofre transformação à revelia de sua tendência à passividade e à estagnação. Enferruja e apodrece tudo o que é imóvel, pois a imobilidade plena não é possível, não está na natureza. Obedecendo processos físicos e químicos inevitáveis, os seres viventes movem-se em proporções mais ou menos discretas, conforme sua potência espiritual; isto é, conforme o grau de semelhança que possuem com a origem viva, livre e inteligente (Kemper, 2004, p. 41).

Estão, portanto, desde sempre juntos e inseparáveis, a ciência, a poesia e a religião. Esta é a filosofia de Goethe e o que ele entende por "espinosismo".

> Deus põe em todas as suas criaturas uma parcela de vontade e uma parcela de razão. Assim, tudo é pandemônio, pelo aspecto da vontade, e tudo recebe uma "razão seminal" (*lógos spermátikos*). [...]
>
> Dentre os pares de opostos que se harmonizam na filosofia religiosa, como livre-arbítrio e Providência, ou amor e temor, a relação entre a revelação e o ocultamento de Deus é a que mais interessa para a definição religiosa do indivíduo. Enquanto os espinosanos combatiam durante o *Deus absconditus* da teologia fideísta representada por

Jacobi, insistindo em que Deus não poderia ocultar-se dos homens, tanto por razões morais quanto metafísicas, não deixa de ser inapropriado associar a teologia de Goëthe a uma revelação imediata, o que também dá margem a interpretações superficiais sobre um panteísmo igualmente homogêneo no seu pensamento. Como bem se observa a partir do mito da teodiceia goetheana, segue-se uma fórmula amplamente repetida na Alemanha de um Deus incognoscível que se revela no seu processo criativo, este sim cognoscível (Coelho, 2012, p. 204).

Contra o fideísmo de Jacobi, que acreditava estarem divorciadas a razão e a fé, Goethe redarguiu que "seu Deus estava bem diante dos olhos", enquanto Jacobi precisava crer em um Deus que não podia ver ou conhecer (Fineron, 2005, p. 4).

A Alemanha conhecia, então, duas reações ou alternativas ao kantismo na virada da década de 1790: críticas mais céticas, que podiam descambar em fideísmo ou Ceticismo humeano, e críticas realistas, partidas das ciências naturais ou de concepções metafísicas pré-críticas recicladas e associadas à arte ou à ciência. É claro, nenhuma dessas reações se comparava em grandeza e profundidade à nova filosofia sistemática concebida por Fichte, mas ajudaram a compor o quadro complexo da mais dinâmica e diversificada cultura do final do século XVIII e primeira metade do século XIX.

Ao lado de sua influente visão de mundo, que consolidava e levava a cabo intuições seminais do espinozismo de Lessing, de Herder e de sua visão científica, o poeta também foi revolucionário no campo religioso. Dada a ancestral relação entre religião e poesia, é de enorme relevância que o mais celebrado e culturalmente influente poeta tenha se dedicado tanto à concepção, à sensação e à expressão do divino.

Antes mesmo de trabalhar no *Werther*, Goethe iniciara um de seus mais famosos e marcantes poemas, o *Prometeu*, que expressa com perfeição a revolta contra os deuses. Longe de espelhar a religião de Goethe integralmente, o *Prometeu* é um de seus elementos, que precisa ser lido em contraste com os elementos positivos e até conservadores de Goethe. Sem isso, não se compreende o seu lugar, e, isoladamente, o poema sugere uma interpretação (errônea) de Goethe que o aproxima muito do niilismo.

Ao passo que o poema reflete o aspecto mais materialista/naturalista de Espinosa, bem como certo despeito iluminista contra a religião, ele também deixa antever a concepção cristã – particularmente luterana – da humanidade como imagem e semelhança do Criador. O homem inventa a religião, e deuses, porque ele é um ser criativo, genial, e não há nada de depreciativo no fato de os deuses serem criações do engenho e aspirações do coração humano. "No Prometeu, fica claro que o Zeus dos trágicos e o Pai do evangelho são imagens míticas, belas, mas que devem ficar no seu lugar, abaixo do homem, como seu produto poético e mítico" (Coelho, 2008, p. 3).

Mais empirista que Kant, e com o Ceticismo que lhe era típico, Goethe entendia que de Deus, da verdade suprema ou do absoluto só podemos saber aquilo que efetivamente nos aparece na experiência humana. Isso não pode ser confundido, contudo, com uma postura integralmente pré-crítica, pois ele tinha noção da importância da revolução operada pela filosofia transcendental, e o seu conceito de experiência já não era um conceito realista ingênuo, e sim mental, participativo, "fenomenológico."

> Protege o teu céu, Zeus
> Com um véu de nuvens
> E esforça-te, como o moço,
> Para ceifar os abrolhos
> E estar no cume das montanhas.
> Mas me deixa intacta a minha Terra
> E minha choupana, que tu não construíste,
> E minha lareira
> de cujo calor
> Tu me negaste.
> Nada conheço de mais pobre
> Sob o Sol, do que vós Deuses!
> Vós nutris preocupados
> De sacrifícios e rezas
> A Vossa majestade
> E não os teríeis se não fossem
> Crianças e Mendigos,
> Tolos cheios de esperança.
> Quando era um menino
> e tudo ignorava
> volvia meus pasmos olhos
> para o Sol, como se no alto houvesse
> um ouvido, para minhas queixas escutar,
> Um coração como o meu
> Que se apiedasse do sofredor.

Quem me sustentou
Contra o assédio dos titãs?
Quem me salvou da morte,
Da escravidão?
Não hás realizado tudo por ti mesmo,
Santo, ardente coração meu?
E ardes jovem e bom
Enganado de gratidão
Ao que dormia lá acima!
Eu honrar-te? Pelo quê?
Aliviaste as dores
Daqueles que te suplicam?
Enxugaste as lágrimas
Dos aflitos?
Não me forjaram como homem
o tempo onipotente
e o eterno destino,
Meus senhores e os teus.
Acaso deliras;
Devia eu odiar a vida,
fugir para o deserto,
porque nem sempre alcancei
A todos os meus sonhos?
Aqui sentado, modelo homens
À minha imagem,
Um gênero, que a mim se iguale,
Para sofrer, chorar,
Fruir e se alegrar
E não mais te adorar
Como eu! (Goethe, 1992, p. 161).

Embora o poema em si seja tão claro quanto chocante, o autor oferece uma explicação bastante elucidativa em sua autobiografia:

> Embora se possa tirar daí observações filosóficas, e até religiosas, ele pertence inteiramente ao campo da poesia. O titã é a película do politeísmo como o diabo é a película do monoteísmo. No entanto, este último e seu Deus único não são figuras poéticas... É belo, na poesia, que os homens não sejam criados pelos seres superiores, mas sim por figuras intermediárias ou até secundárias, que, no entanto, não são irrelevantes (Goethe, 2002, p. 180).

Através de numerosas outras passagens e comentários, sabemos que Goethe acredita em um pluralismo teológico ou "politeísmo poético", que de forma alguma significa um politeísmo literal. O pensamento de Goethe lembra o de autores posteriores, como o Schelling mais maduro, Mircea Eliade ou C. G. Jung, que levam muito a sério o poder dos mitos e dos símbolos, até mesmo em um sentido concreto, sem que, com isso, confundam essa objetividade com literalidade.

Dentro de uma compreensão contextual do mito e de sua versão poética modernizada[49], portanto, o titã Prometeu encarna a secularização e o naturalismo de fins do século XVIII. "Chamou-se o Prometeu de poema mais revolucionário da literatura mundial. Revolução do deus-homem contra a ideia de uma divindade déspota universal..." (Timm, 1974, p. 189).

Mais ainda que o *Prometeu*, *O divino* é a expressão mais pura e acabada do imanentismo goetheano:

> O Divino.
> Honrado seja o homem
> Generoso e bom,
> Pois somente isso
> O diferencia
> De todos os seres
> Que conhecemos.
> Glória aos desconhecidos,
> Elevados seres
> Que pressentimos!
> A eles se iguala o homem
> Seu exemplo nos ensina
> A crê-los.
> Pois insensível
> É a Natureza:
> O Sol brilha
> Sobre maus e bons,
> E aos bandidos

---

49. "O que há de especial no Prometeu (a figura mitológica, não o poema) em relação aos outros titãs é que ele se arrisca, não por poder ou audácia contra os deuses, mas por um desejo de experimentar o mundo e "criar uma raça a sua semelhança, para sofrer e chorar, fruir e se alegrar", e tão dedicado é o seu patrocínio que ele não apenas dá a inteligência e a linguagem às suas criaturas, mas rouba o próprio fogo dos deuses (ciência) para eles. Tal independência é defendida em *Poesia e Verdade* como a libertação psicológica do domínio exterior: 'Deus, se estamos nas alturas, é tudo; se estamos abaixo, é um suplemento de nossas misérias'" (Goethe, 2002, p. 179).

>
> Resplandecem como para os melhores
> A Lua e as estrelas...
> Ante eternas, nobres,
> Elevadas leis,
> Temos todos de
> Completar o círculo
> De nossa existência.
> Somente o homem
> É capaz do impossível:
> Ele diferencia,
> Impera e julga;
> Ele pode ao instante
> Emprestar a duração.
> A Ele somente é permitido
> Recompensar o bom,
> Condenar o mau,
> Curar e salvar,
> Todo o errante, oscilante,
> De forma útil unificar.
> E nós adoramos aos imortais,
> Como se homens fossem.,
> E fizessem a grande,
> O que excelente em pequeno,
> Faz e anseia.
> O nobre homem
> É solícito e bom!
> Incansavelmente produz ele
> O útil, o correto,
> Ele é nosso exemplo
> Dos seres a que aspiramos (Goethe, 1992, p. 270).

Não é difícil notar que esse imanentismo secularizante não significa niilismo, como este viria a ser entendido no século XIX. A parte mais negativa da religiosidade de Goethe – lembrando que a religiosidade de qualquer poeta é maximamente visível em sua poesia – é já otimista e bela. Como o próprio autor admite em sua autobiografia, não são os filósofos que mais influíram sobre sua cosmovisão, e sim os místicos e artistas; aqueles que viam e sentiam a vida divinizada, o divino naturalizado.

Conquanto panteísta-naturalista, não se pode duvidar da veia mística de Goethe, exemplificada em poemas como *Um e Todo*:

Ao encontrar-se no ilimitado
Quererá o indivíduo desaparecer
E aí extingue-se toda a desavença
Ao invés de ardentes desejos e vontade selvagem
Ao invés de pesadas exigências e rígidos deveres
Desistir de si mesmo é ventura

Alma do mundo, venha, invade-nos!
Então enlaçadas ao Espírito do Mundo
Serão nossas forças elevadas.
Em conjunto nos guiam bons espíritos
Conduzindo suavemente, supremos mestres,
Àquele que tudo criou e cria.

E intercriando a criação
De modo a não a armar de rigidez
Opera a ação eternamente vibrante
E aquilo que não foi, agora será
Ao puro Sol, à colorida Terra
De modo algum permite descanso

Deve-se chover, agir criando
Primeiro formar-se, depois mutar-se
Apenas aparentemente há momentos de silêncio
O Eterno em tudo age:
Então tudo deve se aniquilar no Nada
Se quiser entrar no Ser (Goethe, 1992, p. 992).

Já em *Fronteiras da humanidade*, observa-se uma oposição total à negatividade de *Prometeus* ou *O Divino*.

Quando o ancestral
Santo Pai
Com mão branda
De rodopiantes nuvens
Benditos raios
Sobre a terra lança,
Beijo as bordas
De suas vestes,
Com infantil ternura
No peito fiel.

Pois que com deuses
Não deve comparar-se

Homem algum.
Eleva-se aos céus
E toca
Com o cenho as estrelas
Em lugar algum se firmam
Suas inseguras plantas
E com ele jogam
Nuvens e ventos.

Levanta-se com sólidos,
Vigorosos ossos,
Sobre a inamovível,
E duradoura terra,
Não alcança igualar-se
Senão com o carvalho
Ou a vinha

Que diferencia
Deuses de homens?
Que muitas ondas
Para aqueles fluem
Uma eterna torrente:
A nós erguem as ondas
Nos arrastam
E afundamos.

Um pequeno anel
Limita nossa vida
E múltiplas estirpes
Se linham formando
Em torno de sua existência
Uma infinita cadeia (Goethe, 1992, p. 227).

É muito fácil constatar que a exaltação do individualismo e de um monismo naturalista (até uniformizante), contido nos poemas negativos, é equilibrada pela igual exaltação do "além do homem", do transcendente e da totalidade.

O auge da positividade aparece no *Ganimedes*, o poema que fala do divino no homem, e não de como o homem concebe o divino. Essa distinção sutil é fundamental. Como desenvolverá no Fausto, Goethe acredita firmemente que nomes e conceitos não fazem jus ao divino/natural, que precisa ser sentido, vivenciado. Assim, o belo jovem que rouba o néctar dos deuses para que os homens o experimentem faz o caminho inverso de Prometeu. O titã que rouba o fogo é punido por sua rebeldia e insolência. Ele efetivamente quer insurgir-se, e o que ele divide com o homem é o elemento do poder e da autonomia. O que Ganimedes entrega à humanidade, por outro lado, é fonte de deleite e de prazer. Um dividiu o poder dos deuses, o outro dividiu seu maior privilégio. Ao *Ganimedes*:

>Como no brilho da aurora
>Tu me circundas resplandecente
>Primavera adorada!
>Com múltiplos deleites de amor
>A impressionar-me o coração
>Teu eterno calor
>Sagrado sentimento,
>Infinita beleza!
>
>Que eu te quero tocar
>Neste braço!
>
>Ah, em teu seio
>Eu me encontro, fragilizado,
>E tuas flores, tua relva
>Penetram em meu coração.
>Tu refrescas a ardente
>Sede de meu peito,
>Adorado vento da manhã!
>
>Chama-me cariciosamente o rouxinol,
>De dentro das névoas do vale.
>
>Estou indo, estou indo!
>Para onde? Ah, para onde?
>Para o alto, para o alto ambiciono.
>Pairam as nuvens
>Descem as nuvens
>Inclina-se a elas o saudoso amor.
>A mim! A mim!
>Em teu impulso
>Para o alto!
>Abarcando! Abrangendo!
>Ascendendo ao teu seio,
>Pai que a tudo ama! (Goethe, 1992, p. 147).

O poema apresenta dois elementos: natureza e divindade. Um já cerca e circunda o humano, o outro precisa ser alcançado pela ascensão; um o ser humano já tem ou é desde o princípio, o outro precisa ser conquistado ou construído.

A relação entre a ciência e a poesia de Goethe é de mão dupla. Trabalho científico e teorias sobre a ciência ou sobre o conhecimento eram continuamente vitalizados pela compreensão poético-filosófica; e poesia e prosa também eram continuamente vitalizadas pelo progresso das noções científicas e naturalistas. O ideal de integridade e de unidade sintética não era palavreado vazio para Goethe. Era algo que ele fazia de maneira tão pioneiramente explícita, tão organicamente harmoniosa, que desconcertava os filósofos, forçando-os a acomodações quase tão intensas e de consequências quase tão radicais quanto a filosofia de Kant.

3
NASCE O IDEALISMO ALEMÃO

3.1 O princípio absoluto de Fichte

O pai fundador do Idealismo Alemão, também considerado por muitos o principal inspirador do Romantismo, nasceu em Rammenau, na Saxônia, próximo à fronteira com a Boêmia, em maio de 1762. Nesse mesmo ano, faleceram o filósofo Alexander Baumgarten e a imperatriz Elizabete da Rússia. Catarina a grande ascendeu ao trono, e J. J. Rousseau publicou o *Emílio*. Era o auge do Iluminismo francês.

De sua primeira educação escolar, ainda em Rammenau, Johann Gottlieb Fichte deve ter carregado com seriedade uma das principais regras do manual *Cem regras de vida cristã para crianças*, do teólogo pietista Johann J. Rambach. O livro ensinava exercícios espirituais introspectivos, e que contemplação do silêncio e autoconhecimento seriam ferramentas elementares do encontro com Deus. É possível imaginar um eco dessa educação básica na obra de Fichte, se pensarmos em recomendações como "querida criança, aprenda a entender a si mesma corretamente", ou "não te deites dia algum sem passar em revista a consciência, e te reconciliares com Deus" (Traub, 2020, p. 84). A cultura pietista, muito forte nas províncias da Saxônia e da Silésia, estimulava a manifestação de uma fé intimista, introspectiva, ética e interpessoal. Deus era pensado como consciência presente às nossas consciências, e os principais elementos do culto petista eram a intimidade com Deus e o exemplo moral em face da sociedade.

Em 1780, Fichte matricula-se, na cada vez mais importante, Universidade de Jena, para estudar teologia. Ao longo da década, contudo, trocaria duas vezes de universidade, passando pelas, também prestigiosas, academias de Leipzig e Wittenberg. Essa perambulação não lhe fez mal, propiciando contatos com uma variedade de grandes professores de diferentes áreas, como Platner e Reinhard (Traub, 2020). Destacava-se, nessa educação mista, o interesse por filosofia, poesia e teologia, mas suas noções filosóficas e posição intelectual só se consolidaram realmente a partir da leitura da *Crítica da razão pura*, no verão de 1790.

Abstrata, para a maioria, a filosofia de Kant só permitia um processo de tipo fenomenológico em relação à liberdade[50]. Conhecimento e especulação ocorreriam na "mecânica do pensamento"; isto é, com base em estruturas prévias e invariáveis. A experiência sensorial ofereceria material, mas pouco saber efetivo e pouco contato com o ser. Tardiamente (1800), em carta a Reinhold, Fichte diria que sua filosofia é "do começo ao fim, apenas análise do conceito de liberdade" (GA III,4, 1973, p. 182).

A tentativa de sistematização de Reinhold e sua rápida desmoralização ante o ataque de Schulze, contudo, levaram Fichte a uma intensa reformulação de sua própria recepção da filosofia transcendental e, consequentemente, à sua própria filosofia.

A crítica de Schulze colocava ao menos um desafio incontornável ao projeto kantiano: justificar a relevância de um conceito puramente negativo como o da coisa-em-si; conceito para o qual, na prática, não corresponde pensamento algum (Klein, 2013). Contudo, Schulze tenta resolver esse problema de uma forma infeliz, através de um "intuicionismo obscuro" (Beiser, 1987, p. 283).

Como qualquer kantiano, Fichte ficou incomodado com o problema, mas viu nele uma oportunidade para continuar enfatizando o que ele já tomava como fundamento da proposta kantiana: a liberdade. O problema imposto por Schulze, portanto, levou Fichte a constatar que o ponto de partida de um

---

50. "Kant conceives of freedom as mediating between the intellectual and the sensible worlds. Indeed, within this system, freedom is the only imaginable mediation we can be aware of *as occurring*. The mediating function of freedom is what makes Kant's program a *system* in the proper sense, inasmuch as freedom is the principle that holds the system together" (Henrich, 2008, p. 66).

sistema rigoroso da filosofia transcendental não poderia ser nem a percepção nem a representação. Deveria, e só poderia ser, o próprio sujeito. Se o objeto fosse posto pelo sujeito, cada mente estaria de posse de e, ao mesmo tempo, em confortável relação de familiaridade com todos os objetos enquanto objetos que se lhe dispõem (Fichte, GA I, 2, 1965, p. 47).

O *Aenesidemus* pretende desmoralizar a filosofia kantiana insinuando que ela conduziria a "coisas" independentes da inteligibilidade e da capacidade de representar. Isso, para Fichte, é algo nunca antes pensado, e até mesmo impensável, pois pensar é ato subjetivo, e quem pensa sempre e necessariamente pensa em si – ao menos implicitamente – e em coisas que se lhe aparecem no pensamento (Fichte, GA I, 2, 1965, p. 61). O filósofo conclui que, inclusive, esta obviedade teria levado Leibniz a constatar que toda substância não pode ser senão algo que pensa.

Sem o correto entendimento da Terceira Crítica não é possível suprir o lapso entre os patrimônios descritos nas anteriores, já que estas só se prestam a este serviço descritivo, não a lançar o programa unificador (Neuhouser, 1990, p. 16). Kant, porém, só vislumbra a unidade entre conhecimento e prática na forma hipotética e imaginativa de pontes do pensamento (executadas pelas famosas *Brückenschlag* da Terceira Crítica). Fichte vai além, concebendo, segundo o primado da prática, uma unidade sistemática de forma e conteúdo.

Na *Resenha ao Aenesidemus*, portanto, Fichte estabeleceu que, em um sistema, o ponto de partida ou objeto do saber não pode vir de uma percepção, caso em que a mente nunca estaria de posse ou mesmo confortável com o objeto.

> Como o Eu não pode abdicar de seu caráter de absoluta autossustentabilidade, forma-se um direcionamento/esforço (*Streben*) por tornar o inteligível independente de si, e através disso, aquele Eu representador com o Eu colocado por si chegam à unidade. E tal é o sentido da expressão: a razão é prática. No Eu puro, a razão não é prática; também não o é no Eu enquanto inteligência; ela só o é na medida em que busca unificar ambos [...].
>
> Tal união: um Eu que através de sua autodeterminação determina também todo não Eu (a ideia da divindade) é o fim último desse esforço; semelhante esforço, quando, através do Eu inteligente, seu objetivo é

colocado fora deste, é uma fé (fé em Deus). Esse esforço não pode cessar, como quem, para ao atingir a meta, quer dizer, a inteligência não pode assumir como último momento algum de sua existência antes de alcançar esta meta (crença na duração eterna). Sobre essas ideias não se pode ter mais que crenças; isto é, a inteligência não tem para objeto de suas representações nenhuma sensação empírica, senão apenas o esforço necessário do Eu; e por toda a eternidade não poderá ser diferente. Esta crença, entretanto, não é mera opinião provável, na medida em que, segundo a convicção íntima deste resenhista, o saber imediato de que "Eu sou" goza do mesmo grau de certeza de todas as coisas imediatamente disponíveis ao Eu inteligente, que superam infinitamente as certezas objetivas (Fichte, GA I, 2, 1965, p. 65).

No conceito desse esforço (*Streben*) está insinuada a ligação fundamental entre teoria e prática, a qual seria exposta na *Doutrina da Ciência*.

Em carta a Stephani, Fichte faria o seguinte comentário sobre Kant: "Creio que ele tem um gênio que lhe revela a verdade, sem revelar-lhe os seus fundamentos!" (Fichte, GA I, 2, 1965, p. 36). Expressões como esta são das mais significativas para a compreensão do projeto fichtiano, de como e onde ele via os problemas da filosofia transcendental e do que lhe cabia fazer para solucioná-los.

Desde 1793, estava claro para Fichte que esse fundamento era o sujeito livre. O ano de 1794, mais conhecido como o ano em que ele efetivamente concretiza sua revolução filosófica, dá continuidade a uma gestação perceptível ao longo do ano anterior. Em *Sobre a dignidade do ser humano*, ele diz: "A filosofia ensina-nos a tudo investigar a partir de nós mesmos" (Fichte, GA I, 2, 1965, p. 87).

Na sequência desse ensaio, Fichte exprime esteticamente o que logo executaria conceitualmente na *Doutrina da Ciência*:

> Só a partir do Eu chega a ordem e a harmonia sobre a massa morta e disforme. Só do homem difunde-se a regularidade de seus arredores até os confins de sua observação. [...] traz unidade à diversidade. Através dele os corpos celestiais se mantêm coesos [...] Através dele os sóis seguem os cursos previstos. Através do Eu é que se forma a cadeia imensa que vai do líquen ao serafim; é nele que reside o sistema do mundo espiritual, e o homem espera com razão que a lei que ele forma para si e para este mundo tenha validade para ambos (Fichte, GA I, 2, 1965, p. 87).

Testando o terreno em conversas e aulas, e perfeitamente ciente da dificuldade de sua proposta e da exigência de seu estilo, Fichte elabora um artigo introdutório à Doutrina da Ciência, o conciso *Sobre o conceito da Doutrina da Ciência*. Sistemático, o texto apresentava as balizas do que deveria ser uma filosofia fundamental.

A essência do texto é a questão: "pode uma doutrina reunir não apenas todo o saber existente como também todo o possível?" A resposta não pode ser outra senão uma metafísica, sistemática e fundamental, capaz de expor como a consciência produz conhecimento. Como a filosofia transcendental já havia enfatizado, essa filosofia precisa expor detalhadamente o processo do pensamento, mas, ao contrário disso, o que a Doutrina da Ciência pretende é fundar as premissas assumidas por Kant, permitindo o desdobramento genético do princípio fundamental para todo o saber atual ou possível.

Entendendo-se herdeiro da filosofia crítica, Fichte espreme-a (distorce-a?) a fim de mostrar que o ser pensável é desde sempre ser do pensamento, e uma "parte impensável" do ser não é nada para o pensamento. Afinal, "será que a distinção entre aparências e coisas-em-si deixa espaço para uma conexão entre o eu numenal e o empírico?" (Neuhouser, 1990, p. 20).

Como os gregos clássicos já haviam percebido (com assombro) ao organizarem primeiramente a filosofia como discurso rigoroso e autoconsciente da relação entre o ser o pensar, essa mesma relação parecia, para Fichte, enfraquecer a crença em um abismo entre ambos.

Quando surge o *Fundamento de toda a Doutrina da Ciência*, no semestre de inverno 1794-1795, a resenha ao Aenesidemo e o ensaio *Sobre o conceito da Doutrina da Ciência* já haviam preparado o terreno. Não seria justo dizer que a filosofia de Fichte – e, com ela, o Idealismo – nasce apenas e principalmente a partir dessa primeira *Doutrina da Ciência*, mas ela é sem sombra de dúvida o elemento fundador de um pensamento nunca antes formalizado (Hartmann, 1960).

Acima de tudo, Fichte não quer aceitar limitações ao pensável, nem que o impensável seja injustificadamente promovido ao *status* de coisa. A solução passa por esgotar o modelo transcendental: "O princípio fundamental de todo saber humano [...] deve expressar a questão da agência (*Tathandlung*);

que não ocorre na determinação empírica da nossa consciência, senão jaz na base de toda consciência, a qual torna possível" (Fichte, GA I, 2, 1965, p. 255).

Para qualquer X, o conhecimento depende da identidade original consigo mesmo (X=X), mas X não tem qualquer fundamento além de ser eleito, *posto* pelo Eu à sua própria observação, atenção, interesse e consideração (Fichte, GA I, 2, 1965, p. 257).

> Se A é posto, seguramente é posto enquanto A, com os predicados de A. O princípio: "Eu sou", no entanto, vale necessária e simplesmente [...] vale segundo a forma e segundo o conteúdo. Nele, o Eu não está sob condições, mas simplesmente posto com o predicado da igualdade consigo mesmo; *está* posto; e o princípio se permite expressar como: *Eu sou*. [...]
>
> Julga-se através do princípio A=A. Todo juízo, contudo, [...] é um ato do espírito humano; que tem de ser pressuposto, para a função da reflexão, como conhecido e estabelecido em todas as condições dos atos da consciência empírica (Fichte, GA I, 2, 1965, p. 258).

Na sequência:

> O Eu se põe a si mesmo, tão simplesmente porque é. Ele se põe através de seu mero ser, e é por seu mero estar posto. E isto torna claro em que sentido usamos aqui a palavra Eu, e nos conduz a uma explicação específica do Eu como sujeito absoluto. Aquele cujo ser (essência) consiste simplesmente em que ele se põe a si mesmo enquanto existente é o Sujeito Absoluto. [...]
>
> Nada pode ser pensado sem que se pense, adicionalmente, o Eu como consciente de si mesmo; não é possível jamais abstrair a autoconsciência...(Fichte, GA I, 2, 1965, p. 259).

Dando um passo além de Kant, o filósofo retoma a ideia cartesiana do Eu como fundamento último, já não apenas epistêmico, mas do saber enquanto fundamental, metafísico. O Eu, aí, aparece como único fundante possível, pois é o único princípio autotransparente; isto é, que se tem a si mesmo por construir-se a si mesmo (Fichte, GA I, 2, 1965, p. 259). Ele chega a parafrasear o cogito cartesiano de forma mais radical *"quodcunque cogitate, est"* – tudo aquilo que pensa, é (Fichte, GA I, 2, 1965, p. 262).

Conseguintemente, o princípio de identidade, elemento lógico fundamental para a metafísica, não mais se apresentava como algo dado ou constatado, e sim como construção e autorrelação do Eu. Fichte oferece uma derivação genética e dinâmica para o que toda a tradição filosófica enxergara como relação fixa, na qual o sujeito só teria a função de constatar se tal relação é ou não aplicável. Agora, no entanto, surgia um novo e revolucionário pensamento, o de que as relações lógicas seriam concreções de autorrelações conscientes, as quais o pensamento não pode deixar de transferir e aplicar a todas as demais relações, pelo simples fato de que todas as relações são estabelecidas ou "postas" pela consciência. Só há relações entre coisas na exata medida em que as coisas, suas relações umas com as outras, consigo mesmas ou conosco são por nós pensadas.

O discípulo de Kant diverge do mestre ao inverter os papéis da egoidade e da razão. Em Kant o sujeito aparece como elemento do pensamento, mas, em Fichte, é a própria razão que *age* egoicamente (Fichte, GA I, 3, 1966, p. 313). É o sujeito quem pensa, não o pensamento que diz o que é o sujeito.

Assim como a espontaneidade da liberdade se evidencia como princípio absoluto, que tudo pode estabelecer e fundar sem ser por nada estabelecida, posta e fundada, os objetos, conversivamente, revelam-se como passividades contrastantes com o fundo subjetivo de todo o saber. São, portanto, "negativos" do Eu, ou não Eus. Fichte chega a perceber uma analogia entre esses conceitos e os de *natura naturans* e *natura naturata* de Espinosa. Dito de outra forma, também se pode comparar os atributos espinosano do Deus-Natureza, inteligência e extensão, com Eu e não Eu (Fichte, GA I, 2, 1965, p. 282). As acusações de ateísmo surgiram quase inevitáveis, pois parecia aos ortodoxos (desatentos) que Fichte substituía Deus pelo sujeito, quando, na verdade, a sua não era uma ontologia (dogmática) da substância, e sim uma ontologia idealista, que identificava ser e saber. De qualquer maneira, foi envolvido na *Atheismusstreit* (a Disputa sobre o ateísmo), com implicações sobre sua carreira e iniciando uma busca pessoal por justiça; isto é, provar que seu sistema não era ateísta.

Por outro lado, era inteiramente verdade que Fichte usara terminologia escandalosamente teológica – porque só aplicável a Deus – insinuando, por exemplo, que a autoconsciência diz de si mesma algo como: "Eu sou o que sou", "Eu sou porque sou" (Fichte, GA I, 2, 1965, p. 259).

Em uma palavra, o sistema seria era transcendental e, ao menos para seu autor, ainda crítico, nos termos de Kant, e a metafísica adequada a esse sistema era uma metafísica da subjetividade, esgotada no estudo da consciência. Subjetivar a realidade não é o mesmo que afirmar que a realidade é puramente subjetiva, embora muitos críticos de Fichte quisessem ver em sua filosofia exatamente isso.

Um Eu não é senão autoconsciência, algo que põe a si mesmo e se apercebe como autoposto; mas só algo livre e inteligente pode satisfazer essa condição. O conceito de liberdade, então, alcança um novo patamar, já percebido, mas não totalmente esgotado por Kant: liberdade é mais que o poder de eleição de certos motivos, é um poder de "suprir a si mesmo com fins práticos" (Neuhouser, 1990, p. 26).

Ora, da fundação absoluta no Eu, de um Eu sumamente ativo e produtivo, a partir de uma gênese ativa, espontânea, em um horizonte transcendental dominado pela liberdade, pelo primado da prática sobre a teoria, de tudo isso, decorre inevitavelmente que a vida moral tem precedência sobre a trivial, o sentido humano sobre as ocorrências naturais e cotidianas, o espírito sobre a matéria. Em termos, e *cum grano salis*, pois trata-se de uma ordem de pensamento inteiramente antidogmática, é como se o saber de salvação se sobrepusesse ao mundano, e a razão encontrasse seu caminho conciliada e iluminada pela fé.

Subjetividade produz a objetividade porque nenhuma objetividade é autofundada, mas a subjetividade é. Justamente porque a infinita e incondicionada capacidade de ação do Eu precisa concretizar-se em atos finitos[51], o Eu gera para si diversidade e diferença; isto é, alteridade.

> O oposto só é possível sob a condição da unidade da consciência do posto e do contraposto. Se a consciência da primeira ação estiver desconectada da consciência da segunda, então a segunda posição não seria contraposição, e sim simples posição. É só através da relação com uma posição que algo é contraposição (Fichte, GA I, 2, 1965, p. 266).

A relação é obviamente dialética. De um dado não A, indefinido, só sei que ele é contraposto a um presumível A, e sua própria definição *me obriga* a pensar em A.

Pode-se concluir que as formas do Eu e do não Eu beneficiam-se mutuamente, pois cada qual aclara a outra. Portanto, a identidade original de ambos

---

51. "O Eu deve ser igual a si e ao mesmo tempo oposto a si mesmo. É igual a si a propósito da consciência, a consciência é uma só: nessa consciência está posto o Eu absoluto enquanto indivisível; o Eu, por outro lado, que está contraposto ao não Eu, é divisível" (Fichte, GA I, 2, 1965, p. 271).

é comprometida, e sua identidade passa a conter o oposto. Eu = Não Eu e Não Eu = Eu (Fichte, GA I, 2, 1965, p. 269).

> Limitar algo significa: cancelar parcialmente, mas não totalmente, a realidade do mesmo. Dessarte, reside no conceito de limite não apenas os conceitos de realidade e de negação como também o de divisibilidade. Este conceito é o X almejado, e através da ação Y tanto o Eu quanto o não Eu são inteiramente postos (Fichte, GA I, 2, 1965, p. 270).

Através desse processo pode-se estabelecer também todas as relações parciais, todas as numéricas, quantitativas etc.; e um A pode ser igual a um B segundo a característica M.

Se perguntássemos como são possíveis juízos sintéticos *a priori*, a resposta teria a ver com essa geração da lógica a partir do processo fundamental do pensamento, que tem em sua raiz a autoconsciência. Ora, foi mostrado pelo terceiro princípio de que sínteses pressupõem contraposições, que por sua vez pressupõem identidades/igualdades, de modo que as sínteses resultam de processos que unificam uma cisão que contém em si uma união original (Fichte, GA I, 2, 1965, p. 275-276). Isso porque a autoconsciência, o Eu, é um processo de autoidentificação e de autoestranhamento.

No nível das distinções entre os entes, no animal, vemos uma contraposição entre vida e matéria, entre esta e outras espécies, este e aquele indivíduo. No homem, o grande contraposto é em relação aos seres determinados; e a essência do homem é o seu ser livre, que se contrapõe aos demais seres (Fichte, GA I, 2, 1965, p. 277). Os conceitos de cão e lobo, ou de prata e ouro, são idênticos enquanto animais caninos e metais, mas contrapostos (diferentes, dessemelhantes) segundo o conceito de cor, de espécie, de densidade. Todas as coisas são julgadas por suas semelhanças e dessemelhanças com os demais conceitos, sendo o ponto de partida inicial a sua relação com o Eu que os pensa, julga, percebe, analisa (Fichte, GA I, 2, 1965, p. 278).

O próprio Eu, ao objetivar-se, define a si mesmo no ato de sua autoposição; isto é, ao se afirmar, se define. Uma pura liberdade que não se afirma, que nada escolheu, que não voltou sobre nada seu interesse, é indefinida, puramente incondicionada; mas, ao olhar, querer, pensar, fazer, coloca-se e define-se pela sua absoluta atividade. "Toda atividade, ao menos como nós enxergamos atualmente, tem de derivar do Eu. Na quantidade/quantificação, o Eu pôs a si e ao não Eu" (Fichte, GA I, 2, 1965, p. 287). Ora, o Eu se define através do contraposto que ele mesmo colocou diante de si, pelo seu "espelho."

Uma vez que esse processo é constituinte absoluto de todo pensar, subjetividade e objetividade se impulsionam uma à outra infinitamente.

> Se o Eu reflete sobre si mesmo, determinando-se no processo, então o não Eu será infinito e ilimitado. Se, por outro lado, o Eu reflete sobre o não Eu enquanto tal (o universo), definindo-o, será ele próprio infinito. Na representação estão, portanto, Eu e não Eu em recíproca efetividade (*Wechselwirkung*); sendo um finito, infinito tem de ser o outro; e vice-versa. Um dos dois deve sempre ser infinito (Aí residem as antinomias configuradas por Kant) (Fichte, GA I, 2, 1965, p. 384).

Compreender essa dinâmica processual não é nem um pouco fácil, mas quem não puder entender esse processo jamais terá ideia clara do que é autoconsciência. Autoconsciência é um saber de si enquanto objeto, que carrega inevitavelmente uma apercepção de si enquanto sujeito desse mesmo conhecimento. A parte objetiva desse saber é autorreferencial[52]. Não é possível imaginar essa relação sem contraposição interna, sem movimento e sem uma imbricação dialética.

> Eu penso é forçosamente uma expressão da atividade; o Eu se põe enquanto pensante e, nessa mesma medida, em atividade. Conseguintemente, é também uma expressão da negação, da limitação, da passividade (*Leiden*); pois pensar é uma determinação peculiar do ser, e em seu conceito se encerram todas as formas do ser. O conceito do pensar é, portanto, contraposto a si mesmo; ao ser relacionado com o objeto pensado, descreve uma atividade; ao ser relacionado com o ser em si, descreve um padecer (*Leiden*); assim, o ser deve ser limitado para que o pensar seja possível (Fichte, GA I, 2, 1965, p. 298).

---

52. "Greek philosophy, and all subsequent philosophy until Fichte, assumed that the structure of self-reference – and in particular the structure of mental self-reference – is something that we can find to be the case. The neo-Platonic and Aristotelian systems *use* the structure of self-reference for various purposes that are primarily metaphysical, but they never *analyse* the structure of self-reference as the basic structure of the mind. Instead, they merely identify and then go on to presuppose and use the structure of self-reference. Even when the self-reference of the mind became the basic issue of all philosophy, this state of affairs did not change. This development, appearing first in Descartes, marks the beginning of modern philosophy. Later thinkers severed the links between the metaphysical problem of the self-reference of the mind and the metaphysical problem of what life or a substance is. In consequence of this, the problems of the philosophy of mind, set free from their captivity to metaphysical interests, enjoyed autonomy for the first time" (Henrich, 2008, p. 248).

Esta maneira de abordar o fundamento e os processos do saber têm as mais incríveis implicações para a visão de mundo, e não é de espantar que tenha sido tão influente, inclusive em recepções erradas ou distorcidas – o que, dada a forma desafiadora, hermética e até confusa do texto, ocorreu com frequência.

Dizer que a realidade se desdobra da reflexão pode suscitar tanto interpretações ingênuas (porque literais) quanto a interpretação idealista. No primeiro caso, imagina-se uma mente produzindo, do nada, coisas a ela externas. Esse é o conceito de quase todos os críticos do Idealismo. No segundo caso – o Idealismo propriamente dito –, dizer que a realidade é produzida reflexivamente significa dizer que ser e saber são trabalhados subjetivamente como realidade da consciência e para a consciência (Hartmann, 1960, p. 54-69). Embora superficialmente parecidas, as duas interpretações guardam significados completamente diferentes.

Mesmo corretamente compreendido, entretanto, o sistema idealista de Fichte é, de fato, altamente subjetivista, relegando a natureza a uma posição subalterna, como projeção e consequência da atividade do Eu. Com isso, não será possível conceber, por exemplo, uma filosofia da natureza, como a proposta por Schelling pouco depois, uma vez que a natureza não tem em si seu próprio princípio[53].

Apesar da interpretação mais frequente associá-la ao ateísmo e ao panteísmo, houve também quem achasse a proposta fichteana profundamente cristã. Já em uma interpretação pietista e cristológica, é possível associar a dialética do Eu ilimitado e produtivo e do não Eu limitado e passivo com o estado da alma antes e depois da boa nova (Traub, 2020, p. 513-530). A alma alienada de si, enganada e entregue à negação de sua natureza é, a um só tempo, o estado não emancipado da crítica iluminista e o homem velho, mundano, de antes da revelação de Cristo. Ao despertar para sua natureza espiritual, o homem se vê pela primeira vez como plenamente livre (João 8:32-36; Gálatas 5:1; Romanos 8:1-2; I Coríntios 6:12), o pecado ficou para trás, as correntes foram quebradas (Isaías 9:4; Jeremias 30:8), e é o divino que nele vive (Gálatas 2:20).

---

53. "Para a *Doutrina da Ciência* de Fichte não é possível que haja uma filosofia da natureza independente, pois a própria natureza é um puro negativo, que significa não mais que uma limitação da liberdade. Ela consiste no meramente material, sobre o qual a ideia da liberdade consecutivamente se realiza empiricamente" (Cassirer, 1907, III, p. 218).

Por que essa linguagem teológica soaria adequada a uma formulação essencialmente lógico-teórica? A resposta para essa pergunta está na faceta prática da *Doutrina da Ciência*, e no fato mesmo de ela ser mais uma faceta do que uma filosofia independente.

Visto sob a perspectiva conceitual, o incondicionado da liberdade é a vaga indefinição que espera um objeto, mas, sob a perspectiva prática, é permanente esforço da consciência (*Streben*) que encontra resistências em sua própria busca por objetividade.

> O resultado de nossas investigações, até o presente momento, é o seguinte: *em relação a um objeto possível*, a pura atividade do Eu retornando sobre si mesma é *esforço*; e, em razão das provas anteriormente oferecidas, um *esforço infinito*. Esse esforço infinito é [...] a *condição de possibilidade de todo objeto*: sem esforço, sem objeto (Fichte, GA I, 2, 1965, p. 397).

O não Eu prova que a inteligência consegue ver e entender objetos, o esforço prova que ela *quer* encontrar esses mesmos objetos. A liberdade quer agir, mas, para tanto, precisa "aterrissar" de seu voo indefinido no chão firme dos fins; precisa sair do esforço incondicionado por um objeto em geral para se limitar a um concreto. Esta é a face prática ou volitiva do que, na parte teórica, chamou-se não Eu. Esse lastro que ajuda a realizar o esforço é negativamente visto como uma resistência contra a qual a consciência precisa aplicar uma força. É a concretização do esforço vago em um impulso, ímpeto (*Anstoß*) ou "esforço dedicado" a pôr alguma coisa em movimento, em um sentido muito energético da palavra. Por esse motivo, o conceito de um ponto de partida do pensamento foi também entendido como um análogo do conceito kantiano de coisa em si (Klein, 2013).

A dinâmica da consciência é perfeitamente compatível com a estrutura formal do processo do pensar. O ímpeto com que a consciência precisa se dirigir aos objetos para os sustentar na atenção equivale à limitação do não Eu. Sem essas fases negativas, não seria possível que a positividade originária realizasse qualquer coisa, fosse teórica ou prática. Fichte define essa relação como um ato de reciprocidade (*Wechsel-Tun*) (Fichte, GA I, 2, 1965, p. 307), através do qual todo não Eu cognitivamente posicionado equivale a uma passividade (*Leiden*) da consciência. Se a atividade não pudesse encontrar essa inatividade, essa passividade, jamais encontraria nada. Contudo, essa passividade, tão obviamente essencial ao pensamento, terá também significativa relevância sobre a moralidade, já que, por meio dela, insinua-se na dinâmica da consciência a possibilidade, não mais de sua negação teórica em objeto outro, mas de sua negação volitiva.

Sendo energético e não meramente formal, a posição volitiva tem caráter causal (Fichte, GA I, 2, 1965, p. 418), enquanto o gesto positivo teórico era apenas a definição e determinação de conceitos. Definido e objetivado em estrutura causal, o esforço é reconhecido como posto, como impulso (*Trieb*) (Fichte, GA I, 2, 1965, p. 418).

Porque a consciência identifica cada estado subjetivo com o qual se relaciona com os dados, *sente* de diferentes maneiras a contraposição dos objetos. Cada pensamento é, assim, acompanhado de um *sentimento* (Fichte, GA I, 2, 1965, p. 401).

Por fim, quando consideramos a realidade do ponto de vista da agência incondicionada do Eu diante de resistências genéricas à sua ação, estamos concebendo o "campo do *dever*; e, ao considerarmos tudo como dado pelo mero Eu, esse é campo do *ideal*" (Fichte, GA I, 2, 1965, p. 409). O estoicismo, completa Fichte, é um exemplo de filosofia abstrata, que confunde essa ideia infinita com a realidade. Como consequência, o estoicismo enxerga a moralidade como total adequação e subordinação da vida ao plano abstrato da virtude ideal, cobrando do homem uma conformidade com a lei que só Deus pode apresentar (Fichte, GA I, 2, 1965, p. 310).

Deduzir toda a vida psíquica do Eu é um projeto mais palatável do que a dedução de toda atividade cognitiva. É bastante óbvio que o desejo é gerado pelo sujeito como sua propensão para algo definido, e não por alguma força atrativa do objeto. É também bastante óbvio que há uma enorme diferença entre uma força psíquica indistinta, uma vontade enquanto puro querer, libido, força vital, propriedade volitiva do fluxo de consciência, seja como for, e um desejo específico por um determinado tipo de comida, por reconhecimento ou por um lugar anunciado em uma propaganda de viagens. Após Espinosa, contudo, Fichte foi o primeiro a explorar intensamente as estruturas lógicas dos sentimentos e disposições volitivas, contribuindo fortemente para a compreensão de suas relações, ao menos no plano pragmático e funcional.

Podemos discordar muito de suas teorias, e suas implicações, mas é difícil discordar das atribuições funcionais desses elementos volitivos, pois é exatamente assim que parecem funcionar na prática.

Na esteira de Fichte – e de seus diversos desdobramentos, incluindo o Romantismo – diversas noções subjetivistas, como as da psicanálise ou do existencialismo, buscarão nutrição e condições para crescer. Não que ele seja seu ponto de partida exclusivo, pois a mística e o Naturalismo volitivo de Espinosa, por exemplo, também contribuíram muito para essas concepções, mas a filosofia de Fichte lhes transmitiu o *momentum* necessário para um maior destaque. Isso não significa, por outro lado, que a filosofia sumamente racionalista do primeiro idealista alemão flerte com esses elementos obscuros gestados, principalmente, pela interpretação romântica. Essa será, aliás, uma das maiores realizações do Romantismo: a apropriação do subjetivismo de Kant e Fichte segundo tons e objetivos mais sentimentalistas, intuitivos e místicos.

Seja qual for a nossa posição sobre a *Doutrina da Ciência*, todas as grandes mentes voltaram-se para ela por ao menos uma década. Todas compreenderam que era preciso dar resposta a esse rebento exótico e inesperado da filosofia transcendental, e que o destino desta, como da filosofia em geral, dependia da forma como se reagiria a Fichte.

3.2 Transformações e fortalecimento da atividade intelectual judaica

Dada a complexidade do cenário cultural da Alemanha, de que o riquíssimo quadro da pequena Weimar é apenas a síntese e o modelo, é preciso discorrer brevemente sobre alguns processos paralelos que vieram a se mostrar fortemente relevantes para a construção das novas filosofias da virada do século XIX.

Embora muitos outros fatores sejam igualmente dignos de nota, três ocorrências, ou grupos, merecem nossa especial consideração: a Reforma do Judaísmo, o Seminário de Tübingen e o Romantismo.

Entre os judeus, os dois principais movimentos daqueles tempos foram a *Haskalah* (Iluminismo Judaico) e a *Reforma Judaica*. A Haskalah fazia eco a uma angústia de parte da comunidade judaica da época, que se sentia retrógrada em face de um mundo em franco processo de secularização e liberalização. Ao passo que os cristãos afrouxavam suas práticas e, cada vez mais, restringiam a vida religiosa à moralidade e à interioridade, jovens judeus das grandes cidades começaram a aspirar pela mesma condição.

Duas figuras de destaque foram determinantes para o processo: a do "Sócrates judeu", Moses Mendelssohn (1729-1786)[54], e a do maior expoente do ideal de tolerância, particularmente para com os judeus, Gotthold E. Lessing. Lessing, sobretudo em sua maior obra filosófico-teológica, *A educação do gênero humano*, classificara o Judaísmo como etapa primitiva da religião, um degrau definido pela sociabilidade ética, entre o animismo e o espiritualismo cristão. A posição de Lessing, considerada ofensiva por alguns, serviu de forte estímulo a uma parte da comunidade judaica que concordava com a crítica e ansiava por superar os traços arcaicos de sua fé (Meyer, 1995, p. 17).

Mendelssohn ganhou projeção ao vencer um concurso, em 1762, promovido pela academia de Berlin, com o ensaio *Tratado sobre a evidência nas ciências metafísicas*. Kant ficou em segundo lugar.

Em resumo, Mendelssohn deduzia metafisicamente os princípios fundamentais da racionalidade, que convergiriam para uma única consequência: "agir para a perfeição de si e dos outros" (Mendelssohn, 1931/1955, p. 321). Como veremos logo adiante, tal conclusão coincidiria com a essência do Judaísmo, no entender do autor.

Em suas *Preleções sobre o ser de Deus*, atacou o monismo como falência da razão. Em parte alinhado ao sistema Leibniz-Wolff, em parte convictamente judeu, isto é, teísta, chegava a compartilhar o desprezo de Jacobi pelo espinosismo. Para ele, mecanicismo e monismo só se habilitariam a uma única e pouco meritória conquista, a de unir "ateístas e místicos fanáticos" (Men-

---

54. "Na época, seu 'histórico familiar' lhe impedia de assumir uma cadeira em uma universidade, mas os judeus tinham suficientes negócios para administrar, e a família era abastada. Uma característica típica dos judeus do século XVIII era a maior distinção entre sua formação intelectual, então marcada fortemente pela recepção da tradição hebraica, antiga, medieval e moderna. Ainda assim, Mendelssohn era um alemão do século XVIII, o que significava que, com todas as idiossincrasias intelectuais que pudesse ter, era muito influenciado pelo sistema Leibniz-Wolff. Mendelssohn fez muito pela filosofia judaica, inspirando outros escritores das próximas gerações, que já não precisavam se isolar em um 'ambiente intelectual judeu' nem, como Espinosa, abandonar a fé para se integrarem a uma filosofia naturalista que beirava o materialismo" (Coelho, 2022, p. 269).

delssohn, 1974, III, p. 104). Certamente, estava na contramão do *Sturm und Drang*, e também não recebeu muito apoio do Kant da fase crítica.

Prenunciando o *Ensaio sobre a indiferença em matéria de religião*, de Felicité de Lamennais, Mendelssohn denunciava o potencial desagregador do panteísmo. Um Deus morto bem poderia levar a humanidade a um estado mais imoral. Para falar a verdade, essa seria a única conclusão racional; uma opinião com a qual concordaria até mesmo Goethe, um dos maiores entusiastas de Espinosa.

Em 1964, J. K. Lavater havia atacado publicamente Mendelssohn em um prefácio ao livro *Palingenesia*, de Charles Bonnet. Lavater, que exigira que o filósofo judeu invalidasse os argumentos do livro ou se convertesse ao Cristianismo, o colocava em uma situação muito delicada para um judeu em uma cultura cristã e hostil aos dissidentes, mas Mendelssohn não se intimidou e redigiu uma resposta pública. Em essência, a resposta do filósofo alertava para o fato de que o Judaísmo sempre fora tolerante para com quem quer que fosse, e que a cultura cristã, na qual estavam inseridos os judeus europeus, era tradicionalmente hostil e inóspita para com seu povo.

Prova objetiva dessa discrepância era o próprio convite de Lavater, ao qual Mendelssohn julga hipócrita. No convite – mais propriamente uma humilhante e afrontosa intimação – Lavater insinua que um filósofo como Mendelssohn tem a obrigação de fazer livre exercício da opinião. A isso o filósofo judeu responde: "o posto que tem sido designado aos meus companheiros de crença na vida civil é tão distante do *livre* exercício de nossas faculdades mentais que ninguém aumenta seu contentamento ao ser informado dos direitos da humanidade em seu verdadeiro sentido" (Gottlieb, 2011, p. 7).

Ademais, o convite para se converter deixava um filósofo em maus lençóis, dizia Mendelssohn, pois o Judaísmo só lhe exigia comportamento moral e aqueles princípios mínimos provados pela teologia natural – existência de Deus e imortalidade da alma. O Cristianismo, por sua vez, exigia adesão a dogmas irracionais, como dizer que Deus é triúno, que a autoridade da religião se baseia em milagres, ou que a crença em Jesus Cristo como revelador e salvador é mais relevante que a própria moralidade (Gottlieb, 2011, p. 16-18). Tais exigências excessivas e injustificáveis da parte de Deus seriam imorais, diz Mendelssohn, fazendo do Cristianismo uma religião divorciada da razão, pois ela afirma que a crença no mensageiro é mais importante que a mensagem (Gottlieb, 2011, p. 16-17).

Controvérsia não menos relevante é a de Mendelssohn com Christian Dohm, historiador das ideias políticas que redigiu *Sobre o melhoramento das condições civis dos judeus* a partir das discussões entre os dois. Paralelamente, o imperador Joseph II promulgou um edito de tolerância para todo o Sacro Império (então, o império da Áustria e seus satélites), atraindo atenção para o debate intelectual sobre o assunto.

Mendelssohn, contudo, discordou fortemente da posição de Dohm quanto a um suposto direito de excomunhão dos rabinos judeus e o declarou no prefácio que escreveu ao *Vinciae Judaeorum*, do rabino Menasseh Bem-Israel (Manuel Dias Soeiro).

Entendendo que a excomunhão contrariava todos os princípios de liberdade, progresso e autonomia apregoados pelo Iluminismo, rejeitou-a como um direito, alegando, ao contrário, que tal seria uma "concessão ilegítima ao poder religioso" (Gottlieb, 2011, p. 39). A defesa de uma "diminuição" dos direitos dos rabinos, direitos esses reconhecidos por um cristão, imediatamente levantou clamor contra o filósofo, agora sob a suspeita de não defender adequadamente os direitos de seu povo. Ademais, o direito de excomunhão era assegurado a outras religiões. Mendelssohn, contudo, sustentava coerentemente o princípio humanista e racionalista de que toda matéria deveria ser ultimamente decidida pelo bom senso, e não por acomodações e arranjos sociais.

A partir de dois argumentos básicos, Mendelssohn concluía que o direito de excomunhão representaria um fracasso ou retrocesso ao reconhecimento dos judeus como iguais. Em primeiro lugar, porque comunidades religiosas não deveriam receber poderes especiais da lei, sendo antes todas submetidas a ela de maneira equânime. Assim, ainda que por hábito comunidades religiosas exigissem que certos julgamentos fossem executados por confrades, essa exigência seria ilegítima. Em segundo lugar, enfatizava que a expulsão ou ostracismo seria uma prática humana, referente à sociedade humana, mas a ninguém caberia romper o vínculo de outros com Deus:

> Me parece que toda sociedade possui o direito de expulsão exceto pela sociedade eclesiástica, pois isso é diametralmente oposto ao fim último da sociedade eclesiástica, que é a edificação coletiva e participação

em um transbordamento do coração através do qual mostramos nossa gratidão à beneficência de Deus e nossa confiança inocente em sua infinita bondade (Gottlieb, 2011, p. 48).

Por ser fundamentalmente filósofo judeu iluminista, e não teólogo, Mendelssohn não era bom candidato a capitão da reforma do Judaísmo.

A reforma judaica não começa formal e explicitamente senão no século XIX, com Israel Jacobson. Seus idealizadores não tinham a pretensão de fazer algo que já não vinha sendo praticado desde os relatos da Torá, incluindo o Deuteronômio, passando pela escola de Hillel, pela mística de Maimônides e pelo Iluminismo judeu de Mendelssohn (Meyer, 1995, p. 6-7). A mudança, a adaptação e a reforma sempre foram intrínsecas à vida religiosa concreta.

Há razão para atribuir a Jacobson, e não a Mendelssohn, o título de primeiro reformador judeu, embora a influência do primeiro nem de longe fosse uma influência cultural e, por isso mesmo, dependente da obra do segundo. "Mendelssohn não tinha a noção de um desenvolvimento religioso. Para ele, o Judaísmo seria estático devido à sua eternidade. Suas verdades sempre estiveram acessíveis à razão; suas leis, reveladas em todos os tempos" (Meyer, 1995, p. 14).

Dito de maneira didática:

> Em primeiro lugar, Judaísmo rabínico é a "lei". A lei é de dois tipos, escrita e oral [...] A lei cerimonial tem potência equivalente à dos mandamentos morais. O Judaísmo reformado, por outro lado, alega haver vasta diferença entre os preceitos universais da religião e da moralidade e decretos produzidos pelas circunstâncias e condições especiais de tempos e lugares. Costumes e cerimônias devem mudar de acordo com as variações das necessidades de diferentes gerações (Philipson, 1897, p. 52).

Embora seus textos expressassem uma teologia natural, Mendelssohn não pode ser encaixado nessa definição, pois, na prática, o filósofo seguia à risca os ritos prescritos pela lei (Philipson, 1897, p. 55).

A geração subsequente à de Mendelssohn tem em Salomon Maimon, Lazarus Bendavid e Saul Ascher os maiores intelectuais judeus. Maimon era entusiasta de muitas ideias de Mendelssohn, e ele mesmo um filósofo, mas estava ainda mais próximo da ortodoxia que este, aprovando a excomunhão e "não admitindo caminho intermediário entre ortodoxia e apostasia" (Meyer, 1995, p. 20).

O pedagogo, matemático e ex-aluno de Kant, Lazarus Bendavid, por outro lado, estava mais próximo da concepção de Mendelssohn, e não separava totalmente a religião natural da revelada, Bendavid entendia que "a religião natural já estava pressuposta no Judaísmo bíblico", bastando para a sua promoção que a mensagem essencial das Escrituras fosse purgada dos elementos cerimoniais culturais[55].

Saul Ascher estava em algum ponto entre Maimon e Bendavid. Seu principal escrito, o Leviatã (1792), é considerado conceitualmente precário, e não alcança resultados conclusivos, mas seu esforço conciliador lhe emprestou credibilidade e simpatia. Basicamente, sua teoria é a de que o Judaísmo – como as outras religiões – seria "manifestação particular do espírito comum a todas as fés"; "as vicissitudes do povo judeu estariam incluídas nos processos educacionais" através dos quais Deus educa toda a humanidade, conforme exposto por Lessing. Falhou, contudo, em oferecer uma visão sistemática da fé judaica e terminou por enfatizar nela o aspecto dogmático.

Tal é o tom geral do Leviatã:

> Permanecei, filhos de Israel, no caminho dos vossos pais. Nossa religião é para todos os seres humanos, para todas as épocas. Demonstrai que a vossa religião pode vos fazer plenamente humanos e educar-vos para que vos torneis cidadãos. Só a constituição da religião precisa ser reformada, a religião em si jamais pode perder sua essência. Se isso puderdes fazer resolutamente, seremos um povo digno do divino em toda parte e entre todos os povos; para sempre permaneceremos assim e assim poderemos continuar imperturbados (Meyer, 1995, p. 22).

Novamente, vale enfatizar que esses esforços nunca eram meramente intelectuais, mas revelavam uma preocupação explícita de preservar a comuni-

---

55. "It would thus become possible to give up deeply resented ritual laws without thereby either abandoning all historical religion or converting to Christianity. Writing in 1793, he put it negatively: "Insofar as the Jews do not intervene in the reforms which will be or have been undertaken on their behalf by abolishing the senseless ceremonial laws, which are wholly inappropriate for present times, insofar as they do not establish among themselves a purer religion more worthy of the Father of all – the pure teaching of Moses – they will necessarily, even after acceptance of baptism, remain indifferentists and injurious as citizens of the state." Bendavid believed that among the German Jews a few truly enlightened individuals had emerged who were attempting to retain a connection with the Jewish religious and moral tradition" (Meyer, 1995, p. 20).

dade e seus indivíduos do assédio sistematicamente sofrido pelos judeus ao longo de quase toda a sua história.

Quando as condições para o movimento reformista protagonizado por Israel Jacobson convergiram favoravelmente, em 1807, ficou claro que as noções de tolerância e emancipação de Mendelssohn estavam entre as maiores forças em favor dessa convergência.

Israel Jacobson (1768-1828) não era filósofo ou intelectual, mas reunia as condições para exercer um efeito transformador sobre sua comunidade. Foi um líder em sentido político e espiritual, e estava embebido dos ares secularizantes da Revolução Francesa e da filosofia alemã da virada para o século XIX.

Se Jacobson é o marco social, a reforma judaica só produziria o seu Schleiermacher décadas depois, com Abraham Geiger, pensador de referência que engloba filosofia, teologia e história[56]. Em tons distintamente idealistas, expressava assim sua preocupação quanto ao estudo da língua e da história: "a língua é a palavra do pensamento de um povo, a história é o seu agir" (Geiger, 1875, p. 29). Isso nos é suficiente para flagrar a natureza já filosófica do estudo da língua e da história, e não é por acaso que as associações entre Herder e Geiger são fortes e bem exploradas.

Naturalmente, muitos pensadores judeus com papéis opostos ou alheios à reforma do Judaísmo mereceriam maior consideração, de Samson Hirsch a Marx, mas o processo reformista é, talvez, o mais relevante e ilustrativo no contexto da transição do Iluminismo às preocupações típicas do Idealismo e do Romantismo.

3.3 O ambiente cultural da década de 1790

Antes do surgimento oficial e patente do Romantismo, as correntes de pensamento vinham mesclando influências fortes e difíceis de conciliar. O *Sturm und Drang* agitara toda a cultura alemã, produzindo um modo único

---

56. Geiger começa sua Ciência do Judaísmo por dividir a tarefa sistemática em uma parte filológica, uma história cultural e literária e uma parte filosófico-religiosa (Geiger, 1875, p. 3). A judaística, ou ciência do Judaísmo, não prescinde de nenhuma dessas partes, e o autor faz questão de não as separar de modo esquemático, preferindo, ao contrário, destacar suas fortes relações.

de fazer o que agora se poderia chamar de uma poesia pós-iluminista. O individualismo de Leibniz, o sentimentalismo de Rousseau, um espinosismo místico e germanizado e as preocupações estéticas crescentes mesclavam-se à radical concepção da espontaneidade da subjetividade, de Fichte[57].

Ao longo das décadas de 1780 e 1790, o seminário evangélico de Tübingen conheceu seu auge. Fundado como monastério agostiniano na Idade Média, o seminário havia sido convertido à instituição luterana desde os primórdios da Reforma, sendo o centro de formação de pastores do estado de Würrtemberg. Antes de sua época gloriosa, havia também produzido outras celebridades intelectuais, como Johannes Kepler.

A exemplo da *Frankesche Stiftung*, em Halle (Coelho, 2022a, p. 157), o Seminário de Tübingen era geminado com a Universidade de Tübingen e, com algumas exceções, os estudantes da universidade eram seminaristas luteranos. Para os estudantes de teologia, as duas instituições funcionavam como uma mesma.

A partir de meados da década de 1780, Tübingen, como praticamente todas as instituições de ensino, ateve-se à filosofia kantiana. Esse foi o fato principal catalizador de uma transformação no ambiente acadêmico do seminário, pois os principais lentes de então consideraram impossível não responder teologicamente à nova filosofia.

Por um lado, Kant defendera a impossibilidade de uma prova da existência de Deus e a primazia da moralidade sobre a religião; por outro, reações a Kant incluíam a então célebre condenação de Jacobi a toda filosofia e um convite ao fideísmo. Embora essa última opção soasse atraente para qualquer ortodoxia religiosa, tanto lentes quanto alunos do seminário estavam convencidos de que a filosofia de Kant exigia mais pormenorizada análise e confrontação (Henrich, 1991).

---

57. "Leibniz é o moderno criador da ideia de um animismo individualizado, Espinosa é o moderno criador da pandivinização, e Shaftesbury cria a visão estética dessas duas perspectivas… Basta afirmar, neste sentido, que Leibniz e Espinosa são, de modos bem distintos, os parteiros desse novo sentimento de mundo. Leibniz, a saber, com seu espírito, Espinosa com a forma de sua visão de mundo. Espinosa com o panteísmo, Leibniz com o voluntarismo, que em seu sistema ainda está submetido à casca do intelectualismo. Não são Leibniz e Espinosa de fato, mas um Espinosa entendido leibnizianamente, isto é, um panteísmo individualista e voluntarista" (Korff, 1954, p. 106).

A maioria dos professores do seminário fora aluno de Gottlob C. Storr, que ainda lecionava quando Hölderlin, Schelling e Hegel ingressaram (Henrich, 1991, p. 178).

Por volta de 1789-1793, Immanuel Diez vinha reagindo competentemente aos problemas levantados por Kant, Reinhold e Fichte, e concebeu uma solução para o impasse do fundamento de Reinhold que se assemelhava à solução de Fichte acrescida de conotações teológicas (Henrich, 2004, p. 674-679). Ao não caracterizar suas observações em um tratado, contudo, as valiosas contribuições de Diez, dispersas em cartas e aulas, só passaram à posteridade através de seus célebres alunos[58].

Ao lado dos professores lentes, que apresentavam seus trabalhos originais nas aulas, havia *repetidores*, um cargo para professores assistentes, que se limitava a repetir os clássicos. Em 1790, um ano após a Revolução Francesa, Diez torna-se repetidor no seminário de Tübingen, passando a influenciar fortemente os alunos com suas ideias apologéticas à filosofia transcendental e seus intérpretes – notadamente Reinhold – e à Revolução Francesa. Talvez como rejeição à ortodoxia de Storr, muitos alunos acolherem entusiasticamente essa guinada curricular.

Em outubro de 1794, Friedrich Niethammer, professor de filosofia em Jena, mas teologicamente alinhado a Tübingen, escreve a seu amigo Erhard contando suas impressões sobre a *Doutrina da Ciência*, na qual ele vê uma ameaça à teologia cristã. Segundo ele, Fichte substituíra Deus pelo sujeito, assim como Espinosa O substituíra pelo objeto (Henrich, 2004, p. 994). Para uma geração acostumada a lidar com Espinosa desde a controvérsia gerada por Jacobi, essas eram evidentemente más leituras tanto de Fichte quanto de Espinosa, mas, não obstante, uma leitura comum aos teólogos.

A escolha para os jovens estudantes Schelling, Hegel e Hölderlin era clara. De um lado estavam a abordagem esclarecida da religião de Kant, que

---

58. Assim se expressa Dieter Henrich na conclusão de seu monumental tratado sobre a pré-história do idealismo: "Schelling hat ein solches Programm im zusammenhang seiner Rezeption von Fichte und seines gleichzeitigen Aufbaus einer kategorialen Urform zu entwerfen gewußt. Diez hätte an derselben Stelle stärker als Schelling allein, der mit seinem Programm und seiner *Formschrift*, die es zu realisieren suchte, in eine Problemlae hineingezogen worden ist, welche die spekulative Philosophie bis zu Hegel bedrängte und die auch den Gegensatz zwischen dessen *Wissenschaft der Logik* und Fichtes späten Wissenshaftslehren konstituirt" (Henrich, 2004, p. 1.621).

completava o trabalho de Lessing, e a Revolução Francesa, que prometia a jovens burgueses como eles uma ascensão e uma importância derivadas do mérito, não do nascimento. Do outro lado, velhos professores apegados à ortodoxia, mais por medo e preconceito do que pela posse de argumentos teológicos ou filosóficos que fizessem frente à secularização. Os três caminhavam rapidamente para os braços dos arqui-inimigos de seus professores de seminário: Kant, o jacobinismo, e, agora, Fichte.

3.4 O despertar crítico do jovem Schelling

Nascido em 27 de janeiro de 1775, no estado de Württemberg, é com a idade de quinze anos que ingressa no Seminário Evangélico de Tübingen, onde será calouro de Hegel e Hölderlin. Filho de um pastor e professor de orientalística, Schelling cresce em ambiente fortemente definido pela mística pietista – tendência compartilhada pela grande maioria dos autores alemães do período.

Em julho de 1795, aos vinte anos, conclui os estudos de teologia e parte para Leipzig a fim de estudar medicina. Quase um ano antes de sair de Tübingen, portanto, Schelling já tinha condições de compreender a *Doutrina da Ciência* e a ela reagir. É difícil imaginar outro ser humano que pudesse fazer isso com essa idade. Seu veterano, Hölderlin, estava em Jena, estudando justamente com Fichte, e Hegel, mais íntimo, lhe escreve dando notícias de Hölderlin sobre essas aulas.

Após algumas perambulações – presumivelmente em busca de experiência de vida, mas um pouco por não saber para onde ir – Schelling chega a Leipzig para estudar medicina, matemática e física, permanecendo aí pouco mais de dois anos (até agosto de 1798) (Fischer, 1902, p. 22-23). Esses estudos científicos, como se verá adiante, manifestam-se na guinada de Schelling para a filosofia da natureza[59].

---

59. Nicolai Hartmann estabelece entre Fichte e Schelling uma comparação bastante esclarecedora, e que parece refletir um juízo bem ponderado: "Schelling não é o que se costuma chamar de uma cabeça universal. Mas, em comparação com Fichte, que põe a própria vida e toda a obra a serviço de um único pensamento, ele é extraordinariamente multifacetado. Ele está aberto a todo novo pensamento, sempre pronto a reaprender" (Hartmann, 1960, p. 108).

O que movia Schelling era a ideia de que "o trabalho principal da filosofia consiste na solução do problema do ser do mundo", e "em vista da solução para tal problema trabalharam todos os filósofos" (Schelling, 1997, SW I, 1, p. 313).

Isso significava que o jovem filósofo não tinha gosto por tecnicalidades e não se contentaria com uma disciplina especializada, ou meia dúzia delas, e, seguindo a tendência, se dedicaria à metafísica.

a) Textos da fase fichteana e a crise do Idealismo subjetivo

Rejeitando as reações conservadoras de seus professores de Tübingen contra a filosofia transcendental de Kant, Schelling tomará partido deste e o entenderá, naquele primeiro momento, como protagonista do progresso do pensamento e do espírito. Embalado, até certo ponto, pelo espírito iluminista, e enfronhado nos desdobramentos tipicamente germânicos a ele, como o *Sturm und Drang*, Schelling fará coro com a tropa de pensadores que propõem uma visão mais científica – poder-se-ia dizer, desmitologizada – da religião, bem como uma filosofia respectivamente menos teológica. Embora esse primeiro movimento juvenil seja largamente contestado pela obra, bem mais teológica, do Schelling maduro, esse momento de tomada de posição foi de enorme importância.

Reagindo muito rápido à *Doutrina da Ciência*, Schelling publica no semestre de inverno de 1794-1795 *Sobre a possibilidade de uma forma da filosofia em geral*, provavelmente seu único escrito integralmente fichteano, já que bem rapidamente ele seria tomado pelas preocupações com a objetividade que definiram a maior parte de seu papel no movimento Idealismo.

> A filosofia é uma ciência, isto é, tem um conteúdo e uma forma distintos. Concordaram todos os filósofos em fornecer arbitrariamente, desde o princípio, exatamente esta forma (a sistemática) para esse conteúdo? Ou será ainda mais profundo o fundamento dessa ligação, de modo que à forma e ao conteúdo não possa ser dado o mesmo fundamento, tendo a forma dessa ciência de introduzir ela mesma o conteúdo, ou o conteúdo ele mesmo a forma (Schelling, 1997, SW I, 1, p. 89).

Essas questões se revelam importantes em função da pressuposição de unidade lógica da ciência. Sem essa unidade lógica não seria mais possível sabermos se a ciência fala das mesmas coisas, do mesmo modo, sob as mesmas perspectivas, e, assim, não seria ciência alguma (Schelling, 1997, SW I,

1, p. 90). Por essa mesmíssima razão, nenhuma ciência pode servir a dois senhores; ou é fiel a um princípio, ou não é fiel a nenhum (Schelling, 1997, SW I, 1, p. 91). Deve, então, estruturar-se segundo um princípio fundamental, o qual, por sua vez, não seria o princípio fundamental de toda essa ciência sem esgotar tanto suas condições formais quanto os elementos de seus possíveis conteúdos. Por óbvio, a filosofia é, por definição, a ciência dos princípios do saber e do pensar; ciência absoluta, cabendo a ela explicitar as condições a partir das quais todas as ciências podem e devem se estruturar e como cada qual abordará seu respectivo conteúdo. Por fim, para que os possa esgotar (forma e conteúdo) esse princípio deve ser divisado pela filosofia (a doutrina dos princípios do saber) como inteiramente incondicionado (Schelling, 1997, SW I, 1, p. 91-93). Ora, o completo incondicionado condicionante de todo saber é o produtor dos critérios do conhecimento, dos juízos, o observador dos fenômenos e aquele que os elege como objetos de sua atenção e interesse: o Eu (Schelling, 1997, SW I, 1, p. 93-97).

Como ficara perfeitamente cristalino na exposição da *Doutrina da Ciência*, de Fichte, a gênese do ser não é apenas lógica, envolvendo também a transitoriedade do conteúdo. Tudo depende, então, de aquele mesmo sujeito que considera e põe todas as coisas, ser capaz de se pôr, e de uma forma que inclua a mudança e a diferença.

Assim, o *Escrito sobre a forma* caminha na seguinte direção:

> É assim que a forma de toda a ciência é definida pelo conteúdo originalmente dado de todo o saber (o Eu, o não Eu, e o produto de ambos), tal como este só é também possível segundo as condições daquela. Em exato paralelismo com esta dedução da forma do saber em geral jaz a dedução da forma determinada dos componentes particulares do conteúdo originário de todo saber através da forma primordial; o que é muito natural, já que o mesmo princípio fundamenta ao mesmo tempo o conteúdo e a forma, bem como, consequentemente, a forma material e a formal (aquela originalmente pertinente ao conteúdo, e aquela sob a qual ele é posto) (Schelling, 1997, SW I, 1, p. 110).

Ainda em 1795, vem à luz o opúsculo *Acerca do Eu como princípio da filosofia ou sobre o incondicionado no saber humano*, outro texto de tomada de posição idealista, ainda sob forte inspiração fichteana, mas já caminhando para fora desta rumo a uma concepção cada vez mais ontológica (Görland,

1973). É a Jacobi, contudo, que Schelling faz referência no prefácio, observando que a filosofia não pode alcançar seus princípios supremos em fórmulas e faculdades mortas, devendo voltar-se sobre a vida do espírito, que as produz. É apenas no imediato, portanto, naquilo que "no homem é presente a si mesmo"; isto é, o que ativamente produz a si mesmo, ao invés do que está dado e disposto para mim ou por mim é produzido, que pode residir a verdade. Diferentemente de outras tentativas de fundação sobre "algo", o projeto de Schelling, declara ele, é uma "revolução dos princípios" (Schelling, 1997, SW I, 1, p. 156), única que permite que o fundamento seja igualmente fundamento do saber e da ação, da teoria e do caráter.

Em uma época de anarquismo epistemológico e científico – seja lá o que isso signifique – de relativismo de princípios e valores, de abdicação e oposição à razão, única instância de mediação universal das diferenças, é natural que a busca por um ponto do qual partem todos os raios do saber soe romântica (Schelling, 1997, SW I, 1, p. 158). Tanto quanto a afirmação absoluta e taxativa *de que tudo é relativo* é em si contraditória; contudo, a afirmação de que algum saber só é saber sob critérios que o justifiquem como verdadeiro é inevitável. Essa constatação Schelling imortaliza no paradigmático primeiro parágrafo de *Acerca do Eu*: "Quem quer saber algo quer, ao mesmo tempo, que seu saber tenha realidade. Um saber sem realidade não é saber algum" (Schelling, 1997, SW I, 1, p. 162).

Com todas as diferenças formais cabíveis, não foi outra coisa pregada por pragmatistas, filósofos analíticos ou mesmo positivistas. O que interessa no discurso sobre algo é que esse discurso informe sobre "aquilo que é o caso" (Wittgenstein, 1960). É claro, atribuir verdade a um arranjo teórico depende também de essa correspondência com o real ser factual ou funcional. Pragmatistas, por exemplo, observaram que o valor de verdade não deveria ser discutido no plano do realismo ingênuo, de uma correspondência absoluta garantida pelo intelecto, e sim de uma convicção suficiente para inspirar a ação (Almeder, 1980, p. 2).

Schelling chega a uma conclusão clássica ao acrescentar que, se há um saber, nesse sentido concreto, deve haver também filosofia primeira; isto é, um saber a partir do qual chego a saber o que é o saber (Schelling, 1997, SW I, 1, p. 162). "É preciso haver um ponto último de toda a realidade, do qual tudo depende, do qual toda a forma e conteúdo de nosso saber se origina, que separa os elementos e descreve o círculo de seus efeitos sucessivos no universo do saber" (Schelling, 1997, SW I, 1, p. 163). Os sistemas condenados por Kant como dogmáticos falharam em mostrar a natureza recursiva desse saber fundamental, apontando para Deus ou outra instância absoluta – a matéria e suas leis, para o materialista – como fundamento exterior da verdade. Contudo, Deus é para nós objeto, e, nessa mesma medida, nem mesmo Deus pode ser fundamento (Schelling, 1997, SW I, 1, p. 165).

Retomando a descoberta de Fichte, Schelling reconhece o Eu como único fundamento possível, pois somente o Eu é integralmente incondicionado e incondicionável (Schelling, 1997, SW I, 1, p. 168). Ao definir a si mesmo, ao colocar para si o seu ser, só é condicionado por si mesmo, e na medida em que é antes um condicionante. Em termos mais simples, só o espírito produz para si sua própria realidade, e encontra em si seu próprio fundamento.

Se não queremos admitir o Eu absoluto incondicionado como princípio, qual seria a alternativa? Teríamos necessariamente de escolher algum não Eu, isto é, um fato ou objeto determinado, mas, para que fosse fundamento de todo existente e todo o possível, esse fato teria de ser, contraditoriamente, um condicionado incondicionado. Esse objeto ou não Eu artificialmente incondicionado o autor reconhece como coisa-em-si (Schelling, 1997, SW I, 1, p. 173).

A liberdade é a essência desse eu incondicionado, único fundamento possível, porque qualquer outro traço de determinação torná-lo-ia algo, dado e determinado, isto é, objeto. Sua indeterminação absoluta precisa afirmar-se em sua própria natureza, como subjetiva, isto é, não objetal (Schelling, 1997, SW I, 1, p. 179).

De ser absoluto incondicionado, contudo, resulta que o Eu é também a única substância (Schelling, 1997, SW I, 1, p. 192), já que nada pode subsistir independente e incondicionadamente sem que sua essência seja livre e autoproducente; isto é, um Eu. Esta extrapolação da perspectiva subjetiva do saber para a fundamentação subjetiva da realidade é o traço marcante. As diversas tentativas de se o rechaçar, contudo, remontam quase exclusivamente a essa forma ingênua e inaugural, tal qual desenvolvida por Fichte e Schelling entre 1794 e 1797, aproximadamente, pois, a partir de *Ideias para uma filoso-*

fia da natureza, o subjetivismo extremo será progressivamente questionado e revisto em favor de um Idealismo objetivo.

Já no famoso *Cartas filosóficas sobre o dogmatismo e o criticismo* (1795-1796), Schelling pusera em questão o subjetivismo da filosofia crítica transcendental, relativizando sua pretensão de supremacia sobre o dogmatismo. Aqui, ainda mais do que nos escritos anteriores, parcialmente condicionados pelo jargão fichteano, Schelling liberta-se do tecnicismo escolástico alemão e apresenta uma filosofia substancial ao estilo acessível e elegante dos grandes literatos de Weimar e Jena. Pela data, é possível inferir que o nascente movimento romântico tenha já exercido sobre ele alguma influência, mas é também justo dizer que Schelling está entre os filósofos considerados mais hábeis escritores de todos os tempos. Seu texto manifesta o estilo inconfundivelmente alemão de formar longas cadeias de pensamento em longos períodos, mas diverge da maioria dos demais por fazê-lo com maior beleza e elegância, gerando no leitor um deleite literário, ainda que o conteúdo desses trabalhos seja dos mais áridos.

Na primeira carta, o autor afirma que todo e qualquer dogmatismo fala do ser e, portanto, tem Deus como seu tema principal. O criticismo, por sua vez, fala do entendimento humano, tendo, consequentemente, o sujeito como tema principal[60]. Consequentemente, a forma como o criticismo fala sobre Deus é também deficitária, imprópria, nem de longe acomodando aquilo que na experiência humana real se apresenta como divino:

> Aquela ideia de um Deus moral simplesmente não comporta um aspecto estético; e digo mais, ela nem mesmo comporta um aspecto filosófico, nem um aspecto sublime, não comporta absolutamente nada, sendo tão vazia quanto qualquer outra representação antropomórfica – que, em princípio, são todas iguais entre si. Ela toma com uma mão o que havia oferecido com a outra (Schelling, 1997, SW I, 1, p. 285).

Quanto à origem suprema do ser, portanto, o criticismo não tem a oferecer a ideia positiva e primacial de um verdadeiro Deus, oferecendo, ao invés da essência augusta do ser, uma mera "ideia de um Deus pensado segundo a lei moral" (Schelling, 1997, SW I, 1, p. 286). Um Deus puramente moral só

---

[60]. "O criticismo, meu amigo, não dispõe senão de bem débeis armas contra o dogmatismo, caso constitua seu sistema apenas sobre as propriedades do nosso patrimônio do entendimento, e não sobre nossa essência original" (Schelling, 1997, SW I, 1, p. 284).

chega a produzir uma fé prática, e nunca substancial. Esse Deus não poderia ser crido e atuar sobre nossa consciência como uma presença concreta, existente, pois, efetivamente, não estaria no plano da existência e da concretude.

Schelling considera que Kant estaria ciente das especificidades e peculiaridades de sua abordagem, e que essa abordagem não garantia ou pretendia a eliminação completa do dogmatismo, e sim apenas sua suspensão crítica. Isso porque ele critica tão somente o patrimônio do conhecimento, e de uma forma "inteiramente subjetiva", que "não se pronuncia sobre a essência do ser". Com isso, Kant teria produzido não mais que uma "contestação negativa do dogmatismo" (Schelling, 1997, SW I, 1, p. 293). O conceito de negatividade começará a ganhar fôlego a partir daqui, designando, justamente, o puramente subjetivo em face do objetivo, que terá também uma crescente presença no pensamento de Schelling.

A noção de uma dupla vigência e equivalência entre subjetivo e objetivo, negativo e positivo, conduzirá as *Cartas* à noção de *síntese* (Schelling, 1997, SW I, 1, p. 298). Fichte já havia falado sobre um conflito originário na base da dialética do pensamento, mas esse conflito é regido pela supremacia do subjetivo sobre o objetivo. Schelling, portanto, quer uma síntese real, não uma que pareça arremedo ou reconstituição do objetivo no subjetivo.

Ao erro do dogmatismo – plenipotenciação do objetivo na absolutização do ser – Kant e Fichte contrapõem um erro subjetivista – plenipotenciação do subjetivo na absolutização do Eu. Um exemplo claro e concreto disso, no entender de Schelling, é a incapacidade das filosofias críticas de explicar por que há experiências (Görland, 1973, 10; p. 51-55). Percebendo isso, Schelling quer um absoluto digno do nome, uma síntese ontológica entre ser e sujeito, Eu e não Eu, liberdade e necessidade, substância e consciência. Para tanto, a filosofia deve evitar os vícios do dogmatismo e do criticismo, não permitindo a subsunção e o apagar do sujeito no objeto ou do objeto no sujeito.

Sem rejeitar a *Crítica da razão pura*, o jovem idealista a relativiza através da contraposição de uma reconhecida – porque reciclada – validade ontológica do dogmatismo. Assim, "por que não poderíamos designar ambos os sistemas como, respectivamente, sistema do realismo objetivo, ou seja, dogmatismo, e sistema do realismo subjetivo, ou seja, criticismo[61]."

Uma vez que a filosofia de Kant falha em estabelecer esse equilíbrio, preferindo resolver o vício ao dogmatismo de forma pendular; isto é, deslocando-se em direção ao extremo oposto, só lhe restaria ter um sistema particular, parcial ou determinado, que, ao final, não seria digno do nome, pois de um sistema se espera exatamente o encadeamento final e total (absoluto) de todas as funções e projetos da razão. Se, portanto, "a *Crítica da razão pura* é cânone para todo sistema possível, então ela deve derivar os postulados práticos necessários da ideia de um sistema enquanto tal, não da ideia de determinado sistema" (Schelling, 1997, SW I, 1, p. 305). Isso, contudo, a crítica kantiana acaba por não realizar, falhando ou abdicando de ser sistema em um sentido forte, como o pretendido por Fichte. Por isso, Schelling declara:

> No que me diz respeito, creio haver um sistema do dogmatismo tanto quanto um sistema do criticismo. Creio até mesmo que o criticismo tenha encontrado solução do enigma de por que ambos os sistemas coexistem um ao lado do outro, de por que tem de haver sistemas opostos enquanto houver seres finitos, de por que, enfim, nenhum ser humano pode se convencer em favor de algum sistema a não ser de forma prática, isto é, realizando um dos dois em si (Schelling, 1997, SW I, 1, p. 306).

O ponto alto do dogmatismo era inegavelmente o conceito de Deus. Por essa razão, o dogmatismo dependia das provas da existência de Deus como garantia e ponto de partida fundamentador. Os sistemas dogmáticos estão todos apoiados no absoluto exterior (Deus), ainda que comecem por uma via subjetiva e epistemológica, como o de Descartes. Schelling afirma que apenas a prova ontológica da existência de Deus faz sentido, o que é amplamente compatível com os grandes projetos da história da metafísica. Ora, se a melhor prova de Deus é o seu próprio ser, a identidade entre sua essência e sua existência, isso equivale a dizer que Deus é autoevidente, "tão impossível

---

61. Acrescenta ainda que o sistema do realismo objetivo, o dogmatismo, poderia ainda se chamar idealismo subjetivo, enquanto o Sistema do realismo subjetivo, o criticismo, poderia se chamar idealismo objetivo (Schelling, 1997, SW I, 1, p. 302). Excluí esses termos do comentário para que não gerassem confusão, mas o que Schelling pretende dizer com isso é que o realismo subjetivo é idealismo objetivo, e o realismo objetivo é idealismo subjetivo.

de provar e tão carente de fundamento quanto o princípio do criticismo: Eu sou!" (Schelling, 1997, SW I, 1, p. 309).

Identificando (corretamente) o conceito de Deus com o ser, Espinosa percebera que a futilidade das provas da existência de Deus, pois o ser de Deus não difere ou é uma especificação do ser, senão o ser enquanto tal, e não provamos o ser, atestamo-lo (Schelling, 1997, SW I, 1, p. 307-308).

Extremistas por natureza, dogmatismo e criticismo precisam suprimir um ao outro em sua afirmação exclusivista de si. Afirmações essas baseadas em alegações que não se pode fundamentar ("Deus é!", "Eu sou!"). Assim, o dogmatismo de Espinosa suprime o sujeito e o criticismo suprime o objeto. Suprimir o objeto, contudo, é mais fácil que suprimir o sujeito, ainda que ambos os movimentos sejam altamente contraintuitivos. Para o senso comum do sujeito não filosófico, a supressão espinosana do sujeito soa tão absurda quanto a coisa em si e o sujeito absoluto. A supressão da subjetividade, contudo, só é possível em uma época ou mente nas quais a noção de sujeito não está plenamente estabelecida (Schelling, 1997, SW I, 1, p. 315).

A partir da nona carta começa a ficar mais claro que o vício dos dois sistemas, e o que leva a uma necessidade de supressão de seu oposto, tem a ver com o princípio da identidade, do qual depende a organicidade e sistematicidade da compreensão racional do ser. Os sistemas radicam essa identidade erroneamente sobre um lado do ser, o subjetivo ou o objetivo, o que inevitavelmente leva à anulação reducionista do outro lado. Vemos aí o aceno do que logo viria a tomar forma como a filosofia da identidade de Schelling, que reintegraria subjetividade e objetividade na dinâmica de um absoluto digno do nome.

b) A filosofia da natureza

Desde a dissertação sobre o *Timeu*, ao final de seus estudos no seminário, Schelling observa que a natureza é apenas "por um aspecto" recebida empiricamente, e, portanto, passiva. Em outro aspecto, ela se insinua internamente em nossa representação por um parentesco genético. Futuramente, a crítica de Schelling se voltaria contra os limites da autorrelação puramente interior da reflexividade, o que impede a avaliação do apelo objetivo do ser à consciência (Sedgwick, 2000, p. 219). A exclusão da naturalidade do processo reflexivo também impede investigações necessárias sobre a pré-história da subjetividade. Sem isso, a circularidade da subjetividade tende ao vício, e a põe em risco de se apartar do ser.

Dando sequência ao seu projeto objetivista, o filósofo começa a adaptar seus estudos sobre as ciências naturais ao que até então chamou genericamente de espinosismo, materializando pela primeira vez essa abordagem no *Ideias para uma filosofia da natureza como uma introdução ao estudo dessa ciência* (1797-1802). No prefácio original, de 1797, Schelling promete que essa seria uma ciência que "precede a física" e não uma busca por princípios dela desdobrados (Schelling, 1997, SW I, 2, p. 3). Também afirma que a "filosofia teorética *pura*" difere da "aplicada"; isto é, a filosofia da natureza, por dedicar-se ao saber em geral, enquanto essa última se dedicaria a uma espécie de "sistema da experiência" (Schelling, 1997, SW I, 2, p. 4).

Na introdução, como de costume, retoma o conceito de filosofia, tecendo uma das mais belas considerações já vistas sobre esse conceito: "filosofia não é algo que habita originalmente e por natureza em nosso espírito sem o seu exercício." E isto porque "ela é uma obra da liberdade" (Schelling, 1997, SW I, 2, p. 11), algo que só nos ocorre por desenvolvimento e exercício, como a cultura, a arte e o saber.

Tanto quanto é capaz de aperceber sua própria atividade em todo ato mental, sendo, por isso, inevitavelmente conduzido a uma perspectiva idealista, percebe-se, também, o ser humano como inserido em um mundo que, de uma forma bem típica e evidente, o precede e ultrapassa. Se o dogmatismo fracassou em explicar a perspectiva transcendental devido ao seu vício de tudo radicar na substância, também o criticismo transcendental falhou em conceder ao mundo o lugar que lhe é devido no plano geral do ser – crítica essa frequentemente dirigida ao Idealismo em geral, denotando, por parte dos que a apresentam, incompreensão dos elementos mais básicos das filosofias de Schelling e Hegel.

Tão constitutiva é a separação da experiência da consciência que todas as culturas entendem ou determinam um dualismo espírito, matéria. Foram, no entanto, Espinosa e Leibniz que teriam clarificado conceitualmente os caminhos do mundo ao espírito e do espírito ao mundo (Schelling, 1997, SW I, 2, p. 18-21).

A filosofia natureza dita como devem se dividir as ciências conforme o tipo de movimento enfatizado: segundo o critério puramente quantitativo, o movimento se chama massa ou peso; segundo o critério qualitativo, isto é, pertinente às suas qualidades intrínsecas, se chama química; e segundo o critério relacional, se chama mecânica (Schelling, 1997, SW I, 2, p. 28). De acordo com a ciência natural da época, as relações entre o ar, o calor e a luz, e as transformações sofridas pelos seres vivos eram também evidentes, de modo que muito se fala delas no livro.

Movimentos físicos são determinados, mas movimentos orgânicos constituem tipo distinto de fenômeno. São movimentos "vivos", o que equivale a dizer que são livres (Schelling, 1997, SW I, 2, p. 48). Ao "princípio dessa vida chamamos alma", o que quer essencialmente dizer que sabemos que o pensamento não é um movimento do corpo, e sim de uma substância espiritual (Schelling, 1997, SW I, 2, p. 51).

Embora haja, então, uma separação de perspectivas, a natureza realiza o espírito, que, por sua vez, é a essência e ordem da natureza; "a natureza deve ser o espírito visível, o espírito a natureza invisível" (Schelling, 1997, SW I, 2, p. 56). Há, portanto, uma óbvia e inevitável relação estrutural e sistemática entre as duas ordens do ser, sem o que o saber não seria possível, ou, desintegrado, não seria saber algum. Ao invés do saber, haveria duas visões, correspondentes a dois mundos. O absoluto, portanto, "é um eterno ato mental, o qual é ele mesmo matéria e forma", um processo produtivo que "se forma e realiza a si mesmo como ideia e identidade" (Schelling, 1997, SW I, 2, p. 56).

Prenuncia-se, aí, a filosofia da identidade, mas o objeto central da filosofia natural é, na verdade, a inversão de prioridade causal do Idealismo, do sujeito para o ser. A filosofia transcendental e o Idealismo subjetivo de Fichte apresentaram a natureza como projeção do Eu. Isso porque se perguntavam como e a partir de quais estruturas os objetos podiam ser constituídos. Agora, a filosofia da natureza fazia a pergunta inversa: como pode a natureza produzir a inteligência, o sujeito pensante, o Eu livre? E, considerando-se que ela o produz, o que isso diz sobre a essência última da natureza? Foi para escapar da conclusão inevitavelmente espiritualista a essa pergunta que diversas escolas materialistas passaram, no século XX, a negar a liberdade e, em alguns casos, a própria inteligência.

O que permite à natureza produzir o espírito, pensa Schelling, é a dinâmica da vida, a "sístole-diástole" universal, na linguagem de Goethe. O que permite a vida, por sua vez, é o dinamismo físico-químico em sua máxima complexidade, no qual luz, gravidade, eletricidade, magnetismo e reações químicas interagem de forma ora expansiva ora contrativa. A ordem universal consiste no equilíbrio entre essas forças de expansão e contração, repulsão e atração; equilíbrio esse que dita o ritmo das marés, das estações, do nascimento e da morte, do dia e da noite (Schelling, 1997, SW I, 2, 74; p. 170; 179).

Os primeiros textos de Schelling denunciavam um afastamento de Fichte e um enorme esforço na busca da originalidade. Essa originalidade já pode ser constatada na ênfase dada à objetividade, na respectiva reabilitação do dogmatismo e nas primeiras ideias para uma filosofia da natureza. Porém, é apenas em 1799, no *Primeiro projeto de um sistema da filosofia da natureza*, que Schelling começa a explicitar de forma sistemática a pergunta apenas insinuada em seus escritos anteriores: o infinito do mundo físico e a infinitude essencial do espírito não sugerem uma conexão entre os dois? (Schelling, 1997, SW I, 3, p. 16).

Com isso, Schelling produzirá um êmulo da incondicionada liberdade prática na esfera do ser. Assim como o sujeito se esforça continuamente para se aperfeiçoar, com ilimitado potencial moral, a natureza se esforçaria ininterrupta e ilimitadamente na criação de novas formas. Atuando como causa da diversidade orgânica, ou mesmo das formas inanimadas em sua infinita variabilidade e especificidade, esse ímpeto imanente da natureza explicaria o crescimento e a ordenação na diversidade, a organicidade na fragmentação, e, principalmente, o inesperado e novo que brota do determinado.

Considerando que Schelling não repudia as descobertas de Kant e Fichte sobre a primazia do ato produtivo sobre a determinação, também a filosofia da natureza pode ser descrita como horizonte de visibilidade de transformações dinâmicas em que a primazia da atividade sobre a determinação aparece de modo análogo à produção subjetiva.

Novamente à semelhança da incondicionalidade do Eu no plano subjetivo, a natureza deve ser concebida como atividade incondicionada (*natura naturans*), pois seu produto (*natura naturata*) é infinito em quantidade e diversidade (Schelling, 1997, SW I, 3, p. 14). "Nenhum material natural é simples"

(Schelling, 1997, SW I, 3, p. 34), de modo que os princípios individuais estão sempre em relação e correlação, e dessa sociedade derivam os produtos, sempre complexos, da natureza. Como na sociedade humana – embora Schelling não faça essa analogia – os elementos individuais estão sempre se desagregando de suas associações e formando outras, do que decorre uma constante e universal *fluidez* dos fenômenos e dos produtos naturais (Schelling, 1997, SW I, 3, p. 35-40). Por força exterior (atuação do calor e da gravidade, por exemplo) ou por forças interiores, os elementos transitam entre estados de agregação, rompendo e criando, continuamente, novas relações.

Algumas relações estruturam a matéria segundo certos fins, como o florir da planta e a transformação da lagarta em borboleta através do *medium* da crisálida, e tão grandes movimentos em favor da organização e da harmonia testificam uma força distinta das que desagregam e agrupam a matéria inanimada. A essa nova força Schelling chama "centelha da vida" (Schelling, 1997, SW I, 3, p. 52). Todas as trocas "internas" dos organismos são determinadas pelas leis da química (Schelling, 1997, SW I, 3, p. 75-79), mas essas transformações químicas não fariam sentido ou teriam razão de ser sem o impulso que lhes é dado pelo princípio ativo da vida. Não se deve cair na ingenuidade de imaginar as relações cegas da química como origem da vida, mas, igualmente, não se pode caminhar para um Idealismo abstrato e imaterialista, que imagine a natureza apenas como impulso vital. A natureza é o equilíbrio entre ambos, atividade e determinação; impulso e resistência; liberdade e lei, e a vida consiste nesse equilíbrio (Schelling, 1997, SW I, 3, p. 81-82).

A atividade jamais se manifesta apenas positivamente nos seres vivos, e sim, ao mesmo tempo, como impulso positivo e receptividade negativa. A receptividade (irritabilidade, sensação) é a percepção, o processamento e a digestão da vida a respeito do mundo; não só do mundo exterior, mas da materialidade de meu próprio corpo e do corpo de cada organismo. É a receptividade que permite a interação entre a vida e as forças inanimadas da luz, do calor, da gravidade, da eletricidade, da mecânica e da química. É por reagir a essas forças que mesmo os organismos mais simples, como fungos e plantas, apresentam geotropismo, fototropismo ou sensibilidade ao toque (ex: *Mimosa pudica*). A atividade cresce com a receptividade (Schelling, 1997, SW I, 3, p. 86-87), isto é, sem capacidade de processar volitivamente o mundo, na forma de desejos e quereres, também não há expansão do poder ativo da vontade.

Contraposta ao princípio da vida, a parte inanimada da natureza é regida pelas forças exteriores, pela passividade ao invés da atividade (Schelling, 1997, SW I, 3, p. 95-96). Do que se sabe cientificamente (à época), os átomos respondem ao magnetismo, ao calor, ao impacto, mas não se movem por si mesmos (Schelling, 1997, SW I, 3, p. 97-98). Por outro lado, forças como a da gravidade – Schelling se refere aqui à concepção newtoniana, a qual ele corretamente define como metafísica – parecem acrescentar um elemento imaterial ao dinamismo cósmico, fazendo com que esse dinamismo não se resuma à mecânica (Schelling, 1997, SW I, 3, p. 100-127).

Estendendo a mesma análise a outros fenômenos biológicos de interação com a matéria, Schelling segue tentando deduzir desses as principais funções orgânicas.

Pouco depois, seguindo a tradição da época de escrever uma explicação do texto anterior, Schelling publicaria a *Introdução ao primeiro projeto de um sistema da filosofia da natureza*, em que a filosofia da natureza seria mais bem enquadrada em um plano sistemático maior. Começa a ficar mais claro, por exemplo, que a natureza é o plano de visibilidade das determinações, e o ser é o plano ideal e fecundo da indeterminação; um o mar das mediações, o outro a fonte mais profunda e onipresente da imediatidade (Schelling, 1997, SW I, 3, p. 283), lembrando, respectivamente, a *natura naturata* e *a natura naturans* de Espinosa.

Nesse sentido, "a inteligência é produtiva de uma dupla maneira, ou cega e inconsciente ou livre e com consciência; inconscientemente produtiva na visão de mundo, com consciência na criação de um mundo ideal" (Schelling, 1997, SW I, 3, p. 271). Como consequência, "se a subordinação do real ao ideal é a tarefa da filosofia transcendental, então, conversivamente, a tarefa da filosofia da natureza é explicar o ideal a partir do real" (Schelling, 1997, SW I, 3, p. 272). Operando como as lâminas de uma tesoura, filosofia transcendental e filosofia da natureza cortam em direções opostas, mas cooperam em favor de um mesmo objetivo. De certa maneira, é como se Schelling lograsse conciliar Kant e Goethe em um esboço de sistema capaz de coordenar o que, até então, parecia inconciliável.

3.5 Consolidação e expansão do sistema de Fichte; *Nova Methodo* e *Direito Natural*

O mundo ainda não havia absorvido – e, em certa medida, até hoje não absorveu – a descoberta fichteana da subjetividade. Até ele, subjetividade era explorada como mais uma coisa em meio ao reino das coisas; substância pensante, mas ainda substância. Kant deu um passo decisivo na direção de outra era filosófica ao evidenciar o Eu como função constitutiva do pensamento, e não como substância. Levando essa proposta às últimas consequências, Fichte viu que todo saber é sub-rotina do saber de si, toda "consciência de" é uma função aplicada e limitada da autoconsciência (Henrich, 2019, p. 10; 15; 24).

Por ser assim é que Sócrates e a tradição filosófica identificaram, desde cedo, uma responsabilidade moral, um compromisso com a verdade. Longe de ser um anexo, a moralidade e a busca da verdade são indissociáveis porque a razão é estruturalmente subjetiva (Henrich, 2019, p. 102), elabora ordem a partir da visão de um sujeito que pergunta, que se espanta, e que dialoga com outros para alcançar expressões razoáveis e "justas" das coisas e dos princípios.

A *Doutrina da Ciência* havia revolucionado o pensamento humano, mas como toda obra profunda, não foi compreendida por mais do que meia dúzia de pessoas bem familiarizadas com as críticas de Jacobi, Reinhold, Maimon e Schulze à filosofia transcendental. No intuito de responder às críticas e esclarecer os pontos mais mal interpretados da DC, Fichte a reexpõe sucessivas vezes em suas preleções de 1796 a 1799, na Universidade de Jena. Dessas aulas surgiu um manuscrito apenas parcialmente publicado por ele (1797), e só depois apresentado integralmente, mas a partir de cópias dos alunos.

O título dado pelo próprio Fichte foi *Tentativa de uma nova apresentação da Doutrina da Ciência*, mas o nome que pegou foi o latino, *Doutrina da Ciência Nova Methodo*, extraído da chamada usada para anunciar uma de suas aulas "*fundamenta philosophiae transcendentalis* (*Wissenschaftslehre*) *nova methodo*" (Fichte GA I, 4, 1970, p. 170). O filósofo idealista não apenas reconhece que seu estilo parece impenetrável para os mais cultos leitores, como também admite ter absorvido novas influências desde 1794. Entre elas está incluída a leitura das *Cartas filosóficas sobre o dogmatismo e o criticismo* (1795), de Schelling (Fichte GA I, 4, 1970, p. 176).

Fichte começa por declarar que, sim, sua filosofia parte da kantiana, mas é também independente dela. É uma forma de reconhecer que não quer ou precisa de aprovação do grande filósofo, mas que seu desenvolvimento pressupõe muito do que fora realizado anteriormente.

Devido ao estranhamento provocado pela perspectiva idealista em todas as mentes dogmáticas – isto é, realistas ingênuas – Fichte reconhece ser necessário partir da questão: "como chegamos a atribuir validade objetiva àquilo que é subjetivo?" (Fichte GA I, 4, 1970, p. 211). A resposta só se faz necessária aos que não compreenderam que a natureza mesma da metafísica é revelar os princípios a partir dos quais sensações de objetividade ou juízos sobre a objetividade são sequer possíveis. Em outras palavras, perspectivas realistas ingênuas – essencialmente todas as perspectivas não idealistas – falham em detectar corretamente o que é e para que serve a metafísica. Supõem que a verdade aparece, como se a natureza humana e do aparato cognitivo nada tivessem a ver com a forma e as condições em que se dá essa aparição.

O Idealismo, portanto, não consiste em um tipo de escola ou partido filosófico, sendo exigido de todo aquele que se pergunta a respeito de dado objeto: "como pensei este objeto?" (Fichte GA I, 4, 1970, p. 204). Mal compreendido, o Idealismo equivale, na boca dos críticos, a uma posição a respeito da verdade última, e à correspondência entre essa verdade e o sujeito. Bem compreendido, contudo, e com mínimas ressalvas à terminologia da época, o que Fichte leva toda uma geração de filósofos alemães a pensar é o processo do pensamento. Aí estão insinuadas as questões da intencionalidade, da atenção, da percepção e da formalização cognitiva. É bastante fácil traçar paralelos com autores que se supõem fora ou mesmo em oposição ao Idealismo[62].

Dizer que o Eu tem seu ser em si mesmo, e para si mesmo, não é uma fórmula esotérica, ou mesmo abstrata, pois um Eu é precisamente um ser que se refere a si mesmo. Quando digo 'Eu' quero com isso dizer que o ser desse algo é para mim. Não pode haver Eu que não seja inteiramente presente e inteiramente disponível para mim mesmo. Disso Fichte deriva também a liberdade do Eu, pois não há condição outra, externa, ao Eu. As coisas são condiciona-

---

62. Citarei apenas o exemplo William James, por dele ter tratado com algum cuidado (Coelho, 2022b), mas é também notável a forma como Paul Natorp evidencia a abordagem fundamentalmente idealista de Platão e, consequentemente, da filosofia em geral (Natorp, 1903).

das por outras e/ou por princípios, mas o Eu condiciona a si mesmo, sendo, portanto, criador e criatura de si. Apareço para mim mesmo a cada ato meu. Esses atos não me aparecem, por sua vez, como ocorrências desvinculadas de mim, como fatos do mundo, senão como atos livres da minha vontade. A cada pensamento, apreendo minha agência como sujeito desse pensamento. "Tal ato é o conceito de Eu, e o conceito de Eu é o conceito de tais atos, ambos são exatamente o mesmo; e sob tal conceito nada além do que foi anunciado será ou poderá ser pensado. É assim, porque assim o *faço*" (Fichte GA I, 4, 1970, p. 214).

Fichte acrescenta (corretamente) que uma das confusões dos opositores do Idealismo se origina de uma resistência ou dificuldade em entender esse ponto. É por acharem que o Eu do Idealismo é um tipo de substância, insistindo em uma visão dogmática e pré-crítica, que ele (também corretamente) acaba por soar ridícula e fantasmagórica superstição. Não tendo acompanhado em detalhe a revolução kantiana, falham em compreender que o sujeito pensante não é elevado a gênio metafísico com poderes mágicos sobre o reino do ser. Ao contrário, é porque ele foi deslocado da visão substancialista do ser para uma visão processual, transcendental e principiológica que podemos, consequente e responsavelmente, falar de uma inevitabilidade da primazia do sujeito pensante sobre "seu mundo." É também por isso que Espinosa, o pai do paradigma metafísico da substância, precisa ser repetidamente revisitado e ressignificado.

A raiz do problema está no fato de nossa percepção não ser metafísica, e sim funcional. "No conhecimento, naquilo que diz respeito ao seu conteúdo, não nos tomamos por livres", "algumas de nossas representações são acompanhadas por um sentimento de liberdade, outras por um sentimento de necessidade" (Fichte GA I, 4, 1970, p. 186). A *Doutrina da Ciência* – a metafísica crítica em suas últimas consequências – demonstra que o sentimento de liberdade é imediatamente dado em uma intuição intelectual. O papel da filosofia "é responder à questão: qual é o fundamento do sentimento de necessidade?" (Fichte GA I, 4, 1970, p. 186). Em outros termos, o que a filosofia precisa fundamentar é a gênese e o funcionamento da experiência.

Ao passo que ninguém precisa ser persuadido da própria existência, imediatamente atestada em todo ato mental como condição dele mesmo, é preciso demonstrar rigorosamente como a noção ingênua de imediatidade da experiência se funda na atividade do Eu. Essa relação, que Kant reconheceu, mas cujas consequências rejeitou, é uma relação dialética de dupla implicação, pois pensar é tanto discernir um determinado objeto quanto um ato da espontaneidade indeterminada da liberdade. Se rompemos essa relação de interdependência e mútua referência, temos a "abstração da experiência no conceito de coisa em si", ou a "abstração da inteligência", às quais Fichte chama respectivamente de Dogmatismo e Idealismo (Fichte GA I, 4, 1970, p. 188). Dessas, a abstração intelectual ou idealista é a mais consequente, pois ela permite deduzir de si os objetos, ao passo que abstração materialista ou substancialista não permite deduzir de si a inteligência. Esse problema é tão patente que um sem-número de cientistas, eruditos, e até mesmo, filósofos reluta em admitir a existência de propriedades subjetivas e inteligentes na natureza[63], mesmo que essa própria opinião seja, obviamente, um construto mental.

Essa forma mais direta e pragmática de reexplicar a DC possivelmente reflete o sucesso de Schelling, notoriamente devido à sua elegante e bela forma literária. Aqui, portanto, vemos Fichte esboçar mais caprichosos voos estilísticos:

> Posso me determinar pela liberdade a pensar isto ou aquilo; a coisa em si dos dogmáticos, por exemplo. Se eu abstrair todo o pensado, e olhar só para mim mesmo, então me torno para mim mesmo objeto de determinada representação. [...] Com liberdade, eu me produzi em tal objeto para mim mesmo. Meu próprio Eu em si, porém, não fui eu quem fiz, pois é forçoso pressupor a mim mesmo como determinador da autodeterminação. Sou um objeto para mim mesmo, portanto, cuja constituição e condições só dependem da inteligência, mas cujo ser precisa ser também e sempre pressuposto (Fichte GA I, 4, 1970, p. 189).

O que já aparecera em perfeita forma lógica e morosamente explicado em linguagem técnica, aparecia, agora, como que floreado pela pena de um romancista. Menos secura aristotélica e mais elegância platônica quase sempre foi uma boa equação em favor da recepção geral de uma ideia. Fichte havia provado que conseguia escrever claramente em seus ensaios para o pú-

---

63. Dois exemplos célebres são os dos filósofos Gilbert Ryle e Daniel Dennet. Se o idealismo fosse uma ponta de um espectro, esses filósofos estariam na outra extremidade.

blico, mas, agora, provava poder apresentar as ideias mais difíceis com clareza e beleza.

Pela mesmíssima razão pela qual idealistas derivam sua concepção de mundo da liberdade do pensamento, dogmáticos derivam sua concepção de mundo de determinações impostas de fora – se fossem determinações dadas pelo eu pensante seriam idealistas. Não há como escapar da conclusão de que:

> Todo dogmático consequente é necessariamente fatalista. [...] Ele nega integralmente a independência do Eu, sobre a qual constrói o idealista, e a torna apenas produto das coisas, um *accidens* do mundo; o dogmático consequente é também materialista. Só através do postulado da liberdade, da independência do Eu, poderia refutá-lo [o materialismo]; mas é precisamente isto o que ele nega (Fichte GA I, 4, 1970, p. 192).

Uma vez que a filosofia enquanto ciência só é possível na forma de sistema fundamental, é fácil constatar que os dogmatismos não podem preencher as condições de uma filosofia que se queira apresentar como saber fundamentado. Sendo correto que nenhuma fundamentação possível pode partir do condicionado para o incondicionado, os idealistas levantam uma importante questão quanto à improcedência lógica de uma metafísica materialista; isto é, de um modelo materialista racionalmente fundamentado. Só resta ao dogmatismo, portanto, insistir em pressuposições *ad hoc*, as quais Fichte condena como sendo "sucessivamente repetidas, ou diversas" (Fichte GA I, 4, 1970, p. 198).

Em suma, ao não ser capaz de derivar sistemática e fundamentalmente os elementos que cabem explicar, o dogmatismo/materialismo se prova como não filosofia. Tudo o que ele pode ser é isto, dogmatismo. O dogmatismo "não é, portanto, do ponto de vista da especulação, filosofia alguma; senão afirmação e validação inconsciente" (Fichte GA I, 4, 1970, p. 198). O que só nos deixa uma opção restante: o Idealismo.

Esse tipo de constatação soou como empáfia a muitos ouvidos previamente dispostos a encarar tais afirmações como produto de uma escola, perspectiva ou posição filosófica, mas o que os pensadores da tradição especulativa buscavam era precisamente a formulação de uma filosofia sistemática de rigor, e não um modelo capaz de acomodar qualquer particularismo, perspectivismo ou interpretação. Ou esses autores estão radicalmente errados, e falharam em suas intenções básicas de lançar projetos fundamentados a partir dos princípios mais elementares do pensamento e da experiência com a realidade, ou a crítica a eles precisa ser feita com bem mais cuidado e executando o preciso desmonte desses princípios fundamentais. Descartar as consequências de um projeto fundamental e sistemático sem invalidar suas bases atestaria grosseira incompetência filosófica.

Apresentando, uma vez mais, esse ponto de partida fundamentador, Fichte escreve:

> Este Idealismo parte de uma única lei fundamental da razão, a qual ela prova de maneira imediata na consciência. Nisso, procede da seguinte maneira. Ele solicita que o ouvinte ou leitor pense livremente determinado conceito; ao fazê-lo, notará que lhe é exigido que proceda de certo modo. Esse procedimento se divide em dois: o ato mental exigido – que será realizado pela liberdade, e quem não o completar não enxergará em que consiste a *Doutrina da Ciência* –; e a forma necessária segundo a qual executará a tarefa – esta se funda na natureza da inteligência, e não depende do arbítrio; ela é necessária, mas só ocorre na ação livre; é algo encontrado, mas cujo encontro é definido pela liberdade (Fichte GA I, 4, 1970, p. 204).

Uma afirmação importante nessa fórmula, e que precisa ser confirmada, é a de que a consciência encontraria imediatamente em si um saber fundamental sobre si. A isso Fichte chama – talvez em referência à Platão – de "intuição filosófica", por ser um dos distintivos dos grandes pensadores, particularmente metafísicos. O nome mais conhecido e o que ele mesmo usa correntemente, contudo, é *intuição intelectual*. "Ela é a consciência imediata de que eu ajo, e de qual é minha ação; ela é aquilo através do qual sei o porquê dessa ação" (Fichte GA I, 4, 1970, p. 216).

Repetindo, a homonímia com a intuição intelectual proibida por Kant não afeta a intuição intelectual de Fichte, pois já não se trata de um saber imediato sobre algo, e sim de um saber de si – saber *de se* e não *de re* (Frank, 2012, p. 55). Fichte o considera um *factum*, pois não nos ocorrem ações desacompanhadas da consciência de nossa agência. Possivelmente, ações assim, se existem, são ações sobre as quais nada podemos saber, como em episódios de sonambulismo, ou outros estados alterados de consciência, nos quais a pessoa, ao se flagrar em um vídeo fazendo ou dizendo determinada coisa, afirma não se lembrar de nada, fica em choque com o próprio comportamento, não se reconhece etc.

Toda essa explicitação da DC pretende afastar as dúvidas quanto à impossibilidade de uma consciência que não seja também autoconsciência. Assim reza a primeira proposição dessa tentativa de nova exposição da DC: "toda consciência é condicionada pela consciência imediata de nós mesmos" (Fichte GA I, 4, 1970, p. 271). Essa não é uma relação aditiva, e sim constitutiva, pelo que não há sentido em solicitar sua demonstração. Afinal, há algum estado de consciência não autoconsciente? Não é verdade que todos os declarados estados mentais em que a autoconsciência esmaece são, por isso mesmo, denominados *inconscientes*? Esta a razão pela qual o filósofo idealista atribui a essa consciência de agência, essa intuição intelectual, a "origem da vida, sem a qual só existe a morte" (Fichte GA I, 4, 1970, p. 217). Se há estados mentais dos quais somos inteiramente inconscientes, e pelos quais não nos responsabilizamos, ou nos quais nem sequer nos reconhecemos, de que modo tais estados mentais seriam relevantes para *nós*? O que nos distinguiria, nesse estado, de um objeto qualquer do mundo das coisas, e por que razão a história de nosso corpo enquanto objeto sem consciência – ou de outra consciência – deveria nos interessar?

Imaginemos uma situação em que a alteração de identidades possa ser de algum modo retraçada a causas bem situadas em uma mesma identidade primária. Esse é o caso de inúmeras lendas e mitos, e de histórias como a do doutor Jekyll e do Sr. Hyde, ou do incrível Hulk. Nesses casos, a noção de que a personalidade alternativa pode ser acessada pela primária, domada ou trazida à consciência em uma reintegração, passa a ser um tipo de expansão da noção de autoconsciência. No entanto, se imaginarmos que essa integração é impossível, que as diferentes identidades ou personalidades não são capazes de sequer saber algo umas das outras, e se só puderem conhecer umas às outras através de relatos e gravações, essas diferentes personalidades seriam tão estranhas umas às outras quanto são para qualquer outra pessoa. As relações autoconscientes não existiriam entre essas personalidades. Esse é o caso das histórias de possessão por consciências alheias e estranhas à original, e essas costumam ser histórias de terror.

A consciência de si, a intuição intelectual, é o que vivifica as experiências. Sem o senso de primeira pessoa tudo nos seria objetal e morto, segundo o nosso ponto de vista de terceira pessoa (isto, aquilo). É só através do senso de primeira pessoa, aliás, de nossa consciência enquanto um Eu, que nos damos conta de que não podemos tratar outras consciências como objetos, e sim como outros sujeitos (tu).

A esta altura já deve ter ficado claro por que foi relevante retomarmos a DC segundo essa segunda versão, que relativamente pouco acrescenta à primeira. Se o leitor puder perdoar as repetições, a nova abordagem oferece ganho semântico para o que poderia ter sido mal compreendido devido à roupagem técnica do *Fundamento de toda a Doutrina da ciência*.

O não Eu, por exemplo, que tão abstrato e hermético parecia, é aqui apresentado apenas como inibição (*Hemmung*). Desinibido, por assim dizer, o pensamento permanece na vacuidade incondicionada da liberdade. É preciso descer dessa esfera amorfa e transcendente para o chão dos particulares. "Esse é o verdadeiro e original sentido da objetividade", pois, "tão certo quanto penso, penso algo específico; d'outro modo não pensaria, ou pensaria em nada" (Fichte GA I, 4, 1970, p. 246).

O ser objeto está em relação de reciprocidade com o ser agente. Ao pensar em algo, ao se desejar coisas ou circunstâncias específicas, definimos e contrapomos isso que é definido à nossa consciência de liberdade incondicional de pensar e desejar. Sabemos, então, que o "nosso pensar é, para nós, uma ação", e que todo alvo do pensamento não senão isso, um *quid* que se define pelo meu gesto de apontar.

Reafirma-se, assim, a negatividade do próprio ser, pois constituir o ser de algo é defini-lo, limitá-lo; *omnis determinatio est negatio*. "Só a liberdade é positiva", porque produtiva em sua essência. A liberdade é originária e causal, o ser não; "o ser é mera negação" (Fichte GA I, 4, 1970, p. 252).

Essa linguagem não é apenas mais clara que a da DC de 1794; é também mais agressiva.

Conquanto algumas pré-condições da sociabilidade estivessem prefiguradas na DC, foi através das obras sobre filosofia prática que elas realmente se delinearam com precisão.

Primeiramente percebida e abordada por Platão e Aristóteles, a alteridade subjetiva sempre desafiou os filósofos, tanto pela dificuldade intrínseca de se a abordar, dada a obscuridade recíproca de uma mente para outra, quanto pela não menor dificuldade de se a integrar no plano ontológico.

No *Parmênides* e no *Sofista* – para citar apenas dois exemplos Platão constatou que a essência de um sujeito é estar contraposto a outros, denotando que a agência precisa ser mediada. É atemporal a constatação de que relações sociais incluem numerosas demandas por solução e mediação de conflitos. Aristóteles trouxe ainda mais essa abstração para o campo da facticidade, enfatizando que cada predicado do ser em uma relação é referente a si ou ao outro. Foi apenas com Fichte, contudo, que as consequências psicossociais do processo intersubjetivo foram, enfim, extraídas.

Passo decisivo para além de moral individualista de Kant, o reconhecimento recíproco se funda numa eticidade das relações concretas (intersubjetivas) entre indivíduos, ao contrário de uma legislação puramente abstrata.

Se a DC deu destaque para as relações sujeito-objeto, a preocupação moral que tanto embalou a "conversão" de Fichte à filosofia transcendental não esmoreceu, e o levou, como seria de se esperar, a se dedicar intensamente à moral e ao direito. Para que o Idealismo estivesse completo, era necessário pensar como agentes racionais interagem em um ambiente que lhes seja comum, embora "montado", para cada um deles, em sua própria consciência. Fichte apresentou um tratado bastante substancial sobre essa questão com seu *Fundamento do direito natural segundo os princípios da doutrina da ciência* (1796-1797), obra que é, muitas vezes, referida apenas como *Direito natural*.

Diferentemente dos outros fenômenos, o fenômeno humano se revela imediatamente livre. Sua liberdade se manifesta como contraposta à minha liberdade, e vice-versa, de modo que o meu entendimento desse ser humano é um entendimento desde sempre recíproco. A consciência não encontra nisso dificuldade alguma, pois se reconhece, desde sempre, como eminentemente prática. O entendimento recíproco, portanto, tem de se dar necessariamente no campo normativo (Sedgwick, 2000, p. 104). Em relação aos objetos, basta perguntar como posso agir. Em relação a sujeitos, tenho de perguntar como devo agir.

A ética não seria possível sem contrapostos morais, pois o não Eu morto do mundo dos objetos tem seu ser exatamente no ser passivo e inteiramente determinado pelo sujeito (Fichte, 1845, IV, p. 116). A parte prática da DC mostrara que o Eu precisa reprimir sua própria liberdade para dar "espaço" ao não Eu, e que o Eu enfrenta conflitos e passa por tensões que derivam de embates entre sua liberdade original e arrastamentos outros, de seu próprio corpo, da imposição dos objetos, e assim por diante. Cabe, agora, falar de contrapostos muito mais sofisticados, e mais relevantes, que são eles mesmos consciências. Tais contrapostos, com os quais o Eu tem relações de reconhecimento, respeito e dever, são os que propriamente formam o Eu como pessoa. Diante de contrapostos apenas materiais ou inconscientes (animais), a consciência vê e julga. Diante de contrapostos conscientes, no entanto, a consciência negocia, organiza-se, exprime-se culturalmente e se consolida como inteligência moral.

É claro, a ética aplicada também depende de contrapostos morais não estarem fisicamente impedidos, o que é um corolário da constatação de que os obstáculos impostos pelos não Eus do mundo natural realmente apresentam empecilhos à ação. Fichte cita como exemplo duas pessoas separadas por um rio. Nesse caso, o mundo natural obstaculizou de tal maneira a ação de ambos que não há sentido algum em falar de suas possíveis relações intersubjetivas. Em termos práticos, eles não precisam e não têm nada a acertar, combinar e conversar. Apenas no caso de o rio ser "raso, apresentar bancos de areia, ou se aparecer um barco, é que será necessário marcar com essa pessoa um encontro para discutir os limites de nosso livre-arbítrio" (Fichte GA I, 4, 1970, p. 6). Da mesma forma, é perfeitamente possível imaginar relações sociais destruídas ou tornadas impossíveis por força de eventos físicos, como a morte, a separação, o desaparecimento e a prisão de alguns agentes.

Vê-se que a relação ético-social depende da *materialidade das vontades*. Vontades que não se apresentem no palco do mundo efetivo não precisam e não podem se relacionar através de mediações de interesses. Conversivamente, por outro lado, a impossibilidade ou "desinteresse em se buscar um acordo resulta em guerra" (Fichte GA I, 4, 1970, p. 6), isto é, se as diferenças entre duas vontades efetivamente dadas não puderem ser conciliadas, a eliminação de uma delas passa a ser a solução.

Um contrato também existe com base em um *formaliter* e um *materialiter* da vontade coletiva. O *formaliter* é a expressão da própria intenção de "conjugar as vontades de ambos com vistas à solução amigável das disputas […] na forma do contrato"; já o *materialiter* é a intenção de suprimir concretamente as vontades individuais de cada partido "para que não mais conflite […] com o que o outro deseja manter para si." (Fichte GA I, 4, 1970, p. 6).

Reconhecidos os outros no mundo moral, não há como não concluir a limitação de nossa liberdade por outras. A posição do outro se dá imediatamente pelo seu reconhecimento como ser livre, e este reconhecer já efetua desde sempre a mediação da liberdade, a autoconsciência. Em linguagem fenomenológica, ser sujeito social é ser assim visto por um outro; é enxergar que o olhar do outro mede a minha liberdade e se reavalia a partir disso. Não posso entrar em uma autorrelação sem conceder a mesma ao outro que me a permite.

Este reconhecimento abre espaço para uma nova e fantástica relação ausente na moral kantiana, a constituição de uma nova consciência de coletividade, de sociabilidade, que é a possibilidade de compatibilidade entre duas ou mais vontades mediadas pelo reconhecimento mútuo. Essa compatibilidade de vontades, por sua vez, inaugura uma esfera do direito já não mais individual, mas social. Grande parte da importância de Hegel para as ciências humanas e a compreensão da realidade social se deve ao fato de que ele levou essa dinâmica até as últimas consequências.

Essas preocupações refletem o anseio de Fichte em incluir em sua filosofia – que, afinal, é uma filosofia da consciência – o aspecto pessoal da vida. Aspecto esse, por sua vez, que precisava ainda ser deduzido do Eu absoluto, exposto em detalhe na DC (Fichte GA I, 3, 1966, p. 301-302).

Entre outros seres pensantes, o Eu reconhece-se com um entre iguais. Pensa em si como uma consciência livre que precisa navegar pelo mar social, calculando com certa ansiedade se os indivíduos que formam esse mar restringirão seus desejos e anseios quanto a ele próprio. Disso resulta o âmbito do direito, "uma sociedade entre seres livres enquanto tais" (Fichte GA I, 3, 1966, p. 320).

Não é sequer possível pensar o conceito de direito sem a pressuposição de que a regra imposta visa a limitação da liberdade, e que os agentes devem ser submetidos a essa limitação por uma questão de justiça, ordem e/ou bem comum. O direito não pode explicar, contudo, como a liberdade de dado indivíduo é capaz de se autolimitar mediante a consciência de que este é seu dever diante de outras consciências (Fichte GA I, 3, 1966, p. 326). Para que possa se autorregular, o sujeito precisa também de uma clara consciência de sua agência. O primeiro teorema do direito natural, então, é: "Um ser racional finito não pode se pôr, sem atribuir a si mesmo uma livre efetividade" (Fichte GA I, 3, 1966, p. 329). Essa fórmula técnica vem lembrar que a própria subjetividade não é senão a consciência de sua agência. Dado que "o querer é o verdadeiro caráter essencial da razão", "o patrimônio prático é a raiz mais íntima do Eu" (Fichte GA I, 3, 1966, p. 332).

Mais simples que a DC, o Direito Natural afirma não haver representação, ou mesmo objeto, sem o movimento do querer, pois é o movimento do espírito que vira o olhar para lá ou para cá, e é a atenção, intencional, que define o que é objeto para mim. Quem caminha com uma meta distante passa desinteressado pelo turbilhão de objetos e fenômenos, alheio a tudo aquilo que, mero cenário colateral, não chega a ser para a consciência. Se algo se impõe ou atrai o meu olhar, é porque este algo emergiu do obscuro nada da vagueza para o positivo e claro apelo ao meu querer, e a consciência disse "sim, isto", ou, "pois bem, tenho de lidar com isso primeiro."

Em um sentido muito próximo ao das atuais pesquisas sobre atenção compartilhada e sobre o caráter social da cognição (Frith; Frith, 2007; McGilchrist, 2021), Fichte destaca, no segundo teorema, que a própria percepção de agência sobre o mundo sensorial – capacidade de desejar e atuar sobre objetos – depende da percepção de que essa mesma submissão dos objetos a agentes livres torna-os alvo de outros seres inteligentes. Em outras palavras, o que o segundo teorema propõe é que a capacidade de entender a "disponibilidade" dos objetos a consumo ou produção tem de ser generalizada como regra; não pode estar restrita a um agente, mas deve estar racionalmente submetida a uma lei geral da efetividade para todo agente livre em geral.

Naturalmente, nada disso significa a inexistência do desejo sem a presença da sociabilidade. O animal deseja, e até luta ou coopera em função do desejo, mas não tem, contudo, a consciência da possibilidade do agir. Se coopera ou compete, esse comportamento é determinado pelo instinto. Podendo cooperar, competir, negociar ou abandonar um interesse voluntariamente, podendo contornar o problema com engenho e indústria, e criar outros alimentos, utensílios ou adereços, o ser humano entra em relação consciente, isto é, consciente da mútua copresença de diversas inteligências livres na avaliação das possibilidades.

O terceiro teorema declara a impossibilidade de se conceber outros seres racionais sem que os concebamos como engajados em relação de direito. Além das supracitadas formas de consciência da reciprocidade das agências, essa relação de direito também reforça a consciência de limite e autolimitação da liberdade. Surge dessa consciência o conceito de indivíduo, que nenhum sentido tem no mundo animal. O indivíduo é o ser consciente de sua exclusividade; nem indiferenciado como animal no bando, nem puro espírito genérico e universal, e sim inteligência finita particularizada pela sua relação com outras inteligências finitas (Fichte GA I, 3, 1966, p. 354).

O quarto teorema declara que a individualidade pressupõe um corpo, de modo que ao limite da liberdade corresponda um limite físico ou espaço de efetividade. Estando o outro também condicionado a um corpo, os limites e os modos da relação social podem ser muito objetivamente determinados. Na sequência, o quinto desdobra as consequências da condição corpórea. Sendo objeto e parte do mundo sensível, o corpo de um indivíduo está sujeito à ação de outro, e regular essa ação possível é uma das tarefas do direito.

Na relação dialética com o corpo, "meu corpo só é meu corpo na medida em que é posto em movimento pela minha vontade", e, ao mesmo tempo, meu corpo é também "massa inerte" sempre que não reflete minha atividade (Fichte GA I, 3, 1966, p. 376). Se a queda involuntária do meu corpo gera efeitos ou danos sobre outros indivíduos, a ninguém ocorrerá que eu seja responsável por isso. "A validade de uma lei depende exclusivamente de que alguém seja ou não consequente", considerando-se que ser consequente é agir com liberdade (Fichte GA I, 3, 1966, p. 384). Desnecessário dizer, para que algum indivíduo seja responsável e consequente, necessário é que este seja o livre causador dos movimentos de seu corpo. Estando o corpo sob coerção externa à vontade daquele indivíduo, o que quer que venha a fazer não o fez livremente. Mesmo culturas escravistas reconhecem isso, pois, quando um servo comete um crime sob ordens de seu senhor, este último é responsabilizado como mandante do crime.

A razão não se faz objetiva através de um único agente isolado, mas somente na harmonia de uma comunidade na qual todos os indivíduos reconhecem seus direitos e seus deveres (Fichte GA I, 3, 1966, p. 389), reconhecendo-se uns aos outros como seres de razão livres e educando-se para a autolimitação virtuosa.

Ciente das consequências de seu agir, da efetividade com que altera o mundo sensível, o indivíduo mede a extensão de seu direito sobre os objetos, agora reavaliados como *propriedade*. Os demais entes racionais da comunidade reconhecem suas respectivas agências sobre determinados objetos, e cada qual sabe o que produziu e o que lhe pertence, de modo que esse reconhecimento é mútuo (Fichte GA I, 3, 1966, p. 415-419). Similarmente a esta efetividade prática, o reconhecimento atua em níveis diversos de "sensibilização" do sujeito diante do direito alheio, o que é uma garantia extra ao puro formalismo ético. A noção de proporcionalidade e conversibilidade da regra moral, como do direito, deriva aqui da concretude da relação, não de postulações ideais das regras do agir. Quando Fichte diz que "o sujeito carrega a preocupação de não ferir o direito do outro na exata medida em que não quer que o seu seja ferido" (Fichte GA I, 3, 1966, p. 428), a sentença tem conotações muito diversas de outras semelhantes proferidas por Kant.

Outra consequência não insignificante da intersubjetividade modelada pelo reconhecimento é o fato de que compatibilidades de vontade podem emprestar objetividade a sociedades e comunidades, produzindo "seres coletivos."

> A razão é uma, e sua exposição no mundo dos sentidos é uma; a humanidade é uma das totalidades organizadores e organizantes da razão. Ela é separada em múltiplos membros independentes uns dos outros; a constituição natural do Estado já suspende provisoriamente essa independência, e amalgama porções individuais em um todo, até que a moralidade remodele todo o gênero em unidade (Fichte GA I, 4, 1970, p. 14).

A razão, então, é o que permite a coesão da coletividade tanto quanto permite o *logos* estruturante da natureza. Sem ela, de onde poderiam as coisas haurir fundamento formal? Não é isso também o que atestam os diversos relativismos contemporâneos, que a razão precisa morrer para que várias ordens contraditórias valham ao mesmo tempo?

Em 1798, Fichte publica o *Sistema da Doutrina Moral segundo os princípios da Doutrina da Ciência*. A Doutrina do Direito havia explicado como múltiplos agentes encontram mediações através de reconhecimento recíproco. Agora, no entanto, Fichte parecia dar um passo atrás, explicando como um sujeito que se encontra sempre radicado em um mundo lida com sua corporeidade.

Menos influente que o *Direito Natural*, o *Sistema da Doutrina Moral* tem, não obstante, importantíssimo papel sistemático, esclarecendo em detalhe a relação entre psicologia, antropologia e moralidade, e refinando as definições sobre o lugar da sociabilidade na vida moral.

4
A INSURREIÇÃO ROMÂNTICA

4.1 Os irmãos Schlegel em Jena

A palavra 'romântico' está entre as mais vagas, polissêmicas e difíceis de definir da história cultural, e mesmo os maiores especialistas, às vezes, traçam seus contornos de modo completamente diferente. Não há dúvida de que Goethe ou Mozart já manifestam traços românticos, sem o serem, enquanto românticos, como Beethoven, Schleiermacher e (por algum tempo) Schelling, não o são integralmente, ou em relação a todos os assuntos. Não é difícil, ainda, encontrar quem afirme peremptoriamente que Schelling não teria sido romântico, enquanto outros podem afirmar que Goethe foi. A categoria, fazendo jus ao movimento, é obscura e nebulosa[64] (Hartmann, 1961, p. 160-172).

O mundo anglófono contribui muito para ampliar a controvérsia, classificando, muitas vezes, o Idealismo Alemão como subproduto do Romantismo. Não é difícil encontrar os nomes de Fichte, Schelling ou Hegel nos capítulos dedicados ao Romantismo dos manuais de história, especialmente

---

64. Manfred Frank está entre os que não dá espaço para a classificação de Schelling como romântico, emprestando sua grande autoridade a essa definição. Para ele, Schelling nunca foi mais que um "companheiro de viagem" dos românticos, e mesmo os pontos em que seu pensamento se aproxima desse movimento, Frank os considerará apenas como "uma certa familiaridade" (Frank, 2008, p. 55).

os mais resumidos e simplificados[65]. Com ainda mais frequência, a filosofia analítica tem retratado esses autores como "místicos", ignorando, inclusive, as acentuadas diferenças entre eles[66].

Mesmo os critérios de definição sobre os quais os especialistas concordam podem ser também controversos. É razoavelmente consensual que o Romantismo reage ao mecanicismo e a uma visão atomística da realidade – no sentido pobre, do século XVIII. Alguns fenômenos certamente são mais que as somas das partes. Seres vivos, uma vez desmontados, não podem ser remontados e postos a funcionar como os relógios e os pianos. A abordagem racional-empirista de Goethe, no entanto, é vista por muitos como não exatamente romântica, e ainda apegada tanto a ideais clássicas quanto a uma visão "ortodoxa demais" de ciência para se qualificar como romântica. O mesmo Goethe sustentava que a arte seria uma criação do artista, ao passo que muitos românticos a entendem como expressão da essência do próprio artista. E assim por diante[67].

---

[65]. Ian Barbour, por exemplo, uma autoridade tanto na historiografia da ciência quanto da religião, cita Fichte e Hegel como exemplos de autores românticos em seu clássico *Religion and science* (1998). A palavra idealismo não aparece no capítulo. Esse tipo de referência prova que mesmo os mais eminentes intelectuais podem cometer generalizações. No lado oposto do espectro, contudo, o especialista em idealismo e Romantismo Frederick Beiser considera que Schelling está seriamente envolvido no primeiro movimento romântico (Beiser, 2003).

[66]. O caso da *Encyclopedia of philosophy*, dirigida por Donald Borchert, não é dos piores, mas revela em todo o transcurso uma inclinação analítica, frequentemente concedendo a autores menores dessa tradição muito mais espaço do que a autores centrais para outras tradições quanto Schelling e Fichte. Embora problematize as imprecisões da recepção do termo no mundo anglófono, também não deixa de, em mais de um verbete, frisar pejorativamente associações com o Romantismo. Exemplo disso acontece no verbete sobre Schelling (Borchert, 2006, VIII, p. 617).

[67]. Não obstante, Goethe foi quem apresentou o conceito mais ousado de imprevisibilidade e superioridade da natureza – em relação ao homem – através de seu conceito de demoníaco. Com raízes gregas (*daimon*), o elemento demoníaco seria aquele conceito negativo, não explicativo, capaz de agrupar em si a inspiração, a boa ou má fortuna e o inesperado (não apenas em sentido trivial como também o que parecia ser impossível ou improvável). Segundo Karl Jaspers em seu Psicologia das visões de mundo: "Das Dämonische Goethes ist alles, was der Ordnung, dem Logos,der Harmonie widerspricht und doch nicht bloß negativ, sondern von diesem selbst ein Bestandteil ist. Das Unbegreifliche, welches uns doch im wichtigsten beherrscht, ist das Dämonische, das jeder lebendig Erfahrende, der nicht an der Oberfläche oder am festen schematischen Weltbild haftet, als Grauen erleben muß. Dieses, sonst vom bloßen Gedanken zum Gegenstand gemacht, ist von Goethe durchweg anschaulich in den Manifestationen gesehen, daher in den Formulierungen widersprechend, nicht völlig einheitlich und doch in einheitlicher Richtung liegend. Goethe bleibt mit der Versinnlichung durchweg im Diesseitigen, in den erlebten, sehbaren Manifestationen, nur in Wenigem greift er zum Bilde der früheren Mythen: Zur Versinnlichung im „Dämon" als einem gleichsam persönlichen Wesen, und selten zur astrologischen Bestiiumung durch den Stand der Planeten und zur Präexistenz und zu magischen Wirkungen (Makarie). Das Dämonische ist von , Goethe nicht gesucht, sondern nur erfahren und respektiert, die Grenze seiner Erfahrung. Dadurch steht dieses Weltbild im Gegensatz zu den theosophischen Konstruktionen derer, die dieses Dämonische als Stoff benutzen, es suchen, sich erbauen und sich gruseln, danach lüstern sind, und es zum Gegenstand machen, statt als Grenze hinzunehmen" (Jaspers, 1919, p. 172).

Percy Shelley, em *Uma defesa da poesia* (1821), destacaria um elemento da inspiração artística que aparece com frequência ao longo das mais variadas ramificações do pensamento romântico, mas que é difícil de abordar: a noção de que a arte é "recebida" ou captada pelo artista. Enfatizando o contraste romântico entre razão (analítica) e imaginação (criativa, intuitiva), Shelley categoriza a tarefa da razão como quantitativa, a da imaginação como valorativa/qualitativa; a razão divide; o sentimento e a imaginação unificam e sintetizam (Shelley, 1840, p. 2) – algo parecido com o que pensava Goethe.

Executando e emprestando bela forma à imaginação, a poesia seria a origem do espírito humano, do que há de grandioso e nobre na civilização e na cultura. Os profetas religiosos e todos os visionários e fundadores de leis, artes e ciências, todos os líderes, nada mais seriam do que poetas em diferentes sentidos. Pessoas maiores que suas épocas, capazes de criar caminhos quando seus contemporâneos eram escravos da repetição. Platão e Cristo eram, para Shelley, almas poéticas, que teciam suas doutrinas ao sabor da inspiração, para que, depois, os discípulos e seguidores cristalizassem essas doutrinas em formas grosseiras e mortas para a repetição em massa.

A poesia, então, seria o sopro divino que altera o fado; a surpresa e a novidade na vida. Ela é, "ao mesmo tempo, o centro e a circunferência do conhecimento; aquilo que compreende toda a ciência" (Shelley, 1840, p. 47). Poesia "é a faculdade de aproximação da beleza" (Shelley, 1840, p. 5). Em contraste com o raciocínio, "não é um poder que se exerce quando se quer", e bem tolo, bem ignorante sobre a natureza da poesia seria aquele que dissesse "vou compor poesia!", pois qualquer mente criativa sabe que seu espírito se assemelha antes a "um carvão em brasa que se apaga, que apenas uma influência invisível, como uma brisa repentina, pode avivar" (Shelley, 1840, p. 47). O raciocínio permite ao homem controlar as poucas e pobres coisas que ele pode controlar, a poesia permite que se harmonize e siga o fluxo da verdade que o engloba, e cujos desígnios ele não pode divisar.

Há uma embaraçosa indefinição acerca da circunscrição histórica do Romantismo. Essa preocupação diz mais respeito ao início do que ao término do estilo, pois, rigorosamente falando, há românticos e Romantismos ainda hoje (Safranski, 2007, p. 12). É possível estabelecer o princípio do primeiro impulso romântico (a *Frühromantik*), contudo, como brotando entre 1796 e 1797, com os encontros do círculo romântico em Jena e a autopercepção de Friedrich Schlegel de que ele não mais poderia contar entre os neoclassicistas (Beiser, 2003, p. 12).

a) Friedrich

Desde meados da década de 1790, o centro de gravidade da cultura alemã se deslocava de Weimar para Jena. Um deslocamento mínimo, geograficamente falando, que permitia que os intelectuais das duas cidades mantivessem estreito contato. Após trabalhar por alguns anos em Amsterdã, August Wilhelm Schlegel passa a lecionar na Universidade de Jena em 1795. Um ano depois, Friedrich Schlegel segue o irmão e se estabelece na pequena, mas intensa, cidade de Schiller e Fichte. Ambos os irmãos desenvolvem boas relações com o primeiro, mas não há dúvida possível de que é o segundo quem exerce maior influência sobre todas as almas ao longo daquela década. A figura de Reinhold, embora já ofuscada, abrilhanta o panteão jenense, e a recepção da Terceira Crítica de Kant ainda gerava considerável agitação. Aquela era uma época incrível para se estudar filosofia.

Fortemente impressionado pela absolutidade do Eu fichtiano, Friedrich Schlegel (1772-1829) começa a produzir ensaios cada vez mais originais, que vão culminar em uma visão libérrima, intuitiva e expansiva da arte[68]. Já desde o primeiro desses escritos, *Sobre Diotima*[69] (Schlegel, 1882, I), flagramos a atitude rebelde e um anseio de ultrapassar a intepretação formalista do texto – no caso, *O Banquete*, de Platão. O texto de Platão não explora suficientemente a personagem, apresentando-a apenas como profetisa ou sacerdotisa de grande sabedoria, que apresenta a Sócrates uma escala do conceito de amor, de acordo com vivências mais particulares para mais universais. Schlegel, no entanto, explora de maneira criativa e especulativa uma série de referências sutis, concluindo que seria possível associar Diotima aos pitagóricos, escola que reconhecidamente aceitava mulheres. A partir disso, extrapola a conclusão para uma consideração adicional sobre a importância da educação

---

68. O que inclui, não por último, certa relativização da centralidade do conceito de belo e progressivo destaque para a expressão da intimidade do artista (Cecchinato, 2017, p. 3).
69. Vale lembrar que a personagem feminina do Hyperion, de Hölderlin, também se chama Diotima, fazendo alusão à Diotima da geração de Sócrates. Trata-se, portanto, de uma personagem discutida pelos românticos como símbolo da sabedoria e, consequentemente, emancipação feminina.

das mulheres. As mudanças temáticas acontecem rapidamente, e o texto dá a impressão de agito e dinamismo.

Essa, aliás, é uma característica importante da abordagem dos irmãos Schlegel. Alguns de seus textos lembram um colóquio animado, como se o fluxo de uma conversação acalorada fosse transferido para a forma escrita. Há, nessa intensidade textual, um elemento criativo e intuitivo de deixar-se levar pelo texto, e um elemento social de pensamento engajado, contextualizado e referido a outros, na contramão da escrita meticulosa e formal da tradição alemã.

Outra característica importante, mas que exige algum esclarecimento, é a opção pela escrita de fragmentos. Atribui-se a Friedrich Schlegel a introdução desse gênero na literatura alemã (Schlegel, 1991, viii), e ele o identificava com a própria proposta romântica, pelo fato de os fragmentos serem assistemáticos, espontâneos, mais visionários e intuitivos que discursivos e dissertativos.

De forma assistemática, o fragmento quebrava tudo o que os românticos consideravam deplorável no formalismo acadêmico. O fundo, contudo, continha o mesmo gosto pelo infinito proporcionado pela leitura de Kant, Schiller ou Fichte. A grandeza deveria transparecer livre de toda coerção da forma, sem que o bom e o belo, o nobre e o verdadeiro fossem prejudicados. Não se deve entender essa ruptura com o formalismo com um tipo de relativismo.

Ninguém deu mais atenção à forma e ao estilo que os românticos, e Friedrich Schlegel era particularmente considerado um obcecado pelo estilo. Chega a afirmar que "as novelas são os diálogos socráticos de nossos tempos" (Schlegel, 1882, II, p. 186), o que certamente vale ainda hoje. Quando o sujeito contemporâneo fica preso pelos arcos narrativos de seriados, ou prefere ler trilogias, tetralogias, séries de oito volumes a ler um livro isolado, paga tributo à arte temporal, subjetiva e intersubjetiva da geração do *Sturm und Drang* e do Romantismo.

Um dos traços marcantes do Romantismo era o desconforto com o empobrecimento da alma resultante do materialismo e do mecanicismo. Contra isso enalteciam a mística, o mito e o gênio; tudo o que denotasse a aptidão humana para apreensão do incomensurável.

Acossada pelo Iluminismo, e relegada a um canto discreto nos sistemas dos filósofos da época, a religião deveria, para Friedrich Schlegel, retornar ao centro do palco. Ela não é, e não pode se limitar, a elemento acessório ou parcial da educação; "ela é o centro das demais [partes/disciplinas], em tudo a primeira e a mais elevada, a origem de todas" (Schlegel, 1882, II, p. 290).

A arte, por sua vez, tão central quanto a religião, é definida de forma vaga, embora recorrente. Friedrich Schlegel quer enfatizar nela a espontaneidade criativa, mais que qualquer forma ou princípio. O lógico, o conceitual e o formal, embora existam no fazer artístico, não são o essencial. Um artista é muito mais que isso, muito mais que um homem instruído que tira de sua formação elementos cognitivos. Ele "tem em si mesmo seu centro" (Schlegel, 1882, II, p. 294), é alguém que expande sua *vida*.

> A poesia romântica é uma poesia universal progressiva. Sua determinação não é apenas a de reunificar os distintos gêneros de poesia, e levar a poesia a um acordo com a filosofia e a retórica. Ela quer e deve mesclar, quase fundir, o poema e a prosa, genialidade e crítica, poesia artística e poesia natural, tornar a poesia vivaz e sociável, poetizar a vida e a sociedade, as piadas; ela deve preencher e saturar as formas artísticas com toda sorte de recursos dignos, e animar através das oscilações de humor. [...]
>
> A arte poética romântica [...] não pode ser esgotada por teoria alguma, e só uma crítica divinatória pode pretender caracterizar seu ideal. Somente ela é infinita, como também só ela é livre, e isto é o que ela reconhece como sua lei primeira: que o arbítrio do poeta não se submete a nenhuma lei (Schlegel, 1882, II, p. 220).

Assim foi criada a arte contemporânea. Poetizar a vida significa viver o drama, encarnar a novela, o que não é apenas um mote ou um ideal artístico, e sim uma concepção filosófica sobre o sentido último da vida e sua natureza essencial. Nesse princípio, resumem-se todas as doutrinas pretensamente audazes e inovadoras dos duzentos anos seguintes. Ao destruírem os cânones vigentes há poucos anos, todos os artistas de vanguarda pretenderam romper com "a tradição da arte", mas essa tradição foi primeiramente rompida pelos românticos, ao menos em teoria e intensão. É certo que, com o passar do tempo, os mestres das diferentes artes davam-se conta de padrões ainda em uso, dos quais eram, anteriormente, inconscientes. A revolução da *visão*, contudo, não é mérito de Wagner ou Picasso, de Dostoiévski ou Nietzsche, e sim dos primeiros românticos.

Não deixa de soar igualmente contemporânea a apologia ao humor e à ironia. "A filosofia é a verdadeira pátria mãe da ironia, a qual poderíamos definir como beleza lógica: pois, onde quer que apareça na forma de diálogo, oral ou escrito – e não se filosofe apenas de maneira sistemática – a ironia será requisitada e empregada" (Schlegel, 1882, II, p. 188).

Como faria Kierkegaard algum tempo depois, Friedrich Schlegel cunha seu próprio significado de ironia, um significado romantizado (Safranski, 2007, p. 62-63), e que hoje se explica como regência do hemisfério direito do cérebro (McGilchrist, 2021). Nesse sentido, os românticos estão entre os primeiros e maiores críticos da sociedade tecnicista burguesa, que hoje se sabe padecer de uma síndrome de plenipotenciação das funções utilitárias cujos critérios e perspectivas dependem da regência do hemisfério esquerdo do cérebro.

Uma visão irracionalista, portanto, não seria adequada para classificar essa postura, embora ela seja notavelmente rebelde, provocativa, e algo anárquica[70]. Entre outras realizações contrárias a essa suposição, Friedrich publicou *Propedêutica e Lógica* (1805-1806) (Schlegel, 1836), um texto sobre as regras do pensamento e as ferramentas elementares do pensar crítico. Embora não muito profundo ou inovador, o texto mostra grande erudição sobre o desenvolvimento histórico da lógica e traça com cuidado divisões metodológicas. Em suma, é um bom manual introdutório, e mostra que Friedrich Schlegel é capaz de realizações sistemáticas. Na mesma época, publicou também uma igualmente decente história da filosofia, centrada na Antiguidade. Um detalhe interessante é o destaque dado pelo autor à mística em ambos os livros. Esse lugar sólido da mística entre as escolas filosóficas ajuda a entender a posição romântica acerca da história do pensamento, mas é preciso moderar essa constatação com a de que Schlegel não chega a desvalorizar as abordagens analíticas e sistemáticas.

De uma forma um tanto aristotélica, entendia a filosofia como atividade que se vê em meio à ação, e nunca como um lugar abstrato de onde se enxerga os princípios de tudo. O filósofo realista – crítica implícita aos idealistas – é

---

70. Suficientemente rebelde e desregrada para merecer o desprezo de Hegel, que considerou o conceito romântico de ironia – o de F. Schlegel particularmente – como absolutamente negativo (Behler, 1963, p. 209-212).

aquele que se sabe envolvido no contexto e diante da necessidade de reagir como pode a esse contexto (Schlegel, 1882, II, p. 216). Daí também a imperiosa necessidade do estudo da história, sem a qual os filósofos estão ainda mais sujeitos a um intelectualismo vicioso (Frank, 2008, p. 8-9).

A filosofia, portanto, começaria quando o pensamento e a vida já estão "no meio do caminho" (Benjamin, 2008, p. 47), o que significa, em primeiro lugar, que ela não parte de uma origem pura e imaculada, estando desde sempre tramada em um jogo já em curso, e, em segundo lugar, que uma filosofia séria há de ser menos abstrata e mais preocupada com as raízes antropológicas e linguísticas, com as condições geográficas e culturais presentes. Cada pessoa é fruto de seu tempo, de sua terra, de suas circunstâncias, e isso o Idealismo vinha falhando em perceber.

Sobre a natureza, românticos não tinham uma visão nada naturalista, em um sentido corrente da palavra. Quem não puder amar a natureza, e "conhecê-la através do amor, não a conhecerá jamais" (Schlegel, 1882, II, p. 300). A rebeldia sentimentalista, então, retorna recursivamente à metafísica em favor de uma cosmovisão vitalista, volitiva e mística.

Mais uma vez, isso denuncia a estreita relação entre o modo de pensar contextual/conjuntural e as bandeiras românticas, bem como uma consequente associação do imediatismo, do tecnicismo, do utilitarismo e da abstração a tudo aquilo que os românticos criticam.

b) August

Nascido em 1767, August era quatro anos mais velho que Friedrich. Dedicou muito tempo às traduções, tendo executado muitas de Shakespeare e a do *Bhagavad Gita*, direto do sânscrito. Casou-se com Caroline Böhmer, então viúva, e poucos anos depois a perderia para Schelling. Caroline foi uma intelectual respeitada em seu tempo, e seus três casamentos, os dois últimos com pensadores imortais, contribuíram para projetar sua fama.

August e Caroline eram professores mordazes, e sua casa se tornou um núcleo para a intelectualidade de Jena, sendo intensamente frequentada por Schiller, Fichte, Friedrich Schlegel, Schelling, Tyeck e Novalis. A leitura da *Doutrina da Ciência* estava entre suas principais atividades nos primeiros anos.

Prolífico poeta, August divergia do irmão por entender que a perfeição da forma era indispensável. Em todas as obras era mais caprichoso e metódico, embora compartilhasse da percepção fundamental de Friedrich de que uma revolução cultural precisava ter lugar. Suas obras mais influentes, no entanto, são posteriores à virada do século.

Após a separação de Caroline, Schlegel travaria uma forte amizade com Madame de Staël, a quem acompanharia em diversas viagens, as quais A. Schlegel registraria em detalhe (Schlegel, 1846, IX). A noção global de cultura de ambos era uma forte afinidade entre os autores, e Staël era uma mecenas generosa para poetas e dramaturgos. Por essa época, Schlegel profere conferências que, poucos anos depois (1809-1811), seriam publicadas como as *Preleções sobre arte dramática e literatura*. Embora a datação desse texto quebre um pouco nossa estratégia cronológica de apresentação, o apresentamos agora por ser resultado de uma gestação de vários anos por parte do autor.

No livro, aprendemos que a crítica da arte e sua história "é o que ilumina a história das artes, tornando frutíferas suas teorias" (Schlegel, 1846, V, p. 4). Já enfronhado no sucesso da mentalidade idealista – por ter sido concebido no final da década de 1810 –, o texto articula dialeticamente a relação entre "liberdade interna e necessidade externa" como fundamento da tragédia grega (Schlegel, 1846, V, p. 72). A tragédia grega tem muito a dizer aos românticos, que revivem esse senso de embate e mediação entre o império dos deuses e a solidão da individualidade (Schlegel, 1846, V, p. 73-74).

O autor dá trato especializado a uma série de elementos do teatro, e tece críticas precisas sobre Sófocles, Ésquilo, Eurípides, Aristófanes e Plauto, antes de passar a uma também extensa análise do teatro moderno, com ênfase para o francês e para o shakespeariano. Encerrando com a análise do teatro alemão, Schlegel traz a reflexão crítica sobre a história do teatro para uma conciliação com a filosofia daquela geração:

> A profunda investigação estética feita pelos alemães, povo por natureza mais especulativo que prático, conduziu à conclusão de que obras de arte, e, particularmente, tragédias, haviam sido trabalhadas segundo teorias abstratas mais ou menos equivocadas, que, naturalmente,

não poderiam afetar o teatro, e nem sequer podiam ser representadas, carecendo de vida interna (Schlegel, 1846, VI, p. 431).

Com que satisfação, com que orgulho e com que esperança, então, essa geração olhava para sua própria cultura, podendo dizer, já não da periferia, que aquela era a terra de Goethe e Schiller.

4.2 Novalis, romântico na teoria e na prática

A ser verdade que a importância do jovem e impetuoso Novalis para o Romantismo rivaliza com a dos irmãos Schlegel, os contrastes entre eles são forte estímulo a uma definição mais comedida de todo o movimento. Ícone de poeta e pensador romântico, morreu muito jovem. Nos tempos de hoje dificilmente estaria formado para a vida acadêmica e para as discussões em meio as quais se lançou. Menos classicista e de espírito mais cruzado ou místico que os demais, Novalis se destaca entre os românticos como eco da Idade Média.

Georg Philipp Friedrich Freiherr von Hardenberg (1801) descendia da baixa nobreza (Freiherr significa barão) da região sul da floresta do Harz, região relativamente pouco habitada e distante de grandes centros, na Alta Saxônia.

A família de Novalis – pseudônimo que ele tomou de uma velha alcunha do clã – estava entre as muitas famílias cultas pietistas daquela época. O pai de Georg Philipp era um "renascido em Cristo", isto é, um pietista da tradição Herrnhut. As famílias Herrnhut eram notoriamente radicais em sua vivência religiosa marcada pelo sentimentalismo, pelo individualismo e pelo fortíssimo apelo ético do pietismo (Clark, 1911, p. 208).

Desejoso de estudar profundamente a filosofia de Kant, teve aulas com Karl Schmid[71], e, em 1790, matriculou-se em direito em Jena, onde poderia frequentar as aulas de Reinhold. Após alguns anos, contudo, o trabalho de Fichte chamaria sua atenção, tornando-se o foco de seu estudo filosófico. Como era comum à época, professores célebres ou problemas pessoais que atrasassem a formação levavam os alunos a migrarem de uma universidade

---

71. Como apontou Manfred Frank, a psicologia empírica de Schmid teve significativo papel no afastamento de Novalis do idealismo e na elaboração de um caminho que lhe fosse próprio (Frank, 2008, p. 42-44).

a outra, e Novalis acabou passando para Leipzig, e terminando o curso em Wittenberg.

Desde a publicação da *Doutrina da Ciência*, em 1794, Novalis redireciona de Kant para Fichte suas preocupações filosóficas.

Como no caso de Schelling ou Schleiermacher, a impressão de que a filosofia de Kant, embora magistral, não apagava a importância dos grandes metafísicos e místicos, particularmente Platão, Espinosa e Böhme, era um dos motores a adicionar ao quadro filosófico de Novalis um vetor em favor de uma ontologia espiritualista. Por essa mesma razão, não podia aderir ao sistema de Fichte. Também ele matava o mistério profundo do ser, escapando da dialética do ser para uma bem domesticada dialética de um sistema filosófico pessoal. Uma das ideias insuportáveis aos ouvidos românticos era a de que a verdade poderia ser esgotada pela teoria.

Ainda assim, seus cadernos revelam a seriedade com que Novalis avaliava a terminologia desenvolvida por Fichte:

> A atividade só é pensável entre o sujeito e o objeto. [...] Sentimento é atividade passiva, intuição é atividade ativa. [...] Atividade é a verdadeira realidade (nem objeto nem circunstância podem ser pensados puramente... O conceito de identidade tem de conter em si o de atividade – de uma mudança em si...)
>
> Deus é a infinita atividade; natureza, o infinito objeto; Eu, a situação infinita. Todos os três são *abstracta*, e também um (Novalis, 1945, II, p. 82-83).

Evidentemente, essa é e não é a linguagem de Fichte. Há um óbvio eco, e, ao mesmo tempo, uma dissonância. Novalis entendeu muito bem que a atividade, fundamental, pressupõe objeto em determinado estado ou circunstância. "Afecção é o sofrer negativo", e produz a sensação; "paixão é o sofrer positivo", e produz o sentimento; "a ação e a atividade positiva", produzindo a intuição; "renitência é a atividade negativa", produzindo o conceito (Novalis, 1945, II, p. 92). Ao mesmo tempo, o subjetivismo idealista foi quebrado. O Eu de Novalis é parte de uma equação maior. Entendendo ser capaz de manter a unidade e o absoluto diante dos olhos, expressou-se assim: "Fichte tomou o percurso analítico partindo de um princípio sintético", "Eu percorro um caminho que é ao mesmo tempo sintético e analítico" (Novalis, 1945, II, p. 106).

Novalis concorda, portanto, que Eu e não Eu implicam-se mutuamente, e que, consequentemente, a dinâmica formativa do pensamento é marcada pela espontaneidade ativa do incondicionado no Eu. Concorda, também, com as seríssimas implicações libertárias da filosofia fichtiana. Não compartilha, contudo, da ideia de absolutidade do saber, afirmando que "toda filosofia é apenas o esclarecimento daquilo que aí está" (Novalis, 1945, II, p. 209).

Seguindo a tendência criada por Friedrich Schlegel, Novalis abusou da escrita de fragmentos, que é uma das mais difíceis de analisar e classificar. Quando fala de filosofia, arte ou religião, o simples ato de identificar de quem, de qual escola ou de que assunto o autor fala é muito desafiador. Essa é parte da magia da escrita por fragmentos, e um dos motivos de se a adotar.

Sempre que um fragmento não se refere nominalmente a algum filósofo, portanto, é perigoso tirar qualquer conclusão nesse sentido. Mesmo os fragmentos que se referem a tendências, abordagens ou escolas são por demais ambíguos, pois termos como "escolástica" por exemplo, podem fazer referência à Idade Média, ao sistema wolffiano, ou até ao kantismo. Esses fragmentos, não obstante, podem ser muito instrutivos, como o seguinte:

> O pensador discursivo cru é o escolástico. O verdadeiro escolástico é um sutilista místico. De átomos lógicos constrói ele seu universo – ele aniquila a natureza vivente para posicionar em seu lugar uma peça do pensamento. Sua meta é um autômato infinito. Oposto a ele está o poeta intuitivo cru. Este é um macrólogo místico. Odeia regras e formas fixas. Para esse, vida selvagem e violenta rege a natureza – tudo é animado. Nada de leis: por toda parte arbítrio e maravilha. Ele é puramente dinâmico.
>
> E assim se orienta o espírito filosófico em duas medidas inteiramente distintas (Novalis, 1945, III, p. 14). [...]
>
> Sofistas são pessoas que, cientes das fraquezas dos filósofos e deficiências da arte, a ambos manipulam para seu proveito, ou em função de fins indignos e antifilosóficos – frequentemente usando a própria filosofia. Esses nada têm a ver com a filosofia. Sendo por princípio contra a filosofia, fazem-se seus inimigos, e assim devem ser tratados. A classe mais perigosa desses é a dos que se tornaram céticos por ódio à filosofia. Os demais céticos são, de certo modo, muito respeitáveis [...]. Têm o verdadeiro dom do discernimento filosófico – só lhes falta a potência de espírito. Têm a capacidade própria ao filosofar, mas lhes falta força para incitarem a si mesmos. Sentem a inadequação dos sis-

temas já inventados, mas não os sabem vivificar. Possuem o gosto correto, mas carecem da necessária energia para a imaginação produtiva. Resta-lhes, assim, polemizar (Novalis, 1945, III, p. 16).

Os fragmentos sobre ciência são muito menos interessantes que os sobre arte, filosofia e religião. Não chegam a ser vergonhosos graças ao escudo do anacronismo, mas muitos soam esquisitos, ingênuos e esotéricos em face da bem mais rigorosa ciência contemporânea.

Filosoficamente, o trabalho de Novalis também não possui a sofisticação necessária para se destacar em um dos períodos áureos da profundidade, da complexidade e da elegância do pensamento; mas é, sem dúvida, uma abordagem original, instigante e frutífera.

Filosofia e poesia devem andar juntas. O poeta jamais sem entendimento, o filósofo jamais sem senso e gosto. "A filosofia é o poema do entendimento" (Novalis, 1945, III, p. 22). O homem não pode ser "verdadeiramente moral sem ser poeta" (Novalis, 1945, III, p. 27).

A poesia é o que faz grande o coração, é o que comove na justiça, é o que fascina na nobreza, e o que leva ao êxtase na beleza moral, como na física. A poesia é que torna o homem mago e profeta (Novalis, 1945, III, p. 97). "Para os antigos, religião era poesia prática" (Novalis, 1945, III, p. 28). Foi por terem o dom poético, em sentido original, o sentido de um senso do infinito e uma inspiração que ultrapassa a mesquinhez humana, que os místicos e fundadores de religião falaram do inefável sem rasgar o véu.

"A poesia é a verdadeira e absoluta realidade. Esse é o núcleo da minha filosofia. Quanto mais poético, mais verdadeiro. Acaso seria a beleza algo neutro?" (Novalis, 1945, III, p. 141), mas o que é a beleza? Não o sensualismo dos classicistas, em seu apego ao mundo natural. O romântico vê o belo filtrado pela dor, pela noite escura, pela solidão que impera neste mundo. Esse belo acena de mais além.

Bom romântico, Novalis teve um amor impossível, que morreu assim que os impedimentos cessaram. Morreu ele próprio muito jovem, tuberculoso, como que garantindo para si as marcas do estereótipo de artista romântico.

Tratou muito da perda em *Hinos à noite* e *Poemas espirituais*, textos muito bem enquadrados no gênero romântico (Novalis, 1945, I). Neles aparecem muitas referências a Jesus Cristo e à vida verdadeira após a morte. Diante do horror, todas as teorias, mesmo as espiritualistas, tornam-se pálidos arremedos de consolo. Nessas horas, muito mais do que a especulação e a hipótese são exigidos do coração. Aí brota a convicção forte, esperançosa e luminosa do evangelho; a esperança de que "a morte é a mais elevada revelação da vida[72]" (Novalis, 1945, I, p. 309). "Quando um espírito morre, vira gente. Quando um ser humano morre, vira espírito" (Novalis, 1945, III, p.189). "Todo desespero é determinístico" (Novalis, 1945, III, p. 55). Só pode se desesperar aquele que desistiu da liberdade, do infinito núcleo da própria vida e da vida universal. Enquanto há liberdade, nada está perdido, não há becos sem saída, não há fim.

Esta é a beleza romântica. A beleza da essência, do ideal, do infinito, do espírito, do coração, do mistério. Essa a beleza que aparecerá, musicalmente, nas obras de F. Schubert, L. Beethoven e, depois, F. Chopin.

Antípoda de Augusto dos Anjos, a dureza da vida empurrou Novalis para o mais exaltado espiritualismo.

Esse aspecto religioso de seu pensamento refletia, retroativamente, sobre o aspecto conceitual, fatalmente posto em xeque[73]. Próximo de Goethe nesse sentido, via a teoria com uma boa dose de cinismo, e apostava no sentimento como vínculo natural dos entes com a realidade. "Todo sentimento absoluto é religioso" (Novalis, 1945, II, p. 338), e, ao passo que a teoria é produto humano a respeito do ser, o sentimento do absoluto é como um ato da fonte do ser no espírito humano.

Novalis associava fortemente religião e moralidade. Não seria, para ele, nem possível a moralidade sem religião nem a religião sem moralidade. Esse entendimento pode gerar confusão em face das novas conotações que ambas as palavras receberam do século XIX em diante. Para um romântico, um sujeito estabelecido em ambiente iluminista, mas desejoso de o superar, religião resumia a dignidade humana e seu vínculo com a verdade, e moralidade era o exercício dessa dignidade e da natureza do ser racional.

---

72. Safranski dá considerável destaque a esse elemento (Safranski, 2007, p. 118).
73. "Novalis' philosophical theory of self-consciousness commits him to the view that no *theory* of the self will reveal us to ourselves as we are "in ourselves" or as we are "absolutely." This view marks a significant departure from Fichte's idealism, and in many respects it marks a decisive break within early German Romanticism from German idealism overall" (Kneller, 2003, p. xvi).

Esses termos serão muito mais bem expostos por Schleiermacher, mas é importante lembrar o quanto eles aparecem em outras expressões românticas, como a literatura britânica e a música clássica.

Uma realização invulgar e bem conhecida do Romantismo é a transformação da música na fase madura de Beethoven[74]. Destaca-se, evidentemente, a nona sinfonia, montada para refletir o entusiasmo e Idealismo da *Ode à alegria* de Schiller. Flagrar as seleções de vocabulário e os poemas preferidos desses grandes compositores ajuda a revelar seu alinhamento ao projeto romântico, pois, não sendo filósofos e escritores, é comum que boatos e pré-compreensões de base biográfica acabem "sequestrando" as narrativas sobre suas ideias. Em Beethoven, por exemplo, o destaque musical dado a cada estrofe dos poemas é por demais sugestivo. Ele escolheu enfatizar aquelas que "sublinham duas ideias: a fraternidade universal do homem na alegria e o amor de um pai celestial que é a base dessa fraternidade[75]."

A associação entre românticos e anarquia ou rebeldia sem causa é caricata, e diz respeito mais à segunda geração de poetas e romancistas do que à geração de pensadores polímatas e de maior envergadura que iniciaram o movimento, em 1790. Uma visão menos caricata, mas também idealizada, é a que a associa todo o Romantismo ao tradicionalismo religioso ou ao con-

---

74. "Nos parece ouvir o compositor a meditar sobre o seu tema, descobrindo em cada meditação camadas mais profundas de sentido, transportando-nos gradualmente a um domínio onde a música toma um aspecto luminoso e transcendente de revelação mística" (Grout; Palisca, 2007, p. 564).

75. "Beethoven já acalentava desde 1792 o projeto de escrever música para a *Ode à Alegria* de Schiller, mas só em 1823 é que tomou a decisão de compor um *finale* coral sobre este texto para a 9.a Sinfonia. É bem revelador dos ideais éticos de Beethoven o fato de, ao escolher as estrofes a utilizar, ter seleccionado as que sublinham duas ideias: a fraternidade universal do homem na alegria e o amor de um pai celestial que é a base dessa fraternidade. A aparente incongruência da ideia de introduzir vozes no clímax de uma longa sinfonia instrumental parece ter preocupado Beethoven. A solução que encontrou para esta dificuldade estética determinou a forma invulgar do último andamento: uma introdução breve, tumultuosa, dissonante; uma reexposição e rejeição (através de recitativos instrumentais) dos temas dos andamentos anteriores; sugestão do tema da alegria e sua alegre aceitação; exposição orquestral do tema em quatro estrofes, *crescendo*, com *coda*; de novo os primeiros compassos tumultuosos e dissonantes; recitativo do baixo: 'Amigos, não cantemos estes sons, mas outros mais agradáveis e alegres'; exposição coral-orquestral do tema da alegria em quatro estrofes, com variações (incluindo a *Marcha Turca*) e com um longo interlúdio orquestral (fuga dupla), seguido de uma repetição da primeira estrofe; novo tema, orquestra e coro; fuga dupla sobre os dois temas; e uma *coda* gigantesca e complexa, onde a 'chama celestial' da alegria é saudada em música sublime, inigualável. Os três primeiros andamentos da sinfonia são de proporções igualmente grandiosas. O *scherzo* ilustra de forma particularmente notável a capacidade de Beethoven para organizar um andamento inteiro em *forma sonata* sobre um único motivo rítmico" (Grout; Palisca, 2007, p. 568).

servadorismo político. Embora isso valha para alguns tanto quanto a imagem transgressora vale para outros, os principais autores românticos, como Novalis, não eram conservadores ou tradicionalistas em um sentido equivalente ao que essas palavras passaram a representar várias décadas depois.

Sim, Novalis entendia o futuro e o progresso como dependendo fundamentalmente do Cristianismo, na contramão de alguns *philosophes* franceses, que estavam entre os primeiros militantes do Ateísmo. Esse resgate do Cristianismo, contudo, não era um regresso, e sim um passo adiante, uma nova síntese para um novo tempo. Para Novalis, "o amor é o fim último da história mundial, o amém do universo" (Novalis, 1888, p. 73), mas esse amor está, agora, permeado da nova mística, da ciência e da filosofia de um século intelectualmente agitado.

É preciso ter em mente, portanto, que a religião – ou, especificamente, o Cristianismo – de Novalis se nutre dos extraordinários avanços do pensamento religioso e espiritual, de Goethe e de Herder, de Fichte e de Kant, de Böhme e de Espinosa, de Baader e de Schiller. O conceito romântico de religião é integrativo, plural e orgânico.

> Há muitas flores neste mundo cuja origem é supraterrestre, e que não florescem neste clima, mas são mais propriamente arautos, mensageiros de uma existência melhor. Entre esses mensageiros devem ser reconhecidos com preeminência a religião e o amor. A felicidade suprema é saber bom e virtuoso o amado; o cuidado supremo é o cuidado de cultivar a nobreza de alguém (Novalis, 1888, p. 77).

A nobreza inspirada pela religião consiste na moralidade acrescida de um "amor pelo ser." Este também é um traço peculiar do Romantismo. A religiosidade e a filosofia românticas são profundamente éticas, mas não se limitam à ética, à virtude das relações interpessoais. A natureza, as formas viventes, o mundo e a história são vivificados com a mesma força, no mesmo movimento. O romântico é um sujeito bem plantado no chão da realidade, ainda que sua visão da realidade seja, alguns vezes, muito espiritual. Sua preocupação com a expressão, o sentimento e a vivência prenunciam o existencialismo, que começará a brotar em autores muito influenciados pelo Romantismo, como Søren Kierkegaard (Jaspers, 1919).

4.3 Hölderlin: poesia filosófica nostálgica da Grécia

Uma característica notável das décadas de 2010 e 2020 é a fascinação e esforço de resgate da ambiência dos anos 1980, em que consiste, agora, a base do significado do termo retrô. Econômica e politicamente indigna de saudades, a década de 1980 se caracteriza como momento eminentemente estético. O imaginário associado a essa década é dos novos estilos musicais e cinematográficos, modas de vestuário, cortes de cabelo, produtos de consumo, videogames. Tudo muito intensamente estético para não ser marcante. Um momento muito romântico para não gerar sentimentos saudosistas em almas românticas.

Os classicistas, e depois os românticos, detectaram uma eminência similar da estética no ambiente cultural grego. De forma mais genérica, por abranger vários séculos, e evidentemente romantizada, a Grécia foi resgatada como moda intelectual por força de uma nostalgia do belo. Diferente da década de 1980, com sua estética inconfundível e inesquecível do *kitsch*, do exótico, do clichê, da ficção científica, do *rock* e do aberrante, a estética grega ecoava por toda parte uma beleza divina.

Goethe e Schiller já haviam popularizado a tendência classicista de amor à Grécia, mas foi Hölderlin quem reconfigurou esse amor aos termos românticos.

Se em Goethe o Classicismo já funcionou como "vacina" contra o subjetivismo de Kant, radicando seu pensamento em um naturalismo e uma metafísica da natureza, para Hölderlin a relação com a filosofia grega do ser funcionaria como um contraposto ao novo e mais intenso subjetivismo de Fichte. Por essa mesmíssima razão, não podia ser senão uma filosofia da afirmação da realidade, ao invés de uma filosofia construída e fundada intelectualmente sobre um princípio abstrato (Frank, 2008, p. 36). De certo modo, uma filosofia pós-kantiana do ser não poderia evitar uma abordagem romântica, isto é, a aceitação de que a obscuridade e o mistério do que está para além da subjetividade são inexauríveis.

Johann C. Friedrich Hölderlin (1770-1843) vinha da vila de Lauffen, no município de Heilbronn, a não mais de oitenta quilômetros de Tübingen. Após boa formação ginasial, o poeta ingressa no seminário de Tübingen em

1788, mesmo ano do ingresso de Hegel. Em 1794, concluído o seminário, chegaria a Jena, onde assistiria aulas de alguns dos grandes pensadores da época, principalmente Fichte, de quem teve forte impressão.

Em carta a Schelling, em janeiro de 1795, Hegel escreve: "Hölderlin me escreve ocasionalmente de Jena", narrando o impacto que as aulas de Fichte tinham sobre ele, acrescenta que Hölderlin descreve-o como um "titã a lutar pela humanidade", e que, por isso, "seu círculo de influência certamente não se limitará às paredes do auditório." Hegel deve ter sentido a grandiosidade do impacto de Fichte sobre Hölderlin, pois termina a carta a Schelling assim "que chegue o Reino de Deus, e que ele não nos encontre com as mãos preguiçosas pousadas sobre o colo" (Hölderlin, 1961, VII/2, p. 19).

A amizade e as experiências compartilhadas no seminário de Tübingen fizeram com que Hegel e Schelling continuassem no horizonte intelectual de Hölderlin, fosse em significativa relação epistolar (Hegel), fosse a partir de leituras (Schelling). O ambiente intelectual da Alemanha também não permitia o isolamento intelectual, particularmente para alguém que estudasse em Jena, de modo que autores como Schiller, Goethe, Herder, Jacobi e Reinhold estavam impregnados em todas as consciências.

O jovem poeta nutria diferentes projetos, mas é o fragmento *Juízo e Ser* que melhor revela seu envolvimento direto com o Idealismo. Redigido a partir de abril de 1795, o texto revela uma vontade de reagir ao Idealismo de Fichte e Schelling, conforme esboçado nos primeiros escritos de 1794 e 1795. Não se trata, então, de uma reação amadurecida, mas, como os textos do próprio Schelling ao longo desses dois anos, um acompanhamento do desdobrar de um novo sistema enquanto este ainda rompia a casca do ovo.

Segue-se minha tradução do texto na íntegra:

> *Juízo*, em seu sentido mais elevado e rigoroso, é a separação originária do que na intuição intelectual era a união íntima entre sujeito e objeto. Esta a separação a partir da qual sujeito e objeto são possíveis, a partição primordial (*Ur-Teilung*)[76], que em alemão é a etimologia da palavra juízo). No conceito de divisão jaz o conceito da relação de contraposição recíproca entre sujeito e objeto, e da pressuposição ne-

---

76. Em alemão, juízo é *Urteil*. Hölderlin está, portanto, buscando uma origem etimológica do juízo a partir dos radicais que compõem a palavra. Muito parecido com o que um de seus maiores admiradores, Martin Heidegger, fará copiosamente a seu tempo.

cessária de um todo do qual sujeito e objeto são partes. "Eu sou eu" é o exemplo mais adequado do conceito de juízo enquanto *teórico*, pois no juízo prático põe-se diante de si o não eu, e não a si mesmo.

Realidade e possibilidade são distintas, assim como consciência imediata e mediata. Quando penso um objeto como possível, apenas repito a consciência prévia donde tal objeto haure sua realidade. Não há para nós possibilidade pensável que não seja realidade. Também por isso, o conceito da possibilidade nunca ocorre, na consciência, em relação aos objetos da razão, que nunca aparecem como deveriam, e sim o conceito de necessidade. O conceito de possibilidade vale para os objetos do entendimento, o de realidade para os objetos da percepção e da intuição.

Ser expressa a ligação do sujeito com o objeto.

Onde sujeito e objeto estiverem unificados por excelência, e não em parte, tão unificados que não se admita uma separação sem que a própria essência do que deveria ser separado sofra, só aí e em nenhum outro lugar se poderá falar no *ser por excelência*, como é o caso da intuição intelectual.

Esse ser, contudo, não pode ser confundido com a identidade. Quando digo "Eu sou eu", então o sujeito (eu) e o objeto (eu) não estão tão unidos a ponto de não se poder conceber uma partição que não fira a essência do que deve ser separado. Ao contrário, o Eu só é possível a partir dessa separação entre Eu e Eu. Como posso dizer "Eu" sem autoconsciência? E como é possível a autoconsciência? Só através de minha contraposição a mim mesmo, de uma separação de mim comigo mesmo, mas, não obstante, reconhecendo a mim mesmo no contraposto. Mas até que ponto esse sou eu mesmo? Eu posso, eu tenho que perguntar dessa forma, pois, sob outro aspecto, ele está também contraposto. Assim, a identidade não é uma unificação *per se* entre sujeito e objeto, e identidade, portanto, não = ao ser absoluto (Hölderlin, 1990, p. 597-598).

É notória a afinidade do fragmento com a preocupação romântica de preservar "o mistério do ser." A data do fragmento levou muitos comentadores a considerarem Hölderlin o primeiro inspirador do Romantismo. Sendo ele tão importante ou apenas mais uma voz em um coro de época, *Juízo e Ser* é especial por diversas outras razões.

Que o fragmento reage a Fichte é evidente, mas é também muito provável que tenha sido escrito à luz do *Acerca do Eu como princípio da filosofia*, de

Schelling[77]. Não apenas se tratava de um escrito muito veiculado, entre os mais discutidos naquele ano, como vinha da pena de um amigo respeitado, de modo que é difícil crer que as referências a alguns termos schellinguianos sejam coincidência. Entre eles, pode-se contar a ideia de uma correspondência entre ser e intuição intelectual[78].

Em nome da justiça, há que acrescentar que todas as reações a Fichte, incluindo a de Hölderlin, foram muito precoces e exprimiam um certo desgosto ou rejeição instintiva da intelectualidade da época – para não dizer do senso comum – ao exótico pensamento de Fichte. O fato de nenhuma das reações românticas ou teológicas serem igualmente fundamentadas e sistematicamente expostas é grande indício disso; e essa sensação de injustiça alimentava muitos da indignação e do ressentimento manifestos nos prefácios do autor.

Kant gastara dez anos de esforço intelectual para redigir a *Crítica da razão pura*, mas, agora, todos pareciam ávidos a expor, responder ou defender posições originais de um semestre para o outro. Crítica à parte, essa ebulição dificultava os desenvolvimentos solitários e silenciosos e favorecia a troca e cooperação, justificando o que Dieter Henrich com toda razão identificou como uma nova lógica de pensamento na forma de uma constelação, não mais de estrelas de gênios isolados e aquecidos apenas por sua própria intuição original.

Hölderlin pode ser uma estrela menos produtiva na constelação filosófica do Idealismo e do Romantismo, mas uma que ajuda muito a dar forma e sentido à constelação. Essa forma tem muito a ver com a proximidade com Schelling, Hegel, os românticos, Schiller, Kant e Jacobi.

Espelhando a *Doutrina da Ciência*, *Juízo e Ser* pinça a relação dialética entre toda distinção, remontando à contraposição e desta à identidade. Também contribui muito para o desenvolvimento posterior da dialética do

---

77. Manfred Frank chega a considerar essa reação ao texto de Schelling como o motivador principal de *Juízo e Ser*, afirmando que algumas passagens deste não fariam sentido se não fossem entendidas como reações a Schelling (Frank, 2008, p. 98).

78. Manfred Frank identifica aí uma relevante influência de Jacobi: "Uma vez que Hölderlin entende o ser como unidade simples (estágio pré-julgamento), é bastante evidente que seu pensamento segue as pegadas de Jacobi. Aquilo que Jacobi chamou de "sentimento" é o que Hölderlin (com Fichte e Schelling) chama "intuição intelectual". É aquela consciência que entende o ser unificado e sem fissura (*fugenloseinige Ursein*)" (Frank, 2008, p. 78).

Idealismo ao enfatizar o quão problemática é a relação entre identidade, contraposição e diferença/partição, e que, portanto, os juízos operam em um nível posterior ao da intuição intelectual.

Juízos operam cópulas entre sujeitos e predicados. Toda cópula conjuga o verbo ser em um caso específico, como "a maçã é verde", mas o *ser* que empresta realidade tanto à maçã quanto ao seu predicado é indiferenciado e absoluto. Por isso, todo juízo demanda uma intuição intelectual do ser indiviso como pressuposto para o "caso" particular ajuizado.

Derivando da consciência tácita ou pré-reflexiva da unidade, contudo, o juízo opera uma "queda" dessa unidade divina em particularidades, que ocorrem em casos específicos, e que não podem ser reconstituídas na unidade. É, sem dúvida, uma forma pejorativa de se interpretar os juízos, bem ao inverso do valor e prestígio que lhes foram concedidos por Kant.

Ao invés de propor solução para a problemática relação entre absoluto e particularidade, finitude e infinitude, unidade e diferença, como os idealistas insistentemente tentariam fazer, Hölderlin alinha-se com os românticos em postura crítica e algo cética contra esses esforços, sendo adequado afirmar que ele está mais preocupado em constatar a insuficiência do pensamento em dar conta do ser do que em esboçar qualquer solução para essa insuficiência. Esta seria uma inspiração potente para a valorização romântica de duas atividades então em conflito ou atrito com a racionalidade iluminista: poesia e religião.

É possível traçar um *continuum* entre essa busca pela positividade da natureza, do ser e do divino enquanto autorrevelados na poesia e na religião e a exigência de Nietzsche de um retorno à vida mesma, ou da arte realista – que, supostamente, negava o Romantismo – a uma crueza da vida que surpreende e frustra planos e expectativas. Tampouco seria difícil alinhar a essas demandas pela radicalidade do ser dado as críticas que vão de Kierkegaard a William James contra os excessos do intelectualismo, e que Heidegger soube apontar como alternativa hölderliana ao tecnicismo moderno.

Não é de somenos importância que Hölderlin identifique em sua crítica à identidade uma consequente condenação da autoconsciência como originária, pois a egoidade da identidade resume em si a autoconsciência. Assim, como Dieter Henrich viria a observar com muita propriedade, *Juízo e Ser* forçosamente associa a subjetividade ao juízo; isto é, a um modo secundário e "decadente" de falar do ser (Henrich, 1991, p. 56-57).

Na exata contramão dessa abstração intelectualista, o poeta romântico aspirava nostalgicamente a um culto pagão (helenístico) ao ser. Como Goethe, o poeta dos rios e da Grécia se destacava por seus interesses filosóficos, que eram extensos e qualificados o bastante para exercerem grande impacto sobre a filosofia e sobre o campo humanístico em geral. Nem Goethe nem o poeta dos rios, contudo, chegariam de fato a produzir obras filosóficas, para além de curtíssimos ensaios, e isso evidencia que boa parte de sua importância para a filosofia tem a ver com a respeitabilidade a que esses poetas faziam jus, bem como o aspecto reflexivo e denso de sua obra literária.

Modelo de artista e de pensador romântico, Hölderlin representou, para muitos – incluindo Heidegger –, o contraponto romântico ao Classicismo de Goethe. Seus poemas e o célebre romance epistolar, *Hyperion*, exaltam a natureza e a inesgotável força do caráter humano.

4.4 Schleiermacher e a visão científica da religião

Entre as figuras mais incompreendidas do período, Friedrich Daniel Ernst Schleiermacher (1768-1834) não pode ser abordado sem referência aos primórdios do Idealismo e do Romantismo. Saber que seu período formativo se deu ao meio dia do sucesso da filosofia transcendental, mas que os primeiros passos do Idealismo e do Romantismo já estavam em curso, é imprescindível para a reconstrução do ambiente espiritual do grande filósofo da religião.

Não menos relevante foi a tradição pietista *herrnhuter* da família, nos confins da baixa Silésia, região onde o choque entre católicos e protestantes promovia, de ambos os lados, uma religiosidade exaltada. Essa tendência só se aprofundou nos estudos ginasiais, na região de Görlitz – cidade de Jakob Böhme, o maior místico luterano –, e universitários, em Halle, até poucas décadas antes o bastião do pietismo. Como Schelling e Novalis, Schleiermacher era mais um jovem pietista que parecia destinado a torcer o pensamento de Kant em favor de Espinosa, do sentimento e da experiência religiosa.

Em Halle, como estudante, recebe a influência de Johann A. Eberhard, professor de teologia de destaque nas décadas de 1770 a 1790. Entre outras teses, Eberhard sustentava ser a revelação desnecessária à salvação, pois o sujeito moral preencheria todos os requisitos impostos pela própria, não havendo necessidade de se conhecer Cristo ou Moisés. Como se pode concluir, essa tese fazia da revelação religiosa uma espécie de instrução ética popular. Essa falta de ortodoxia, contudo, não deve levar o leitor contemporâneo à conclusão demasiadamente errada de que Eberhard seria, em todos os assuntos, um teólogo liberal. De fato, pouco depois ele faria um juízo negativo da obra de Schleiermacher como perigosamente não cristã[79].

Sob a direção de Eberhard, Schleiermacher interessa-se por Aristóteles, e especialmente a Ética a Nicômaco – a qual chegou a traduzir – para logo depois sofrer uma conversão a partir da leitura de Kant. A formação classicista de Halle lhe valeria uma profunda familiaridade com o grego, de que muito se valeu, depois, nas traduções da obra de Platão.

A questão da liberdade ganha fôlego, para ele, no verão de 1789, quando a leitura de Kant impõe uma mudança de trajetória em seu pensamento. Tendo se dedicado à Ética a Nicômaco, a preocupação moral já tinha lugar central nos estudos de Schleiermacher. Principia o estudo de Kant justamente pelo ponto de contato entre moral e religião, o conceito de bem supremo. Em seu ensaio *Sobre o bem supremo*, o autor reconhecerá que a questão da imortalidade da alma deriva da bem-aventurança (Schleiermacher, 1984, KG I, 1, p. 98); isto é, sem a demonstração de que a vida possui sentido e este assenta sobre a ordem moral do mundo, seria difícil oferecer sustentação *a priori* da imortalidade da alma.

Com isso, Kant surge para a história da filosofia como o maior pensador moral desde a formulação da moral cristã. Se esta se sobrepôs à moral grega exatamente graças ao conceito do bem supremo, agora Kant dava um passo adiante, oferecendo os mesmos resultados a partir da razão pura (Schleiermacher, 1984, KG I, 1, p. 118-120).

Em *Notas a Kant* e no *Diálogo sobre a liberdade*, ainda de 1789, Schleiermacher destaca diversos conceitos-chave para a compreensão da liberdade, tentando se acercar desse cerne da proposta moral de Kant.

---

[79]. A bem da verdade, dois ou três anos após a primeira edição de *Sobre a religião* (1799), um dos livros mais famosos de Schleiermacher, a reação dos teólogos foi negativa a ponto de ameaçar o início da carreira do filósofo-teólogo (Dole, 2010, p. 3-5).

Entre 1790 e 1792, segue estudando a filosofia de Kant, e ainda centrado na *Crítica da razão prática*. O conceito de liberdade parece ter ocupado completamente seu espírito, e ele já dá sinais de acompanhar as repercussões da discussão para além de Kant. Em *Sobre a liberdade*, por exemplo, revela acentuada preocupação com o papel dos instintos, impulsos e sentimentos[80]. O indiferentismo, explica, é a consequência moral da ideia materialista ou determinista de que somos joguetes da vontade, e de que esta não pode determinar-se a si mesma (liberdade) segundo ideias. Ao romper o vínculo entre ideia e vontade, o indiferentismo resulta em um fluxo de vontades que não podem ser valoradas, e, portanto, não é possível estabelecer diferença entre elas (Schleiermacher, 1984, KG I, 1, p. 313-316).

No inverno de 1792/1793, publica *Sobre o valor da vida*, texto que denota um vetor existencial em seu estudo da moralidade e da religião. Não poderia ser outro o valor da vida senão o sentimento supremo de integridade, sentido e adequação da própria vida; o encontro entre vontade e razão com vistas ao propósito (Schleiermacher, 1984, KG I, 1, p. 412-414).

Tanto quanto o "evangelho da liberdade" de Kant, o espinosismo era a destinação do intelectual alemão daqueles tempos, e, em 1793, o jovem teólogo de inclinações filosóficas também cai sob os encantos da Ética. Perfeitamente em sintonia com seus contemporâneos, vê em Espinosa um caminho para o entendimento da totalidade como divindade, discordando da interpretação de Jacobi de que todo espinosismo não passaria de materialismo determinista.

É esse Schleiemarcher do texto *Sobre o Espinosismo*, influenciado pela correspondência entre Jacobi e Mendelssohn a respeito do espinosismo de Lessing, que recebe o convite para a Charité de Berlin. De 1796 a 1802, ele ocupará o posto de sermonista. É também em Berlin que ele se tornará amigo de Friedrich Schlegel, através do qual tomará ciência do que vinha acontecendo no círculo romântico de Jena.

Absorvendo o estilo fragmentário dos românticos, Leibniz escreve três conjuntos de fragmentos que ajudam a traçar sua rota de estudos nos anos 1796-1798: *Pensamentos I, II e III*, *Leibniz I* e *Leibniz II*. No *Leibniz I*, por

---

80. Preocupações de caráter científico e naturalista, que levariam alguns leitores a enxergarem no texto um determinismo espinosano (Grove, 2017).

exemplo, ele escreve: "não é possível ser consequente sem misticismo, pois não se leva os pensamentos até o incondicionado e não se lhes enxerga as inconsequências" (Schleiermacher, 1984, KG I, 2, p. 83). E também: "Deus é real porque nada limita sua possibilidade", "nesse sentido a filosofia de Leibniz é positivamente divina" (Schleiermacher, 1984, KG I, 2, p. 84).

As leituras de Leibniz complementam as de Aristóteles, Kant, Espinosa e Fichte, mas aqui o autor começa a tecer críticas mais agressivas, chegando a ridicularizar a doutrina das mônadas e muitas definições leibnizianas que considera obscuras.

No *Pensamentos III,* ele escreve algo que parece desmentir a maior parte de seus escritos, mas que se torna compreensível quando temos em mente que os fragmentos são propositalmente provocativos e têm o objetivo de fugir do convencional:

> Filosofia e religião brotam da atividade ideal, moral e poesia da real. Em consequência disso, aquilo que a religião tem em vista não pode ser produto da filosofia, sendo-o da moral e da poesia.
> Na verdade, só há uma filosofia da natureza e da humanidade e uma religião do mundo e da arte, mas não uma filosofia da religião ou uma religião da filosofia (Schleiermacher, 1984, KG I, 2, p. 125).

O teólogo e filósofo não quer, com isso, dizer que não se possa fazer filosofia da religião (a disciplina) e dar trato filosófico à religião, assim como não quer proibir a religião de se relacionar com a filosofia. Ele aponta antes para o sentido causal do artigo possessivo, negando a possibilidade de uma filosofia que seja produto da religião ou uma religião que seja produto da filosofia. Faria pouco sentido derivar teoria de teoria. Boas teorias nascem da meditação sobre as coisas concretas.

Essas reflexões sobre a relação entre filosofia, arte, moral e religião vinham amadurecendo há dois ou três anos, mas é no outono de 1798 que elas chegam ao auge e dão ao autor o senso de que o tema demanda um texto mais profundo e esclarecedor. Friedrich Schlegel, que dele tinha ótima impressão, encoraja-o a escrever, alegando que o público alemão ainda não vira o melhor de Schleiermacher, então considerado a nova promessa do círculo romântico. Nos primeiros meses de 1799, Schleiermacher redige o livro que não apenas o imortaliza como também seria considerado por muitos a mais importante obra já escrita sobre filosofia da religião (Nuovo, 1997; Sockness, Gräb, 2010). *Sobre a religião: discursos aos seus menosprezadores eruditos*, é às vezes referido como as *Reden* (Discursos) na literatura alemã, e às vezes como *Sobre a religião*.

Se o texto de fato representa o melhor diagnóstico da experiência religiosa humana é discutível, mas ele se destaca também como um dos mais impactantes, pelo estilo da escrita e pela vivacidade das descrições, sintetizando o que deveria ser a posição romântica sobre religião. Embora essa natureza romântica seja um aspecto indiscutível do texto, não é verdade que ele agradaria incondicionalmente ao círculo romântico. Friedrich Schlegel, por exemplo, reagiu ao texto observando que ele apresenta "uma visão excessivamente magra de Deus" (Ringleben, 2017, p. 102).

Logo na primeira página, por exemplo, afirma poeticamente que os eruditos substituíram o divino por seus pares, que já não cultuam senão "os sonetos dos poetas e os ditados dos sábios", e que para tais homens, "em cujo íntimo já nada resta do ser eterno e santo", ao qual "figuram fora do mundo", "a vida mundana se tornara tão rica e variada que nenhuma necessidade mais sentiam da eternidade" (Schleiermacher, 1984, KG I, 2, p. 189).

Só uma época assim empobrecida pode ter concebido a ideia antinatural de que a religião resultaria da moral. Kant, que Schleiermacher admite ser o maior filósofo, foi bem mais hábil que seus pares ao tornar a moral inteiramente independente da religião. Com isso mostrou que a razão encontra as regras e interesses próprios de ambas, mas acabou por não garantir o mesmo privilégio para a religião; ou seja, subordinou-a à moral como outros haviam subordinado esta àquela. A experiência interna de toda pessoa religiosa se somaria à experiência histórica dos grandes feitos da humanidade para desmentir essa subordinação. Os discursos mais inspirados e inspiradores, as mais sublimes e divinas obras de arte, o ânimo e a bravura diante dos sacrifícios supremos, o Idealismo imbatível diante do cinismo e da corrupção da sociedade, o amor ao invisível, ao eterno e ao transcendente, esses sempre foram os móbiles das maiores realizações, dos mais belos e tocantes episódios da história e a causa de todas as grandes transformações. As maiores evidências em favor da religião são as coisas realizadas pelos homens religiosos, e que os indiferentes, os pragmáticos e os cínicos não podem reproduzir. O homem religioso não vive apenas em si, nem perdido ou alienado no mundo e na sociedade. Vive sempre em contato e harmonia com o todo, e com o infinito que perpassa todas as coisas. "Assim se esforça ele por acordar a semente de um homem melhor, por acender o amor ao altíssimo, por transformar a vida coletiva em uma mais elevada, por reconciliar a beleza da Terra com o Céu, e por contrabalancear o tosco apego dessa época à rudeza da matéria" (Schleiermacher, 1984, KG I, 2, p. 194).

Aquele elemento que o Iluminismo relativizou e tornou secundário, subordinado à moral ou até mesmo descartável como pura superstição, reflexo de uma consciência infantil e primitiva, Schleiermacher reabilitou e elevou ao *status* de elemento constitutivo da natureza humana em geral; e o fez de uma forma rigorosa, segundo a abordagem analítica kantiana, e naturalista, segundo a visão monista e integrativa de Espinosa. O resultado é a descoberta do lugar próprio da religiosidade na consciência. Para tanto, um dos maiores desafios era não a confundir e diluir na moralidade, como o fizera Kant.

Na contramão do processo desmitologizante do Iluminismo, o filósofo da religião detecta a experiência religiosa como ponto de partida da fé, não admitindo que essa seja confundida com crença em um sentido epistêmico. Assumindo os limites da razão no trato do infinito, conforme os fundamentos da filosofia transcendental, e alerta para os esforços de crítica e superação dessa filosofia através de uma reabilitação do Objetivismo de Espinosa, Schleiermacher pensa dialeticamente a relação entre finito e infinito, reconhecendo essa relação como originária para a consciência, já que o sujeito é sempre sujeito em um mundo que o acolhe, precede e ultrapassa[81]. Desse enraizamento temos um sentimento básico, uma consciência de ser, ou uma intuição (*Anschauung*) imediata.

Esse que Schleiermacher chama de sentimento não é, portanto, ocorrência fortuita e casual, e sim consciência tácita de pertença e participação no ser, em um universo que a razão não pode senão conceber como infinito, ilimitado e indeterminado; sentimento esse que nos leva a uma fruição do infinito e de nosso pertencimento a ele. A positiva serenidade decorrente desta forma de monismo ou panenteísmo acarreta uma mudança de percepção da

---

[81]. Destaca-se, conscientemente, uma condição de passividade na essência da religião, o que distingue essa de outras formulações da época, que a tentarão identificar com a ação, geralmente para a reduzir à moralidade (Arndt, 2013, p. 65).

realidade que acompanha toda a vida do religioso. "Autointuição e intuição do universo são conceitos conversíveis; por isso, toda reflexão é infinita" (Schleiermacher, 1984, KG I, 2, p. 127). O religioso, portanto, passa a fazer tudo *com* religião, isto é, segundo um certo modo de consciência em que sua conexão com o todo agrega gravidade e encanto a todos os seus atos e experiências, inclusive as dolorosas e banais.

A definição de religião, então, tem lugar fundamental em qualquer análise filosófica séria. Isso, porém, o que ninguém havia feito, por supor que os conceitos vulgares ou institucionais esgotavam o seu sentido, porque ninguém antes levou a cabo uma análise filosófica da essência da religião. Sendo o primeiro a fazer semelhante análise, o autor ensaia já uma visada parcialmente fenomenológica da *vivência* religiosa. Não sem sentimento, ele escreve em caráter confessional: "ela me conduziu a uma vida ativa, me ensinou a me considerar santificado em minha integridade, com minhas virtudes e defeitos, e só através dela aprendi a conhecer a amizade e o amor" (Schleiermacher, 1984, KG I, 2, p. 195).

A religião não ensina apenas a crer nisto ou naquilo, ou como nos comportar em sociedade. Ela enche de sentido a vida, e impulsiona aquele que com ela se compromete a estágios mais nobres e belos de humanidade. No período de transição entre o Iluminismo e o pensamento contemporâneo, muitos começaram a entoar o chavão universal de que há, sim, boas pessoas sem religião. Sim, é possível ser cidadão de bem sem religião, mas a falta de religião nunca gerou e jamais poderá gerar um santo. Nunca um Cristo, um Buda, um Francisco de Assis, uma Tereza D'Ávila brotará da ideia de que o bem é invenção humana. Se a humanidade estiver bem sem seus melhores e mais extraordinários corações, pode seguir sem religião, pensa Schleiermacher.

Ademais, mesmo a metafísica e a moral, as quais Kant considerou os únicos domínios próprios da razão, só possuem pleno sentido com religião.

> Colocai-vos na posição mais alta da metafísica e da moral, e assim descobrireis que ambas têm, através da religião, o mesmo objeto, a saber, o universo e a relação do homem com ele. Essa igualdade foi desde muito tempo a causa de diversos erros; e foi por isso que metafísica e moral se insinuaram abundantemente no seio da religião, e muito do que diz respeito à religião foi impropriamente ocultado sob a forma da metafísica ou da moral (Schleiermacher, 1984, KG I, 2, p. 207).

Essa é uma crítica importantíssima e gravíssima, pois a ser verdade obriga os filósofos a um penoso e lento trabalho de distinção de conceitos e elementos não apenas confundidos e misturados como, possivelmente, amalgamados. Não é difícil constatar que há religiosos teoréticos e edificantes, mas tem havido poucos propriamente religiosos.

Que outros façam discursos sobre as crenças e dogmas da religião. Schleiermacher ignora tais tarefas e quer falar do que o ser humano quer da religião, do que ele quer com a religião, e do que significa encarar religiosamente o universo; porque "a metafísica emerge da natureza finita do homem", mas a religião "também vive toda a sua vida na natureza, mas na natureza infinita do todo, do Um e Todo" (Schleiermacher, 1984, KG I, 2, p. 212). Esse delineamento conceitual leva o autor à sua sentença mais célebre: "a práxis é arte, especulação é ciência, religião é um sentido e um gosto pelo infinito" (Schleiermacher, 1984, KG I, 2, p. 212).

Do universo percebemos os efeitos sobre nossos sentidos, julgamo-los e deles formamos conceitos sobre seus diferentes seres e fenômenos, formamos teorias científicas e reagimos com engenho e arte. O sentimento de tudo isso é a religião. Ela está visceralmente ligada à busca filosófica por sentido, mas, diferente da filosofia, é um sentir e intuir a verdade, não um refletir (Schleiermacher, 1984, KG I, 2, p. 214). Retira-se da religião esse sentimento, resta-lhe somente uma casca de mitos vazios. É assim que o escolado olha para a religião da Antiguidade, dos egípcios ou dos gregos, e é assim que o materialista olha para as religiões do presente. Certamente, essa casca morta não possui sentido, e a adesão a ela, considerá-la vital e acima de todos os demais interesses humanos, é algo impossível e que leva os que o fazem a considerar loucura a vida religiosa alheia. Não são poucos os que da religião só conhecem essa roupagem de mitos, incluindo muitos frequentadores de igrejas. Adicione-se o sabor do infinito e da vida universal, contudo, e ninguém admitirá que tais mitos valham menos que qualquer experiência mundana, e que não encerrem em si toda a beleza, toda a grandeza e todo o sentido da vida.

Consequentemente, não viveu religiosamente aquele que vê a religião como objeto, que interpreta seus dogmas e crenças como posições sobre o mundo, fora de si. O que viveu a religião, que se sentiu um com o universo, acolhido como um filho amado, ou integrado em búdica placidez, ou vitalizado por um *logos* que encontra eco em seu peito e em seu intelecto, esse faz e tudo quer "fazer com religião, não por religião." A religião, para ele, "será uma música divina e santa" que acompanha e embala todos os atos e experiências de sua vida (Schleiermacher, 1984, KG I, 2, p. 219).

Questões metafísicas que dividem as religiões, levando os teólogos a afirmarem mais e mais dogmaticamente o caráter de verdade inquestionável de sua própria revelação, Schleiermacher discerne racionalmente como modulações do coração. Assim, a necessidade de enxergar Deus como pessoal e em relação afetiva e intersubjetiva conosco e a necessidade de o enxergar como o supremo valor de tudo, de maneira indiferenciada e impessoal, refletiriam antes a disposição do ânimo e do coração (*Gemüt*) dos povos e dos indivíduos que a exatidão semântica da revelação. A religião não depende, assim, de um "conceito de Deus que tem liberdade e entendimento", "ter religião significa intuir o universo", e "o valor ou mérito da vossa religião tem a ver com a forma como o contemplais" (Schleiermacher, 1984, KG I, 2, p. 244).

Uma tremenda vantagem dessa visão naturalizada da religião é que ela se acomoda perfeitamente à ciência, coisa que noções mais ortodoxas não podem, não querem, ou, quando podem e querem fazer, fazem de uma forma muitas vezes constrangedora, através de malabarismos teóricos.

A regularidade das leis da natureza, o fato de elas poderem ser devassadas pelo intelecto humano, que lhes é compatível, a própria complexidade e, ao mesmo tempo, exatidão matemática com que os astros se mantêm em suas trajetórias, a diversidade biológica e a complexidade dos organismos, os sentimentos racionalmente orientados de fraternidade universal, de igualdade entre os povos, inventados por Jesus e tornados acadêmicos com o Renascimento e o Iluminismo, as leis que orientam a progressão dos povos rumo a um aperfeiçoamento físico e moral, tudo isso manifesta gloriosamente a perfeição, a sabedoria e a excelência da ordem cósmica que o religioso filosófico venera. Ao lado desse sentimento da grandeza e da infinitude, um proporcional sentimento de pequenez inspira, no religioso, uma noção bem romântica de relativo abandono, de estar perdido na vastidão, de ser animálculo de um mundo que não é mais que pálido e imperceptível ponto azul em um infinito que nos faz desaparecer[82].

O sentimento religioso acomoda ainda outra categoria além da supracitada. Além desse "posto do homem no cosmo", a religião lida também com a segurança com que nos relacionamos com ele. É claro, os dois sentimentos estão intimamente ligados e não deixam de se confundir aqui e ali, mas há quem manifeste apenas uma forma de relação com a infinitude. Do ponto de vista da segurança ou da insegurança, do acolhimento ou do abandono, a religião é consoladora, e a falta de religião desesperadora. Os pensadores antirreligiosos ou niilistas concluíram corretamente que a morte da religião deveria levar a humanidade a encarar o abismo, a falta de sentido e o desconsolo diante de um universo que não é humano ou maternal/paternal.

Como é bem sabido, o aspecto da vida em que a consolação, o amparo ou a proteção de um universo amigável mais aparece é diante da ameaça de aniquilação da morte (Schleiermacher, 1984, KG I, 2, p. 233-236). Essa ameaça de aniquilação só se confirma para os que não possuem sentimento religioso, e não conseguem sentir o universo como acolhedor ou amoroso. Para todos aqueles que meramente "aí estão", a morte é positivamente um desaparecimento. Na contramão do nadismo, quanto mais sentimento religioso, mais alegria, mais maravilhamento (Schleiermacher, 1984, KG I, 2, p. 239-241). Tudo passa a ser encantado, divino e milagroso, e o religioso se emociona diante do campo florido tanto quanto do deserto, do nascimento da criança tanto quanto da dor da indigência. Tudo ama, e em tudo ele é amor; tudo lhe parece belo, e tudo o que ele quer é viver com beleza e graça.

A ideia de imortalidade e de uma vida após a morte precisa ser tratada em consequência dessa ideia mais naturalista e, ao mesmo tempo, mais mística da religião. Não se deve, considera Schleiermacher, desejar ou projetar uma continuidade da vida mundana e material em um mundo fantasmagórico, mas, desde já, bem ao contrário, deve-se buscar "a aniquilação da individualidade e a fusão no Um e Todo" (Schleiermacher, 1984, KG I, 2, p. 246). Passagens como essa foram interpretadas por muitos em um sentido panteís-

---

82. Esse contraste entre o infinitamente grande e o infinitamente pequeno, e a forma como a vida humana se posiciona em meio a esses extremos, fora também bem explorado por Blaise Pascal.

ta crasso, mas é mais plausível interpretá-las à luz das noções bíblicas, particularmente paulinas, sobre um renascimento para a eternidade do espírito.

Pouco após a publicação do *Sobre a religião*, Friedrich Schlegel escreve a Schleiermacher para dizer que Goethe tomou emprestado seu exemplar, e o leu duas ou três vezes, e que Hardenberg (Novalis) e Schelling também ficaram fundamente impressionados (Schleiermacher, 1984, KG I, 2, LX). Mesmo os que declinavam qualquer proximidade com o Romantismo tiveram sua visão sobre a religião afetada pelo texto de Schleiermacher, que, no mínimo, dava um trato inteiramente novo e inteiramente adequado à experiência religiosa, algo nunca antes alcançado por nenhum tratado sobre a religião.

Embalado pelo sucesso dos discursos sobre religião, Schleiermacher lança-se confiantemente a diversos grandes projetos. No começo de 1800, ele e Friedrich Schlegel decidem traduzir juntos toda a obra de Platão, mas é o primeiro quem acaba executando sozinho toda a tarefa, tornando-se, desde então, referência mundial nos estudos clássicos em vista dessa extensa e bem elaborada tradução.

É também em janeiro de 1800 que surgem os *Monólogos*, obra que dá prosseguimento a algumas questões levantadas no *Sobre a religião*. Nesse opúsculo, o autor ressalta a relação entre a interioridade e a vida religiosa. Cercados de todos os lados pela necessidade das leis naturais, seria apenas na interioridade que o homem manifesta plena realidade e liberdade (Schleiermacher, 1984, KG I, 3, p. 8-9). A intuição do nosso agir, afirma ele, "flui pelo rio do tempo", e é "a mais alta forma de autoanálise." Em um sentido bastante fichteano, a intuição da agência é o que imortaliza e torna eterno o homem, é o que faz dele espírito (Schleiermacher, 1984, KG I, 3, p. 12-13).

Nenhuma intuição ou sentimento havendo maior que o amor, é esta a força propulsora por excelência, perto da qual todas as demais são tímidas. O cientista e o artista de vulto são criados pelo amor, e o amor é, de todas, a mais sociável das disposições. Essa força suprema faz com que a vida humana se realize na comunhão e no entendimento, pois o amor busca sair de si e conviver com o que está fora. É, no entanto, um ímpeto da intimidade, e nada mais próprio e individual que amar. Nada mais difícil de transferir.

Por fim, lembra que a crença na sobrevivência da alma à morte do corpo é o que difere o homem do animal, pois manter a consciência, a personalidade, o sentido da vida e as consequências morais de nossos atos e pensamentos é uma esperança da razão e uma convicção do sentimento. Que não seja jamais, acrescenta Schleiermacher, uma imposição de outra consciência sobre a nossa, e sim fruto exclusivo do nosso entendimento e da investigação de nosso coração (Schleiermacher, 1984, KG I, 3, p. 502).

Nem só de sentimentos vive o romântico, e, na virada do século, o autor escreveu também diversos textos sobre o zinco, o cobre e sobre a Austrália, mas esses estudos não alcançam originalidade e pouco contribuem para o avanço da ciência, embora constituam importantes esforços para sua própria ilustração.

Embora consolidando-se como um dos teólogos mais importantes da história, e um filósofo de peso, Schleiermacher não foi o único responsável por uma guinada no entendimento sobre a religião. Além de outros célebres idealistas e românticos, outros teólogos também levantaram a voz contra as tendências kantianas e espinosanas de interpretação da religião.

Professor em Tübingen desde a época de Hölderlin, Hegel e Schelling, Friedrich Süßkind, em 1798-1799, estabelece oposição às teologias naturais como, no mínimo, contrárias ao entendimento de Jesus, pois este afirmava uma vontade, um propósito e uma intenção de Deus em se revelar de forma específica e de maneira pontual no plano da história, características essas incompatíveis com a ideia de uma revelação mais ou menos "orgânica", na forma de uma evolução natural das ideias (Henrich, 2004, p. 1.146).

Com a teologia oficial na defensiva, propostas mais filosóficas como a dos discursos sobre a religião soavam heréticas, o que estimulou acusações de ateísmo justamente no momento de maior reconhecimento e glória do início da carreira professoral de Schleiermacher: o apontamento como professor de teologia em Halle, em 1804-1806[83].

Para o bem ou para o mal, o trato técnico muito superior de Schleiermacher, bem como sua consciência da necessidade de fundamentação filosófica para os conceitos, estabeleceram o novo padrão da teologia acadêmica, ao ponto de forçar teologias menos filosóficas posteriores – em geral menos se-

---

83. Docente extraordinário em 1804, efetivado em 1806. Ao longo de todo o período, contudo, Schleiermacher enfrentou críticas e acusações de conspurcação da doutrina cristã (Dole, 2010). Já em 1807, contudo, por causa da invasão napoleônica, tem de se transferir para Berlin.

culares e nostálgicas de uma ortodoxia pré-iluminista – a atingirem também outro patamar de excelência conceitual.

4.5 Schelling 1800-1803: rumo ao Sistema da Identidade

Em meados de 1798, Schelling chega a Jena para ocupar uma posição de professor assistente. Data também dessa época uma mais intensa relação com o círculo romântico, o que se fará sentir no crescente interesse de Schelling pela arte e seu papel no Idealismo, e uma intensa amizade com Goethe, que aproximará os interesses e trabalhos dos dois autores até a saída de Schelling de Jena (Richards, 2002; Fischer, 1902, p. 43). Após um ano de convivência frutífera, Fichte tem de abandonar o cargo, acusado de ateísmo, o que tornou Schelling o grande filósofo de Jena[84].

O período jenense foi de amadurecimento e aprofundamento dos escritos de Schelling, como o foi para Fichte e, em breve, seria para Hegel.

Considerada por muitos uma de suas maiores obras, o *Sistema do Idealismo transcendental* promete concluir as tentativas de elaboração de um sistema total do saber nos termos do próprio autor. Se a *Doutrina da ciência* e suas expansões práticas intentaram fundar sistematicamente o saber, falharam em não enxergar toda a dimensão da objetividade, encerrando-se no puro subjetivismo. Por isso, Schelling acredita estar mais bem preparado do que Fichte para a tarefa de enfeixar todas as possibilidades de pensamento em um único e derradeiro sistema.

Nascido em 1800, o *Sistema do Idealismo transcendental* não aproveita apenas o que fora desenvolvido pela filosofia da natureza como, igualmente, o que Schelling vinha aprendendo com os românticos. Com essa obra, ele inaugura uma fase na qual o método da filosofia voltaria ao papel principal, mas já não do modo essencialmente subjetivista de seus textos de 1795, e sim em face do enriquecimento proporcionado pela filosofia da natureza.

Schelling começa realmente pelo mais básico, afirmando que "todo saber consiste na concordância entre algo objetivo e algo subjetivo", isto é, "uma representação e um objeto" (Schelling, 1997, SW I, 3, p. 339). Se quisermos

---

84. Kuno Fischer dirá que Schelling chega a Jena como estudante e discípulo de Fichte, para logo se tornar "o mestre de seu próprio sistema" (Fischer, 1902, p. 32).

enxergar as coisas do ponto de vista objetivo, fazemos ciência ou filosofia natural, se enxergamos as coisas do ponto de vista subjetivo, fazemos filosofia transcendental. Seus trabalhos anteriores já haviam deixado bastante claro que essa separação tem algo de artificial ou didático, e que é necessário integrar o saber para que a razão se mantenha coerente em ambas as tarefas.

A natureza progride em suas formas, cada vez mais complexas, orientada por certos princípios, que culminam no ser pensante e consciente. Por isso, a autoconsciência humana é, para a natureza, um autoencontro, a culminância objetiva de seus princípios e leis (Schelling, 1997, SW I, 3, p. 341). Do ponto de vista naturalista, a consciência é fato, não teoria, e esse fato é *materialmente* atestado pela técnica, pela cultura, pela arte, pela ética e pela religião, formas objetivas e manifestas da ação da consciência. É por demais estranho que, tendo a natureza criado a consciência, esta não consiga se enxergar na natureza, e a retrate de modo simplista como mecânica e morta, e isso para seu próprio conforto reducionista. Do ponto de vista da natureza, não é inteiramente correto dizer que a cultura, o saber e a ação livre são produtos humanos, mas antes que são produtos da própria natureza, de vez que o homem é ser natural e pertence à natureza tudo o que ele faz, vive e sonha.

Fazendo referência à *Crítica da faculdade de julgar*, Schelling lembra que a teleologia é a adequação entre o teórico e o prático, a percepção de propósito nas leis naturais. Porém, segundo a filosofia da natureza, o mundo objetivo sustenta-se sobre princípios inconscientes, só o homem sendo capaz de consciência. Uma vez que só na humanidade a consciência desperta e se reconhece na autoconsciência, o objetivo é o aguardar ou dormitar da natureza, e o ideal é sua máxima realização. O mais correto seria dizer que nas mais elevadas atividades humanas a natureza realiza tudo o que deveria realizar. A melhor expressão dessa perspectiva é a arte: objetiva e material, é um fenômeno da natureza; subjetiva e ideal, é expressão livre do espírito (Schelling, 1997, SW I, 3, p. 349).

Para se chegar a essa confluência, faz-se necessário entender a vocação tanto da filosofia transcendental quanto da natural.

A filosofia transcendental quer devassar o princípio do saber, o qual não se confunde com o princípio do ser (Schelling, 1997, SW I, 3, p. 355). Este último seria positivo, mas o princípio do puro saber é negativo, só diz sobre aquele que conhece e sobre o que ele pode conhecer. Esse primeiro saber do filósofo transcendental, portanto, é "o saber de nós mesmos" (Schelling, 1997, SW I, 3, p. 355).

Exatamente por ser saber de si, o princípio transcendental opera em círculo, é o saber de sua origem, de sua proposição, a resposta para sua própria busca, em que forma e conteúdo determinam-se mutuamente (Schelling, 1997, SW I, 3, p. 360). A dedução desse princípio parte de um saber mínimo, que até o cético possui – nesse caso, o saber do não saber. Esse saber mínimo revela-se como condicionado por um sujeito incondicionado, ou, na linguagem de Fichte, um posto por aquele que tudo põe. Pela mesma razão que se reconhece o incondicionado, reconhece-se a condicionalidade e a necessidade do objeto. Conclui-se, portanto, que o pensamento é essencialmente a identidade do incondicionado e do condicionado (Schelling, 1997, SW I, 3, p. 362-364).

O subjetivo tem primazia sobre o objetivo na medida em que não é possível – como pretenderam os dogmáticos – que a determinação produza a autoconsciência, ao passo que o oposto é não apenas possível como obrigatório. Como Kant e Fichte perceberam, contudo, essa primazia não permite um isolamento solipsista do Eu, pois o pensamento é sempre pensamento de algo. Assim, "o ato originário da autoconsciência é a um só tempo ideal e real" (Schelling, 1997, SW I, 3, p. 390).

Tendo lastro na realidade, a autoconsciência já não pode ser apresentada de maneira purista, como o fez, em geral, a filosofia transcendental. Precisa ser apresentada também uma "história das épocas da autoconsciência" (Schelling, 1997, SW I, 3, p. 399; 427), pois a atividade da consciência é sempre atividade engajada e enraizada na realidade.

Mais grave ainda, a diferença constitutiva entre ser e pensar faz retornar o problema metafísico da *adequatio rei intellectus*, que Kant pensou poder contornar negando o discurso sobre o ser. Desde a primeira crítica ao aparente dualismo da fase intermediária de Platão – crítica atribuída a Aristóteles, enquanto membro do corpo docente da Academia – evidenciou-se o problema incontornável do dualismo de substância: fossem as duas substâncias, material e espiritual, de natureza inteiramente distinta, a comunicação e a relação entre elas seria impossível[85] (Watson, 1909, p. 12).

Espinosa tentou resolver o problema reconstruindo matéria e intelecto como atributos do absoluto, o que é uma solução logicamente promissora, mas, para isso, teve de apagar a individualidade dos entes, o que é não apenas contraintuitivo como carente de fundamento. Por essa razão, Leibniz propôs que se invertesse a ordem: do platonismo de Espinosa para um novo aristotelismo; isto é, que fazendo da substância aquilo que dá conteúdo individual a um item (Coelho, 2019). Com isso, evidenciou a dominância da ontologia do espírito sobre a da matéria, e por três quartos de século essa solução parecia não encontrar opositores à altura, até que Kant a condenou como igualmente dogmática.

Contornando a proposta subjetivista de Kant e Fichte, Schelling retorna à questão no incisivo parágrafo a seguir:

> Só se poderia conceituar como, afinal, um ser original se converte em saber se se pudesse mostrar que também a representação é uma espécie de ser, em que positivamente consiste a explicação do materialismo; um sistema que um filósofo teria desejado, se ao menos esse sistema pudesse de cumprir o que promete. Porém, o materialismo tal como é até agora é completamente incompreensível, e da forma que ele pode se tornar compreensível já não diferiria de fato em nada do Idealismo transcendental. Explicar o pensamento como fenômeno material só é possível através de uma conversão da matéria a algo fantasmagórico, como mera modificação de uma inteligência que contenha em si ambas as funções, do pensamento e da matéria. Conseguintemente, o próprio materialismo remonta a um princípio inteligente. Há tão pouco a dizer sobre como o ser seria explicado pelo saber do que sobre o contrário, isto é, de que modo o saber seria um efeito do ser, de vez que não há relação causal entre ambos, e ambos jamais poderiam se encontrar se já não estivessem originalmente unificados, como no Eu (Schelling, 1997, SW I, 3, p. 407).

Como o filósofo bem observa, a solução do problema não pode divergir da que a filosofia clássica grega propôs, o dualismo de substância não possui sustentação lógica possível, só restando o monismo como opção ontológica. Um monismo consequente, contudo, deve mostrar como e por que o real

---

85. Apresento o percurso histórico do problema monismo/dualismo em (Coelho, 2019).

aparece como ser e saber, e não reduzir convenientemente um ao outro, varrendo o problema para debaixo do tapete.

Insistindo na equivalência hierárquica entre ser e saber – simplesmente porque não há realidade sem essas duas dimensões – Schelling considera que são necessárias duas intuições: uma exterior/natural e outra interior/subjetiva. O sistema do Idealismo dependeria da síntese entre ambas, mas, para tanto, é preciso conhecer em detalhe os dois reinos. O reino subjetivo é definido pela nossa consciência de atividade interna, que havia sido bem explorada por Fichte, e, agora, recebe acréscimos do novo idealista. Para o reino objetivo, por outro lado, também temos uma intuição, mas ela depende de mais cuidadoso trato.

Para uma dedução da natureza orgânica, por exemplo, temos de explicar as quatro questões seguintes:

> Por que, afinal, uma natureza orgânica é necessária?
> Por que é necessário um escalonamento da natureza orgânica?
> Por que há uma diferença entre organizações animadas e inanimadas?
> Qual é o caráter fundamental da organização?
> (Schelling, 1997, SW I, 3, p. 491).

Para tratar dos problemas que a própria natureza impõe, portanto, são necessárias a ideia de teleologia, no sentido já bem desenvolvido por Kant na *Terceira crítica*, e a ideia de evolução, como um percurso histórico do cosmo em etapas de desenvolvimento. Não é sem razão que a ciência fale de um desenvolvimento da vida em etapas de complexidade, que "coincidem" de ser etapas de consciência (Schelling, 1997, SW I, 3, p. 492-495).

A parte prática do *Sistema do Idealismo transcendental* inova pouco em relação a Fichte. Começa por afirmar que "cada autoafirmação da consciência é um querer", sendo todo querer orientado a um objeto, todo objeto exterior, e definido ele mesmo por um não querer (passividade) (Schelling, 1997, SW I, 3, p. 534-535; 539; 557).

Nesse contexto:

> A filosofia prática consiste, então, na duplicidade do Eu idealizador (projetor de ideais) e do realizador. O realizar é também um produzir, o mesmo que na filosofia teórica é desempenhado pela intuição, apenas com a diferença de que, aqui, o Eu produz com consciência, enquanto, na filosofia teórica, o Eu é idealizante; só aqui, então, con-

ceito e ato, projetar e realizar são uma e mesma coisa (Schelling, 1997, SW I, 3, p. 536).

Isso quer dizer que o Eu da teoria está limitado à intuição da objetividade e, por isso, tem uma visão ideal da objetividade. O Eu da ação, por sua vez, objetiva-se ao tornar seu querer ato concreto. Um pensa a realidade objetiva no pensamento, o outro cria-a impondo a ideia ao ser. Por essa razão, também, Schelling se afastará de Fichte, concebendo o âmbito prático como uma fonte de objetividades, como, por exemplo, através da arte (Findler, 2000).

O agir criador do sujeito concretiza de um modo sempre espiritual/ideal, diferentemente das concreções inconscientes da natureza. Esta é regida pela lei, aquele manifesta liberdade autoconsciente. Por essa razão, as concreções dos sujeitos são se nos aparecem como história, não como a fatualidade bruta das ocorrências naturais (Schelling, 1997, SW I, 3, p. 589-590); e os produtos mesmos são culturais/artísticos, que carregam idealidade em seu ser, não meros objetos, que apenas são.

A arte ocupa, assim, um lugar especial no novo sistema do Idealismo. Ela unifica natureza e espírito, pois é um objeto do mundo físico e um produto da liberdade. Uma vez que toda obra humana é, em algum grau, intencional, alarga-se também a definição de arte. Tudo o que não é mera e puramente funcional ou utilitário carrega significado, e esse "ser para mim" é um sinal de que a consciência agiu sobre a concretização daquele objeto de modo que ele a refletisse. A consciência se enxerga na arte como em um espelho, o que ali foi posto com intenção retorna ao saber como um comunicado.

Falando de arte, Schelling se permite escrever poeticamente:

> Toda pintura elevada forma-se como através do erguer de um biombo invisível que separa o mundo real do ideal, e é apenas a abertura através da qual emergem as formas e as regiões do mundo da fantasia, as quais só imperfeita e bruxuleantemente transpareciam. A natureza não é, para o artista, mais do que é para o filósofo, a saber, apenas o mundo ideal aparecendo constantemente sob limitações, ou somente reflexo imperfeito de um mundo que não existe fora, e sim dentro dele (Schelling, 1997, SW I, 3, p. 628).

Há, então, uma inversão de papéis entre estética e filosofia. De sua posição subordinada e diminuída na filosofia transcendental de Kant para uma posição central e enaltecida no *Sistema do Idealismo transcendental*, o que não deixa de refletir um acentuado deslocamento em favor do Romantismo. É eminentemente através da arte, por exemplo, que a consciência realiza a "unidade consigo mesma e com um desconhecido poder superior" (Görland, 1973, p. 188). Em sua visão evolutiva da filosofia transcendental, visão esta que só poderia surgir através da integração das ideias biológicas de Herder e Goethe, e das ideias estéticas românticas à concepção mais purista de Kant, o Idealismo enfoca a ascensão qualitativa e a intensificação do processo espiritual, da "intuição de si, de seus primórdios na autoconsciência até seu pináculo na estética" (Schelling, 1997, SW I, 3, p. 631).

Ainda assim, é possível sustentar que o *Sistema do Idealismo transcendental* não representa, ainda, uma superação dos termos kantianos, e sim, ao contrário, "o projeto crítico kantiano levado a cabo" em seus próprios termos. Essa finalização só é possível porque Schelling leva ao plano ontológico o que Kant encerrou no entendimento, transubstanciando, de certa forma, "a unidade sintética da apercepção em intuição intelectual" (Schmied-Kowarzik, 2010, p. 267).

É na *Exposição do meu sistema da filosofia* (1801) que o continuador do Idealismo alcança a noção integrativa de uma metafísica da totalidade subjetivo-objetiva. Embora não se trate de uma ruptura, é inegável que as sucessivas formas e tentativas de "aclarar o fundamento acabem mudando a noção do que é fundado" (Jürgensen, 2000, p. 117). Logo nas primeiras páginas, ele declara que sua posição mais recente, do *Sistema do Idealismo transcendental*, era ainda muito incompleta por apresentar ambos os lados como opostos, não enfatizando sua integração. Afirma também que essa percepção lhe teria sido facultada pelos comentários incisivos de Adam K. A. Eschenmayer a esse respeito (Schelling, 1997, SW I, 4, p. 108).

A almejada integração entre filosofia transcendental e filosofia natural só é possível por força do órgão que preserva a unidade de um ser objetificado, mas que reconhece a si mesmo como sujeito: a razão. "Chamo razão", diz Schelling, "a razão absoluta, ou razão na medida em que é pensada como total indiferença entre o subjetivo e o objetivo" (Schelling, 1997, SW I, 4, p. 115). Quanto à sua constituição original, a identidade absoluta é tudo. Não se resume à origem, incluindo e manifestando-se também como todo o diverso (Schelling, 1997, SW I, 4, p. 119-120). Isso porque, na origem de tudo, há uma identidade tácita, da qual contradições e diferenças se desdobram. No primeiro – A=A – uma identidade constitutiva entre identidade e diferença não admite conflito, e disso temos intuição imediata.

Ecoando Espinosa, "cada ser individual é, enquanto tal, uma forma determinada do ser da absoluta identidade, mas não o seu próprio ser, o qual só na totalidade reside" (Schelling, 1997, SW I, 4, p. 132), de vez que, "a identidade absoluta não é origem do universo, senão o universo mesmo" (Schelling, 1997, SW I, 4, p. 129).

Agora, todo o universo pode ser lido segundo formas lógicas. E não mais formas lógicas atribuídas pela mente a uma massa *per se* incognoscível. Os princípios de identidade e contradição, por exemplo, são conversíveis em duas tendências físicas: gravidade e expansão, através das quais se explicam os corpos enquanto idênticos a si mesmos e enquanto distintos e separados uns dos outros [§ 54-60]. O que melhor caracterizamos como princípio da expansão é a luz, que se esparge. O que melhor caracterizamos como princípio da gravidade é a matéria mais densa, que se concentra e comprime em um ponto. Segue-se daí que o dinamismo cósmico não é nem mecânico nem morto, refletindo uma relação dialética temporal entre princípios que, em última análise, são espirituais.

Qual é a relação entre essa visão sistemática, fundamentadora e organicista da ciência e da religião? Em verdade, como constatável ao longo de toda a obra de Schelling, a religião nunca esteve muito longe de vista, e chega a ser perfeitamente possível conceber a própria intenção do projeto sistemático, fundamentador e organicista de ciência como essencialmente religiosa. Na *Filosofia da Arte*, talvez mais do que em *Filosofia e Religião*, isso é transparente.

> Deus e universo são um, ou apenas distintas perspectivas de algo que é um e mesmo. Deus, observado do ponto de vista da identidade, é o universo. Ele é tudo, pois engloba todo o real, e fora Dele não há nada. O universo é Deus considerado do ponto de vista da totalidade. Na ideia absoluta, que é o princípio da filosofia, a identidade e a totalidade são novamente unas (Schelling, 1997, SW I, 5, p. 355). [...]
>
> O absoluto ou Deus é aquilo em vista do que o ser ou a realidade deriva da ideia imediatamente, isto é, por mera força da lei da identidade. Dito de outro modo: Deus é a afirmação imediata de si mesmo (Schelling, 1997, SW I, 5, p. 373).

Daí em diante, a presença tanto de conceitos quanto de princípios religiosos, que nunca foi sequer disfarçada, torna-se cada vez mais intensa na obra de Schelling. Tampouco em Fichte, ou em Hegel, a relação entre ciência e religião, e o fato de essa relação fundar-se na sistematicidade, deixa de ser evidente, mas Schelling parece ter mais necessidade de falar disso. Contudo, enquanto outros autores subordinam a ciência à religião, a religião à ciência, ou entendem a relação entre elas como conflituosa, a filosofia da identidade entende a natureza como sagrada, o sagrado como natureza, fazendo de todo cientista um sacerdote, e de todo sacerdote um cientista (Jürgensen, 2000, p. 141-143) – ainda que em sentidos muito genéricos e alegóricos, e sem a tola uniformização forçada de que Schelling foi acusado.

Desponta, na filosofia da identidade, um monismo complexificado e dinâmico, que não quer reduzir o real a um princípio, senão reagrupar todo o real e assumi-lo, em toda a sua riqueza, como unidade[86].

Provando que idealistas não se dão por satisfeitos com uma apresentação de suas propostas, Schelling logo publica a *Exposição posterior do sistema da filosofia*, em 1802. Comparada à exposição do ano anterior, essa nova é significativamente mais clara quanto às concepções de absoluto e sistematicidade, e também traz grande número de questões científicas – auroras boreais, oxidação e desoxidação da terra, cometas, magnetismo, inclinação dos planetas em relação ao Sol, pressão atmosférica etc. – explicadas conforme o sistema.

No intuito de sintetizar essa realização do sistema da identidade, I. Görland escreve:

> Não se trata mais de se intuir como autointuição, isto é, Sujeito (sujeito-objeto); não se trata mais de intuir de uma pura autointuição, tomada como *natura naturans*, pois esta lhe seria exterior. A abstração da subjetividade da intuição intelectual não entra mais em questão, uma vez que o que restou foi uma ação sobre si objetiva, com a qual o eu filosófico se relaciona intuitivamente. Esse remanescente foi um

---

86. Monismo realista que Luís H. Dreher soube destacar como centrado na liberdade: "Schelling também pretendia avançar além das dualidades ou "dualismos" subjacentes ao idealismo transcendental kantiano-fichteano. Este modelo era visto por Schelling como teoricamente insuficiente e irreal. Tratava-se, pois, de fazer sentido da concepção sistemática, portanto monista, do absoluto (Henrich, 1982, p. 142-72), para ele num sentido igualmente realista (Fuhrmanns, 1977, p. 13)" (Dreher, 2017, 52). Posteriormente, destaca o autor, Schelling caminharia, com auxílio de Jakob Böhme, para uma nova etapa fundamentadora centrada na vontade.

reconhecimento do próprio eu filosófico. [...] O objeto desse reconhecimento, com o qual é idêntico, não é mais a contraposição Eu-objeto que emerge da natureza em diferentes modos do Eu nesse conflito evolutivo, e sim a sua constante unidade enquanto sujeito e enquanto objeto, na forma da afirmação e do afirmado, como agora foi dito (Görland, 1973, p. 175).

Mais que em qualquer outro texto, Schelling destaca com agudeza a parcialidade do Criticismo, comparando o seu condicionamento ao Dogmatismo com o condicionamento do Protestantismo aos desvios doutrinais e morais do Cristianismo. Não houvesse desvio algum, não haveria razão de protestar, e, portanto, o Protestantismo jamais poderá ser absoluto (Schelling, 1997, SW I, 4, p. 350-351).

Hegel chegara a Jena um ano antes, e a amizade entre os filósofos se manifestou como colaboração. Tendo publicado o Escrito da Diferença em favor da filosofia de Schelling, Hegel era por este considerado, embora, ao que se sabe, não sem que a relação entre eles não deixasse clara uma hierarquia. Mais tarde, após a ruptura entre eles, Schelling daria sinais claros de ressentimento, entendendo que Hegel não lhe teria sido suficientemente grato e não teria reconhecido suficientemente sua dívida intelectual para com ele. Em 1802, contudo, davam-se muito bem. Editavam um jornal em conjunto e davam sinais de nutrir mútua consideração intelectual. É possível supor, portanto, que as preocupações de Hegel com o Ceticismo, na virada de 1801 para 1802, tenham estimulado o tom e questões centrais da *Exposição posterior do sistema da filosofia*.

Assumindo que a filosofia sempre buscou o fundamento comum de todas as coisas, a única grande cisão é a que se dá entre Idealismo e Realismo: buscar, respectivamente, a unidade do saber e a unidade do ser (Schelling, 1997, SW I, 4, p. 370). Podemos ter a ideia do absoluto graças à intuição intelectual; isto é, a constatação racional de que a totalidade e a diversidade devem estar constitutivamente identificadas na unidade absoluta, mas, adverte Schelling, essa é ainda apenas uma ideia do absoluto, e não o absoluto mesmo; goza apenas de absolutidade formal (Schelling, 1997, SW I, 4, p. 376). O livro dá uma impressão de indiferença da unidade absoluta em relação ao diverso, quase como se este não passasse de uma ilusão, e, de fato, há uma igualdade em sentido forte, um sentido de "familiaridade" entre todas as coisas, sem que, contudo, haja uma equipolência ou indiferença cristalizadora (Henrich, 1980, p. 110). Embora Schelling, posteriormente, tenha insistido não ser essa a interpretação correta de seu conceito de absoluto, ele foi assim entendido por Hegel, que explorou seus defeitos como contraste à sua própria visão. Apesar de possibilitar essa crítica, o livro logra clarificar a relação sistemática entre as diversas disciplinas, particularmente entre religião e ciência, mostrando que a divindade de todas as coisas é atestada pelo caráter lógico do ser e da subsistência das coisas enquanto concretude (Schelling, 1997, SW I, 4, p. 401-405; p. 422-423). Aí se vê, portanto, a integração entre teologia e ciência como uma consequência da integração entre Idealismo e Realismo.

Fica patente para o leitor que boa quantidade de esforço foi investida em uma interpretação do sistema solar e da mecânica celeste como exemplo paradigmático de que a harmonia e a perfeição da ordem na diversidade e na contradição regem o universo desde o plano maior. O filósofo demonstra um conhecimento muito preciso de praticamente todas as ciências da época, das diversas subdivisões da física, incluindo os recentes avanços no estudo da eletricidade e do magnetismo, até a biologia. Destaca a princípio da "coesão", sumamente expresso no plano material pela gravidade, como tendência agregadora, e a ele opõe o princípio da expansão, que é tratado quase só indiretamente. A coesão seria o princípio de manutenção de unidade das coisas, e o que lhes permite perseverar em seu modo de ser (Schelling, 1997, SW I, 4, p. 514). A desagregação aconteceria, por exemplo, através da ação de forças antagônicas, como as da oxidação e da força centrífuga, que esfacelam a coesão e produzem subprodutos essenciais ao progresso universal. Assim, a desagregação e a expansão também permitem um grau (subordinado) de caos que favorece a transformação e a diversificação, de que depende a evolução.

O mais significativo resultado da filosofia da identidade é, de certa forma, o mais filosófico e original conceito de verdade desde Platão; ou seja, que a verdade não é um produto – portanto, necessariamente falível – da ciência e da investigação, e sim um ideal e um pressuposto sem o qual não há sentido falar em ciência (Frank, 2016, p. 119-120). A condição de possibilidade da ciência é a pressuposição de que o ser e o pensamento, a liberdade na intimidade e as determinações exteriores, o alfa e o ômega, partem de uma *coincidentia oppositorum* absoluta. Sem a pressuposição da verdade como ponto de partida, nenhuma investigação pode se pretender justificada. Contudo, em nome da justiça e contra um tom excessivamente pejorativo imposto por Hegel, essa pressuposição não aparece como fruto de um desejo inocente, sendo exaustiva e detalhadamente justificada por meio e ao longo da vasta obra de Schelling.

O valor do pensamento dominante do sistema da identidade não o isenta de algumas críticas justas. A fase áurea do sistema da identidade é caracterizada por um ecletismo vago, de que Schelling terá de se defender a partir de 1808 e 1809, após a publicação da *Fenomenologia do espírito* e de críticas mais gentis de amigos e discípulos.

Ao lado desses problemas filosóficos, aquela foi também uma fase tumultuada na esfera pessoal. Antes de concluir o ano letivo de 1803, Schelling é convidado pela Universidade de Würzburg para uma posição prestigiosa, e se transfere para lá no final do ano. A partir de então, passaria quase quatro décadas no sul da Alemanha, mas migrando muito entre universidades e cargos. Somado a outras questões pessoais, esse estado de permanente trânsito pode ter prejudicado sua produtividade, embora também haja indícios de que esta diminuiu por razões mais existenciais.

Hegel continuaria em Jena por mais três anos após a partida do colega e amigo, mas seu afastamento começa a germinar já a partir de 1804.

Nesse meio tempo em Jena, Schelling também se enamorou de Caroline Schlegel, esposa de August Schlegel. Intelectual e liberal, Caroline era uma figura marcante do círculo romântico de Jena, e deve ter atraído a atenção de outros além de Schelling. Mostrando grande fidelidade aos ideais da época, foi com relativa tranquilidade que August Schlegel lidou com a crescente paixão entre o amigo e a esposa, e o próprio Goethe interveio para que o divórcio fosse consolidado da maneira mais rápida possível, em 1803. No mesmo ano, ela deixaria de ser Caroline Schlegel para ser Caroline Schelling. Seis anos após uma apaixonada vida em conjunto com Schelling, Caroline morreria de tifo, completando o circuito mais que romântico dos acontecimentos. Mais uma vez, as biografias dos envolvidos no círculo romântico provam que seus ideais absolutamente não se limitavam ao plano teórico, mas se espelhavam em suas vidas, ou, antes, eram o espelho delas.

5
O JOVEM HEGEL
E A FENOMENOLOGIA DO ESPÍRITO

5.1 Escritos teológicos e o mais antigo programa de sistema do Idealismo Alemão

Relativamente avesso à ortodoxia religiosa, mais amante dos clássicos antigos do que da teologia, e de convicções iluministas desde o começo da adolescência, é de impressionar que Hegel tenha começado sua monumental vida literária com uma série de textos teológicos.

Vindo de uma família de burgueses e funcionários públicos, Georg Wilhelm Friedrich Hegel nasceu em Stuttgart, capital de Württemberg, em 27 de agosto de 1770. Nascia nesse mesmo ano, Ludwig van Beethoven, o que dá aos astrólogos muito em que pensar.

O jovem Hegel era ávido leitor, tendo, desde cedo, o saudável hábito de tomar notas do que achava merecedor de maior atenção ou memorização. Filho do Iluminismo, nutria imensa admiração por Rousseau e por Lessing, embora fosse a Grécia o centro de gravidade de seu espírito.

No ginásio, foi-lhe solicitada uma tradução de Sófocles, e, desde então, ele retornaria muitas vezes à Antígona como tragédia paradigmática (Dilthey, 1921, p. 6).

De poucos recursos, talvez não tivesse outro acesso a uma educação de excelência além do Seminário de Tübingen, onde teria educação gratuita, incluindo a moradia.

No seminário, estudou com intensidade Platão, Kant e Jacobi (Dilthey, 1921, p. 12); e Hölderlin tentava chamar sua atenção para Schiller. O currículo incluía também sólido conhecimento da literatura clássica e contemporânea, dogmática cristã, física e matemática.

Por ocasião dos desdobramentos da Revolução Francesa, Hegel, Schelling e Hölderlin plantaram uma árvore em um quintal anexo ao seminário. Dançaram ao redor da árvore que simbolizava a liberdade. Hegel era visto por outros estudantes como jacobino, o que, aliás, lhe parecia compatível com as ideias de Kant, mas isso mudou com a chegada de notícias mais frescas sobre o Período do Terror.

Ao concluir os estudos universitários, em 1793, Hegel havia adquirido enorme erudição. À época, na Alemanha, isso era esperado dos estudantes mais dedicados, e ele não teria oportunidade de se provar, em parte por conta de suas dificuldades financeiras. Schelling, que iniciara novos estudos em Leipzig, figurava já, desde 1795, como pensador do primeiro escalão. Enquanto isso, Hegel ganhava o pão como tutor de jovens aristocratas. É possível que o desgaste dessa função o tenha impedido de produzir obras mais profundas e elaboradas. Seja como for, não cruzou os braços ou deixou as mãos desocupadas sobre o colo.

a) Fase de Berna

Formado, Hegel busca emprego como tutor em Berna, na Suíça. Ali, seu perfil liberal será bem recebido, e ele terá acesso a boas bibliotecas, mas a função de tutor de crianças lhe gera certa frustração.

Acompanhando os acontecimentos do momento, e mantendo grande interesse no desenvolvimento de uma filosofia da essência da religião, o jovem pensador dará especial atenção à *Religião nos limites da simples razão* e aos escritos de Fichte e Schelling. Munido dessas novas armas, retorna a um de seus maiores ídolos, Lessing, tentando dar seguimento à investigação da essência da mensagem de Cristo, para além do aparato dogmático das doutrinas.

Assim surge *Vida de Jesus*, interpretando em prosa os atos e palavras do mestre espiritual segundo uma ótica secular. A história foi higienizada dos milagres, que, no espírito kantiano, supunha-se serem superstições acrescentadas pela mentalidade obscurantista da época, e concentrava-se sobre a doutrina moral – e estritamente kantiana – de Jesus (Jaeschke, 2016, p. 58-60). Arauto da autonomia, Jesus seria um mestre de espiritualidade, não de religião, a ensinar a busca do "mestre interior" de cada um: a razão.

A obra é audaz, reescrevendo livremente as falas de Jesus em um sentido a meio termo entre Espinosa e Kant, mas tem pouca substância. Tem méritos. A leitura é agradável e o destaque é dado para o amor, em roupagens mais schillerianas do que teológicas, é verdade, mas ainda é o amor o coração do Cristianismo racional de Hegel.

Da mesma época, data a redação dos *Fragmentos sobre religião popular e Cristianismo*, onde já flagramos Hegel sendo Hegel, já que tenta conciliar essa essência moral-racional do Cristianismo às estruturas sociais necessárias para sua expressão concreta, na materialidade social. Mais uma vez, a mensagem central é a de Lessing, de que é preciso distinguir o verdadeiro Cristianismo do Cristianismo histórico, mas é dada maior importância ao Cristianismo histórico e, seguindo Herder, à compreensão de sua evolução empírica.

Em alusão implícita a Kant, Hegel escreve que por religião entende apenas "a crença em Deus e na imortalidade da alma como exigência da razão prática" (Hegel, 1970, I, p. 15). O melhor exemplo dessa visão ilustrada seria o personagem Nathan, do romance de Lessing – *Nathan, o sábio*.

Contrapondo religião objetiva e subjetiva, acrescenta à pureza da lei moral (r. subjetiva) condições concretas através das quais a fantasia e o coração podem ser estimulados de modo edificante (r. objetiva). Assim, a comunidade humana não prescinde de ritos, histórias e mitos que "corporifiquem" ou "façam encarnar" o ideal moral (Hegel, 1970, I, p. 36-37). Se quer ser pública, a religião precisa desse meio material de comunicação e aglutinação de sentido no tecido concreto da sociedade.

Reconhecer essa importância da materialidade da religião não significa admitir a sua – bem costumeira – perversão, quando esta se sobrepõe sobre os princípios morais mais diáfanos que deveriam preservar seu espírito. Assim, Hegel observa com desdém, uma religião que se ocupou tempo demais de ritos e aparatos externos e demorou igual tempo para se opor à escravidão, por exemplo. Assim acusam, com certa razão, os adversários do Cristianismo, mas é também preciso lembrar-lhes que a filosofia liberal, igualitária e fraterna jamais teria surgido sem o impulso social mais amplo do Cristianismo[87] (Hegel, 1970, I, p. 45).

Não se deve esperar que a religião bata em breve a poeira da superstição. Afinal, não estão cheias de dogmas e preconceitos as constituições e os códigos legais dos povos? Não carregam todas essas instituições e expressões sociais "as marcas mais evidentes de uma infantilidade espiritual?" (Hegel, 1970, I, p. 53). Na contramão de negociações e petições, "os heróis de todos os povos morrem da mesma forma, pois viveram e aprenderam a viver em reconhecimento ao poder da natureza" (Hegel, 1970, I, p. 68). É interessante guardar essa afirmação de ares aristotélicos para mais tarde.

O objetivo do Estado, afirma Hegel, "é tornar subjetiva a religião objetiva" (Hegel, 1970, I, p. 70). Um Estado que não moralize o sujeito, portanto, não cumpre seu mais básico propósito e torna questionáveis todas as suas atividades e estruturas. Afinal, se não para o bem e o aperfeiçoamento da vida humana, que utilidade podem ter tais normais e estruturas?

Em *Positividade da religião cristã*, o autor destacará que os milagres não podem ser tomados como base da autoridade de Jesus. Essa autoridade é integralmente moral – racional, portanto, universal. Se residisse sobre milagres inexplicáveis, testemunhos particulares e crenças não universalizáveis comprometeriam o caráter de verdade moral da doutrina de Jesus (Hegel, 1970, I, p. 115). Embora justificada e minimalista, essa posição é teologicamente problemática por contradizer as Escrituras, o que exige um tratamento nunca exposto em sua plenitude por Kant ou por seus seguidores, idealistas ou românticos. Mais tarde, esse comportamento seria acusado por alguns teólogos como uma saída do discurso propriamente religioso[88], tornando a crítica de toda a Filosofia Clássica Alemã essencialmente crítica externa à religião[89].

---

87. Esta observação de Hegel também faz eco com os mais recentes avanços da historiografia das religiões, que veio desmistificar dogmas iluministas antirreligiosos. A título de exemplo recomendo a leitura de Peter Harrison, Tom Holland, Ronald Numbers, Ian Barbour, Rodney Stark e Alister McGrath.

88. Por exemplo, Immanuel Hermann Fiche e Christian H. Weisse denunciaram as graves consequências teológicas do panteísmo idealista e seu consequente esvaziamento do conceito (esse sim cristão) de Deus pessoal (Jaeschke, 2016, p. 465).

89. Com possíveis e louváveis exceções, como Schleiermacher.

Eticamente excelente, o Cristianismo seria o inventor da igualdade, "tornando irmãos (no ideal) o escravo e seu senhor", "homens e mulheres" (Hegel, 1970, I, p. 126).

Ao lado desses textos eminentemente teológicos – de uma perspectiva secular e liberal, mas ainda assim primariamente teológicos – outro fragmento vem ganhando destaque ao longo do último século. Intitulado *O mais antigo programa de sistema do Idealismo Alemão*, até mesmo a autoria do texto é incerta. A pesquisa especializada revela a grafia de Hegel, mas, desde seu surgimento, especula-se que ele pudesse ter copiado o fragmento de Schelling[90].

A pesquisa mais recente aponta Hegel como autor, e a data aproximada da virada do ano 1797, mas continua a ser relevante tratar essa autoria com leve suspeição. Os próprios comentadores e editores costumam abordar a controvérsia sobre a autoria à luz da questão: se supormos o texto como sendo de Hegel, o que isso representa para o conjunto de seu pensamento?

Após exaltar o caráter ético da filosofia de Kant, subordinando a esta a física, "ainda incompleta", o texto passa à obra humana. Aí, de forma sugestiva e reveladora, o texto contrapõe o Estado, enquanto estrutura material, à ideia, essa sim digna de espíritos livres. Na sequência, o autor se propõe a "fundamentar a história da humanidade",

> e desnudar todas as desgraças do Estado, da constituição, do governo e da legislação, concebidos por mão humana. Por fim, vêm as ideias de mundo moral, divindade, imortalidade – derrubadas as superstições e as perseguições dos clérigos, os quais, através da razão, simulam ter razão. Liberdade absoluta de todos os espíritos que em si carregam seu mundo intelectual, e não se permitem buscar Deus e imortalidade *fora de si*.
>
> E, por fim, a ideia que unifica todas as demais, a ideia de beleza, tomada em seu mais elevado sentido platônico. Estou convencido de que o supremo ato intelecto, o qual comporta em si todas as ideias, é o ato estético; e que a verdade e o bem só na beleza se irmanam. O filósofo tem de possuir tanta força estética quanto o poeta. Os homens sem sentido estético são nossos filósofos da letra. A filosofia do espírito é uma filosofia estética. Não se pode de modo algum ser espiritualmente rico ou raciocinar competentemente sobre a história sem sentido estético. Aqui deve ser revelado o de que realmente carece o homem que não

---

[90]. Essa polêmica é bem pormenorizada no texto de Joãosinho Beckenkamp sobre *O mais antigo programa* (Beckenkamp, 2003), que contém a tradução completa do fragmento.

entende de ideias – que confessam com franqueza que tudo o que ultrapassa tabelas e registros lhes é obscuro (Hegel, 1970, I, p. 233-234).

Entre o final de 1796 e o começo de 1797, o Romantismo já surtia efeito sobre toda uma geração que há apenas um ou dois anos atrás rezava conforme as cartilhas de Kant, Reinhold ou Fichte. Seja quem for o autor, portanto, não é de estranhar que a partir dessa data haja uma torção romântica visível sobre terminologia patentemente kantiana.

Seria fácil, de fato, supor o texto como produto de Schelling, pois apenas ele caminhava na direção de um Idealismo tão seriamente comprometido com a estética, mas Hegel não apenas deixará clara a preocupação com a estética ao longo de toda a sua vida como também está em um contexto em que o estético ganha força muito rapidamente, embora a partir de críticas a Kant e ao Idealismo.

Na sequência, há uma romanticíssima valorização da poesia, considerada da "mais alta dignidade", e "educadora da humanidade." Embora, de fato, essa afirmação pareça exagerada para Hegel, é óbvio que o fragmento consiste mais em uma declaração do que em uma análise ou construção sistemática; e é relevante lembrar da forte influência de Schiller e Hölderlin sobre ele – além, é claro, de que tal respeito à poesia poderia refletir outras influências, incluindo a onipresente influência de Goethe, um resgate de sua admiração juvenil por Klopstock, um contato com os românticos, e assim por diante.

Sobre religião, o fragmento diz coisas que bem poderiam ser ditas por Goethe – e de fato aparecem quase nesses termos em suas máximas – mas que não deixam de refletir o que o autor dissera nos textos teológicos: que "a religião precisa ser sensível", que é preciso ter um "monoteísmo da razão", mas um "politeísmo do coração" (Hegel, 1970, I, p. 234).

Por fim, fala da necessidade de se criar uma "mitologia da razão." Isso porque

> Até que tornemos as ideias estéticas, isto é, mitológicas, elas não terão interesse algum para o povo; e vice-versa, enquanto a mitologia não for racional, a filosofia terá de se envergonhar dela. Assim devem, finalmente, esclarecidos e não esclarecidos pegar na mão um do outro; a mitologia tem de se tornar filosófica para tornar racional o povo, e a filosofia tem de se tornar mitológica para tornar os filósofos sensíveis. É assim que a eterna unidade reinará entre nós. Jamais olhares de des-

prezo, jamais o tremor cego do povo diante de seus sábios e sacerdotes. Pois que a todos nós aguarda um igual desenvolvimento de todas as faculdades, tanto do particular quanto de todos os indivíduos. Nenhuma força continuará a ser reprimida. Eis que agora impera a liberdade e a igualdade generalizadas dos espíritos! Um espírito superior, enviado dos céus, tem de fundar essa nova religião entre nós, e tal será a última grande obra da humanidade (Hegel, 1970, I, p. 235).

A primeira coisa que chama a atenção é que o texto ganhou enormemente em dramaticidade nessa reta final. Tornou-se schilleriano; algo que seria natural ver declamado entre os deuses do Olimpo, ou, talvez, dos titãs para os deuses, por causa da conotação subversiva em relação às tradições. Também não deixa de soar schilleriana a exigência de um Estado que eduque a humanidade através de instituições promotoras da justiça, da igualdade e da autonomia. Mas essa é uma digressão de pouco efeito em um momento em que a recepção de Schiller estava no auge, e não eram poucos os que pensavam quase da mesma forma.

Embora possa, sim, refletir um momento de empolgação, ou até mesmo uma garrafa a mais de vinho, o texto soa "ideologicamente" hegeliano.

É questionável, contudo, se algum espírito superior veio dos céus pregar a religião da liberdade. Por conta dessa falta da parte de Deus, talvez Hegel tenha investido, cada vez mais, na estruturação do Estado, e em uma mudança mais orgânica da cultura, para que ao menos a parte humana dos preparativos para a chegada do Reino fosse adiantada.

b) Fase de Frankfurt

Por intermédio de Hölderlin, Hegel consegue em 1797 outro emprego em casa de família, agora na agitada Frankfurt. O curto período nessa cidade lhe daria ocasião para mais aprofundados estudos políticos e sociais.

Os três anos em Frankfurt foram de intenso estudo e escrita, e de um alargamento do escopo temático do filósofo. Entre 1797 e 1800, o cenário literário continuava aquecido, como em poucos outros momentos da história humana. Capitaneado por Fichte e Schelling, o barco da filosofia contava com valorosos remadores e avançava em diversidade e profundidade. Hegel dava conta de todas as novidades, e se aprofundava em direito, política, história, literatura e arte. Seus interesses não encontravam limite ou batiam no muro da fadiga e do tédio; estudava tanto sobre o oriente quanto sobre o direito romano; tanto sobre a economia britânica quanto sobre teatro.

Da chegada a Frankfurt data a redação de *Esboços sobre religião e amor*, mais romântico, mais dialético e mais original que os textos anteriores. Aí, o autor começa a transpor a grande questão levantada pelo Idealismo, a relação dialética sujeito-objeto, para o plano teológico, em que uma unidade mais profunda e mais objetiva é alcançada pelo amor. Diferentemente das sínteses puramente intelectuais de Fichte e Schelling, a síntese amorosa não subordina o outro ao Eu, o ser à consciência. Muito no espírito de *Juízo e ser*, de Hölderlin, o texto alude a uma instância mais originária, berço da consciência, em que a unidade suprema não está em um apagar das individualidades, e sim em sua conciliação.

Assim,

> Toda união pode ser considerada união entre sujeito e objeto, entre liberdade e natureza, entre realidade e possibilidade. Quando sujeito conserva a forma de sujeito, o objeto a forma de objeto, a natureza permanece sempre natureza, aí não se alcança união alguma. O sujeito, o ser livre, é o soberano, e o objeto, a natureza, o governado (Hegel, 1970, I, p. 241).

Dificilmente um trecho tão curto poderia nos revelar mais sobre os desdobramentos futuros do pensamento de hegeliano. O leitor vê serem disparados aí diversos alarmes: o conceito de casamento como um ultrapassar da forma individual, as equivalências dos pares conceituais, a infertilidade de se enxergar conceitos estanques, desvinculados do todo, a dialética do senhor e do escravo.

Radicando a infelicidade na separação, Hegel traz para o sensível – ao mesmo tempo em que para o teológico – a relação dialética entre o todo e a parte, o infinito e o finito, agora configurados como o amor e o vazio.

"Onde a separação não puder ser superada, positividade, objeto", onde o espírito puder unificar, o ideal. O ideal, porém, "não podemos por fora de nós, ou seria objeto, nem apenas em nós, ou não seria ideal" (Hegel, 1970, I, p. 243).

Embora o *Escrito da diferença* seja indubitavelmente um ponto de inflexão, um Rubicão, não posso concordar com os intérpretes que alegam ser ele o começo da filosofia propriamente hegeliana. *Esboços sobre religião e amor* já é Hegel em seu melhor.

Sobre o modo de efetuarmos a unificação do amor, estabelece a fé como pré-requisito, pois "a fé é o modo através do qual o que foi unido, através do qual uma antinomia foi unificada, está presente à nossa imaginação" (Hegel, 1970, I, p. 249). E "fé pressupõe um ser, de modo que é contraditório falar em poder ter fé sem se admitir previamente a convicção sobre o ser" (Hegel, 1970, I, p. 250). Sem essa aposta na verdade, qual seria o sentido da filosofia, da ciência, da vida?

Esse texto encontra sua sequência em *O espírito do Cristianismo e seu destino*, dividido em três longos capítulos: O espírito do Judaísmo, conceito fundamental do espírito do Cristianismo, e o espírito do Cristianismo.

Nessa obra, temos oportunidade de ver mais do Hegel historiador e sociólogo (Hegel, 1970, I, p. 284). Ressalvas bem conhecidas podem ser feitas à abordagem hierárquica que ele costumeiramente faz das religiões. *O espírito do Cristianismo* não é diferente, ele estabelece uma clara hierarquia entre Judaísmo e Cristianismo, como se o primeiro fosse um degrau rude para o segundo, muito melhor. Nisso, mais uma vez, parece espelhar Lessing. Diz, por exemplo, que o povo israelita tem uma concepção materialista de Deus, levando-os a verem-no como senhor político. Um doador de leis, não uma fonte de vida. Diante de tal Deus só se pode ser servo (Hegel, 1970, I, p. 284). Por outro lado, cita escrupulosamente Mendelssohn, a quem parece ter lido com considerável atenção.

Seguindo a percepção comum, divide os evangelhos em dois grupos, de João, religioso e "propriamente cristão", e os outros três, morais. No evangelho de João flagra-se a relação de Jesus "com Deus e sua comunidade, sua relação com o Pai, e como seus seguidores podem ser um com ele" (Hegel, 1970, I, p. 301).

Kant estava certo em identificar, na moral de Jesus, uma autonomia da vontade. A boa vontade, fazer o bem querendo, com vontade de fazer o certo e não apenas pela obrigação, muito menos por medo (Hegel, 1970, I, p. 322-324). Deixou de explicar, contudo, a parte religiosa, o amor, que muito certamente era o coroamento e o sentido último da doutrina moral. Essa completude, πλήρωμα revelado por Cristo, não aparece na moral kantiana.

De caráter metafísico, o Cristianismo choca ao inaugurar uma positividade religiosa que aponta para a unidade absoluta, transcendendo completamente o horizonte menos metafísico das religiões. Para um criminoso, por exemplo, a sociedade e o Estado prescrevem apenas a punição; para o Cristianismo, contudo, o ser espiritual desse homem é inefável, tendo em vista a dimensão dilatada de sua pessoalidade na unidade infinita. Seu destino "metafísico" pode nos surpreender quando o supomos associado ao destino social do ladrão, como perfeitamente exemplificado em *Os miseráveis*, de Victor Hugo (Hegel, 1970, I, p. 335-346). Conversivamente, o jovem rico e ilustrado que se oferece de boa vontade para seguir Jesus pode se revelar inapto ao ingresso no Reino de Deus, quando lhe é demandado vender tudo o que tem e distribuir aos pobres. Essa exigência, que Jesus não fez à maioria de seus discípulos, se impunha exatamente como teste ou limite àqueles que não podiam transitar da consciência mundana à espiritual. Uma importante mensagem do Cristianismo é justamente a radicalidade dessa virada de consciência, e que não se pode olhar para trás após tomar o arado.

Outro elemento relevante do Cristianismo é o seu Idealismo intrínseco. O amor ao próximo não é amor à particularidade e individualidade, e sim à humanidade no próximo (Hegel, 1970, I, p. 361). Amo o próximo como corolário do amor de Deus, pois é sob o conceito de Deus que o próximo se torna irmão e divino em sentido ideal. O bicho bebe sua água, e, na sociedade, aprendemos que cada um tem o seu copo e o seu pão, mas Jesus ensina que, em espírito, somos um com aqueles a quem amamos, e nessa consciência de unidade, o copo e o pão são divididos por todos, convertendo-se em um e mesmo propósito, um e mesmo sentimento, que é espiritual (Hegel, 1970, I, p. 365-367).

O elemento supremo e derradeiro, contudo, e aquele que sintetiza os demais, é o da união de Jesus com Deus, através da qual Jesus revelou a concretude do divino, e a efetividade da ideia. Na comunhão divina entre Jesus e o Pai está expressa a identidade sem supressão da diferença. Ao dizer "vinde a mim", "onde dois estiverem, aí estarei eu", "quem vê a mim, vê ao Pai" ou "eu sou a luz do mundo", rompeu com as ideias judaicas – para não dizer universais – sobre a alienação do homem em relação ao absoluto. Permitiu aos discípulos conceberem união dialética com ele e com o Pai, e uns com os outros, ao invés de submissão a uma noção metafísica estranha (Hegel, 1970,

I, p. 379-391). É no amor, então, que a espécie humana encontra consolo para sua autoimposta alienação; sente-se, pela primeira vez, em casa no cosmo, integrado às alturas e ao pó.

Esclarecendo a carta à Schelling (Hölderlin, 1961, VII/2, p. 19), quando disse que se aproximava o Reino de Deus, Hegel deixa claro que não tem uma noção mágica da chegada de uma intervenção externa, e sim de uma escolha da humanidade, dos indivíduos e da sociedade, de fazer valer a lei moral (Hegel, 1970, I, p. 398). Essa escolha precisa ser construída pela ação social, que, na linguagem bíblica, é referida como a comunidade.

Não se creia, por toda essa dedicação, que o texto tenha teor apologético. A abordagem de Hegel nunca é efetivamente teológica, em um sentido estrito da palavra, e está na fronteira entre a história da religião, a ciência da religião e a filosofia da religião. Apenas não existiam essas disciplinas na concepção que se consolidou cerca de um século depois, de modo que falar da Bíblia ou do Cristianismo era, muitas vezes, entendido como falar de teologia, teologicamente. Considerando-se as visões da teologia natural ou da teologia liberal, esses textos de juventude também não estão tão fora do escopo disciplinar teológico.

De qualquer forma, chama atenção o fato de o autor ter se dedicado tão intensamente ao estudo do Cristianismo e das Escrituras, ainda que de uma perspectiva tão secular e filosófica. Acrescentando a isso o fato de que seus únicos outros textos do período Berna-Frankfurt foram sobre política e constituição, é possível inferir que Hegel, à luz de Herder, Schiller e/ou Lessing, julgou necessário investigar a religião positiva, para que também ela refletisse o esclarecimento propiciado, principalmente por Kant, acerca da religião subjetiva.

5.2 Hegel em Jena; tomada de posição na *Differenzschrift* e em *Fé e saber*

A leitura dos *Discursos sobre religião*, de Schleiermacher, causou imenso e quase imediato impacto em uma grande quantidade de autores, especialmente os de inclinações românticas e idealistas. Schleiermacher mostrara que: 1- todos haviam perdido o senso do que é próprio na religião, e 2- com isso, todos haviam errado o alvo em suas múltiplas interpretações da religião, alguns apenas um pouco, outros muito.

Não que esses trabalhos das décadas de 1780 e 1790 não fossem frutíferos e verdadeiros em seu próprio propósito, mas a obviedade de sua inadequação, a percepção do viés iluminista e secularizante que daí advinha, perturbou muitos dos que, até então, dedicaram-se primariamente aos estudos da religião. É bem provável que essa seja uma das causas do desvio de Hegel para a metafísica, embora, como vimos, seus escritos teológicos estavam já longe de serem pouco metafísicos.

A Disputa sobre o ateísmo de Fichte (*Atheismusstreit*, 1799) e a perda de seu cargo na Universidade de Jena tiveram não menor força sobre as consciências. Para alguém que ingressara no barco do Idealismo, e que tinha textos com uma visão no mínimo secular do Cristianismo, uma pequena mudança de foco deveria ter soado como prudente.

Especulação à parte, é ainda mais correto afirmar que Hegel nutria há algum tempo a pretensão de contribuir sistematicamente com o Idealismo.

Emulando os antigos, a quem tanto admirava, evita começar de forma inteiramente independente, e produz minuciosos comentários aos clássicos do momento.

A oportunidade de se dedicar inteiramente ao Idealismo de Fichte e Schelling se apresentou a partir de janeiro de 1801, quando o filósofo chega a Jena. Depende muito de Schelling, que o introduz à vida social e cultural da capital da filosofia, e, inclusive, o convida muitas vezes para o jantar. Enquanto se prepara para a vaga de docente na universidade, com tese sobre a órbita dos planetas, Hegel se familiariza com o recente *Sistema do Idealismo transcendental*, de Schelling.

O mundo não tinha visto nada como a Universidade de Jena. Era hábito dos alemães concentrarem esforços em uma universidade, mas os grandes nomes de Halle estavam espalhados por um período de mais de meio século, os de Jena, em uma década. A atuação de Goethe no ministério da cultura foi um dos episódios políticos e culturais mais importantes do final do século XVIII, e ele gozava de amplo apoio político e autoridade intelectual (Dilthey, 1921, p. 192). Não é, portanto, que Sorbonne ou Oxford não tenham tido nomes tão ilustres, mas só em Jena estavam todos os grandes filósofos quase simultaneamente. Houvesse duas cátedras a mais, isso poderia ter acontecido.

Kuno Fischer assim se expressou sobre a relação entre Schelling e Hegel em Jena: "Na doutrina da identidade, Schelling e Hegel estavam juntos, o amigo mais velho figurava como assistente e discípulo do mais novo" (Fischer, 1902, p. 145). Uma forma intensa e levemente exagerada de expressão, mas não inverídica. Apesar dessa relação hierárquica, Hegel não tinha vocação para copista, e era desde sempre um intérprete original dos sistemas que defendia.

Klaus Düsing, um intérprete conhecido por expressões fortes, afirmou que "pela primeira vez na história da nova filosofia", a saber, no ano de 1801, foi apresentado "o programa de uma metafísica absoluta"; ou seja, um modelo teórico capaz de devassar e pormenorizar "o entendimento racional" e o colocar em relação com uma "explicação sistemática do absoluto" (Düsing, 1980, p. 25).

O *Diferença entre os sistemas filosóficos de Fichte e de Schelling*, apelidado de Escrito da diferença (*Differenzschrift*) é um produto do momento e do contexto histórico. O que interessava fazer, filosoficamente falando, era justamente explicar pormenorizadamente as distinções entre os sistemas idealistas de Fichte e de Schelling. Não havia forma melhor de ingressar na discussão em grande estilo, especialmente tendo uma posição original a oferecer. Hegel tinha.

O Escrito da Diferença começa por reconhecer a noção (schellinguiana) de identidade, e que a filosofia de Kant, ao menos em seu espírito, deveria caminhar nessa direção. Kant foi, sem dúvida alguma, o pai da noção idealista de identidade, por ter radicado no sujeito uma nova forma de unidade, a unidade total do pensamento (Houlgate, 2006, p. 13). Querendo avançar, contudo, os idealistas viram nessa unidade algumas limitações remanescentes, que impediam uma maior e mais plena unidade metafísica. Na *Crítica da razão pura*, a identidade estava restrita ou impossibilitada de duas maneiras: estava limitada ao entendimento e sua estrutura formal/lógica, e está estranhamente cindida entre esse formalismo e um reino sensível, encoberto pelo véu do Ceticismo, que confirma a não identidade entre sujeito e objeto. Consequentemente, "a não identidade é elevada a princípio absoluto" (Hegel, 1970, II, p. 9). Começar com essa dura crítica a Kant, na segunda página, não era pouca ousadia para a época.

Como primeira proposta consistente de solução, temos a filosofia de Fichte:

> O puro pensar de si, a identidade do sujeito e do objeto na forma do Eu = Eu, é o princípio do sistema de Fichte, e se se apega diretamente a esse princípio, como a filosofia kantiana e sobre o princípio transcendental que jaz no fundamento da dedução das categorias, tem-se o princípio da especulação expresso de uma maneira sagaz. Tão logo, porém, a especulação emerge do conceito por ela mesma criado, e se elabora como sistema, abandona a si mesma e o seu princípio, sem retorno. [...] O absoluto do sistema só se mostra na forma de aparência concebida na reflexão filosófica, e essa determinação, que lhe foi dada através da reflexão, e, consequentemente, finitude e oposição, não serão canceladas. O princípio, sujeito-objeto, se revela um sujeito-objeto subjetivo (Hegel, 1970, II, p. 10).

A esta altura, essa era a crítica de Schelling a Fichte, focada na percepção de que o absoluto fichteano não incluíra a objetividade. A isso, Hegel soma a crítica romântica, trazendo em favor do projeto idealista o vigoroso impulso rumo a um pensamento e uma cultura capazes de abarcar mais adequadamente o sentimento e o mistério, a arte e a religião, ou seja, as formas através das quais o ser apela aos homens (Hegel, 1970, II, p. 12).

Da filosofia não seria adequado dizer nem que progride nem que seja peculiar. Ora, a verdade não progride, o que progride são os discursos e a forma de se apresentar. Da mesma maneira, o que é peculiar em uma filosofia dificilmente tem a ver com a parte que interessa, do ponto de vista filosófico, e sim com o modo de organizar e expor o sistema (Hegel, 1970, II, p. 13-18).

> O que é verdadeiramente peculiar em uma filosofia é a interessante individualidade com que a razão se organizou a partir dos materiais de construção de determinada época; a razão especulativa, em sua especificidade, encontra aí o espírito de seu espírito, a carne de sua carne, contempla-se nela como uma e mesma, e, ao mesmo tempo, como outro ser vivente. Cada filosofia é completa em si mesma, e, como a verdadeira obra de arte, tem em si a totalidade (Hegel, 1970, II, p. 18).

Escrevendo após a grande refundação da filosofia, executada pela *Crítica da razão pura*, e acompanhando os desdobramentos desse movimento em sucessivas tentativas de refundação ou reexposição da filosofia, Hegel estava muito consciente da imperiosa necessidade de começar com uma definição de filosofia – dir-se-ia, hoje, metafilosofia – que servisse de pórtico para a metafísica, para as definições primeiras. Se é verdade que "o absoluto precisa ser construído para a consciência" (Hegel, 1970, II, p. 24), então, indiscutivelmente, deve-se explorar ou criar ferramentas adequadas para tanto. O filósofo jamais perderá de vista esse princípio. O absoluto não é encontrado ou alcançado, mas *construído para* a consciência.

A reflexão considera e fiscaliza o entendimento, ferramenta mais cega e não recursiva. Assim, a reflexão acompanha e qualifica as tarefas de separar e contrapor, dos juízos, e "enxerga" o movimento do que é posto e de seu respectivo contraposto. O entendimento "produz o determinado, e o determinado pressupõe um indeterminado" (Hegel, 1970, II, p. 25), de modo que, sozinho, o entendimento topa com o nada – *omnis determinatio est negatio* (Hyppolite, 1974, p. 151). Não sabe de onde vem ou para onde vai o seu trabalho. Saber isso é a função da razão, não de seu servo. O entendimento calcula o que e como. Diante de paradoxos, para. A razão não para diante do apuro, pois é aquela instância que lida com o problemático e enigmático do pensamento. É a razão que pergunta "quem sou eu", ou "por que penso o que penso."

O esforço da reflexão, contudo, acaba por produzir uma figuração, negativa, do absoluto. Isso porque, embora superior e relativamente mais "livre", a reflexão está ainda pensando a unidade "nos termos do entendimento" (Hegel, 1970, II, p. 40). O saber da unidade fora desses termos caberia a uma intuição. Não, evidentemente, uma intuição sensível, mas uma intuição transcendental.

Pois bem, esse tanto Fichte realizou: "O fundamento do sistema fichteano é a intuição intelectual. O pensamento de si, pura autoconsciência do Eu = Eu, Eu sou. [...] O Eu é essa identidade do sujeito com o objeto" (Hegel, 1970, II, p. 51).

A proposta de Fichte, contudo, é a de um "sistema da subjetividade absoluta" (Hegel, 1970, II, p. 61), que explicita e serenamente deixa de fora o ser. "O subjetivo, sim, é sujeito = objeto, mas o objetivo não é" (Hegel, 1970, II, p. 62).

Consequentemente,

> A *natureza*, com isso, é essencialmente morta e determinada, tanto em sentido prático quanto teórico. Nesse aspecto, ela é a autorrestrição intuída, ou seja, o lado objetivo da autorrestrição; já que é deduzida como condição da autoconsciência e posicionada a fim de explicar a autoconsciência, acaba sendo apenas algo posto a serviço da explicação através da reflexão, produto da idealidade. Se, por força de que a autoconsciência comprovadamente é condicionada por ela, lhe for dada uma mesma dig-

nidade de independência, ainda assim, por ser ela posta pela reflexão, sua independência é de todo modo aniquilada, e seu caráter não passa daquele da contraposição (Hegel, 1970, II, p. 75).

Não se pode negar que, para Fichte, a natureza seja essencialmente negativa (Coelho, 2023). O resto da exposição de Hegel é competente, conquanto sintética e, a bem da verdade, um pouco repetitiva. Um capítulo bem menor é dedicado a Schelling. Neste, o autor começa por afirmar que é o princípio da identidade "o princípio absoluto de todo o sistema de Schelling", e que essa identidade significa que "tanto sujeito quanto objeto precisam ser postos como sujeito-objeto" (Hegel, 1970, II, p. 93). Fichte teria apresentado, então, uma meia identidade e um meio absoluto.

É natural e necessário que a filosofia analise o entendimento, e que, no escopo do entendimento, reconstitua sua gênese em semelhante "meia identidade." Permanecer na não identidade, contudo, ser-lhe-ia fatal enquanto filosofia, pois, com isso, a filosofia teria aceitado não falar do todo, da verdade. O absoluto deve ser, para o filósofo, "identidade entre a identidade e a não identidade" (Hegel, 1970, II, p. 95).

A execução da proposta é um pouco mais complexa – na verdade não encontrará sua forma acabada nesse escrito – e passa pela consciência da limitação intrínseca da reflexão, e que toda unidade por ela constituída não pode ser senão identidade formal, produto de uma abstração do modo de pensar do entendimento (Hegel, 1970, II, p. 97).

> Se a contraposição ideal, inteiramente abstraída da identidade absoluta, é a obra da reflexão, uma contraposição real será obra da razão, a qual põe os contrapostos da identidade e da não identidade como idênticos, não apenas na forma do entendimento, mas também na forma do ser. Somente essa contraposição real é aquela em que sujeito e objeto, postos enquanto sujeito-objeto, consistem ambos no absoluto, em ambos o absoluto, portanto, em ambos a realidade. Por isso é que somente na contraposição real o princípio da identidade é um princípio real; se a contraposição é ideal e absoluta, então a identidade permanece mero princípio formal, só estando posta em uma forma da oposição, e não consegue se fazer valer como sujeito objeto. A filosofia cujo princípio é formal será ela mesma filosofia formal, como Fichte dissera alhures: que, para a autoconsciência de Deus – uma consciência na qual tudo seria posto através da posição do Eu – seu sistema só estaria formalmente correto (Hegel, 1970, II, p. 97).

A filosofia da natureza, contínua, teria apresentado uma forma oposta de ver a realidade, a partir da objetividade, mas ainda consciente das transcendentalidade do saber. Com isso, a filosofia chegou a ter dois sistemas, ou dois modelos de explicação da realidade, os quais precisavam ser reconstituídos no absoluto. Esse movimento produziu expressivo ganho, pois, sendo liberdade e necessidade os elementos fundantes dos sistemas (Hegel, 1970, II, p. 106), agora dispunha-se de um modelo sério da liberdade e um modelo sério da necessidade.

Não é coisa banal que a conciliação entre essas esferas da realidade tenha dependido, tanto para Fichte quanto para Schelling, de uma intuição intelectual. Hegel percebeu, já desde o Escrito da Diferença, que essa intuição intelectual precisaria ser melhor qualificada, pois refletia apenas uma forma didática e quase metafórica de dizer que a razão encontra uma unidade na contradição e na diferença (Hegel, 1970, II, p. 114).

Mesmo não sendo nada simples, o Escrito da Diferença possibilitava a comparação mais explícita entre os sistemas de Fichte e Schelling, cumprindo importante e inequívoco papel cultural.

Apenas dois meses após a publicação do Escrito da Diferença, Schelling publica a *Exposição do meu sistema da filosofia*, imprimindo um novo e mais acabado tom ao sistema da identidade.

Talvez por conta desse texto, Hegel teve acesso aos encontros até então restritos a Goethe e Schelling. Em duplas, os três conversam muito sobre Espinosa e Leibniz em diversas ocasiões (Haering, 1938).

Hegel e Schelling passam a editar juntos o *Jornal crítico de filosofia* (*Kritisches Journal der Philosophie*) em 1802. O jornal dá a ambos a oportunidade de reagirem a outros textos, além de explorar temas que, naquele momento, não mereceriam um livro próprio. Entre as contribuições de Hegel, acabam surgindo dois textos maiores e de mais impacto: *A relação do Ceticismo com a filosofia* e *Fé e saber*. No primeiro, o autor basicamente reage ao recente (1801) livro de Schulze contra a filosofia especulativa: *Crítica da filosofia teórica*. Além de destacar vários erros conceituais e históricos, a tese do livro errava o alvo, interpretando mal a guinada idealista para a especulação.

Em *Fé e saber*, Hegel retorna à questão da religião, mas segundo uma preocupação principiológica. Não se trata mais, portanto, de filosofar sobre a religião ou sobre a teologia, e sim pensar sistematicamente a relação entre a filosofia e a religião. Essa relação, ele reconhece, sofreu uma inversão da Idade Média para a Modernidade. A filosofia era a serva da teologia, hoje é a mestra. Hegel observa, contudo, que muitos têm aproveitado essa inversão de papéis para estabelecer uma espécie de "tirania" da razão sobre a fé (Hegel, 1970, II, p. 286-287).

Na linha de seu pensar acentuadamente histórico, o filósofo investe, novamente, em um passeio guiado pelos clássicos de seu tempo; desta vez, serão expostas as filosofias de Kant, Jacobi e Fichte. É um erro supor que isso signifique uma abdicação da originalidade em favor do comentário[91]. *Fé e saber*, ainda mais que o Escrito da Diferença, usará o comentário em favor de uma tomada de posição clara e própria, deixando claro, ao menos nas entrelinhas, que Hegel também quer e caminha rumo ao *seu* sistema.

Os três grandes autores de fins do século XVIII estão unidos por uma preocupação cética, que, para Hegel, é um reflexo dos tempos. A negatividade ou a "não filosofia" do Iluminismo francês produziu um culto ao não ser, à pura abstração do pensamento que se reconhece incapaz de encontrar suas origens, e se basta em observar, catalogar e estabelecer arranjos. Os filósofos alemães, grupo do qual esses três nomes são excelentes exemplos, concluíram que um salto de fé é necessário, e não casualmente, mas na base do processo do saber. Com isso, os filósofos alemães perceberam que o Iluminismo caminhou em uma direção aproveitável para o Protestantismo, o qual enfoca a subjetividade e a "construção dos templos e altares no coração do indivíduo" (Hegel, 1970, II, p. 288). A verdade, para o protestante, não se encontra lá fora.

Para combater o movimento empirista inconsequente – sem fundamentação – a filosofia alemã construiu sistemas da possibilidade formal, esgotando, no reino do não ser, as possibilidades da forma.

> A filosofia kantiana levantou todo o lado objetivo dessa esfera: o conceito absoluto, existente simplesmente para si enquanto razão prática, é a mais elevada objetividade do finito, absoluto enquanto idealidade

---

[91]. Na verdade, esse é considerado o primeiro trabalho francamente autoral e original de Hegel, ao passo que os outros, ainda quando bastante originais, tinham caráter resenhístico (Jaeschke, 2016, p. 126).

postulada em e para si. A filosofia jacobiana é o lado subjetivo: ela constrange a contradição e a identidade absoluta postulada na subjetividade do sentimento como uma infinita nostalgia e uma dor incurável. A filosofia fichteana é a síntese das duas; provê a forma da objetividade e os princípios, como Kant, mas, ao mesmo tempo, coloca o conflito da pura objetividade contra a subjetividade como uma aspiração e uma identidade subjetiva. Para Kant, o conceito infinito é posto em e para si, e somente ele reconhecido pela filosofia; para Jacobi, o infinito aparece como afetado pela subjetividade, como instinto, impulso, individualidade; para Fichte, o próprio infinito influenciado pela subjetividade é tornado objetivo através do dever e do esforço (Hegel, 1970, II, p. 295).

Assim, as filosofias de Kant e Fichte "elevaram-se ao conceito, mas não à ideia" (Hegel, 1970, II, p. 295); a de Jacobi deu ao mesmo problema resposta inteiramente negativa, reconhecendo, no esforço formal de busca por um conceito, uma solução vã. A filosofia, como sistema da egoidade, desistiu da verdade objetiva sob o signo da coisa-em-si. Ficou relegado à fé o discurso sobre um *além* onde residiria a verdade, um além do discurso e do entendimento.

Em Kant, que começou esse movimento, o absoluto aparece em sua mais formal expressão como unidade sintética. Essa unidade sintética, por sua vez, é propiciada pelo eu, o elemento unificador supremo por força de seu "ponto de vista", já que todo pensamento e toda percepção são constituídos pela subjetividade[92].

Esse modo de pensar conduzirá fatalmente ao pensamento antinômico, e, mais especificamente, à forma através da qual Kant propõe que as antinomias sejam resolvidas ou tratadas. Hegel destaca que essa é uma forma puramente negativa, em que meramente se atesta a impossibilidade de se reconciliar liberdade e necessidade[93]. Evidentemente, essa é uma não solução, que apenas reforça o fato de que a unidade do sistema kantiano não é unidade absoluta, e sim uma desunião subordinada à unidade do intelecto consigo mesmo. Como resultado, a fé que Kant pode oferecer é uma fé puramente subjetiva e formal, que, justamente, nada diz sobre a realidade do que postula. Os elementos mais altos a que a razão chega como nexo de sentido de todo

---

92. (Hegel, 1970, II, 306).
93. (Hegel, 1970, II, 319-320).

o seu esforço (Deus e imortalidade da alma) não podem ser ditos da realidade, não correspondem a nada concreto, são apenas conceitos a que chega necessariamente a razão em sua busca por sentido, completude e unidade.

Seguindo a proposta de Kant, Jacobi tem uma visão subjetivista do papel da filosofia. Um bom quinhão de sua importância está em olhar para trás, especificamente para Hume e para Espinosa, e identificar o pensamento (iluminista) como um caminho sem saída. Em seu colapso ou derrocada, a filosofia moderna produziu o mecanicismo e o ceticismo, frutos, ambos, da fragmentação da consciência e de sua incapacidade de reconstituir a verdade em sua integridade. Para Jacobi, contudo, esta seria a sina da razão, incapaz que é de alcançar o que só a revelação pode oferecer.

Se o entendimento constrói um mundo "para si", mecanicista, a razão, igualmente, constrói um Deus para si, puro ideal[94]. Por isso, a fé de Jacobi tem um peso ontológico que falta à fé de Kant. O conceito de fé, Jacobi percebe, precisa ser o conceito da negação da própria consciência. Não tanto um produto da consciência e da subjetividade, como o fez Kant, mas um salto para além da consciência e da subjetividade (Hegel, 1970, II, p. 380-390). Uma afirmação de que a subjetividade se esgota em seus esforços, sem alcançar a realidade, a verdade; e precisa, humildemente, admitir uma confiança para o que está além de suas forças. Assim como a fé tem papel escatológico na religião – e o texto de Hegel termina citando os *Discursos* de Schleiermacher – o papel que Jacobi lhe dá na filosofia é o de "colar" subjetividade e realidade.

Um passo adiante de ambos, Fichte conseguiu conciliar o saber e o não saber, o finito e o infinito, o Eu e o não Eu, embora o tenha feito de modo inteiramente subjetivo e formal. "Quando, segundo o Idealismo fichteano, o eu não sente e intui coisas, intuindo apenas seu próprio sentir e seu próprio intuir, só sabendo sobre o seu próprio saber, então o Eu = Eu é a pura atividade vazia, puro e livre agir do primeiro e único sabido, e de modo algum enquanto puro saber, e pura intuição, e puro sentir" (Hegel, 1970, II, p. 396).

Embora sumamente original, a proposta de Fichte, de que a objetividade deriva da subjetividade como uma necessidade intrínseca, deixa de explicar por que, afinal, isso aconteceria. Além do mais, toda a sofisticada e mira-

---

94. (Hegel, 1970, II, 373).

bolante proposta de Fichte soa a Hegel um recurso *ad hoc*, que resolve um problema posto pela consciência em sua experiência mais básica de estranhamento diante do "outro" que é a realidade; consciência esta melhor expressa por Kant no conceito da coisa-em-si.

Fichte resolvera o problema da unidade borrando a fronteira entre subjetividade e objetividade. Com isso, fez da natureza um simulacro do sujeito, capaz de explicar a relação lógica deste com ela, mas não a sua real contraposição à subjetividade. A ciência exige mais; exige que o intelecto entre em confronto sério com o desconhecido, que seja capaz de se surpreender com o que é mostrado pela natureza – como defendera Goethe – e que o esforço do intelecto para acomodar para si o que a natureza diz seja legitimamente trabalho, isto é, embate e construção ciente tanto da obscuridade da natureza quanto do caráter subjetivo da teoria.

O livro termina com um desafiador e visionário parágrafo, que, além de exemplificar os temidos períodos sem pontos finais, é um bom prenúncio do gosto consolidado por sínteses de longas cadeias de pensamento:

> Destarte, as supracitadas filosofias refundiram o dogmatismo do ser no dogmatismo do pensamento, a metafísica da objetividade na metafísica da subjetividade; o velho dogmatismo e a metafísica da reflexão foram reconduzidos para adquirir um colorido de interioridade, segundo uma cultura nova e modista; a alma enquanto coisa seria o Eu, enquanto razão prática, seria a absolutidade da personalidade e particularidade do sujeito – o mundo, porém, passaria de coisa ao sistema das aparências ou das afecções do sujeito e das realidades cridas –; o absoluto, por sua vez, enquanto aquilo que é absoluto e objeto absoluto da razão, transformado em um além absoluto do conhecimento racional, e, com essa metafísica da subjetividade, enquanto outras de suas expressões nem mesmo contam, perpassou todo o seu ciclo de formas nas filosofias kantiana, jacobiana e fichteana, delineando o em que consiste a educação, isto é, o absoluto e individual posicionar das dimensões da totalidade e a elaboração de cada uma dessas dimensões em sistema, plenamente apresentado e, com isso, concluindo a educação; então, imediatamente toma lugar a possibilidade externa de que a verdadeira filosofia, que emerge dessa formação e que destrói a absolutidade das finitudes, apresente-se, ao mesmo tempo, como fenômeno completo e em toda a sua riqueza, a qual se subordina à totalidade (Hegel, 1970, II, p. 429).

O famoso e controverso estilo hegeliano de escrita dá as caras pela primeira vez. Gosto à parte, no entanto, essa inovação estilística é perfeitamente compatível com o programa filosófico do autor: a exposição dialética e orgânica da totalidade[95]. Existem situações "A ou B" na vida, mas o mundo é "A e B", e Hegel refina a linguagem para que ela possa expressar mais seriamente essa consciência.

O grande filósofo era conhecido por só escrever o que falava nas aulas, e só falar nas aulas sobre o que havia escrito. Considerando isso, é relevante observar que a evolução de sua escrita acompanha a evolução de suas aulas. Em Jena, se dizia que Hegel era mau orador, "mas estava melhorando" (Jaeschke, 2016, p. 21). Ao final de sua vida, os comentários de seus estudantes e amigos mais próximos se tornaram bem mais reverentes.

Se Kant devassou o *modus operandi* do hemisfério esquerdo do cérebro, a analiticidade, não deixando de reconhecer que os grandes desafios são função do hemisfério direito, agora era hora de mapear esse aspecto inexplorado ou, ao menos, não esclarecido da mente, para o qual os românticos profeticamente apontaram, mas não chegaram perto de começar a entender. E não entenderam, não porque lhes faltasse capacidade, mas porque escolheram chamar de sentimento o que ultrapassa o escopo do entendimento, de certo modo obedecendo o cânone de Kant. Hegel chamou esse "sentimento" de razão, e, com isso, chegou bem mais longe.

Em 1805, Schulze deferiria novo ataque ao sistema da identidade e ao Idealismo em geral, através do livro *Momentos capitais do modo de pensar cético acerca do conhecimento humano*. Como de costume, a posição de Schulze era errática, mas ele também levantava, mais uma vez, um ponto a ser respondido; mostrava que o sistema da identidade era vago, baseado em uma indefinição, a partir da qual sujeito e objeto são desdobrados de forma mirabolante. A forma como Schelling e Hegel reagiriam a essa crítica marcaria a divisão de suas trilhas filosóficas.

Schelling achou por bem não responder a Schulze, seguindo placidamente com sua posição, mas Hegel, ao contrário, levou a crítica a sério, dando o passo decisivo para fora do "indiferentismo" schellinguiano (Oliveira, 2019,

---

95. "Como Wagner, Hegel é um mestre da economia, que nunca gasta palavras e que só produz obras longas por ter muito a dizer" (Houlgate, 2006, p. 2).

p. 168-169). "Da primavera de 1801 até o surgimento da *Fenomenologia* no ano 1807, os dois idealistas pareciam, aos olhos do público, defender o mesmo sistema. No *Jornal Crítico de Filosofia*, eles conduziam uma luta comum contra a filosofia dominante da época" (Dilthey, 1921, p. 198). Essa impressão foi aniquilada com a publicação da *Fenomenologia do espírito*, que deixou claro que Hegel vinha se afastando de Schelling e construindo uma visão própria há alguns anos.

5.3 A Fenomenologia do Espírito

Os textos sistemáticos de Hegel, ao longo dos anos de 1803 e 1805, revelavam tanto o seu desejo de independência quanto a sua preocupação crescente em dar resposta direta aos problemas (antissistemáticos) levantados por Schulze e Jacobi, entre outros.

Unindo o mais complexo conteúdo possível (a totalidade) e uma das mais complexas formas de apresentação já concebidas, a *Fenomenologia* inaugura a fase madura da produção de Hegel. Daí em diante, todo e cada texto será virtualmente irreproduzível, exigindo estudo paciente e contextualizado. Livros grossos se propõem a esmiuçar ou, ao menos, apresentar um livro ou uma mera seção de um livro de Hegel, e a maioria dos especialistas considera tais "introduções" ou positivamente erradas ou muito insuficientes e enviesadas.

No semestre de inverno 1806-1807, Hegel conduziu uma disciplina com o seguinte título: *Logicam et Metaphysicam s. philosophiam speculativam, praemissa Phenomenologia mentis ex libri sui*: System der Wissenschaft, *proxime proditura parte prima* (Horstmann, 2014, p. 47). Como o título revela, a relação entre lógica e metafísica é intrínseca ao projeto de uma "fenomenologia da mente" que seja "sistema da ciência."

Síntese e superação do Iluminismo, a *Fenomenologia* consegue, ao mesmo tempo, celebrar e justificar a emancipação humana, e harmonizar o indivíduo com a ordem total da realidade, natural e cultural[96]. A esse processo de conciliação das diferenças e oposições, sem as suprimir, chamamos dialética. Hegel é um nome de peso na história da dialética por resgatá-la da noção

---

96. Nesse sentido, Ernst Bloch falará de um "caráter fáustico" na *Fenomenologia* (Bloch, 1961, p. 158-165).

meramente dialógica do jovem Platão em favor da mais sofisticada técnica de acomodação lógica da diversidade e da diferença, nos diálogos platônicos maduros: *Sofista, Parmênides* e *Filebo* (Gadamer, 1961, p. 174-175; Berti, 2013). Esse modo de pensar a complexidade orgânica Hegel associou muito bem à incomparável profundidade da subjetividade cristã (Schlösser, 2015), do que resultou uma dialética contemporânea e adequada à constituição consciencial da realidade.

a) Introdução e Consciência

Intimidador quanto possa parecer, o vasto e reflexivo prefácio da *Fenomenologia* é um modelo de síntese e propedêutica. Nele, Hegel antevê as principais dificuldades que o leitor possa encontrar no texto, e faz uma análise sintética ímpar da tarefa da filosofia. Se, como estabelecido pelas críticas de Kant e consolidado pela *Doutrina da ciência*, uma das maiores tarefas da filosofia é o aclaramento de sua própria função, o prefácio da *Fenomenologia* já valeria como uma obra significativa.

É com esse propósito em mente que ele começa: "onde poderia estar expresso o núcleo de um escrito filosófico além dos fins e resultados do mesmo, e de que outro modo se reconheceria sua especificidade senão através de sua diferença em relação àquilo que os tempos produziram na mesma esfera?" (Hegel, 1970, III, p. 12). Contudo, é preciso expandir e aprofundar o significado dessas três palavras: fim, resultado e diferença, pois um assunto "não se esgota em seu fim, e sim, também, na execução", o resultado "não é a realidade toda", exigindo também a companhia do devir, e a diferença precisa ser entendida como "uma fronteira" da coisa ou do assunto (Hegel, 1970, III, p. 12), uma fronteira a partir da qual a identidade do objeto termina e dá lugar a outros. Essa fronteira é de suma importância, uma importância ainda não devidamente observada, talvez melhor trabalhada por Platão e Aristóteles do que por qualquer autor posterior, pois, ao cunharem os dois primeiros sistemas filosóficos, esses autores foram forçados a perceber que a diferença é uma identidade relacional.

O aprofundamento conceitual exigirá maior rigor terminológico, e uma relação orgânica entre os conceitos. A filosofia moderna vinha apresentando seus elementos como unidades discretas e princípios bem definidos, mas as transformações impostas pela biologia e pela história – cada vez mais sociológica e antropológica – fomentavam outra visão da ciência, mais orgânica e mais dinâmica. Consequentemente, à verdade deve corresponder uma "forma verdadeira", a qual, para Hegel, só pode ser a forma do "sistema científico" (Hegel, 1970, III, p. 13). "Coroamento da vida espiritual" (Hegel, 1970, III, p. 18), a ciência é o esforço supremo da consciência para trazer o mundo à transparência, nos termos da própria consciência. Nas outras grandes atividades do espírito, como a religião e a arte, embora o espírito chegue à verdade, chega de uma maneira inexata, vaga ou intuitiva. Na ciência, a verdade é realizada enquanto tal.

Em uma clara alusão ao sistema da identidade, de Schelling, o terceiro filósofo idealista assevera que um absoluto indiferenciado, "para o qual tudo seja o mesmo", assemelhar-se-ia a uma noite na qual todas as vacas são pretas (Hegel, 1970, III, p. 21); isto é, não há, efetivamente, ciência alguma. Esse erro, enfatiza, decorre de uma insistência em se aplicar a chave substancialista à metafísica da subjetividade, como se apenas na forma a metafísica tivesse invertido as posições entre sujeito e substância, permanecendo na busca de algo alheio, incognoscível. Ora, a verdade tem de ser sujeito, não mais substância (Hegel, 1970, III, p. 21-22).

Para que assim seja, a verdade tem também de ser o todo, e não um todo formal, pressuposto, e sim um todo "desenvolvido como resultado" (Hegel, 1970, III, p. 23), o qual, por sua vez, carrega na essência a finalidade que denota a inteligência do fazer científico. Unidas estão a coisa e seu porquê, de modo que a verdade não brota só de um encontro com o outro, mas também de um retorno da consciência a si, com uma conclusão do que é *para si* (Hegel, 1970, III, p. 25).

O caminho da substância ao espírito é o da passividade à atividade, do dado à consciência, do em si ao para si, e "só o espiritual é o real" (Hegel, 1970, III, p. 27). Essa filosofia tem a vantagem de chegar ao espírito e à absolutidade sem os pressupor de início. Ao contrário, parte do dado, do finito, do discreto e alienado para crescer dialeticamente em busca de uma compreensão consistente de como os discretos se apresentam, como e por que se relacionam (Taylor, 1975, p. 97-99). Desmentindo praticamente todas as críticas já lançadas ao seu sistema, Hegel propõe que este pode começar de qualquer lugar, a partir de qualquer observação ou pensamento, e preferencialmente pelas impressões mais cruas. Que pensadores de tendência empirista, intuitivista ou pragmática não tenham continuado o processo filosófico até resultados semelhantes, é uma prova de que não se ocuparam suficientemente da investigação minuciosa dos estados de consciência que acompanham as percepções mais básicas. Nessas, haveria de ser ressaltada a diferença, como registro basilar da racionalidade estruturante da consciência.

A diferença não é fronteira apenas entre coisas, mas também entre as coisas e o sujeito que as concebe.

> A desigualdade que tem lugar na consciência entre o Eu e a substância, seu objeto, é sua diferença, o negativo radical. Ela pode ser vista como carência de ambos, mas, na verdade, é sua alma ou o que neles é dinâmico; por essa razão é que alguns dos antigos conceberam o *vazio* como o dinâmico/móvel (*Bewegende*). [...] Se, então, esse negativo aparece como desigualdade entre eu e objeto, será, do mesmo modo, a desigualdade da substância consigo mesma. O que parece ocorrer fora dela, parecendo atividade contra si, é seu próprio agir, e aquilo pelo que ela se mostra ser essencialmente sujeito. [...] O ser é absolutamente mediado; é conteúdo substancial que, ao mesmo tempo, é propriedade imediata do Eu, é a simesmidade, ou, o conceito. É nisso que se resume a Fenomenologia do Espírito (Hegel, 1970, III, p. 38).

Na ciência da diferença, a filosofia não pode apagar, convenientemente, a natureza dinâmica do contraste. Não pode eleger presunçosamente um princípio, uma proposição ou uma pressuposição (Hegel, 1970, III, p. 40). Verdades que dependam de pressuposições, princípios e pontos de partida, mostrou Fichte, podem pertencer às ciências, mas não constituem uma filosofia primeira, uma ciência das ciências. Esta precisa ser autoconsciente e autocrítica até os limites de possibilidade do pensamento, e mostrar como algo é proposto, não assentar sobre proposições. A matéria morta de uma proposição serve bem para balizar uma ciência, humana ou natural, mas a filosofia é de essência inteiramente espiritual, e não toma emprestadas balizas nem assenta sobre nada.

A definição de filosofia, como se vê, é um dos temas centrais já desde o prefácio da *Fenomenologia*, e Hegel sabe que um sistema tão radicalmente novo, como o seu, demanda um esforço metafilosófico comparável ao de Fichte.

A circularidade e a recursividade da consciência têm de aparecer também no ser, que é definido pela sua relação com a consciência – e exigirão método correspondente, a saber, o dialético. Deve, então, haver relação harmônica do ser consigo mesmo, sem o que ele, aliás, sequer seria pensável e, para nós, careceria de tudo o que em dado ser é essencial. Não apenas não é possível distinguir ser e saber nesse particular como, na verdade, ambos se referem um ao outro, de modo que as determinações que qualificam um ser em distinção a outro não diferem elas mesmas da forma do pensar (Hegel, 1970, III, p. 52).

A essa identidade entre o ser-aí das coisas, qualidades específicas de um dado ser, e o pensamento, Anaxágoras chamou *nous* (νοῦς), o Espírito, mas, com Platão, essa determinidade das coisas passou a ser identificada como *ideia*, "a espécie ou generalidade determinada" (Hegel, 1970, III, p. 53).

É fundamental para a compreensão da *Fenomenologia* que fique clara a relação entre realidade, generalidade e ideia, pois, segundo a proposta de Hegel, o mais real é o mais geral e o mais ideal (Hegel, 1970, III, p. 58-59). Nas ciências, a realidade aparece superlativamente na forma de leis e padrões, os quais explicam os casos particulares. Faria mais sentido imaginar a inexistência de um caso do que de um princípio, um padrão ou uma lei. Isso não quer dizer, obviamente, que faça algum sentido pensar padrões e leis abstraídos da existência concreta e material de coisas e circunstâncias.

As leis da física, da biologia, da economia ou da moralidade não se encontram prontas no espírito, ainda que o seu potencial seja latente. É preciso arrancar-lhes do potencial à realidade estruturada através de longos e extenuantes esforços, que parecem, inclusive, não ter fim, pois a humanidade segue seu aperfeiçoamento nas mais diversas artes e ciências. Com a filosofia não poderia ser diferente. Na verdade, um saber radical e geral há de ser mais difícil e desgastante que o saber pontual, por mais pormenorizado que seja este último. É bem longa a estrada que leva à cultura (Hegel, 1970, III, p. 62). Ao contrário do que pensa o vulgo, que usa a palavra para designar qualquer coisa – como todas as demais palavras nos dias de hoje – a cultura não nasce e não amadurece automaticamente; não é conjunto de atividades humanas quaisquer.

Vestir isso ou aquilo, falar este ou aquele idioma, acreditar em tal ou qual coisa, representam apenas o ponto de partida da cultura. Significam, esses elementos, que uma comunidade atingiu, pela primeira vez, os pré-requisitos para a vida espiritual. Sua plenitude, contudo, só chega com a alta filosofia, com o amor às leis justas, com a estetização do ambiente e o com o saber científico sobre os diferentes aspectos da realidade.

Fichte percebera que o pensamento é um processo com etapas, ainda que etapas fundamentalmente lógicas. Goethe foi mais longe, observando que pensamento e sensibilidade se desdobram no tempo, e que experiência não é uma recepção passiva ou fotográfica, e sim a vida da inteligência. Dando continuidade a essa linha de investigação, Hegel concebe e explica de maneira paradigmática o caráter temporal da experiência (Hegel, 1970, III, p. 77-79; Coelho, 2014).

O estudo das estruturas da mente e do pensamento já havia sido ofertado. Com a temporalização da consciência no nível da experiência vivida, contudo, Hegel inaugura uma "ciência da experiência da consciência" (Hegel, 1970, III, p. 79).

A parte analítica do texto começa efetivamente com o capítulo: *A certeza sensível, ou o isto e o opinar*, dentro da primeira seção, dedicada à consciência. Como o título já diz, trata-se da primeira impressão que se tem da coisa, estado mais primitivo do pensamento. Por essa razão, esse tipo de pensamento não apropriado foi (corretamente) tido como "inconsciente" pelos filósofos. Hegel mostra, contudo, que a consciência já contextualiza dinamicamente essa primeira e mais simples das verdades: a verdade do ser. Não se trata, como descobriu Kant, de um ser inculto e inconsciente, e sim, sempre, de algo que aparece na consciência. Apenas não se trata, ainda, de um ser pensado, conhecido e sistemicamente elevado à máxima realidade.

Em sua singularidade, a coisa evoca para a consciência uma crueza, uma pobreza do estar aí, e a consciência ainda não começou seu trabalho para organizar essa singularidade segundo características gerais. De uma forma rude, podemos dizer que não é ainda um pensamento do tipo "é um cachorro", e sim um pensamento do tipo "o que é isso?" É claro, o universal está dialeticamente implícito na singularidade do isto, ou não seria possível distinguir o isto como singular. Ele seria confundido com outros, e sequer chamaria atenção. Só entendemos que isto é um ser, uma coisa distinta, porque essa distinção da singularidade tem um caráter universal (Hegel, 1970, III, p.

82-83). A consciência, portanto, pré-organiza as coisas antes mesmo de seu exercício. Ou, dito de outro modo, começa sempre já dinâmica, já trabalhando o que se lhe ocorre.

Trata-se, sem dúvida, de uma universalidade ela mesma pobre; por um lado, a universalidade do puro ser, que não diz mais do que "esta coisa é", e o modo próprio desse ser (Hegel, 1970, III, p. 84), por outro, a universalidade do "eu vejo isto", que subordina todos os seres à unidade do Eu. Não foi o Idealismo, ou a filosofia transcendental, quem inventou a subjetividade do saber. Ela jaz tacitamente em todo pensamento, de todas as pessoas, e já estava suposta, com alguma sofisticação, nas filosofias de Sócrates e de Platão.

O erro mais comum cometido pelos não filósofos, aliás, e o que os separa da verdade, é imaginar que filósofos inventam seus sistemas como o autor de ficção inventa um mundo fantástico. Se assim fosse, não haveria diferença entre o filósofo e o literato, o romancista. Só seriam diferentes em ternos de estilos literários. Se Agostinho, Hume ou Schelling fizeram filosofia, e não ficção, é porque ofereceram alguma contribuição permanente à investigação da verdade. Pois bem, a grande contribuição do Ceticismo, pensa Hegel, foi levar ao extremo a consciência de que todo e qualquer pensamento é meu pensamento, chegando ao ponto de desesperançar da relação com o ser.

Que na certeza sensível, contudo, a coisa é coisa vista, ouvida, sentida, que hoje é dia, que a laranja está aqui e não ali, tudo isso depende desse caráter subjetivo da aparição do ser (Hegel, 1970, III, p. 85-86). Por essa razão é que discutimos com outras pessoas sobre as coisas, e dizemos ambos "não, eu vi, era assim, estava lá, foi antes" etc., e com mais frequência ouvimos "você está errado" do que "essa coisa não é assim."

O *agora* é um dos enigmas da sensação. Em um instante, o agora deixou de ser, a verdade que ele representava se torna a verdade do foi, já não mais do é. O "isto é" é suspendido ou suprassumido (*Aufgehoben*) no "isto foi" (Hegel, 1970, III, p. 88).

Uma breve digressão sobre o termo *Aufhebung* se faz necessária, e ela é demasiadamente relevante para ser deslocada para uma nota de rodapé. Estando entre os mais importantes no pensamento hegeliano, é intraduzível, comportando diversos significados. A tendência de tradução portuguesa é *suprassunção*, mas convém lembrar que a riqueza de significados do termo é proposital e habilmente explorada por Hegel. Para tentar manter essa ambiguidade e complexidade, usarei *suspensão*, que dá tanto o sentido de questionamento/negação quanto o de elevação/superação.

Sem esse processo não se passa, por exemplo, de uma coisa à outra. Cada coisa precisa ser suspendida pela consciência para que uma segunda tome lugar. Essa próxima coisa acena para a consciência através da alteridade, consciência da emergência ou compossibilidade de outro ser. Assim, a suspensão do primeiro objeto é um ato consciente, um deslocamento da intencionalidade, do interesse, de A para B, em que A não desaparece, ficando guardado na memória e disponível à consciência para novas comparações reflexivas. Observe-se que esse movimento torna a consciência um movimento, não uma apreensão de supostas essências puras das coisas. O caminhar da experiência precisa ser descrito por uma fenomenologia, não cabendo em um método estático.

Todo *este aqui* está em contexto, e, na exata medida em que está em contexto, é tão negado pelo que está à esquerda, à direita, acima, abaixo, à frente e atrás quanto afirmado pelo seu estar aí. É negado pela consciência experiente de que logo já não estará mais, mas afirmado pela ocupação do agora atual. No trânsito da consciência, o que foi afirmado como "aqui é A" passa a ser negado como "aqui foi A, agora B." O A, se permaneceu, não permanece aqui; pode estar alhures. O mundo sensível, conclui Hegel, é impermanente. Seus seres se definem pela própria transitoriedade e relatividade de seu existir.

Dito de forma poética, nossa consciência em permanente transição, fluindo de um a outro impermanente, frui as coisas em sua própria frugalidade; as consome e, por as consumir, passa a querer também frugalmente. Aquele que já foi "iniciado nesses mistérios logrará não só chegar à dúvida sobre o ser das coisas sensíveis como também ao desespero sobre elas." Esse desespero ou desesperar diante das coisas advém da inevitável percepção da morte, da mudança, do desaparecimento do ser que se julgava (erroneamente) confiável e estável. Até mesmo os animais, destaca Hegel, estão semicientes da nadidade dos seres sensíveis. Não permanecem eles em contemplação ou estáticos diante desses seres, "desesperados de sua realidade, certos de sua nadidade, atiram-se sobre eles e os despedaçam sem cerimônia" (Hegel, 1970, III, p. 90). É somente o homem que quer guardar lembranças, e acaba apegado a objetos que, para ele, já não tem mais o valor de coisas aí, e sim o valor agregado de coisas do espírito.

O segundo capítulo, que trata da percepção, começa por distinguir esta da certeza sensível. Esta detecta o impermanente, aquela o permanente da coisa posta. À percepção cabe isolar o que parece essencial na coisa, derivar dela as múltiplas características que a determinam, pelo que é a responsável pela "riqueza do saber sensível." Isso é possível porque, na simplicidade e particularidade do sensível, "o geral está mediatizado", de modo que uma mesma coisa se revela como dotada de "múltiplas características" (Hegel, 1970, III, p. 93).

Soando contraditório e hermético ao não iniciado, Hegel abusa de seu novo uso da suspensão como termo que designa um modo de negar e um modo de afirmar algo. Para perceber uma característica ou qualidade de algo, por exemplo, é preciso negá-lo de certo modo, negar sua particularidade, e afirmá-lo de outro modo, afirmar aquele traço ou característica em si. Esse é o sentido de suspender o isto para que ele seja novamente posto como não isto (Hegel, 1970, III, p. 93). Com isso, não se trata de um nada, e sim de um "modo de negação" de seu ser, uma "negação do conteúdo", a saber, do conteúdo que faz dele um isto. Negado o conteúdo, destaca-se a "coisidade geral", "*medium* universal abstrato" através do qual as coisas são essencialmente. Esse *medium* é, por sua vez, uma conjunção de diversos no aqui e agora (Hegel, 1970, III, p. 94). Cada característica é sempre uma essência positivada no estar aí, e, ao mesmo tempo, negativada como geral. "Isto é salgado", "isto está salgado", e "salgado" são três instâncias diferentes da característica universal da salinidade, segundo a forma como ela aparece.

Como reconhecera Kant, "a coisa é branca para *nossos* olhos, e *também* picante para nossa língua, e *também* cúbica para *nossa* sensibilidade" (Hegel, 1970, III, p. 98). Na coisa, essas características gerais estão unificadas como propriedades do seu ser. Em nós, no entanto, estão simultaneamente unas e abstraídas, pois a consciência precisa isolar e unificar, identificar e distinguir. A coisa é salgada, mas não é a salinidade; é branca, mas não é a brancura, e assim por diante. Enquanto universalidade, as propriedades não têm a ver umas com as outras, mas a coisa as unifica em seu modo de ser A, e também B, e também C, ou, salgada, e também branca, e também cúbica. A forma própria de configurar propriedades universais é a *determinidade* da coisa, e aquilo que traça a fronteira entre ela e as outras.

Uma vez que a experiência é dinâmica, não temos só consciência de coisas, mas também das interações possíveis entre elas, do que decorrerá o conceito de *força*. Embora dependente das coisas relacionadas, a força também é abstraída pela consciência como algo em si, e a separamos das coisas, embora não faça sentido falar de forças sem falar de coisas. Assim, energia, movimento, calor ou outros termos designam uma certa capacidade abstraída de afetar outras coisas, mas, ao mesmo tempo, referem-se a coisas (Hegel, 1970, III, p. 110-111). Sem forças, não haveria dinamismo, e a razão do surgir e do desaparecer das coisas – o que faz delas fenômenos – seria incompreensível (Hegel, 1970, III, p. 115).

A ideia abstrata de força, porém, deriva do mundo sensível um mundo suprassensível, "sereno reino de leis" (Hegel, 1970, III, p. 119), do qual um exemplo paradigmático é o princípio da gravidade, que vale para todo ente material como uma força que dimana deles e, enquanto princípio, independe deste ou daquele em particular.

Sendo infinita e universal, ao invés de episódica e determinada, a lei difere do fenômeno por ser, no mundo, um conceito necessário, enquanto este é contingente.

b) Autoconsciência: a dialética do senhor e do escravo e a consciência infeliz

Do entendimento do mundo ao entendimento de si, a consciência amadurece como autoconsciência.

Começando pela verdade da certeza de si, a seção sobre a autoconsciência expõe um novo, mais profundo e mais completo tipo de verdade. A consciência versava sobre a verdade exterior, a autoconsciência sobre a verdade interior; a coisa em si que aparece como um isto é qualificada na percepção, e entendida sob o conceito de forças (Hegel, 1970, III, p. 136). Essa nova certeza (da autoconsciência), porém, "é igual à sua verdade." Nessa nova configuração, convém chamar "conceito ao movimento do saber, e objeto ao saber plácido da unidade ou do Eu", observando que, então, "não só para nós, senão para o próprio saber, o objeto corresponde ao conceito" (Hegel, 1970, III, p. 136).

É apenas na consciência de si que a própria alteridade é vista como pertencente à unidade, como negação que parte de mim mesmo, pelo que é possível dizer que essa é a "pátria da verdade" (Hegel, 1970, III, p. 137).

Em sua reflexão, a consciência de si não opera por figuras mortas como a consciência. Ela não olha para fora, para coisas e regras de seu mero interesse, e sim para a relação dessas coisas consigo própria. Mesmo em seu caráter negativo, o outro, portanto, é sempre dotado do mais vivo interesse, ele mesmo vivo e vital (Hegel, 1970, III, p. 138-139).

> Nesse meio fluido universal, sereno desdobrar-se das formas, a vida, por isso mesmo, torna-se o movimento dessas formas, ou, vida enquanto processo. A simples e genérica fluidez é o *em si*, e a diferença entre as formas é o *outro*. Mas essa fluidez, através da diferença, torna-se o outro; afinal, agora, ela é *para a diferença*, a qual, por sua vez, é em e para si, logo, movimento infinito através do qual o meio sereno será consumido. Em outras palavras, é a vida dos *seres vivos* (Hegel, 1970, III, p. 140).

Para o boi, o mundo é pasto; para o leão, é açougue; para o urso, onívoro, é uma prateleira com ofertas um pouquinho mais variadas. É apenas a romantização do mundo animal que faz alguns enxergarem uma grande inteligência nessa ou naquela atitude. Quando o animal quebra a casca da noz, ou enfia um graveto no cupinzeiro, ou faz cerco à presa, não faz mais do que abordar com algum engenho seu mundo de puro consumo. Nenhuma ideia foi concebida, nenhuma reflexão ocorreu. Apenas o homem é capaz de olhar para as coisas como algo mais que meros itens de consumo. Só o homem olha para uma pedra diferente e se pergunta "o que é isto?" Só os seres humanos – e nem todos – têm a capacidade de ficar insatisfeitos com uma vida de mero consumo.

E ainda assim, do instinto e do desejo animal de consumir e devorar, do desinteresse por todos os itens do mundo que não sejam úteis, evidencia-se já um plano mais profundo do que o da consciência. Estamos já na esfera da autoconsciência, porque o bicho quer e visa as coisas *para si*. Essas coisas jamais estarão abstraídas e divorciadas do Eu, e, por isso, é frívolo imaginar o desejo como referido a objetos externos. Desejo é uma ânsia de autopreenchimento, autossatisfação, para o qual o objeto é apenas meio, não fim (Hyppolite, 1974, p. 160). *Minha* satisfação; isto é, minha reintegração subjetiva é o fim do meu desejo.

O desejo se volta primariamente sobre seres viventes. O mundo, segundo nossa vontade, nos aparece como fruta, grão, carne; segundo nossos conflitos de interesse diante de outras vontades, é um mundo humano, familiar, social. Só muito secundariamente a consciência vem a entender que coisas inanimadas, até então cenário genérico, obstáculo, também estão ali urdidas em *seu* mundo (Taylor, 1975, p. 151-152). Por isso, também, as coisas inanimadas que nos aparecem como vitais, como o ar, o sol e a água, são vistas como sagradas fontes da vida em todas as culturas.

Está na natureza da autoconsciência uma outra possibilidade de satisfação; um prazer ligado aos seres não consumíveis, mas que também podem se dispor à minha vontade. O prazer do poder é o que advém da consciência de um ser que não pode ser anulado simplesmente, como uma fruta que é mastigada, mas que impõe resistência e afirma, ele próprio, sua independência. Aí, a autoconsciência enxerga a si mesma, regozija-se na descoberta de sua própria dimensão subjetiva e para si, porque a vê no outro. Esse outro, autoconsciência livre, pode ou não me conceder o que quero, e disso decorre uma satisfação específica, do jogo entre duas autoconsciências (Hegel, 1970, III, p. 143).

Da dinâmica específica da autoconsciência, e de seu reconhecimento de outras, nasce uma relação de sociabilidade, a qual Hegel dá o nome de *Dialética do senhor e do escravo*. Arquetípica, essa relação está na essência de fenômenos políticos como a servidão, a escravidão e a subserviência do pobre ou do fraco em relação a seu patrão, mas expande-se para além disso, com ecos para todas as relações de poder, inclusive as amigáveis (ex.: o mestre e seu discípulo, o político e o povo, o ídolo e seus fãs).

Aprofundando a noção fichteana de reconhecimento, Hegel explora como ninguém a reciprocidade do saber que se forma da sociabilidade entre autoconsciências, criando as condições para o surgimento da sociologia e de uma nova filosofia do direito.

O capítulo começa pela afirmação de que a autoconsciência não pode ser em si e para si sem que o seja, ao mesmo tempo, "em si e para si para uma outra"; ou seja, só é em si e para si "enquanto reconhecida" (Hegel, 1970, III, p. 144). Tanto quanto consciência de si é a consciência da individualidade e da independência, tem de ser também consciência da alteridade e do reconhecimento dos pares. Ao se opor ao meu desejo, o outro o reconhece e o confronta com os seus. Esse movimento básico e primitivo do homem da caverna ou do bebê que diz "não, é meu!" é formativo para a autoconsciência.

Quando duas pessoas em disputa, ou dois bebês visando o mesmo brinquedo, estão ambos cientes da competição, sua relação com o objeto será completamente diferente da relação da consciência com objetos "mortos." O objeto morto só me escapa se rolar morro abaixo, e isso pode ser frustrante, mas não me ocorre que ele negue o meu desejo e o meu direito de realizá-lo. Crianças de dois anos, por outro lado, estão quase sempre em intensa relação interpessoal. No bando de animais, a interação social está em seus primórdios; é latente e semiconsciente, mas nunca reflexiva. No mundo humano, não existe apenas violência ou obediência, mas interação real, negociação, divisão de funções, entendimento mútuo, ou seja, *reconhecimento mútuo*. Crianças pequenas sabem que o outro não é apenas empecilho mecânico, ou mais um macaco do bando que quer a mesma banana[97], e sim uma autoconsciência julgadora, que me disse não, que se interpõe ao meu desejo por força de um equivalente instinto de sobrevivência, mas porque não me reconheceu o direito àquele brinquedo.

Os próprios gestos linguísticos denotam que a interação superou o nível da disputa de força e se tornou disputa de pensamentos e conceitos, de vontades expressas de modo espiritual. Quem me diz "não", não está segurando minha mão, mas me convocando a parar livremente meu próprio gesto, em face de um reconhecimento de sua vontade. Talvez um "não" possa ser confundido por alguns com um rosnado, mas basta acrescentar algumas poucas

---

[97]. Esse erro muito comum de comparar a disputa de interesse da criança com a disputa de animais por recursos ignora o fato de que, muitas vezes, recursos de sobrevivência não têm qualquer relação com as disputas entre crianças (Schilbach, 2013; Frith; Frith, 2007; Rodl, Conant, 2016; McGilchrist, 2021).

palavras mais abstratas para deixar claro que até crianças de dois anos conseguem levar suas relações para um nível espiritual inacessível aos animais.

Quando a criança diz "é a minha vez", quer dizer "a sua vez já passou"; isto é, você cruzou um limite temporal, estabelecido pela minha consciência; quando diz "o seu lugar é aqui", "não pode passar daqui", está também dizendo "saiba os limites espaciais que te foram designados." Mais importante, uma criança está dizendo à outra: "eu sei que você é livre, e também que pensa. Não se faça de bobo. Controle-se. Eu estou vendo o que você quer e pensa. Veja também o que eu quero e o que eu penso disso que você faz" (Schilbach, 2013). E a relação não para por aí. As crianças não saem dali como dois chimpanzés que estabeleceram uma fronteira de interesses no bando. Elas saem com um conceito um do outro, e de como cada um se relaciona com os limites de sua liberdade, que ideia cada um fez de si. No dia seguinte, brincando de outra coisa ou em outra interação, ou diante de adultos, seu comportamento é completamente reconfigurado. Não raro, as fronteiras são reestabelecidas, de modo completamente diferente, mas em pouquíssimo tempo, pois uma reconhece na outra um agente consciente e livre, com o qual se pode negociar um número ilimitado de regras e condições. Essa nova relação, viabilizada pela constituição humana, tem consequências incomensuráveis.

Há uma duplicidade no reconhecimento, que é a da consciência de mão dupla entre o que o outro é em si, enquanto "objeto", e o que é para si, enquanto autoconsciência. Tanto quanto temos a ideia de nós mesmos como um ser aí, sem que isso suprima nossa vivíssima noção de liberdade, de que o nosso ser está em aberto, também com grande clareza temos no outro um ser aí, algo que é dado e que pertence a ordem do mundo como mais um de seus seres; e, ao mesmo tempo, reconhecemos que aquele sujeito difere de todos os demais entes por se dar conta de si mesmo, ser formador de uma ideia sobre si. Ideia e ideação, o estar e o devir, estão, portanto, íntima e dinamicamente conjugados na autoconsciência, e não se poderia reconhecer o outro como autoconsciente sem reconhecer esse processo em sua totalidade.

A situação fica um pouco mais complicada, pois cada autoconsciência, em sua busca pela satisfação de uma vida para si, da apropriação das coisas para si, quer fazer do outro objeto e meio de sua satisfação, e, ao mesmo tempo, reconhece a resistência desse objeto como outra autoconsciência, que não valida o processo egoístico do seu uso objetal para a minha satisfação e conveniência.

Pego a pedra e faço dela o que quiser. A única resistência que ela pode impor à minha vontade é o seu peso, sua dureza, que derivam de seu puro estar aí objetivo. O cavalo resiste de modo muito diferente. Adestrá-lo e comandá-lo exige o entendimento de que ele não apenas está e é, como também vive e sente, e tem em si a força imprevisível da vontade. Fazer uso do cavalo, portanto, envolve entendimento de que ele, enquanto objeto físico, tem peso, altura e força perigosos para minha constituição, mas também vontade e emoção, que impõem novos desafios ao meu agir.

Diante de outro ser humano, a situação muda ainda mais radicalmente que entre a pedra e o cavalo. O outro não é meramente vivo, é um Eu, consciente de seu querer e do meu querer; de que o seu é para ele, e de que o meu querer é para mim. A ração e o chicote ensinam rapidamente ao cavalo que sua satisfação está agora mediada e regulada pela subjetividade do mestre. Sem subjetividade, ele obedecerá pelo resto da via. Outro ser humano imporá uma resistência *de direito*; isto é, ciente de que a supressão da sua autonomia não é sequer possível, precisa ser anuída. Não que o servo ou escravo será necessariamente rebelde, mas o gérmen da rebeldia está nele. Ele sabe que não é um cão ou um cavalo.

Há, portanto, um conflito inevitável e constitutivo na relação entre o senhor e o escravo. Essa relação é a de uma luta de morte, na qual cada consciência quer se provar para si mesma através de outra que a reconhece – não mais impondo-se sob objetos e seres vivos que não lhe podem resistir (Hegel, 1970, III, p. 147-148). Elevada à esfera espiritual de um relacionamento entre duas autoconsciências, a luta é social, diferente da luta contra um bicho acuado que se defende. Se descambar, a relação dialética entre as consciências poderá até virar briga física, em que a relação não é mais entre dois sujeitos, e sim uma luta de dois seres vivos pela sobrevivência. A realidade animal, então, não foi apagada da constituição humana; ela apenas está suspensa e subsumida na realidade do espírito.

As autoconsciências *precisam* passar por esse conflito arquetípico, pois precisam "no outro e em si mesmas, elevar à verdade aquela certeza de que o seu próprio 14, nessa luta não se põe apenas a vida objetiva em risco, e sim também a vida subjetiva. É tão premente a necessidade da consciência de ser reconhecida, que ela se dispõe inevitavelmente a essa relação, ainda que ela seja essencialmente negativa. Dessa negatividade brota a mais valiosa das conquistas, a liberdade.

Assim como vejo, sou visto, e aquele que me vê, igual a mim, me reconhece e reconhece meu direito mais fundamental. "O indivíduo que não apostou a vida pode até ser reconhecido como pessoa, mas não alcançou", isto é, não se apropriou plena e conscientemente "da verdade desse ser reconhecido como autoconsciência independente" (Hegel, 1970, III, p. 148). O amadurecimento, aí, é de mão dupla. O outro, "cuja consciência também era cativa", precisa "vislumbrar sua alteridade como puramente para si", isto é, "como absoluta negação" (Hegel, 1970, III, p. 148).

Ser ameaçada de morte é uma experiência benéfica para a autoconsciência. Ela se vê como perecível, enquanto é consciente de ser viva, e também contestável em seu direito à autonomia, à dignidade de seu ser livre, o que acaba, ironicamente, elevando e transubstanciando sua própria noção de si. Dessa assimetria ou conflito, contudo, nasce uma possibilidade de relacionamento igualmente assimétrico e conflitivo: a relação de dominação. Uma das consciências da relação, então, "afirma-se como essencialmente para si, independente; a outra, essencialmente em si, dependente." Este é o escravo, aquele é o senhor (Hegel, 1970, III, p. 148).

O senhor, definirá Hegel, é "consciência para si em ato." Na reflexão, construiu para si o conceito de sua autorreferência, mas, através da mediação do escravo, a experimentou (Hegel, 1970, III, p. 150). A consciência que exerce senhorio sobre outra experimenta uma realização mediada pelo reconhecimento, encontra satisfação através do outro, que age em seu favor e reconhece sua supremacia. Sua relação com coisas e seres viventes, conseguintemente, será mediada e filtrada pelo servo. Quando o servo apanha frutas ou lavra o campo, é a consciência do senhor que desejou o consumo daquele alimento, mas já não se vale do próprio corpo como objeto intermediário, e sim do braço do servo, que, por sua vez, só é movido por força da interação social.

Aqui há uma sutileza que será importante para as próximas etapas da experiência da consciência: a separação e complexificação entre consciência e coisa, pensamento e ato. O que o mestre conhece da coisa (por exemplo, o vinho) é apenas o gozo, e somente o escravo passa a conhecer o trabalho, por meio do qual a consciência experimenta a objetividade da coisa. Pode derivar daí, então, uma abstração ou afastamento da consciência do senhor em relação à objetividade das coisas, um tipo de alienação; e, por outro lado, o servo pode aprofundar sua consciência do mundo (das coisas), ao mesmo tempo em que se sente apartado de seu usufruto, ressentindo-as. Embora isso tenha sido diretamente transposto ao plano social um tremendo número de vezes – especialmente por interpretações marxianas da *Fenomenologia* – essa relação socioeconômica é apenas uma das concreções possíveis dessa dialética originária das autoconsciências em relação.

Pense-se em quantas relações não têm por base uma experiência indireta com a realidade, mediada pela autoridade do professor, de um amigo respeitável, de uma instituição ou de uma figura de autoridade em diferentes esferas – religiosa, política, intelectual, atlética.

A consciência serva, por sua vez, recebe o querer externo da soberana e executa efetivamente a ação que a realiza e satisfaz esse querer. Toma, com isso, consciência de sua importância objetiva, de sua independência – de novo, não sem ironia –, a partir do exercício da dependência (Hegel, 1970, III, p. 151-153). Na objetividade, é o servo quem domina a natureza. Ele dobra os seres naturais e deles extrai o produto da vontade; não as coisas como estavam, e sim as coisas como foram desejadas e domesticadas para atenderem ao desejo. É pelo trabalho (papel do escravo) que os seres em seu estado natural são negados como tais, e *formados* para o mundo da consciência (Hegel, 1970, III, p. 152).

Na obediência, a consciência escrava é autoconsciente de seu limite, e isso de uma forma mais viva e dramática, pois tem de ativamente suprimir a si mesma na disciplina. O caçador não caça para si, o vinicultor, muitas vezes, não bebe o vinho, e essa negação de seu querer faz brotar nele a poderosa noção da independência, do domínio sobre si enquanto ser vivo e desejante, que o animal não conhece.

Hegel fala de uma relação paradigmática, constitutiva e pura, mas essa relação se manifesta historicamente em exemplos mais ou menos adequados. O refinamento da civilização cria novas condições para suspensões ulteriores da consciência, e possibilidades outras, mas também implícitas na sua constituição, vão "aparecendo" historicamente.

A sociedade, então, vê surgirem intensificações da independência da consciência de si na figura de indivíduos que se reconhecem como "espíritos livres", e se colocam na vida como independentes através da supremacia do pensamento (Hegel, 1970, III, p. 155). "No pensar *sou livre*, pois não estou em um outro, permanecendo simplesmente em mim mesmo, e tendo o objeto, que para mim é a essência, em unidade indivisa com meu ser para mim; e meu movimento em conceitos é um movimento em mim mesmo" (Hegel, 1970, III, p. 155).

Essa liberdade intelectualista, do sujeito que impera negando ao mundo qualquer imposição da objetividade sobre sua subjetividade, que faz do pensamento o soberano inconteste de todos os objetos que se lhe ocorrem à consciência, encontra seu melhor exemplo empírico no filósofo estoico. Negando a dialética entre senhor e escravo, o estoico não tem, como o senhor, sua verdade mediada pelo escravo, nem tem, como o escravo, sua verdade na vontade do senhor (Hegel, 1970, III, p. 156). Do trono (Marco Aurélio) aos grilhões (Epicteto), o estoico é livre ao negar as imposições do mundo através da domesticação de seu querer. Sua mão de obra sem paixão, obediente ao dever, e seus sofrimentos não lhe afetam a consciência, que se distanciou deles (Hegel, 1970, III, p. 156).

Contudo, nesse afastamento do fluxo da vida e da concretude, a consciência só goza de uma liberdade como que teórica, conceitual, e não de uma liberdade efetiva. Essa liberdade acaba por ser entediante, frustrante, pois é como uma liberdade em um mundo de simulação, onde as coisas não valem fora dessa esfera privada e individual.

Por isso, a liberdade estoica acaba por gerar uma desesperança de sua própria efetividade. Cética ou duvidosa da efetividade, a consciência entrega-se a si mesma e assume que somente em si se encerra o seu reino (Hegel, 1970, III, p. 158). Entristecida e desanimada diante dessa liberdade do puro pensar, a consciência dá luz ao ceticismo, noção da negatividade do pensamento em seu próprio dinamismo singular, justamente por ser o pensamento não mais que um construto. Depois de se frustrar com o mundo do espírito, que vê como além de seu império da subjetividade atuante, e plenamente ciente de que o pensamento é livremente criado e arranjado, a consciência se desanima dele, ele perde valor. Arrasta-se entre formas nas quais já não confia, pois esse segundo reino do espírito está subordinado ao eterno fluxo da mudança, jamais podendo elevar-se à verdade.

Espécie de tontura da razão, o Ceticismo é uma loucura para si mesmo, ainda que etapa fundamental do amadurecimento da consciência. Admite ser consciência "arbitrária e privada", que se movimenta frenética e empiricamente, mas "em direções que sabe não possuírem realidade alguma", "obedece ao que ela mesma reconhece como desprovido de essência", e "faz e realiza o que ela mesma reconhece como inverídico" (Hegel, 1970, III, p. 160). Se diz algo, em suma, diz algo em que não crê, se escolhe um caminho, admite escolher sem compromisso ou propósito. Justamente nessa total autonomia espiritual, porém, o Ceticismo é livre ao negar a negação intelectualista do estoico; e o cético está ciente de que sua negação das opções concretas de leitura e decisão são negações da abstração (estoica) (Hyppolite, 1974, p. 185).

O estoico acreditou encontrar a verdade imóvel separando-se do mundo, o cético acredita que está apartado da verdade por uma subordinação inteiramente diferente, subordinação do pensar ao mundo dos particulares.

Do poder ilimitado de criar para si seu próprio mundo deriva, portanto, a crise mais grave da consciência. Em conflito consigo mesma, renuncia ao conhecimento, não porque o mundo lhe impõe limite, e sim porque ela se tornou apática no relativismo que advém de sua própria supremacia criativa. Na ação, renuncia à justificativa de um curso, não porque se considere incapaz, e sim porque se considera infinitamente capaz de tantas justificações a ponto de tornar indiferentes os motivos. A isso Hegel chamou de *consciência infeliz*.

A infelicidade da consciência tem a ver com sua cisão. De um lado, vê a pureza estática e indiferente de sua independência; de outro, o fluxo das mutações da vida que seguem a se impor como diferença de que a consciência não se apropria. Todos os espiritualismos flertam com essa cisão fundamental entre o mundo eterno do espírito e o mundo inconstante dos acontecimentos, mas, mais do que isso, a consciência infeliz é também a descoberta da autoconsciência de que ela está só no mundo. É da clara certeza de si que nasce um senso de alteridade tal em relação ao mundo que leva, pela primeira vez, à possibilidade de a consciência não estar em casa no cosmo, a possibilidade de que Deus esteja morto (Hegel, 1970, III, p. 546).

A superação da consciência infeliz passa pela conciliação entre o puro pensar do estoicismo e o pensar da singularidade do Ceticismo.

Não é capaz de sentir a dramaticidade do Ceticismo quem não o concebe como estágio final e esgotamento da busca pela verdade. Muitos, ainda hoje, enxergam nele uma verdade, quando a essência mesma do Ceticismo é a desesperança da verdade. É por essa razão que se interpreta mal as cenas históricas, como a de Pilatos, que não perguntou "o que é a verdade" apenas a título de deboche, como quem sabe a verdade do Ceticismo, mas também, e sobretudo, como desesperança da verdade, como quem não acredita na verdade.

A reintegração da consciência tem que passar pela espiritualização da matéria, pelo enriquecimento que a solenidade e eternidade do eterno possa emprestar à ação banal, ao trabalho e ao usufruto do fluxo da vida. Anteriormente absorvida na singularidade, ou perdida no pensar inefetivo, precisa agora encarnar no trabalho sem servir à singularidade. Vivenciar o movimento transformador não se apegando a ele, como quem passa pela impermanência ciente de que parte sua é permanente. Nem a paralisia da contemplação do eterno imóvel nem a submissão ao móvel fugaz.

Essa consciência integradora já não vê como meta o desaparecimento do transitório diante de um reino de puro pensamento, nem desiste do eterno e da verdade para se entregar à premência do transitório. Em outras palavras, tem esperança, mas não esperança de que as coisas lhe caiam do alto, como se o reino espiritual tivesse de suprimir o material, e sim uma esperança de sua própria ação desapegada, que transforma o mundo sem a ele pertencer (Hegel, 1970, III, p. 174-175).

c) A razão

A seção sobre a razão começa com um capítulo dedicado à sua certeza e à sua verdade. Integrativa, a razão universaliza o singular e se apropria do diferente. Supera-se, com isso, o estranhamento do exterior e a artificialidade do interior. O Idealismo, diz Hegel, chama de razão essa capacidade de subsumir a realidade e estruturá-la em torno do ponto fulcral da consciência (Hegel, 1970, III, p. 178). Essa verdade, contudo, é parcial, pois deixa supor diferentes visadas, de diferentes consciências, sem integrá-las coletivamente no plano da verdade absoluta.

Se a razão é o órgão que processa a verdade da totalidade, não há sentido em limitá-la às meias verdades da pura subjetividade. A noção de que a realidade deve estar integrada em uma única verdade é uma certeza primitiva da razão (Hegel, 1970, III, p. 182-183), mas pode ser torcida pelo sistema filosófico para que essa totalidade pareça desdobrar exclusivamente da subjetividade.

Como a consciência, o dar-se conta das coisas e relações, a razão também amadurece de fases menos para mais complexas. A primeira delas é a observação, fase em que tenta integrar o diverso sensível em leis, padrões e espécies. Já não se trata, porém, da consciência sobre o mundo, ou de como o mundo é visto e percebido, e sim do mundo pensado em sua objetividade e verdade intrínsecas.

Conciliar e equilibrar a diferença entre o singular e o universal é o papel desse primeiro "projeto" da razão. Vemos que uma substância é ácida e outra alcalina, mas também observamos que a acidez e a alcalinidade são propriedades universais que não se confundem ou resumem a essas substâncias. Vemos que rochas e metais são pesados, mas não confundimos o peso com as propriedades das rochas e dos metais, percebendo que a universalidade da propriedade goza de certa independência, ainda que só se confirme em objetos, nada sendo "em si." O melhor exemplo dessa sinergia entre abstração e objetividade empírica é o conceito de *matéria*, que não é nada em particular, não existe enquanto objeto, mas designa genericamente tudo o que vem a ser (Hegel, 1970, III, p. 194).

Na planta e no animal, por outro lado, vemos mais que o estar aí da substância, vemos um movimento que não se justifica como deslocamento de posição, temperatura, luminosidade ou mudança química em contato com outra substância, e sim um movimento interno, que visa um fim e que parte de uma força inerente ao ser vivo (Hegel, 1970, III, p. 201). Sem essa força interna e estruturante, o ser vivo não poderia reagir ao mundo aprovando e desaprovando as circunstâncias. As propriedades básicas da vida, como irritabilidade e sensibilidade, portanto, não encontram explicação mecânica, pois não se referem à natureza objetal dos seres vivos, e sim à sua natureza orgânica (Hegel, 1970, III, p. 203).

A determinação das leis orgânicas continua tão difícil e vaga quanto na época de Hegel. Com todos os avanços da seleção natural, da bioquímica e da genética, não se compreende ainda razoavelmente como os seres vivos se regulam em seu dinamismo, pois, ao contrário dos seres inorgânicos, a sua lei não é a determinação externa de seu estado, e sim uma determinação interna e que contém certa imprevisibilidade intrínseca.

Na observação da natureza, a razão discerne os padrões da vida em geral, dos organismos em face dos seres inertes, e também das espécies e gêneros como padrões objetivos das forças internas da vida – na classe vegetal, na dos insetos, na dos moluscos etc. Na observação da autoconsciência, a razão encontra também as leis da lógica e da psicologia. A primeira resume as leis que regem a forma do pensamento em geral, a segunda o seu conteúdo enquanto vivência de um indivíduo.

O capítulo não desenvolve a matéria da lógica e da psicologia, restringindo-se a delimitar o seu lugar. A importância da lógica é por demais óbvia e bem explorada. A da psicologia, por sua vez, precisa ser aclarada com base no fato de que "só a interioridade elege o que terá importância para si" (Hegel, 1970, III, p. 230).

No passado (de Hegel), a psicologia supôs uma grande distância entre a interioridade e a exterioridade, mas com o seu desenvolvimento mais recente, já era possível perceber uma estreita relação entre o estado de ânimo e o corpo, a intenção e os gestos, as expressões e a relação entre a fisiologia e o psiquismo.

Diferente do objeto inanimado, cuja determinação é o seu mero estar aí, o órgão é duplamente determinado, pelo seu estar e pelo seu agir. Sua forma e seu conteúdo, portanto, espelham não apenas o que está, mas o que pode e deve ser feito; sua função (Hegel, 1970, III, p. 236).

O próprio ser do humano é o seu agir, e não se julga alguém pelo que é, e sim, principalmente, pelo que faz, diz e pensa. Não consideramos a descrição das características estáticas como suficiente para conhecer alguém. Queremos saber *como* é a pessoa; isto é, como se comporta, e não apenas se é homem ou mulher, alto ou baixo, preto ou branco, deste ou daquele país (Hegel, 1970, III, p. 242).

Costumamos pensar a relação entre espírito e realidade objetiva como se ambos estivessem apartados, mas há diversas intermediações entre ambas as esferas. Os nervos, por exemplo, são órgãos intermediários entre o psicológico e o fisiológico. Comunicam ao espírito o que se passa, mecânica ou quimicamente, com o corpo e transmitem aos demais órgãos a vontade do espírito de obrar (Hegel, 1970, III, p. 245). Por isso se diz que o espírito "se localiza" no cérebro, e coisas similares. Obviamente, tais expressões contém uma certa e incontestável verdade, ao passo que estão longe de resumir toda a verdade.

Agora, a autoconsciência já superou a ingenuidade. Percebe-se como una com as coisas, e coisas já independentes, não mais mortas (Hegel, 1970, III, p. 262). Assim como a razão observadora elevou a consciência sensível e a percepção à transparência da verdade universal, agora, a razão efetiva, da mesma forma, eleva a autoconsciência em sua relação com outras autoconsciências à verdadeira efetividade ética (Hegel, 1970, III, p. 262-263).

Em uma demonstração impressionante de seu poder de síntese e de sua capacidade de abranger diferentes disciplinas, Hegel associa estreitamente direito e ética, sociabilidade e economia:

> O puro e singular agir e operar do indivíduo tem a ver com suas necessidades enquanto ser natural, ou seja, enquanto particularidade existente. Que suas funções gerais não se aniquilem, e sim se realizem, decorre do poder daquele meio geral (no qual a autoconsciência do indivíduo existe): o povo – e não é só a forma da existência de seu agir em geral que reside nessa substância (o povo), como também seu conteúdo; seu ato se torna costume e a virtude de todos. A realidade efetiva desse conteúdo, na medida em que inteiramente singularizado, está atrelada ao agir coletivo. O trabalho que o indivíduo exerce por força das necessidades poderá satisfazer as suas e as de outros, bem como a satisfação das suas também depende do trabalho de outros (Hegel, 1970, III, p. 264).

Porque a razão é a universalidade no particular, cada agente, sem suspeitar, realiza na esfera individual uma obra global, pois o que cada indivíduo empreende é compreensível e útil genericamente. Esta é a origem da cultura.

Diferente do animal, o hedonista está ciente de ter elegido livremente o desejo como seu fim (Hegel, 1970, III, p. 269-270). Vislumbrou as possibilidades da realização ética, mas as negou, e preferiu viver para si.

Por ser racional, essa generalização do prazer pode ser mediada pelo outro, justificando a satisfação que as pessoas têm em assistir programas culinários, ou com um programa de auditório no qual alguns participantes ganham prêmios. Ainda que volte ao prazer, a autoconsciência não está mais na experiência individual, pois já vislumbrou o sentido geral do próprio desejo. Embora Hegel não explore essa relação, é possível aplicar o individualismo hedonista de que ele trata ao que parecem ser expansões gerais do mesmo elemento. E não se trata de um desejo pelo bem maior, como a próxima figura, pois o que antegozamos no sucesso alheio é precisamente uma satisfação do indivíduo enquanto isolado, ainda que, ironicamente, essa satisfação egoística tenha sido para nós generalizada pela razão.

Similarmente, o desejo do coração pelo bem da humanidade é uma generalização do sentimento mediado pela consciência ética; isto é, pela razão.

Esse amor justo pela lei pode, contudo, descambar para o moralismo e o desprezo à humanidade, exatamente porque ela dá sinais de estar muito aquém da lei e do bom sentimento que deveria acompanhá-la. Essa decadência que o homem encontra na própria alma pode ser abstraída e generalizada por ele mesmo para fora de si de forma maniqueísta, vendo no outro o pecador irredimível, o diabólico (Hegel, 1970, III, p. 279). Por isso, grupos zelotes e amantes da lei tornam-se, às vezes, terríveis perseguidores de dissidentes, hereges ou pervertidos, não porque são, como pensam, os emissários da luz e do bem, mas por se terem tomado de horror diante da malícia que encontraram no coração, e, incapazes de assumir como constitutiva, atribuíram-na simbolicamente a outras.

Precursor das críticas de Nietzsche e Freud ao moralismo hipócrita, Hegel tinha clara visão da necessidade de trazer a ética para o chão da vida, conciliá-la com o prazer e as necessidades naturais e a tornar mundana na objetividade do efetivo.

É por amor à lei, sem o lastro da universalidade verdadeira, que cada partido quer universalizar sua visão ou interesse particular, e cobra a ferro e fogo que os demais se adaptem àquilo que não enxergam como universalmente justo.

A cura desse estado pervertido da eticidade não poderia ser outro que a própria justiça reconduzida ao seu devido lugar, o da universalidade da essência, não da particularidade. *Virtude* é o nome que damos a essa capacidade da consciência de se acercar "do bom e do verdadeiro", não de um bem e de uma verdade particulares – e, consequentemente, relativos – senão do bem e do verdadeiro "em essência" (Hegel, 1970, III, p. 282).

Todos os sábios, pensadores morais e líderes espirituais viram na virtude uma floração de ideais e princípios imbatíveis, que não se deixavam confundir com a ordem do mundo, o campo das pessoalidades (Hegel, 1970, III, p. 283). É bem verdade que a perversão da lei é uma pessoalidade que se supõe geral, mas a verdadeira virtude não pode renunciar à verdade; isto é, do geral. A cura para a perversão do personalismo, portanto, não pode ser outro tipo de personalismo (relativismo) e sim a verdade.

Para que isso seja possível, a virtude não pode renunciar à supressão da individualidade (Hegel, 1970, III, p. 283-284). Precisa dobrar a egoidade e tornar humildes seus proponentes, na exata contramão do zelote que busca extirpar o erro e julgar o cisco no olho do próximo.

Como a contradição dialética não dá trégua, também esse movimento é acompanhado por um oposto que o ameaça de morte: a virtude do eremita, do monge, do recluso e do misógino. De posse da noção correta da virtude, não mais puramente mental, como a do estoico, não desistente, como a do hedonista, o virtuoso antissocial tem o conceito certo e verdadeiro da virtude, mas não vê como aplicá-lo no mundo, do qual foge ou ao qual combate como se a ordem do mundo fosse contrária à virtude (Hegel, 1970, III, p. 287-288). Ora, a virtude quer ser efetiva, deve ser aplicada no mundo, e é só aí, no mundo, que ela é plena.

Consciente das diferenças entre seres vivos e mortos, entre si e outras autoconsciências, uma autoconsciência se afirma como indivíduo; isto é, como identidade que se sabe única e semelhante a outras; distinta, mas pertencente a um gênero.

Seu obrar, que é o seu destino, não é fenômeno mecânico ou biológico, produzindo significado na figura das obras particulares que essa autoconsciência concebe, sim, por interesse, mas também segundo o pensamento. Porque pensamos, não podemos evitar que a raiz animal de nossos interesses sejam suspendidas em favor de uma forma espiritual do interesse, dos meios de sua realização e dos resultados consequentes (Hegel, 1970, III, p. 293-302). O que, no geral, chamamos de itens e seres, desse ou daquele tipo, são coisas para a consciência, e não coisas em um sentido abstrato, como o da física, mas em um sentido pragmático, um sentido entretecido de vida e do significado que essas coisas têm para a consciência.

Ao grupo dessas entidades praxiológicas e simbólicas Hegel inclui, por exemplo, as leis. Produtos espirituais, as leis possuem uma coincidência entre forma e conteúdo, e sua substância ou "matéria" é a noção de um valor concreto do que ela propõe (Hegel, 1970, III, p. 310-312).

O saber da lei, contudo, não emerge em nós imediatamente, demandando trabalho da consciência e mediação interpessoal. Se se propõe uma lei ingênua, como "todos devem falar a verdade", se cai logo no paradoxo de muitas pessoas agindo contraditoriamente segundo suas noções da verdade, as quais serão mais ou menos adequadas. É fácil, aliás, perceber que um número nada modesto de pessoas tem da verdade as mais esdrúxulas concepções. Uma lei madura, portanto, deveria soar como "todos devem falar a verdade conforme seu melhor entendimento dela", fórmula que já denuncia a relatividade das compreensões de verdade (Hegel, 1970, III, p. 312). Objeto espiritual, a lei precisa estar acompanhada da consciência de ser esse produto, e de que sua essência contém também a exigência de interpretação.

Estão na classe das leis maduras; isto é, conscientes de sua proposicionalidade, os grandes mandamentos éticos da humanidade, como: ama o próximo como a ti mesmo (Hegel, 1970, III, p. 313). "A essência ética", conclui Hegel, "não é imediatamente um conteúdo em si, e sim um padrão capaz de regular se dado conteúdo pode ou não se tornar lei" (Hegel, 1970, III, p. 315).

Por outro lado, enquanto proposições interpretáveis, relativamente relativas, as leis são também relativamente verdadeiras, na medida mesma em que são. Por isso, desde a Antígona de Sófocles se sabe que a lei arbitrária não vale em face da lei verdadeira, que é verdadeira porque todo e qualquer ser pensante a encontra e a reconhece como lei que está aí (Hegel, 1970, III, p. 320-321).

Da conjunção entre todos os fatores desenvolvidos até aqui e da própria dialeticidade de suas relações se forma o conceito hegeliano de espírito[98].

d) O Espírito, a religião e o saber absoluto

O espírito é a razão, "na medida em que a certeza de ser toda a realidade eleva-se à verdade, e está consciente de ser seu próprio mundo, e de que seu próprio mundo é ela mesma" (Hegel, 1970, III, p. 323). Viu-se, também, que a superação da simesmidade das coisas em sua essência inculta pela reflexividade (para si) consciente não pode terminar em afastamento do mundo do pensamento das coisas como são. O espírito, grau máximo da consciência, é precisamente esse estado de consciência capaz de sustentar a relação plena, em si e para si.

Efetividade ética, o espírito não é estado de um indivíduo, e sim "obra coletiva", que "se produz enquanto unidade e igualdade através da ação de todos e de cada um" (Hegel, 1970, III, p. 324). Sócrates e Cristo não são o espírito em si próprios, mas o são porque sua consciência ressoa e faz ressoar todas as demais. A verdade da efetividade das grandes almas não está em algo que lhes é exclusivo, mas na diferenciada capacidade de serem efetivas sobre todas as outras, catalisando suas transformações e as fazendo frutificar. Por isso, Napoleão é uma manifestação do espírito, e também se poderia dizer o mesmo de Genghis Kahn. Contaminar milhões de consciências, não com pensamentos, apenas, mas com vontade e direcionamento para a ação é o traço definitivo que distingue o espiritual do meramente mental.

O saber do espírito é o saber verdadeiro da comunidade racional, verdadeira ciência. A ética do espírito é toda "a vida ética de um povo" (Hegel, 1970, III, p. 325), diante da qual esmaece, como sua mera forma, o direito. Similarmente, reconhece em si duas formas de habitar, que correspondem a dois mundos: o seu e o da fé; isto é, cultura e religião.

---

98. Lembrando que a palavra espírito, em alemão (*Geist*), tem bem ampla acepção, podendo denotar uma série de coisas muito distintas. Alinho-me com aqueles que supõem que essa polissemia está entre os motivos de sua adoção por Hegel.

A individualidade do espírito, por outro lado, é o governo, as mãos através das quais a coletividade age (Hegel, 1970, III, p. 328). Em face da totalidade, por outro lado, o espírito se vê também diante de uma *lei divina*, na qual seu agir está circunscrito enquanto possibilidade na realidade.

Resgatando seu pensamento teológico de juventude, Hegel identifica a lei divina com o amor, o arroubo do espírito por unir-se a tudo o que é espiritual. Seguindo, talvez, sua antiga fascinação pela Antígona, talvez por sua admiração pelo direito romano, ou, ainda, em consideração à ênfase dada a ela no pensamento judaico-cristão – mais provavelmente pela soma desses fatores – o filósofo radica na *família* a raiz do amor (Hegel, 1970, III, p. 333-334). A ligação do espírito com a totalidade, portanto, e sua última realidade, tem a ver com a consciência amorosa, a consciência de que somos um na diferença.

Essa parte do livro sofre com a inflação de elementos expostos de forma um tanto vaga, redundando em associações relativamente herméticas e melhor explicadas e desenvolvidas em obras posteriores. São particularmente esotéricas, por exemplo, as considerações sobre masculinidade e feminilidade, que fazem com que as noções de C. G. Jung a esse respeito pareçam uma ciência empírica rigorosa. Para não parafrasear o livro todo, portanto, é preciso escolher alguns poucos elementos explicativos. Penso que a chegada da culpa à consciência é um desses elementos mais importantes.

A culpa é o indício de que a consciência transitou e ascendeu da inconsciência da lei divina, e de um correspondente despeito em relação a ela, a um nobre sofrimento, consciente de sua desarmonia e da negação de si diante da divindade da lei. Hegel oferece como exemplo o drama de Édipo, que comete os delitos do parricídio e do incesto por ignorância da acomodação entre o que fazia e a verdade que lhe foi vaticinada (Hegel, 1970, III, p. 346-347).

Apenas semiconsciente do mundo divino (da fé), a autoconsciência navega "preguiçosamente" em um mundo seu, um mundo semiespiritual que é formado pelo agir cotidiano da coletividade, mas não está perfeitamente elevado à verdade de sua relação com o todo (Hegel, 1970, III, p. 358-360). Concreta e existente, a cultura é o verdadeiro ambiente em que o espírito se fez efetivo, mas, ao mesmo tempo, contém em si a negação da singularidade em favor do coletivo. Jogam, então, indivíduo e substância (coletiva, espiritual), de modo que o "poder do indivíduo consiste em se lhe conformar, ou seja, se extrapolar/extrusar[99] de si e, com isso, impor-se à existência como substância objetiva." "A formação cultural, a própria realidade do indivíduo seria, então, a realização da substância mesma" (Hegel, 1970, III, p. 364).

Extrapolado ou extrusado na massa viva da substância espiritual, o sujeito – que agora pode se considerar *culto*, espiritualmente formado – vivenciará novas possibilidades de ação e tomadas de consciência, a exemplo do sacrifício e do amor ao dever, do exercício do poder, da riqueza, da reputação e da bajulação. Essas relações revelam uma forte consciência da imbricação entre indivíduo e seu cargo na comunidade. Ambos não se confundem, ou não haveria drama ético entre fugir e se sacrificar pela pátria, e não seria possível subornar ou bajular autoridades do Estado. Essas mesmas possibilidades, por outro lado, atestam que o indivíduo se fundiu ao cargo (Hegel, 1970, III, p. 372-384).

Apesar da acentuada integração entre o individual e o universal, o plano da cultura é ainda desconjuntado em relação a uma integração mais ampla, como a propiciada pela religião. A religião primitiva, que surgiu do embate entre sujeito e natureza, e produziu o dualismo da consciência infeliz, tem, agora, a chance de efetivar sua verdadeira função no plano espiritual da substância cultural.

Isso significa que a fé viva já não se parece com a fé do pensamento que identifica implícita a si a totalidade, e sim já com o inteiramente efetivo da sociabilidade e da materialidade cultural. A pessoa vai a um local de culto, onde adora de modo objetivo, igual a outras. Seu modo de se reconciliar com a totalidade não é mero pensamento; é gesto prático, simbólico e social, com efeito. A própria fé, enquanto consciência, já não é mais imediata, apenas trabalhada na interioridade, é mediada na interação sócio-histórica e trabalhada na efetividade cultural (Hegel, 1970, III, p. 391-396).

Contudo, essa fé ainda não realizou a integração absoluta, e justifica, por parte da "pura inteligência", uma desconfiança. O nome dessa desconfiança, no curso do amadurecimento cultural, é Iluminismo. Negativo, o Iluminismo não vem acrescentar, e sim diminuir o círculo da consciência à segurança estável de sua própria certeza. Promete-lhe independência do que quer que

---

99. Extrusão é o termo usado na tradução de Paulo Meneses.

seja a fonte de dependência experimentada na fé, mas não entrega essa independência através de nenhum acréscimo, e sim de um reducionismo (Hegel, 1970, III, p. 399-407). Contudo, exerce também papel positivo ao destacar a falta de clareza final da consciência em relação à totalidade.

Ao revelar como o total apenas o ser aí das coisas, e não a espiritualidade ativa do para si da consciência, o Iluminismo gera na fé um horror: o da substituição do divino pelo vazio (Hegel, 1970, III, p. 415). Uma vez que o negativo é sempre o que mais amadurece a consciência, a ingenuidade indolente da fé é convidada ao trabalho árduo de confrontar esse vazio de sua negação. A fé tem de lidar, então, com os episódios grosseiros de suas superstições, como quando nega a efetividade do mundo impossibilitando-a. Hegel dá como exemplos disso o jejum e a mutilação de Orígenes, que não aplacam efetivamente o desejo pela comida e a concupiscência, e, por isso, não representam nenhuma superação (Hegel, 1970, III, p. 421).

Divinizado através do Iluminismo, o ser humano goza da irrestrita liberdade de quem não vê mais lei acima de si. É no próprio íntimo que esse povo esclarecido enxerga o fundamento da lei, que, no entanto, vale universal e objetivamente (Hegel, 1970, III, p. 430-433). Novamente, contudo, essa não é a totalidade verdadeira, e toda parcialidade tem de negar mortalmente o que em si não está contido. A perfeita liberdade geral, independentemente de qualquer princípio outro, suprime e se opõe violentamente a toda dissidência, tanto quanto o sectarismo e o obscurantismo o fizeram; e da gloriosa universalidade mundana proposta pelo Iluminismo nasce também um terror inesgotável, até que todos os seus opositores tenham desaparecido (Hegel, 1970, III, p. 434-436). A sua integração ideológica, portanto, é integração totalitária, mas da própria parcialidade mundana, origem de todos os totalitarismos políticos que, logo depois, vingaram, e não realizará jamais a totalidade verdadeira.

Resgatar a eticidade de mais esse escorregão em uma mundanidade morta é tarefa da moralidade, que opera o resgate sustentando os ideais da perfeição, da pureza e da sacralidade do dever e do bem (Hegel, 1970, III, p. 442-450). Os estágios finais de abstração intelectual do dever e do bem, como dados de maneira meramente formal, são suspendidos em uma *boa consciên-*

cia da concretude e do conteúdo do dever como compromisso empático com o outro (Hegel, 1970, III, p. 464-471).

É muito mais serena a consciência moral que integra a pureza da lei à efetividade de seu conteúdo humano:

> Dado indivíduo amplia suas posses de determinada maneira; é um dever de cada indivíduo preocupar-se em prover para si e para sua família, bem como se precaver para a possibilidade de se fazer útil a seu próximo e fazer o bem aos desamparados. O indivíduo está consciente de que tal constitui um dever, simplesmente porque tal conteúdo está implícito na certeza de si; mais adiante, percebe ter cumprido o dever nesse caso. Alguns tomarão, talvez, esse comportamento por embuste; atêm-se a outros aspectos do caso concreto, enquanto ele sustenta com firmeza o seu, isto é, a consciência de que a ampliação de seu patrimônio é um puro dever. Dessa forma, o indivíduo cumpriu seu dever prudencial de garantir sua independência fazendo o que outros consideraram opressor e iníquo; preservou sua vida, pode ser útil aos seus semelhantes fazendo o que aqueloutros chamariam covardia. Aquilo, por outro lado, que eles teriam chamado de coragem, teria também infringido ambos esses deveres (Hegel, 1970, III, p. 472).

Essa *noção da realidade* dependeu de todo o longo processo de amadurecimento e despertar da consciência da imanência e da efetividade éticas. É só nesse elevadíssimo sentido, *após*, e não antes do trabalho, que se pode falar em uma "intuição moral", o que, por sua vez, dá origem à *genialidade moral* (Hegel, 1970, III, p. 480). Para o santo, ou gênio moral, Deus está imediatamente presente, no sentimento, no pensamento e na disposição para a ação (Hegel, 1970, III, p. 480-481). Tais pessoas facilmente mudam o mundo, porque ecoam o que, no espírito coletivo, é sua essência verdadeira.

O trajeto total da marcha do espírito, através de seus diversos "momentos", culminará na religião, "a perfeição do espírito" (Hegel, 1970, III, p. 498). Essa perfeição é a consciência e a efetivação cultural do estágio final do saber, a ciência de que o princípio e o fim de tudo é espiritual[100].

---

100. "A natureza da consciência faz com que o ser humano busque uma explicação última, a qual ele não encontra no seio da vida objetiva, no emprego e no trabalho e nem na família e na sociedade. Há algo de mais elevado permeando essas esferas, e esse algo mais elevado foi justamente o que nos apresentou a história humana como sendo a arte, a religião e a filosofia. A preocupação de Hegel nesse terreno do espírito absoluto não é a de dizer que a arte, a religião e a filosofia são simplesmente necessárias para o ser humano. Essa não é a pergunta apropriada. Não se trata de saber se Deus existe ou não existe, se posso ou não provar a existência dele. Ao contrário, é preciso questionar como

Consciência absoluta, a religião "desce" toda a cadeia revendo e sacralizando todas as formas nas quais o ser se lhe havia manifestado como mero estar aí. Agora, a luz comunica a glória, as flores do campo louvam a perfeição de que fazem parte na forma da beleza, cada animálculo resume em si a preciosa sacralidade da vida, e cada homem é um irmão e ele mesmo filho de Deus.

Não é outra a consciência que leva a humanidade à arte, naquilo que esta tem de divino, solene e sublime.

> Nas épocas anteriores, a arte era trabalho instintivo que, imerso no existente dado, trabalha para fora e para dentro dele, não tendo sua substância na eticidade livre e, portanto, sem possibilitar ao trabalhador a livre operosidade espiritual. Mais tarde, o espírito transcende a arte para conquistar sua mais elevada exposição, a saber, não apenas mera substância nascida do si, mas sim se tornar esse si em sua própria exposição como objeto […] de modo que o conceito e a obra de arte produzida se saibam mutuamente como uma e mesma coisa (Hegel, 1970, III, p. 513).

Cientes de suas particularidades e determinidades, os povos projetam no mundo da arte – que Hegel identifica com o que, contemporaneamente, chamamos, muitas vezes, de imaginário – deuses étnicos, patronos de cidades, animais ou entidades padroeiras. Essas figuras, é claro, refletem adequadamente a vida dos povos, mas não a universalidade absoluta do espírito. Se o que há para aprender no culto a esta ou aquela entidade é apenas a universalidade particularizada, o que se pode aprender na obra universal é a universalidade enquanto tal. É por esta razão que a *Ilíada* e o *Édipo rei* são permanentes em sentido diferente do templo de Afrodite. Este é objeto de culto singular, aquelas são peças que exprimem o espírito em geral. Isso não deve ser entendido como se não houvesse em cada figura específica uma universalidade verdadeira, e em cada peça legitimamente universal uma série de particularidades "pobres", destinadas a perderem sentido com o tempo (Hegel, 1970, III, p. 529-538). Contudo, naquilo em que são permanentes, os traços divinos da arte coincidem com os da religião revelada.

---

se constituiu a história humana e como ela continuará a se plasmar com base na exigência de uma totalidade" (Werle, 2021, p. 21).

A religião revelada é o ponto culminante da evolução da consciência, pois realiza o que parecia impossível, supera a fragmentação a que a consciência parecia para sempre fadada. Isso porque, na religião revelada, o divino aparece como autoconsciência corporificada. A encarnação do divino em um homem, autoconsciente e livre, aclimatado à vida ética e moralmente efetivo, é, ao mesmo tempo, o que de mais inusitado e mais implícito poderia haver na história do espírito (Hegel, 1970, III, p. 550-551). Inusitado porque livre, e implícita destinação porque o espírito tinha de chegar a ser perfeita realização da autoconsciência.

Não haveria sentido em falar de outra religião revelada, pois nas outras religiões não há, de fato, a revelação do divino, senão apenas um discurso sobre ele. A inspiração ou o voo poético ao divino contém a sua natureza, mas não são exposições dela. A religião do Deus encarnado, portanto, é aquela em que o divino se revela efetivamente como humano, e o humano efetivamente como divino (Hegel, 1970, III, p. 589). "As esperanças e as expectativas do mundo, até aquele momento, haviam se avolumado todas sobre essa revelação: o contemplar da essência absoluta e o encontro consigo mesmo que decorre dessa contemplação" (Hegel, 1970, III, p. 553). Nisso consiste a alegria do mundo.

Que pode restar à consciência além de elevar essa realização anedótica à total transparência científica? É isso o que executará a fase derradeira do amadurecimento do espírito, o espírito absoluto.

> No saber, então, o espírito encerra o movimento de sua formação, na medida em que esse formar é afetado pela insuperada diferença da consciência. Ele ganhou o puro elemento de seu existir: o conceito. Seu conteúdo, o si que se extrapola/extrusa segundo a *liberdade* de seu *ser*, ou, a *imediata* unidade do saber de si. [...]
>
> O conteúdo distinto é definido na relação, não em si, e sua inquietude é a suspensão de si mesmo, ou a *negatividade*. Ora, será a necessidade ou a diversidade, o ser livre, bem como o si, e segundo a *forma* da simesmidade, na qual o existente é imediatamente pensamento, que o conteúdo será *conceito*.
>
> É quando o espírito conquista o conceito que ele desdobra o ser-aí e o movimento neste éter de sua própria vida, e se faz ciência (Hegel, 1970, III, p. 587).

A perfeita transparência com que a ciência constrói os conceitos adequados das quais é a face estática da verdade, a face dinâmica, que acompanha o movimento evolutivo do espírito, se chama história (Hegel, 1970, III, p. 589).

Ciência e história trazem a intuição de Jesus sobre a complexa e dinâmica unidade absoluta da diversidade para a generalidade do espírito, completando, deste, o destino. Em clara filiação ao panteísmo, o objetivo do espírito é se realizar como Espírito, com letra maiúscula, para todos. Isso não podia ser realizado pela intuição – ainda que correta – da verdade em Cristo; tinha de ser realizado na verdadeira universalidade do saber[101].

Reza a lenda que Hegel grafou os últimos trechos da *Fenomenologia* ao som dos canhões da batalha de Jena, em outubro de 1806. A vitória de Napoleão encerrou o ciclo de glórias da Universidade de Jena. Como ocorrera com a Universidade de Halle, quarenta anos antes, a de Jena passava do centro para a periferia, tornando-se uma entre outras, e abrindo espaço para um terceiro modelo de universidade alemã, o da Universidade de Berlin.

Sobre a invasão napoleônica, comenta-se que era muito grande a preocupação de Hegel quanto aos possíveis danos da guerra aos manuscritos da *Fenomenologia*, ao ponto de ele tomar cuidados especiais para minimizar os riscos a que estavam submetidos os papéis. A guerra, e sua repercussão para a vida política e cultural de Jena, o desgasta a ponto de ele se transferir para a pequena cidade de Bamberg (Jaeschke, 2016, p. 23). Estava em Jena, porém, quando da entrada triunfal de Napoleão na cidade, a qual o filósofo considerou auspicioso sinal de uma completude da história. O ambiente da universidade "vitrine" do império prussiano se tornara inamistoso, e Hegel buscou tranquilidade e estabilidade em um ginásio, em Nurembergue, do qual rapidamente se tornaria reitor.

5.4 O pedagogo de Nurembergue

Hegel se instala na movimentada cidade da Francônia, em 1808, onde dará aulas em um ginásio. Apesar da excelência da instituição, a capacida-

---

101. "Quando se remove os parênteses da Fenomenologia, fica claro, diz O'Reagan, que o sujeito último do devir não é o ser humano individual ou a sociedade, mas sim Deus, o transcendental significado – ou, nos termos de Hegel, nem espírito subjetivo nem espírito objetivo, e sim espírito absoluto" (Hodgson, 2005, p. 17).

de dos estudantes não correspondia a dos universitários, especialmente um ponto de encontro de gênios, como Jena. A falta da companhia das grandes mentes de Weimar e Jena, contudo, não parece ter afetado em nada a produtividade do brilhante filósofo, cuja existência se convertera em uma cornucópia de textos.

Mal mobiliara a casa e a primeira tiragem da *Fenomenologia* causava rebuliço. Com limitada vida social, levado a simplificar suas aulas, Hegel escrevia metodicamente. Começou a organizar diversos textos básicos de propedêutica filosófica, já a partir de 1808, incluindo um manual didático para o último ano do ginásio, ao qual deu o título de *Enciclopédia filosófica*.

No primeiro capítulo dessa enciclopédia, dedicado à lógica, separou essa "ciência do entendimento e da razão pura" em três partes: 1- "abstrata ou cognoscível"; 2- "dialética ou racional negativa"; 3- "especulativa ou racional positiva" (Hegel, 1970, IV, p. 10-11).

Mais tarde, suas inovadoras considerações sobre a lógica, a qual ele praticamente transforma em um neologismo, gerariam incompreensão por parte de todos os que dessa disciplina preferem ter uma definição unívoca. Já na Enciclopédia de Nurembergue, algumas definições anunciam essa torção terminológica. Ele diz, por exemplo, que a lógica trata do conceito absoluto, deixando claro que o mero arranjo dos termos em sentenças não pode esgotar essa ciência. Depois, acrescenta que a lógica é especulativa, isto é, "observa as essências das coisas" (Hegel, 1970, IV, p. 11).

A próxima seção, lógica ontológica, deixa ainda mais claro o que ele entende por lógica. A lógica ontológica trata de três instâncias ontológicas: ser, essência e realidade. O ser guarda em si a qualidade de ser, essência abstrata e puramente negativa da coisa; a qualidade do estar ou ser aí, isto é, o ser real e contextualizado, definido por sua relação e diferenciação em relação a outros presentes; e a qualidade da mudança, isto é, o para si do ser, aquilo que faz dele possibilidade transformadora e atualizadora (Hegel, 1970, IV, p. 12-13). A essência consiste na determinidade da coisa, o que se dá através de princípios, como o princípio de identidade. A essência também inclui propriedades relacionais, como o todo e as partes, interioridade e exterioridade. A realidade, por fim, que trata da "unidade entre a possibilidade e a atualidade", o que se dá conforme a substância, as causas ou as interações (Hegel, 1970, IV, p. 16-21).

Na lógica subjetiva, é tratada a lógica formal convencional. Na doutrina das ideias, por fim, são tratadas as noções mais gerais e abrangentes, como ideias, propriamente ditas, ou "conceitos adequados, nos quais objetividade e subjetividade são iguais"; ou seja, "o conceito e o ente correspondem um ao outro" (Hegel, 1970, IV, p. 28).

A segunda parte do livro, a ciência da natureza, agrupa matemática, física e biologia. É por demais resumida, mas clara, e certamente útil para o estudante ginasial.

A terceira parte, a ciência do espírito, trata da mente, da vida prática e da cultura, e lembra bastante a *Fenomenologia*, embora extremamente didática, muito encurtada e em um formato mais aplicado.

As artes – tópico da cultura – por exemplo, são divididas em antigas/objetivas e modernas/subjetivas; isto é, de expressão plástica ou de expressão romântica (Hegel, 1970, IV, p. 64). A religião, superior, não se restringe à "mera intuição e representação do espírito absoluto", chegando a "o pensar e compreender" (Hegel, 1970, IV, p. 65). A religião "é a verdade como ela é para todos os seres humanos", e "a essência da verdadeira religião é o amor" (Hegel, 1970, IV, p. 65).

Doutrina da consciência (1808/1809), outra apostila didática, se parecia mais ainda com um resumo esquemático da *Fenomenologia*.

No ano seguinte, 1810, escreve um texto bem mais complexo e volumoso para as turmas iniciais: *Doutrina dos direitos, dos deveres e da religião*. Trata-se de um texto que combina as preocupações políticas da fase de Frankfurt com sua nova filosofia do espírito. A primeira página da introdução traz uma definição exata, ainda que muito sintetizada, do conteúdo: "O objeto desta doutrina é a vontade humana, e, mais especificamente, a relação entre a vontade particular e a geral" (Hegel, 1970, IV, p. 203).

O direito trata somente da vontade geral, mas precisa discriminar com exatidão a relação dos indivíduos com essa vontade geral. Para isso, determina que "cada indivíduo seja respeitado e tratado como livre por um outro" (Hegel, 1970, IV, p. 231). Na negatividade dessa relação, que objetiva preservar e ver respeitada a liberdade do indivíduo, só cabe ao direito conter proibições, "nunca ordens, e o que não for proibido é simplesmente permitido"

(Hegel, 1970, IV, p. 233). Seguem-se outras definições de aspecto igualmente racionalista ou escolástico, como "posse é uma coisa subsumida sob minha vontade", ou "contrato é o nome do mútuo consentimento de um entregar e o outro receber determinada coisa" (Hegel, 1970, IV, p. 234; 239).

Na vida sociopolítica, ensaiando o que encontraria expressão acabada na *Filosofia do direito*, Hegel define a família como associação natural, que deriva das disposições naturais "do amor, da confiança e da piedade", ao passo que o Estado seria, em contraste, a associação "construída pelas relações do direito" (Hegel, 1970, IV, p. 244-245).

A doutrina dos deveres nada mais é do que o que se chama popularmente de moral. Diferente das leis impostas pelo direito, em face da vontade coletiva, o dever só é imposto pela própria consciência (Hegel, 1970, IV, p. 250).

O "filósofo mais difícil de se ler" provou que podia escrever de forma clara e direta, e se fazer compreensível a adolescentes.

No curso de religião, apresentou apenas definições fundamentais e desprovidas de ambiguidade. Deus, por exemplo, nada mais é que "o ser em todo ser, o primordial e o imediato" (Hegel, 1970, IV, p. 279), e contra o panteísmo crasso, efetivamente materialista, acrescentou "tido apenas como substância, Deus não tem existência distinta de seus acidentes", "nenhuma individualidade e autoconsciência", e não passa de "determinação sem propósito e sem vontade" (Hegel, 1970, IV, p. 280).

Já havia aí o dedo da crítica de Schelling, feita na *Freiheitsschfrift*? Não me chegou ao conhecimento evidência de que Hegel tivesse reagido tão prontamente à grande obra de Schelling sobre a liberdade, mas as ênfases sobre a necessidade de se considerar o aspecto pessoal de Deus são uma novidade de que bem se pode suspeitar da influência de Schelling.

De 1809 em diante, Hegel proferiu também uma série de discursos de encerramento de ano letivo, no que se mostrou igualmente competente, embora não brilhante. Esses discursos são interessantes por revelarem seus pensamentos e posições acerca da educação em geral, particularmente da educação escolar. É muito óbvio que ele acreditava no aperfeiçoamento da humanidade através da educação, e que essa atividade deveria ser exercida com a máxima seriedade, Idealismo e senso de dever, em todos os níveis.

Pouco depois de sua chega a Nurembergue, o filósofo paulatinamente veio a tomar consciência da necessidade de uma ciência completa da lógica, ou dos procedimentos e princípios do pensamento em geral, o que começa a expor em 1812. Embora não tão lido pelo público, esse livro teria impacto tão intenso sobre a comunidade filosófica quanto a *Fenomenologia*.

6
O APOGEU DA FILOSOFIA DA LIBERDADE E DO ORGANICISMO: SCHELLING E GOETHE

6.1 A chegada de Eschenmayer e o crepúsculo de Fichte

Recém-casado com a ex-senhora Schlegel, Schelling se instala bem em Würzburg, na fronteira entre a Bavária e Württemberg. A Universidade, entre as mais antigas do país, passava por uma intensa reformulação, acompanhando a agitação política e cultural. O período em Würzburg não foi de grandes publicações para Schelling.

A morte de Kant inspirou um curto texto de homenagem e o trabalho lhe exigiu uma propedêutica à filosofia. Também escreveu ao longo desse produtivo ano o *Sistema de toda a filosofia e, particularmente, da filosofia da natureza*, mas que só foi publicada posteriormente, a partir de seus manuscritos. O único livro realmente publicado em 1804, portanto, foi *Filosofia e religião*.

No ano seguinte (1805), desenvolveu diversos projetos, mas não chegou a publicar nada, e em 1806, quando começaram a sair as publicações produzidas no ano anterior, o filósofo se transfere novamente, agora para Munique.

A fase de Würzburg foi também caracterizada pela meditação e absorção da obra de Carl August von Eschenmayer, um discípulo independente e crítico do sistema da identidade. Publicada em 1803, *A filosofia em sua transição para a não filosofia*, foi o mais impactante livro de Eschenmayer no contexto do Idealismo, mas as obras do autor sobre medicina e filosofia da medicina lhe garantiam considerável atenção. *Filosofia e religião*, de Schelling, foi, em alguma medida, uma reação ao texto de Eschenmayer e uma tentativa de defender o sistema da identidade (Eschenmayer, 2016, p. XX).

Envolvido com o magnetismo animal e o mesmerismo, além de sustentar ideias espiritualistas e místicas em relação à biologia e, principalmente, à medicina, foi com entusiasmo que Eschenmayer recebeu a filosofia da natureza de Schelling. Contudo, ele a achava ainda excessivamente intelectual, e negligente quanto aos muitos aspectos espirituais que pareciam regrar a saúde humana.

Eschenmayer abre o livro declarando que "Fichte e Schelling adequaram e introduziram os mais elevados problemas da filosofia ao seu modo", e, assim, resolveram esses problemas "até certo ponto." "Agora", acrescenta Eschenmayer, "quero fazer o mesmo pela não filosofia" (Eschenmayer, 1803, p. 0).

Sem negar, ou mesmo criticar, elementos da filosofia idealista, ressalta que toda filosofia se esgota e limita ao sistema da razão, o qual se subdivide em "sistema natural e sistema moral, um da necessidade, o outro da liberdade" (Eschenmayer, 1803, p. 24).

A filosofia, contudo, não pode parar aí, deve dar o passo final nela implícito, para a não filosofia; isto é, a crença (Eschenmayer, 1803, p. 30). No âmbito espiritual, a alma sabe porque sabe, sem que a especulação em nada contribua com esse saber. Aliás, pessoas que creem unilateralmente na especulação podem acabar abafando sua intuição natural e chegar ao ponto de olvidar o que desde sempre já lhes estava escrito na alma.

Como Schleiermacher, Eschenmayer considera um erro fatal a derivação da religião a partir da moralidade, pois isso significa a circunscrição do que há de mais relevante na religião (a intuição) ao terreno do conceitual e do racional (Eschenmayer, 1803, p. 35).

Embora não publicasse mais, o pai do Idealismo Alemão não permaneceu indiferente a todos esses desdobramentos. Do pouco que sabemos sobre os anos tardios do autor da *Doutrina da ciência*, ele tanto poderia ter considerado indigno de si continuar a reagir a seguidores e críticos, quanto poderia se sentir humilhado por já não ser o protagonista da arena filosófica, tendo perdido essa posição justamente para Schelling, seu seguidor e admirador até poucos anos antes. Ferido pela controvérsia sobre o ateísmo, farto das mesmas reclamações do público quanto a sua forma de escrever, que o afastaram ainda mais de qualquer preocupação em agradar, Fichte ensimesmou-se e aprofundou-se em sua própria trilha filosófica.

A *Exortação à vida bem-aventurada* chega às prateleiras em abril de 1806. A primeira coisa que Fichte faz ao receber o livro é enviar uma cópia a Goethe (Fichte GA I, 9, 1995, p. 10). O tom religioso do texto chamou a atenção de autores de disposição mais iluminista, ou panteísta, ou ainda, mais fideísta, bem como de Schelling, por outros motivos, gerando deboches e ataques poucos meses após a publicação. Não que a todos os críticos fosse incômodo o tom religioso, ou seus objetos (Deus, imortalidade, bem-aventurança), mas não estavam mais dispostos a admitir um tom mais teológico e bíblico do que crítico e sistemático. E é bem possível que não admitissem isso *vindo de Fichte*, alguém que se apresentava como continuador do legado crítico de Kant.

Fichte reagiu a eles admitindo que esse era um texto em que ele optara pelo tom religioso. No caso de Schelling, incomodava o fato de Fichte aparentemente ignorar toda evolução e complexificação que ele proporcionara ao Idealismo. Consequentemente, a posição de Fichte parecia teimosamente subjetivista, e obtusa ou negligente em face de tudo o que ocorrera nos últimos seis ou sete anos.

Schleiermacher viu um tipo diferente de problema na *Exortação*, um problema teológico. Para um autor que alegava emular o João Evangelista, Fichte deveria ter lido melhor o quarto e o sexto capítulos desse evangelho (Fichte GA I, 9, 1995, p. 41). Esses capítulos falam respectivamente da água da vida e do pão da vida, que plenificam o espírito, e de uma adoração a Deus que não tenha mais traços de materialidade. É, portanto, uma crítica dura, sobre a percepção dos elementos mais básicos da mensagem cristã, e particularmente dura de se dirigir a um "filósofo do puro espírito."

O texto começa de modo até bastante joanino: "a vida é ela mesma a benção [...] Não pode ser de outro modo, pois a vida é amor, e a totalidade da forma e da força da vida consiste no amor, e se desenvolve a partir do amor" (Fichte GA I, 9, 1995, p. 55). É difícil imaginar como as coisas possam ir mal depois desse parágrafo.

Por contraste, morte pode ser definida como não ser, mas "uma pura morte ou um puro não ser não existem", o que existe é a penumbra entre o ser e o nada, a realidade e o irreal, uma "aparência, que é a mistura entre vida e morte, ser e não ser" (Fichte GA I, 9, 1995, p. 57). A diferença entre a vida verdadeira e a vida aparente é que a primeira "se vive em Deus, e nela se ama a Deus", a segunda "se vive no mundo, e nela se busca amar o mundo" (Fichte GA I, 9, 1995, p. 59). Se busca, diz Fichte, porque só se pode amar espiritualmente, e não é realmente amor aquilo que temos pelo mundano.

O preenchimento existencial depende disso: de um lado a vida eterna, que é o vivenciar as coisas permanentes; de outro lado a vida vazia e semimorta das vivências evanescentes. Em uma, "vislumbramos a eternidade em um piscar de olhos", na outra, "jamais um piscar de olhos é igual ao outro"; o coração não encontra repouso e a (semi-) vida é um correr atrás do vento (Fichte GA I, 9, 1995, p. 59).

Um erro muito comum, ressalva, é esperar pela bem-aventurança na vida futura, estando atribulado nesta. Faz sentido esperar uma bem-aventurança mais completa em um reino espiritual, mas não a encontrará quem não estiver pacificado e pleno por força de sua própria escolha na própria vida mundana (Fichte GA I, 9, 1995, p. 61).

Como não poderia deixar de ser, na religião fichteana, o ser, que é vida, é autoconsciência, que vive, portanto, a vida do pensamento, ou ainda, espírito em vida de espírito, e nisso, igualmente, consiste o divino (Fichte GA I, 9, 1995, p. 62). Fichte não alega ser o criador dessa doutrina, mas tê-la aprendido de muitos outros sábios, como Platão e "o Cristo joanino", e também dos "nossos dois maiores poetas" (Goethe e Schiller) (Fichte GA I, 9, 1995, p. 73). E, subindo um pouco o tom, "somos os verdadeiros continuadores dos Antigos", pois, "derivamos a morte da vida, o corpo do espírito, e não o contrário, como os modernos" (Fichte GA I, 9, 1995, p. 74).

Na terceira preleção, a mesma tese central é reapresentada em uma linguagem quase parmenidiana: "todo existente é [...] necessariamente vida e consciência, e o morto e desprovido de consciência não está realmente aí", "é só através da presença de Deus em si que algo é retido na existência, de modo que tentar subtrair Deus de um ente é o mesmo que subtrair o próprio da existência" (Fichte GA I, 9, 1995, p.89).

Como bem reconheceu, o seu é também um tipo – muito sofisticado e transformado, é claro – de platonismo. O espírito é a parte real e verdadeira do ser, o corpo muda, transforma e desaparece no nada, não tendo realidade ou verdade intrínsecas. No plano do cosmo, a mesma primazia do aspecto espiritual sobre o material continua a valer. A realidade do mundo é o espírito, invisível e inteligente, que o anima; a sua sombra fugidia é a natureza material, coisificada e inessencial. Toda criatura está subordinada ao criador, todo objeto ao sujeito, toda coisa morta a uma vida.

A vida bem-aventurada, então, depende do residir integralmente em Deus; isto é, na vida, na consciência e na luz absoluta, mas essa luz que é Deus se metamorfoseia em coisas outras, "degenera e se fragmenta na diversidade" e, por isso mesmo, afastada de sua mais pura origem, "aliena-se dessa origem na forma desses diversos raios" (Fichte GA I, 9, 1995, p. 103), que já não podem mais iluminar e aquecer a distâncias incomensuráveis de seu fulcro. E, não obstante, é ainda e sempre a mesma luz, da mesma e única fonte de tudo o que é.

Essa confissão de fé, por mais que de um espiritualismo genérico, insatisfatório para alguns cristãos com maiores expectativas, Fichte não deixou de amarrar à sua concepção fundamental e sistematizadora (da DC), por mais que, aqui, nas *Exortações*, tenha mudado de tom. É nesse sentido que ele escreve:

> A religião sem a ciência, onde quer que se encontre, é mera crença, ainda que inabalável: a ciência suspende toda a crença e a transforma em aparência. [...] A vida divina e bem-aventurada de nenhum modo se lhe limita (à ciência); não obstante, permanece em nós a exigência de realizar em nós e nos outros essa ciência na esfera da mais alta moralidade. O verdadeiro e perfeito ser humano deve atingir essa plena clareza para si mesmo: pois a clareza plena e em todas as suas dimensões é pertinente à imagem e semelhança de Deus (Fichte GA I, 9, 1995, p. 112).

Se Deus é consciência e saber, se é a perfeição e completude de sua própria lei, como poderia o homem inculto, que não se elevou à concretização do potencial nele dormente, pretender comunhão com o que é puro espírito, pura inteligência, pura e ilimitada atividade, pura perfeição moral? Como pode o espírito preguiçoso, indolente, passivo, ignorante e que não está na posse de si mesmo refletir um divino que é pura autoconsciência criadora? Entretanto, a essa estranha teoria estão inclinados todos os fideístas, todos aqueles que negam, na religião, o saber e a ciência, apostando em um vago, obscuro e passional conceito de "coração", que, propositalmente, não diz nada.

Não, afirma Fichte, Deus é presença na ciência e na liberdade, não na sombra confusa e na servidão.

Não é tão difícil imaginar por que Schleiermacher, Schlegel e Schelling ficaram incomodados, embora eu não ouse minimizar a importância de uma série de aspectos técnicos nesse incômodo.

Em face de seu relativo velamento, e ao não ser tomada à luz da *Doutrina da Ciência de 1804*[102] – porque esta não havia sido publicada – a *Exortação* acabou suscitando interpretações errôneas, porque apressadas e condicionadas às críticas recentemente levantadas por Schelling e Hegel.

Muitos, então, faziam coro às críticas ao Idealismo; isto é, à falta de demonstração rigorosa de certos elementos básicos das filosofias de Fichte e Schelling, e o clima se tornara desfavorável aos dois autores.

Jakob F. Fries, de tendências mais kantianas, antropológicas e científicas, atacará os sistemas de Fichte e de Schelling, incluindo seus textos mais recentes, em seu *A nova doutrina de Fichte e de Schelling sobre Deus e o mundo*. Nesse opúsculo, Fries retratará os idealistas como místicos sonhadores, que constroem sobre não mais que uma base linguística, ou até poética:

> A doutrina toda não começa por definições e axiomas, como a de Espinosa, e sim por um postulado: ser é autoconhecimento.
>
> Prova: Ser é autoconhecimento. Te parece obscuro? É verdade, autoconhecimento é uma palavra seca demais, mas ouve esta: ser é autoafirmação, posição de si mesmo! Não está ficando mais claro? E já vem

---

102. Esse ponto cego é por demais prejudicial para a boa compreensão da Exortação, visto que "a *Doutrina da Ciência de 1804* representa o ponto alto na aproximação ao problema da liberdade no interior da concepção de filosofia do Fichte tardio" (Dreher, 2008, p. 1198). Tomamos, neste livro, a decisão de privilegiar as obras publicadas por cada autor em vida, visto que essas são aquelas às quais reagem os demais, mas, é preciso admitir, a desatenção a textos publicados apenas postumamente muitas vezes prejudica a compreensão da evolução desses autores.

mais: ser é autoempoderamento![103] Autoempoderamento é autorrevelação! Autorrevelação é autoconhecimento! – Ah, que belas palavras! – Agora tudo ficou bem delineado: a unidade entre o ser e o conhecer não admite contradição! (Fries, 1807, p. 36).

Esse tipo de crítica não faz jus à complexidade dos sistemas de Fichte e de Schelling, mas que boa peça de propaganda – ou antipropaganda – pretende ser justa? E é também verdade que mesmo os melhores textos começavam com prefácios desaforados. Àquela altura, as pessoas já deviam ter uma ideia bastante boa do que hoje chamamos guerra cultural. Ainda assim, era inegável que a respeitabilidade da filosofia de Fichte estava em queda, fossem ou não corretas as interpretações que abasteciam essa mudança de percepção sobre ela. A de Schelling não estava em situação muito melhor, e precisava se reafirmar por outros caminhos, com outros métodos. Tudo isso conduzirá à fase madura da filosofia da liberdade.

Em 1810, principalmente graças a Wilhelm von Humboldt, mas também com apoio de Schleiermacher e Fichte, entre outros, foi fundada a universidade de Berlim, que imediatamente se tornou referência mundial do que deveria ser uma universidade moderna, com amplo leque de ciências especializadas e uma filosofia capaz de conciliar todos os interesses da sociedade científica e constitucional. Fichte foi convidado para a cadeira de filosofia, o que, no momento, pareceu uma possibilidade de reabilitação e retorno triunfal. Chegou a se tornar reitor, mas sua postura intransigente acabou por fazer dessa posição uma pedra de tropeço. Mal tendo completado quatro anos na nova função, Fichte é vítima de uma epidemia de tifo e morre em janeiro de 1814.

6.2 O resgate da mística lírica e cosmológica de Jakob Böhme

Chegando a Munique, a grande metrópole bávara, Schelling passa a ter contato com Franz Xavier Baader, com quem trava frutíferas conversações sobre Jakob Böhme, o místico panteísta (ou já panenteísta) que ocupava as mentes dos pensadores alemães há alguns anos. A amizade de Schelling e Baader seria tremendamente estimulante para ambos, ajudando a trazer o

---

103. Uso do termo, tão em voga, foi, de fato, para manter o tom jocoso sobre a crença de que arranjos de palavras são a origem de todo poder.

primeiro para a mística – ou explicitar e tirar do rodapé a tendência mística de Schelling – e a trazer o segundo para a filosofia. Ambos concordavam que, para o encontro das ciências e da fé, o herói de dois séculos atrás seria uma inspiração melhor do que muitos dos autores recentes.

Admitindo a centralidade da mística – dir-se-ia, hoje, até do esoterismo – em seu pensamento, Goethe dá destaque a Böhme, entre vários outros místicos, em sua autobiografia. Coleridge o considerou à altura de Platão, talvez maior (Coleridge, 2000, p. 818). Isaac Newton dele absorvera o conceito de amor como força, ao qual associou seu princípio universal da atração gravitacional (Popp, 1935), e todos os alemães de inclinações panteístas e naturalistas viram nele o maior, o mais profundo e o mais verdadeiro dos místicos (Wollgast, 1988).

Entre a mística voluntarista e uma visão cósmica da Criação como corpo vivo de Deus, Böhme tem um pé em cada grande problema da filosofia da década de 1800: liberdade em sentido espiritual e organicidade da natureza.

Apesar da fácil transponibilidade para o contexto acadêmico, a mais introdutória notícia biográfica sobre Jakob Böhme mostra que citar seu nome equivalia a um desvio dos padrões.

Jakob Böhme (1575-1624) nasceu nas imediações de Görlitz, saindo apenas entre a adolescência e a idade adulta para se educar como sapateiro. Foi alfabetizado, o que, na época significava também boa familiaridade com a Bíblia, talvez alguns textos edificantes voltados à formação moral. Dificilmente teve contato com textos filosóficos ou teológicos antes do "chamado." Se ele, contrariando o contexto e tudo o que dizem os historiadores, tivesse estudado secretamente metafísica e teologia ainda durante o século XVI, haveria de ser muito pouco, sem professores e apenas com os livros mais baratos de que se podia dispor[104].

Nos primeiros anos do século XVII, teve ao menos três visões espirituais extremas, uma delas com a aparição de um anjo que ele, a princípio, julgou ser um sujeito comum aguardando na calçada enquanto ele fechava a sapataria.

---

104. Realizei um estudo mais detido da importância de Böhme para a própria época em (Coelho, 2022a).

Eis a descrição do místico e amigo Franckenberg acerca desta primeira revelação de Böhme:

> Enquanto ele dava conta de fechar a loja após a última encomenda, ouviu um homem a chamá-lo pelo seu nome de batismo, o que ninguém ali deveria saber. Encarou o homem de porte vistoso e olhos brilhantes, que lhe disse: Jakob, tu és pequeno, mas serás grande e tornar-te-ás uma pessoa e um homem totalmente distintos, de modo que o mundo se espantará contigo! Em vista disso sê piedoso, teme a Deus e honre a Sua palavra; de resto lê sempre a sagrada escritura, de onde terás consolo e orientação, pois terás de sofrer muita miséria e desolação, mas tem confiança e firmeza, porque tu és amado de Deus e ele te abençoa! O homem desapareceu das vistas de Jakob, mas ele jamais se esqueceu de sua feição ou de seu aviso (Böhme, 1923, p. 24).

Quando os autores passam de teologia teórica e estritamente filosófica para a apreciação desse tipo de autor, é que já estão saindo do armário do Iluminismo, e a fase de vergonha da fé já passou. Após esse chamado, direto e definitivo, Böhme se dedicou às leituras e à escrita. Em uma segunda visão, foi "conduzido de Görlitz ao centro da natureza, de onde vislumbrou o móvel do mundo e encontrou muitos amigos e seres simpáticos desconhecidos" (Böhme, 1923, p. 25). Sobreviveu vendendo luvas, mais fáceis de confeccionar que os sapatos, até poder dispensar também essa função.

Foi apenas por volta dos 25 anos, portanto, que começou a estudar seriamente a tradição mística, chegando a incentivar a transferência de Martin Moller para sua paróquia, em Görlitz. Moller era conhecido por pregações e estudos que enfatizavam a experiência mística natural e individual do crente, o que pode ter exercido um papel nas experiências do místico e escritor, pouco depois desse contato. A literatura identifica traços vagos de Neoplatonismo, que podem sugerir até mesmo leituras de Giordano Bruno, mas muito mais inequivocamente Schwenckfeld, Weigel e Paracelso (Berdiaeff, 145, p. 7). Com o tempo, sua produção também angariou a simpatia de estudiosos que lhe trariam novas questões e propostas de leitura, como Frankenberg. Fato é, contudo, que Böhme não se tornou um escolado, nem teve jamais a oportunidade de frequentar um banco colegial ou receber lições formais sobre filosofia ou teologia. Tudo aquilo sobre o que escrevia lhe vinha de Deus, e de sua visão, segundo alegava. Quando muito, interpretava ou tentava explicar com suas palavras o que tinha vislumbrado na visão. Mesmo relegada a esse papel secundário, a visão pessoal de Böhme aparece muito na forma como ele cunha as metáforas – com muitas referências da mentalidade mística da época – que pretendem esclarecer essas visões.

De que tratou esse transporte extático para o "centro da natureza"? Essa é a questão fulcral dos estudos böhmeanos. Os místicos sabem não poderem entregar o que receberam, e não é intencionalmente que velam a verdade sob camadas de metáforas e símbolos. Ao contrário, esses símbolos, mais frequentemente, representam o esforço supremo de reconstrução humana de verdades só disponíveis em contato com o divino. É um esforço fatalmente vão, em certo sentido, e que abastece a melancolia de todos os místicos, mas pode servir de preâmbulo para uma caminhada da alma na direção correta, ainda que às escuras.

Böhme foi mais claro e mais plástico que a maioria dos místicos, e sua obra propiciou a edificação de pontes mais estáveis entre a sabedoria mundana (filosofia e teologia) e a sabedoria divina (teosofia), razão pela qual sua obra era discutida em outro patamar por autores interessados na conciliação conceitual fina entre a alta metafísica e aquilo que de melhor a experiência religiosa poderia oferecer (Bornkamm, 1925; Elert, 1987; Ferstl, 2001; Martensen, 1929; Wehr, 1971).

Seu primeiro, por muitos considerado o melhor, foi *Aurora*, ou *Morgenröte im Aufgang*, literalmente "a ascensão da vermelhidão da alvorada." Aí ele expôs uma série de conceitos com os quais o leitor de Schelling, por exemplo, se veria bastante à vontade. "A natureza tem em si duas qualidades sob a determinação de Deus, uma amável, divina e santificada, e uma sombria, infernal e causticante" (Böhme, 1923, p. 97), "então igualmente a natureza origina bem e mal, assim também é o homem: mas o homem é a criança de Deus, a qual Ele retirou da melhor semente da natureza, para reinar no bem e suplantar o mal" (Böhme, 1923, p. 98), "como uma mulher no parto, o bem e o mal estão sempre presentes na natureza, e não há coisa sem bem e mal na natureza" (Böhme, 1923, p. 101). Nasceu, pois, primeiramente do bem o homem, mas nasceu, depois, uma segunda vez, do pecado e da malícia. Segundo na ordem lógica e ontológica, esse segundo e impuro nascimento não é posterior na ordem do tempo – apenas miticamente há uma sequência temporal, mas, na prática, a possibilidade do mal está na natureza humana antes que ele se corrompa empiricamente.

O livro promete, então, explicar como Deus criou todas as coisas a partir de sua própria constituição, e como essa constituição há de ser complexa, pois diverso, complexo e cheio de tensões, conflitos e oposições é o mundo (Böhme, 1923, p. 116-119).

O dinamismo é a essência máxima do espiritual, do divino, e o dinamismo exige esforço e resistência, que, por sua vez, exige contrariedade:

> A ternura da natureza é silêncio e calma, mas a maldade em todas as forças cria o movimento, a correria de todas as coisas. Em todas as criaturas do mundo, há uma fonte de vontade boa e uma má. Não há nada na natureza que não tenha bem e mal em si, tudo vive e é regido por estas duas forças, excetuando os anjos e o diabo onde um dos dois princípios é muito mais forte que o outro (Böhme, 1923, p. 124).

> Não se deve pensar que Deus é a fonte do bem e do mal. Ele não é fonte de nenhum dos dois, mas ele é o bem em si mesmo. O mal não tem sua fonte em Deus, apesar de que todas as coisas, elementos e a natureza tem sua fonte em Deus. Mas o mal não tem sua fonte em Deus, porque Ele não o criou. O mal é como a bile, essencial, natural, mas que se for extraída e bebida, tem gosto amargo e é venenosa. O mal não estava na bile, que faz seu serviço naturalmente, mas em usá-la para algo impróprio (Böhme, 1923, p. 131).

Tudo é obra de Deus, o doce e o amargo, o alto e o baixo, o intenso e o indiferente, o enojante e o sublime. Quem vê Deus como o sol erra, pois isola e limita a figura (humana) de Deus. Deus, em primeiro lugar, não é figura humana, mas, se tivermos de criar uma figura, ela tem que ser a da totalidade. Deus é, portanto, tudo em que podemos pensar e mais uma imensidão muito maior de coisas que não podemos pensar. É claro que isso agradaria a Schelling e a Hegel, e Franz von Baader não tardou em afirmar que a nova dialética alemã não seria tão revolucionária e original quanto se supunha, e sim essencialmente um resgate das ideias de Böhme (Baader, 1855, 11-14; p. 149-163).

Filosófico, encontrou contradição em uma definição de Deus Pai como individualidade, quando o absoluto só pode ser totalidade, ou poeticamente, "a alegria de todas as coisas" (Böhme, 1923, p. 135). Deus Filho, por sua vez, é "criado por Deus, mas não criatura do mundo", e, como o Pai, está presente em tudo, mas não "nas coisas por inteiro"; isto é, não está em todo o seu ser, e sim apenas "no coração das coisas" (Böhme, 1923, p. 141). O Espírito Santo, enfim, é a força ativa, presente e imanente de Deus em tudo. À semelhança de Deus, a criatura humana difere das demais criaturas por ser criatura criadora, agente do próprio destino.

Na alma, há vontade contraditórias. Não compreenderam bem aqueles que pensaram ser a vontade substância simples, de comportamento linear. A experiência mostra, e a revelação confirma, que a vontade é como um ser de muitos e muito longos tentáculos, nos quais a vontade do centro começa a se alienar nas pontas. Cada extensão da nossa vontade serve a um interesse ou propósito, seja animal, seja racional, seja social. Há, contudo, contradição entre esses propósitos, pois, em sua cegueira, os desejos e vontades particulares se esquecem de sua origem, íntegra e completa, e agem como se aquele fosse o único propósito do indivíduo. O desejo sexual é apenas isso, e não se lembra de buscar harmonia com as vontades da razão e do coração; o desejo de glória ou vanglória é apenas isso, e serve ao orgulho, não ao centro íntegro do ser. O homem precisa, portanto, ser lembrado de que cada vontade obedece a um propósito de uma origem espiritual íntegra.

> Mas isso deves saber, que no regimento da tua alma tu és o senhor de ti mesmo; não se levanta nenhum fogo a partir do círculo do teu corpo e espírito, tu o despertas por ti mesmo. Verdadeiro é isto, todos os teus espíritos fluem para ti e se elevam de ti; e em liberdade um espírito tem mais força em ti do que outros.
>
> Se uma fonte do espírito se eleva, isto não está oculto à alma: ela pode imediatamente acordar as outras fontes do espírito, que se opõem ao fogo insurgente, e o podem apagar (Böhme, 1923, p. 156-157).

Com isso se concilia e explica a relação dialética entre os conflitos de vontades e sua última subsunção à supremacia da liberdade. Cada ser humano tem o poder de ser "*como um Deus de si mesmo*", e "bem pode se converter, nesta vida, em fúria ou luz" (Böhme, 1923, p. 164).

Assim como um pião caído não é nada, um objeto em contradição, um pião que gira centraliza os extremos em equilíbrio, e, em seu eixo, está em harmonia com o mundo, e põe em harmonia as demais partes. De uma forma (novamente) filosófica, universalista e ecumênica, Böhme assevera que esse centramento, esse autoencontro, não é privilégio do cristão, embora o cristão saiba mais claramente como o conquistar. No turco, no pagão e no judeu, porém, Deus está inteiro, o que não poderia deixar de estar sem deixar de ser Deus (Böhme, 1923, p. 184). Mesmo os que servem a Deus sem o conhecerem estão já no amor de Deus.

Em sua visão, Böhme não viu apenas a natureza da vontade de Deus e do bem e do mal, como também a natureza do mundo material, desde a criação. Em uma narrativa assustadoramente conforme às descobertas científicas feitas séculos depois, ele escreve:

> A terra era então salitre, que foi ejetado desde o primeiro nascimento, e estava em morte: mas, quando o relâmpago de fogo se ergueu pela Palavra contra a água, houve um clamor, e disso surgiu o movimento na morte; e este mesmo movimento nos sete espíritos é o nascimento sideral [...]. Quando, no terceiro dia, o relâmpago de fogo luziu sobre a água da morte, então, a partir do corpo morto da água e da terra, irrompeu a vida (Böhme, 1923, p. 188-189).

E, conciliando de modo monista e panteísta Deus e natureza:

> quando tu vês as profundezas, as estrelas, e a terra, aí vês o teu Deus, e neste mesmo Deus tu és e vives, e o mesmo Deus te rege, e a partir do mesmo Deus tens os teus sentidos, e és uma criatura oriunda dele e dentro dele, do contrário não serias nada (Böhme, 1923, p. 196).

Ideias e conceitos que não poderiam ter lugar no meio universitário do século XVIII, agora, após o surgimento do Romantismo e do Idealismo, voltavam a ter, provando que o espírito opera em ciclos, e suas idas e vindas são pendulares, ou as de uma espiral, não o ziguezaguear irrepetível de uma linha histórica, de um movimento derradeiro.

6.3 O retorno do Romantismo: sabedoria da Índia

Ao contrário do que foram para o Idealismo, os anos 1802 a 1807 foram pouco produtivos para a filosofia romântica. Não que os grandes autores tivessem tirado férias, sua produção poética não diminuíra, mas o caos das invasões napoleônicas pode ter sido mais perturbador para os filósofos mais sentimentais.

August e Friedrich Schlegel vinham se dedicando ao sânscrito há algum tempo, e tal estudo começa a dar frutos em fins da primeira década do século XIX. *Sobre o idioma e a sabedoria dos indianos* (1808) marcaria época, atraindo a atenção geral para as patentes similaridades entre a filosofia e a mística indiana e a recente filosofia alemã, e para sempre seu autor, Friedrich Schlegel, lhe estaria associado.

A primeira coisa que chama a nossa atenção é que os alemães, particularmente entre aquele período e meados do século XX, não tinham a noção de um estudo instrumental dos idiomas, para suficiência mínima ou apenas para leituras. Schlegel demonstra desde as primeiras páginas uma percepção global do funcionamento dos idiomas – com base nos muitos que dominava e também com base nas noções linguísticas da época. Leitores sem fluência em persa, sânscrito e grego não acompanharão grande parte das comparações etimológicas e gramaticais.

A partir da seção dedicada à filosofia, entra em questão a importância do estudo dos mitos, sem o que o pensamento oriental não é compreensível. A separação entre mito e pensamento, e, mais ainda, entre filosofia e religião, é uma peculiaridade ocidental com a qual não se pode contar no estudo da maioria dos textos orientais (Schlegel, 1808, p. 81-92).

Quanto ao conteúdo, "nenhum traço da filosofia ou da religião de matriz asiática tem origem mais garantidamente indiana [...] que o sistema da emanação e da transmigração das almas" (Schlegel, 1808, p. 95). Doutrina esta, acrescenta Schlegel, que não deve ser confundida com panteísmo, "produto do pensamento europeu" (Schlegel, 1808, p. 96).

Bem mais assombroso, contudo, continua Schlegel, é que a noção de uma vida após a morte, que, aos ocidentais, deriva de uma especulação filosófica acerca do possível futuro após a morte do corpo, ou de "ecos distantes da poesia, acerca de um indefinível mundo das sombras", e, na cultura e nas obras dos maiores pensadores indianos, aparece como "sólida e clara certeza, de modo que o pensamento sobre a outra vida", ou, já no plural, outras vidas, "é o fundamento determinante capital de suas ações" (Schlegel, 1808, p. 103).

Das noções de que a alma precisa retornar à origem, resultado lógico do conceito de emanação, e de que alma cresce gradativamente da ignorância para a sabedoria, resulta a conclusão de que as existências humanas devem ser muitas e sucessivas (Schlegel, 1808, p. 111). Esse conceito não é estranho aos ocidentais. Pitágoras – orientalizado, na opinião de Schlegel – os druidas celtas e, presumivelmente, os egípcios, tinham noções similares de preexistência e/ou diferentes fases e formas da vida da alma (Schlegel, 1808, p. 112).

Segue-se uma descrição do dualismo metafísico indiano, no qual Schlegel identifica um princípio de oposição e conflito absolutos, irreconciliável com o panteísmo (Schlegel, 1808, p. 126-127). Essa observação merece ficar na gaveta para a discussão posterior sobre a forma como Schelling concilia Panteísmo e complexidade.

Em um reducionismo perigoso, Schlegel alega que o Panteísmo oriental aparece eminentemente no budismo, e que este tudo resume o nada (Schlegel, 1808, p. 140-141). O budismo teria florescido melhor na China e o no Extremo Oriente devido a uma melhor receptividade desses povos à filosofia panteísta, ao contrário dos indianos. Essa receptividade, por sua vez, Schlegel associa vagamente ao conceito de absoluto, Tao, que ele traduz como razão (Schlegel, 1808, p. 144). Essas escolhas interpretativas, evidentemente, revelam muito sobre como o autor romântico lê as filosofias de sua própria pátria e momento histórico.

O livro termina com uma breve história da cultura indiana. Peça erudita e pioneira, o livro não pode ser menosprezado pelo fato de conter imprecisões interpretativas, consequência da falta de imersão na complexa realidade cultural indiana. É certo que outros autores que se dedicaram a escrever sobre o pensamento oriental, como Hegel, foram instigados por essa primeira provocação de Schlegel.

Schelling faz alusão (jocosa) do texto na *Freiheitsschrift*, em um trecho que sutilmente dá a entender que a posição de F. Schlegel sobre o Panteísmo indiano não passa de eco da posição de Jacobi (Schelling, 1997, SW I, 7, p. 338).

6.4 A era do Fausto

Enquanto Hegel pensava sobre a significância de Napoleão, como uma expressão de sua própria e inovadora filosofia da realidade sócio-histórica, o próprio Napoleão pensava em Goethe e não perdeu a oportunidade de arranjar um encontro com o poeta. Queria falar sobre o *Werther*, certamente para mostrar que não era um conquistador inculto, mas também por curiosidade.

Pouco antes, os poetas alemães haviam recebido Madame de Staël, acompanhada de Benjamin Constant, em seu exílio autoimposto. A filósofa guardou profunda impressão da germanidade, a qual idealizou e romantizou – foi, talvez, a primeira a realmente conjugar esse verbo – em seu *De L'Allemagne*, o livro que deu luz ao Romantismo francês.

Mais elitista, Goethe teria considerado abaixo de si compilar o saber atual para o entendimento do vulgo. Ao invés disso, incentivado por Schiller e outros, concluiu um antigo e audacioso projeto de síntese de toda a cultura humana, mas uma síntese não acessível e diluída para o gosto da multidão, e sim uma que o colocasse ombro a ombro com Shakespeare e Homero.

De certa maneira, o *Fausto* é um gêmeo da *Fenomenologia do espírito*; uma prova de que um pensamento novo, chegado o momento, fecunda diferentes espíritos. Muitos consideraram que o que um realiza em verso, o outro realizou em prosa; um artística, o outro cientificamente. Ernst Bloch foi mais longe e insinuou ser a *Fenomenologia* a explicação do que, no *Fausto*, aparece na forma pura e definitiva de uma visão da totalidade (Bloch, 1996; Bloch, 1961). Sem querer forçar a analogia, embora os pontos de contato sejam muitos e muito sintomáticos do espírito de época, são também obras em que o desenvolvimento processual se sobrepõe a visões estáticas da realidade. Considerando-se que o *Fausto* não se resume à lenda do mago renascentista, servindo de paradigma moral, espiritual, cultural e, quiçá, teológico para toda a humanidade, o seu é também um processo que aperfeiçoa o saber em geral e revela verdades fundamentais sobre a vida.

Ainda que o livro mereça essas e todas as lisonjas que se lhe possam dirigir, contudo, a verdade é que elas dizem respeito à obra completa. Em 1808, somente a primeira e trágica parte do poema foi publicada. Naquela forma, o livro não se parecia tanto com a *Fenomenologia*.

Mesmo restrito à primeira parte, porém, seria ignorância considerar o *Fausto* como uma história singular sobre ocorrências possíveis. Não tanto quanto uma obra metafísica, o propósito do livro é estabelecer o paradigma da relação entre o divino e o humano em geral, constituindo um marco existencial tão absoluto quanto a Bíblia ou uma teodiceia.

A importância do *Fausto* reside no pioneirismo com que ele trata do sentido da vida. É razoável dizer que esta foi a primeira obra a levantar claramente a questão, e não poucos continuam a considerá-la a mais importante sobre o assunto. Não poucos autores trataram da felicidade (particularmente os antigos) e um número não menor tratou da salvação (particularmente medievais e renascentistas), mas ninguém antes de Goethe havia detectado a fina e delicada fatia existencial que liga a felicidade à salvação. Afinal, ser justificado não coincide com ser feliz e é concebível que a felicidade seja vista como distinta, ou até em contradição com, à justificação e à graça. Contudo, mostra Goethe, esses seriam conceitos indevidos de felicidade e salvação, mas, diferente de autores anteriores, que absorveram e submeteram um ao outro, Goethe propõe que ambos sejam unificados em sua diferença. O terreno intermediário que opera essa síntese dos diferentes é o que poderíamos chamar de sentido da vida.

O drama fáustico começa pelo Niilismo. Esse já é um primeiro indício de que o diagnóstico do problema do sentido é um privilégio dos modernos. Culto, considerado sábio, tendo "tudo estudado com o mais vivo empenho" (Goethe, 1928, p. 67), o doutor está bem ciente de quantos filósofos foram infelizes, e quantos teólogos não receberam uma graça que os plenificasse. Enfadado, cínico e cético, desesperou-se do pretenso saber humano. Debocha das pseudoverdades dos textos, lamentando que, em seu quarto de estudo, "a luz do sol esteja turvada por opacas vidraças e parcialmente bloqueada por pilhas de livros" (Goethe, 1928, p. 146).

Fausto pode ser cínico, egoísta e vaidoso, mas, apesar de todos os defeitos que tenha, não é pusilânime e é o anseio que o há de salvar e fazer feliz ao final da segunda parte da obra. Antes disso, porém, é importante dar atenção especial ao *Prólogo no céu*. Boa parte das pressuposições metafísicas, antropológicas e teológicas do livro são apresentadas aí.

O primeiro contraste dialético do livro é entre a perspectiva dos arcanjos e a do diabo. Os anjos cantam em louvor à insondável magnificência do Senhor e acrescentam que Sua obra permanece tão magnífica quanto no primeiro dia. Mefistófeles (o diabo), porém, redargui com uma crítica. "De sóis e mundos não sei falar", começa, mas sim do homem, e nada de bom há a dizer sobre este (Goethe, 1928, p. 140-141). A limitação da visão do diabo é manifesta pela sua incapacidade de falar do plano geral, particularmente da natureza. Dissociado desta, como poderia entender os homens? Mas o espírito da fragmentação e da negação não percebe essa falha fundamental na própria visão das coisas, e julga conhecer a humanidade melhor que ninguém, talvez melhor que Deus.

Mefistófeles, no entanto, está no céu, presente no cortejo, e logo nos explica o porquê dessa estranha presença: Deus quer saber o que se passa no mundo e o que se passa com ele (Mefistófeles). O discurso de Mefistófeles, portanto, guarda um tom jocoso, mas sincero. "Já que me perguntas", começa, o ser humano viveria "um pouquinho melhor se Tu não lhe tivesses dado um raio da luz celeste" (Goethe, 1928, p. 141). É sem cerimônias que ele culpa a Deus por uma falha na criação. E qual seria essa falha? Ter dado ao homem a razão. Sem o que ele entende ser o grande erro de Deus, não haveria a maldade e a loucura de que não são vítimas os animais. A razão, conclui Mefistófeles, para absolutamente nada mais serve que tornar os homens mais brutais que as feras.

Tão informativa quanto a postura de Mefistófeles é a de Deus, a quem Goethe faz responder: "E nada mais tens a me dizer? Vens sempre apenas para reclamar? Por toda a eternidade, nada sobre a Terra te parece certo?" (Goethe, 1928, p. 141). Essas três frases são uma aula de naturalismo e otimismo goetheanos.

Convém ter em mente que Goethe é ainda mais espinozista que os idealistas, e não tão menos cristão. Segundo sua religião privada – híbrido de Neoplatonismo, Cristianismo e Panteísmo naturalista – a suprema deficiência dos intelectos que não completaram sua educação é a queixa contra a ordem das coisas. *Amor fati* = *amor. Dei intellectualis* = amor ao próximo. Quando Jesus deu como primeiro mandamento "ama a Deus sobre todas as coisas", deixou implícito, pensa Goethe "de nada te queixes", "tudo na natureza está em seu exato e devido lugar", e, provavelmente, "amar é entender, entender é amar."

Com empáfia, mas ainda francamente, Mefistófeles responde a Deus que realmente nada de bom vê no mundo. Tudo lhe parece tão ruim quanto sempre foi, e o homem, esse desgraçado, já causa tanto mal a si que não há gosto em o atormentar (Goethe, 1928, p. 141). É tão ruim a obra de Deus, a seus olhos, que pouco sentido resta à sua função.

Deus poderia, nesse ponto, ter apontado para um santo como exemplo de que Mefistófeles errava, mas aponta para Fausto, a quem chama "meu servidor", deixando em choque o diabo. "É sério!?", responde Mefistófeles sarcástico, "maneira bem esquisita tem de servir-Te"; ao que Deus oferece outra resposta paradigmática: "Pois se de forma tão confusa já me serve, é logo que o conduzirei à claridade" (Goethe, 1928, p. 141). Como sabemos pelo desfecho da obra, pode ser demorado o "logo" de Deus, mas ele não falha.

Uma das grandes perguntas que se pode dirigir à obra é: por que Deus sugeriu Fausto? Menos trabalho teria, e menos arriscada seria a aposta, se tivesse elegido um herói menos decadente. Mas Deus chegou realmente a correr algum risco? Estava jogando com a mesma ironia que Mefistófeles lhe dirigira, ou simplesmente o milagre seria maior e mais belo se a ovelha fosse a mais transviada?

Outras questões menos prementes podem ser colocadas, como, por exemplo: por que Mefistófeles atendeu ao chamado de Deus? Poderia tê-lo negado?[105]

A figura de Deus no poema é a do saber, a de Mefistófeles a do opinar. Para Deus, Fausto é "o broto verdejante, que o jardineiro sabe qual flor e fruto há de dar" (Bielchowski, 1909, III, p. 310). Mefistófeles não tem saber equivalente a oferecer, mas julga pelo que vê. O que pensa antever é o cálculo mecânico do que viu, não a promessa do *télos*, do que deve ser.

Dobrando a aposta, Mefistófeles lança um desafio. Promete conduzir o mau servo por seu caminho, *se Deus o permitir*. Deus, é claro, o permite, mas lembra que essa não é uma concessão especial, e sim a própria lei sob a qual o diabo opera: "enquanto sobre a Terra viver, nada te está proibido, pois, no curso de seus esforços, está sujeito a errar o homem" (Goethe, 1928, p. 141-142).

Ao se despedirem, Deus assevera a Mefistófeles jamais ter odiado sua espécie, e que, "dentre os espíritos negadores, os trapaceiros são o fardo menor" (Goethe, 1928, p. 142).

Essas reveladoras passagens confirmam a percepção dos intérpretes quanto à essência ético-metafísica do *Fausto* (Bielchowski, 1909, III, p. 264).

Da imortal página de abertura do poema, não há verso que mereça olvido. A primeira estrofe é uma síntese da primeira parte do *Fausto*, bem como do estado da alma niilista:

---

[105]. Uma leitura razoavelmente ortodoxa do texto é a de que o papel do diabo estaria perfeitamente encaixado, previsto e adequado ao progresso da criação. "O mal não é livre e independente, não é separado e alheio ao que tudo abarca; ao contrário, ele está a serviço de Deus e forma um fator no seu plano para o mundo..." (Bielchowski, 1909, III, p. 310).

> Ah, filosofia, direito e medicina,
> Também teologia, infelizmente,
> Foi inteiras que as estudei, com febril esforço.
> Cá estou agora, pobre tolo!
> E sou tão sábio quanto era antes.
> O mestre, o doutor, é verdade,
> O que já há dez anos alunos carrega
> Para cima, para baixo, atravessando ou virando,
> Em enxame ao redor do nariz –
> E vejo que nada logramos saber!
> Isso me queima no mais fundo o coração.
> A verdade é que estou acima desses bajuladores,
> Doutores, mestres, escribas ou padrecos;
> A mim não torturam nem escrúpulos nem dúvidas,
> Não me põem medo o inferno ou o diabo!
> E bem por isso se me apartou toda alegria.
> Não fantasio a posse de um saber correto,
> Não fantasio ter o que ensinar,
> Nada que melhore, nada que converta os homens.
> Tampouco possuo bens ou dinheiro,
> Nem honra nem glória mundanas;
> Um cão não quereria seguir vivendo assim!
> Por essa razão, entreguei-me à magia,
> Para ver se das forças e das vozes dos espíritos,
> Não se me anunciam alguns mistérios;
> E que eu não mais tenha de suar azedo,
> Expor aos outros o que eu mesmo ignoro.
> Para que eu venha a conhecer no mais profundo
> O que ao mundo sustém junto.
> Que eu veja as forças efetivas e sementes,
> E não mais trabalhe com mirabolâncias de palavras
> (Goethe, 1928, p. 145).

Se em outras ocasiões tentei preservar a beleza poética da versão original, peço, aqui, perdão pela crueza conceitual da presente tradução. Tampouco teria adiantado o recurso a um tradutor mais hábil e mais poeticamente fiel perdendo o sentido filosófico que perpasse o texto.

A ideia que mais chama a atenção na estrofe provavelmente é a tese goetheana sobre a frugalidade das palavras. Para um grande poeta e reformador de seu idioma, Goethe tem a linguagem em bem pouca conta. A palavra é ferramenta deveras imperfeita, muito aquém das coisas mesmas, dos sentimentos e pensamentos que quer exprimir. E, no entanto, é a ferramenta de que dispomos.

Uma característica que deriva desta ideia de que a palavra e o discurso são insuficientes para representar a totalidade da ideia e do sentimento é o "mutismo" dos símbolos goetheanos, particularmente evidente na segunda parte do livro (Emrich, 1943, p. 52). Não confiando na expressão linguística, Goethe apresenta as figuras e as metáforas de uma forma ou bem puramente simbólicas, remetendo ao imaginário comum consolidado sobre um ser mitológico ou folclórico, por exemplo, ou bem reveste a figura de concretude sensível, de modo que o leitor vê o cenário ou a figura a ponto de a ter disponível para interação imaginativa. No entanto, o primeiro elemento é um desdobramento do segundo no tempo da cultura, pois só temos o automatismo da identificação de figuras mitológicas porque elas nos foram exaustivamente dadas para detalhada apreciação.

É do palavrório e da metáfora que veem a infertilidade das ciências. Por essa razão, por consistir em livros e discursos, que são inúteis todas as ciências: a filosofia, o direito e a medicina. Que dirá a teologia.

Como Pascal, o gênio alemão se ri das ninharias que a vaidade humana alça à pompa. Os títulos de mestre e doutor; os discípulos; a reputação; a autoridade intelectual. Tudo isso não passa de fumaça e barulho, e o doutor teria preferido, provavelmente, um pouco de glória e riqueza mundanas.

Como muitos jovens intelectuais, Fausto deve ter se atirado aos estudos, a uma vida monástica e a um ideal de erudito. É possível imaginá-lo pálido, aos quinze anos, aspirando a poeira de livros antigos. Como muitos jovens intelectuais, de todas as épocas, deve ter se alimentado da vaidade intelectual, da pretensão de tudo saber, ou da pretensão de alcançar renome, deixando para depois a vida prática, o desfrute e a ascensão social em outros nichos. Ainda como muitos intelectuais, ele se arrepende disso entre a meia-idade e a velhice.

Para a pergunta "o que no mais profundo ao mundo sustém junto?" já o jovem Goethe do Werther havia dado resposta. É o amor (*Es ist die Liebe, die die Welt im Innersten zusammenhält*). Certamente, contudo, Fausto não teria tolerado tal resposta.

Cínico, não é só do conhecimento que duvida. Não acredita no bem e no mal, nem que haja algo que torne melhores os homens. Extraindo as consequências existenciais corretas desse cinismo, tornou-se também niilista; ou seja, convenceu-se de que nada mais pode ter qualquer sentido. Não vê propósito no que faz, ou possa fazer, e isso lhe rouba o propósito da própria vida.

Que é que lhe resta? A esperança e a promessa da magia, um recurso ou poder que ultrapasse o âmbito da ciência e entregue as essências, que rasgue o véu e ponha sobre a mesa de estudo o misterioso e o oculto.

Como na filosofia dos idealistas, ciência e liberdade estão amalgamados, de modo que onde não há uma não há a outra. Nisso consiste o senso de "condenação" e o insuperável tédio do doutor. "A anunciação eu ouço, só me falta a crença; e o milagre é o filho dileto da crença" (Goethe, 1928, p. 156). A sociedade contemporânea conhece bem essa contradição, conhecer a boa nova e negá-la como falsa. Fora mais fácil salvar o perverso ignorante das gerações anteriores.

Enganar-se-ia, porém, quem tomasse o doutor por réprobo sem virtudes, de um niilismo sem remédio. Ele vive o conflito. Se lhe falta a crença, lhe sobram altas aspirações. Se zomba da ciência, inveja os que ainda têm esperança; desiludido quanto à fé, não lhe falta o amor filosófico – que ele considera inato – pelo elevado e nobre. São duas, portanto, "as almas que habitam em seu peito"; "e cada qual quer da outra separar-se/ uma com os órgãos se aferra, amorosa e ardente ao mundo físico; outra quer se erguer violentamente do pó/ e aspira à sua excelsa origem nas alturas" (Goethe, 1928, p. 164-165).

Atormentado, o cínico quer voltar a crer no bem e na luz. Tem sede, e busca água. Sabe que a encontrará pura no Novo Testamento, como em nenhum outro livro (Goethe, 1928, p. 168), mas, como o tonel das Danaides, a alma roída pelo desespero não retém a água da consolação. Essa é a condição para buscar e não achar, bater à porta e a ter fechada diante de si.

Mesmo assim, Fausto tem suficiente grandeza e sabedoria para nos oferecer uma das mais profundas interpretações da Bíblia, quando traduz o *logos* do princípio para o alemão. No princípio era o Verbo, traduzimos, mas essa convenção só reflete a complexidade original após alguma explicação sobre as demais possibilidades. "No princípio era a Palavra", ensaia Fausto, mas esse termo também não reflete o que há de mais interessante no *logos*. Para fazer jus a um princípio "que cria e efetua", seria justo usar o termo "força." A razão teria quedado satisfeita, mas "algo lhe diz para não parar", é "o espírito que o auxilia", e "enfim, ele enxerga o aviso" e escreve "no princípio era a ação" (Goethe, 1928, p. 169).

Esse resultado é muito satisfatório e de grande significação, pois alude às recentes realizações da filosofia e da teologia alemãs, particularmente do Idealismo. Como uma estrofe, Goethe cobriu o terreno de Fichte a Kierkegaard. É esse o princípio em torno do qual gira o livro; as suas duas partes. E é esse o princípio que o conduz, no fim, à felicidade e à salvação, a uma vida com sentido.

A importância dessa passagem só cresce quando entendemos que o Fausto tem sentido propositivo. A expiação e a salvação do doutor emula a do filho pródigo e é paradigma para toda a humanidade. Como bem expressou Edme-Marie Caro, em seu *La Philosophie de Goethe*: "é a história do triste coração da humanidade, e de como nele combatem eternamente dois princípios, o entusiasmo e a negação, o amor e a ironia. E não é assim, no mais profundo de sua alma, a história do próprio poeta?" (Caro, 1866, p. 280).

Mefistófeles aparece para Fausto, pela primeira vez, no quarto de estudo, momento no qual são ditas mais algumas das mais profundas palavras. Fausto fica intrigado com as roupas de escolado de Mefistófeles, mas sabe que se trata de uma entidade do outro mundo, e pergunta seu nome já insinuando que se trata do "deus das moscas", do "mentiroso", do "apodrecedor." Sem o negar, Mefistófeles responde de uma forma enigmática: "sou uma parte daquela força que constantemente quer o mal e constantemente causa o bem" (Goethe, 1928, p. 172). Em que outro lugar, até o momento, encontramos mais proeminente apologia ao negativo, além da *Fenomenologia do espírito*?

A noção maniqueísta ou dualista de Fausto é superada, suspendida, por uma mais elevada e mais verdadeira. Não há que negar que o diabo é o mal e o negativo, ou, como ele mesmo diz, que "o pecado e a destruição são seu elemento", mas ele mesmo admite que essa destruição não é desarrazoada, nem puramente negativa. Sem jamais querer o bem, Mefistófeles sabe que sua dança de Shiva resulta nele. De maneira espinosana, até o antinatural é natural.

O contato com Mefistófeles é muito natural, e Fausto não dá sinais de abalo ou preocupação, o que contrasta com sua anterior experiência invocando o Espírito da terra. Naquela primeira invocação, a arrogância de Fausto foi quebrada pela incomensurabilidade do espírito, cujo semblante o doutor não podia suportar. A força telúrica do Espírito da terra representou, também, a primeira ruptura com a visão de mundo cristã, que parecia incólume até então. A força pura da entidade ctônica constrange e confunde o mago, que esperava ser capaz de lidar com forças ainda maiores. Apesar de sua rápida passagem, o Espírito da terra veio lembrar, portanto, que a imanência correria subterrânea ao longo do texto, apesar de as metáforas centrais lidarem com a relação entre o mundano e o transcendente em um sentido clássico, até dualista.

O encontro com Mefistófeles é inteiramente diferente. Fausto não poderia se sentir mais à vontade, e debocha do diabo desde a primeira troca de palavras.

Mefistófeles aborda a melancolia de Fausto, e lhe oferece todos os prazeres do mundo, ao que o doutor reage com desdém. Tão certo está de seu niilismo que não antevê possibilidade de felicidade, ou sequer satisfação momentânea. Diz que a vida lhe é detestável, e que a morte desejada. O diabo tem de o consolar, lembrando que a morte nunca é bem-vinda (Goethe, 1928, p. 178). É uma cena que diz muito sobre o Niilismo.

Selar a aposta não é difícil. Mesmo ao tomar ciência do custo da aposta, Fausto não hesita. Desconfia tanto do sucesso do diabo em lhe proporcionar alegrias quanto da ameaça na outra vida. Tudo não passa, para ele, de trocar nada por nada. Mefistófeles, incomodado, insiste e repete que conseguirá impressionar o doutor, que assente mais por curiosidade que por tentação ou convicção. Goethe era, de fato, um visionário.

Para aumentar suas chances, Mefistófeles leva Fausto a uma bruxa que o pode remoçar em trinta anos. Fausto fica desconfortável no antro da bruxa, e Mefistófeles lembra que há um método de rejuvenescimento, natural e infalível, que consiste em abandonar a vida em sociedade e viver em um sítio. Só com plantas e animais, o homem rapidamente volta à infância e à inocência, mas esse estilo de vida soa ainda mais detestável ao Fausto que a própria velhice (Goethe, 1928, p. 200).

Tomada a poção, Fausto e Mefistófeles seguem para o primeiro ponto onde podiam encontrar pessoas. O efeito da beberagem inclui uma flechada de Cupido, e ele vê, na primeira moça que passa, uma beleza incomparável. É Margarete, ou, conforme o apelido, Gretchen. Já apaixonado, Fausto pede ajuda a Mefistófeles, que se vê de mãos atadas. A moça é muito boa e o diabo acrescenta "sobre as desse tipo não tenho poder algum" (Goethe, 1928, p. 209).

O tempo urgia, e Mefistófeles monta um ardil para enredar Margarete. O plano inclui um falso testemunho, da morte, em Pádua, do marido da vizinha, Marta, o que deixa Fausto incomodado. Mefistófeles, diante do que considera uma grande hipocrisia, lembra que por muitos anos o doutor deu "definições de Deus, do mundo, e de quanto há dentro dele, e também do homem, e do que lhe agita coração e mente" (Goethe, 1928, p. 221). No púlpito, ninguém se envergonha de pregar o que não faz, de palestrar sobre o que não conhece; é muita hipocrisia que aqueles que simulam explicar os maiores mistérios cósmicos não queiram mentir.

O plano segue como esperado, e é relevante que o cumprimento da promessa do diabo envolva o desejo sexual, mas também nisso há uma lição tipicamente goetheana. O amor é natural e há uma semente de bem em uma perdição pelo amor. O diabo não a podia prever, pois só viu no caso, o desejo concupiscente, a luxúria. São sobre isso as últimas discussões entre ele e Fausto. Por interesses torpes, Fausto acaba realmente se encantando com Margarete. O delicado toque do sentimento é o princípio da cura, e não é verdade que ela só começa na segunda parte do livro. Margarete é esse ponto de conexão ainda antes da culpa e do arrependimento de Fausto.

É, portanto, muito relevante que Margarete tenha tocado na questão religiosa, tão incômoda para o doutor. Começa por dizer que ela é importante, mas que o doutor "parece não ter o bastante dela." Fausto tenta se desembaraçar da conversa, mas ela insiste, e chega ao ponto: "crês em Deus?". "Se creio em Deus?", responde, "pergunta aos sacerdotes e aos sábios, e as respostas se limitarão a escarnecer da pergunta." É uma resposta sensata, mas Margarete, em sua santa simplicidade, não tem o lustro cultural para a compreender, e conclui "então não acredita?". Fausto poderia ter tentado se desembaraçar como a maioria, e é isso que parece fazer no começo da resposta, quando diz que ninguém pode pretender dizer o que é Deus. O argumento se desenvolve, no entanto, de forma mais favorável e muito assertiva, pois, do não saber, não é a negação que brota, e sim a experiência mística. Chame-se isso de "felicidade, coração, amor ou Deus", "eu não tenho nome para isso! O sentimento é tudo; o nome não passa de fumaça e barulho, névoa que só encobre o clarão celestial" (Goethe, 1928, p. 232-233).

Não foi só palavrório vazio, portanto, que Fausto adquiriu de seus estudos de teologia e filosofia. Sua convicção é, sim, cética, mas não de um Ceticismo dogmático, não de um negacionismo ingênuo. A fé que lhe falta na Bíblia, falta também no Ceticismo, que ele não eleva à doutrina. A conversa subsequente com Mefistófeles revela outras duas coisas sobre a declaração anterior sobre Deus: 1- sim, ela era uma contemporização, e construída para os ouvidos de Margarete; e 2- não, ela não era insincera, pois Fausto tanto lhe respeita a crença ingênua quanto tem da moça a mais positiva impressão; está convencido de sua bondade. Cresce, assim, uma admiração do doutor pela garota, que já não é apenas interesse romântico e sexual. Ainda que não seja verdadeiro amor, essa afeição é forte o suficiente para que ele rejeite com raiva e desprezo as insinuações maldosas do diabo, que efetivamente só vê em Fausto o desejo sexual.

O desfecho trágico do livro é bem conhecido. Para consumar sua paixão, Margarete aceita de Fausto um frasco de sonífero, que ela deveria dar à mãe, assim garantindo que não seria flagrada ao receber o amante no quarto. Consumado o ato, a mãe está morta – passagem não explicada no texto. Presume-se que, em seu temor de ser flagrada pela mãe, Gretchen tenha dado uma dose excessiva do remédio. É também possível interpretar que Mefistófeles maliciosamente tenha envenenado o sonífero, mas isso faria menos sentido, pois o propósito principal dele era realizar os desejos de Fausto. Corre o boato de que Gretchen recebeu um amante, e seu irmão, Valentim, tenta limpar a honra da família enfrentando Fausto e Mefistófeles na primeira oportunidade. O diabo é um adversário invencível, e os dois matam Valentim.

Fausto retorna à cidade vários meses depois, entretido pelas distrações que Mefistófeles lhe arranjou para o afastar da tragédia. O plano diabólico dependia do esquecimento egoístico do doutor e da continuidade da busca pelo prazer, mas, ao ser defrontado com a tragédia, desvanece para ele toda possibilidade de realização da promessa mefistofélica.

Enganada, abusada, grávida, encarcerada, condenada à morte e culpada pela morte da mãe e do irmão, a Margarete que Fausto encontra no cárcere era completamente outra. O filho, que chegou a nascer, ela abandonou em um riacho para que se afogasse, motivo de sua prisão e sentença. Arrependida, quando Fausto chega para a resgatar pede a ele que salve a criança, dando sinais de não saber exatamente qual é a sua condição. Seu discurso final é errático, entre o delírio e o trauma. Seus múltiplos erros a levam à raia da loucura e ao desejo da morte, e ela aguarda a sentença resoluta. Permanece da inocente menina apenas a fé inabalável, já não buscada com inocência, e sim com consciência pecadora.

Na morte, Margarete tem uma epifania e pede a Deus e aos anjos pela salvação. O fato de ser atendida mostra que Goethe realmente não está preocupado com o comportamento. Sua religião é a da pura intenção. Os erros que Margarete cometeu eram erros previsíveis segundo a natureza, dadas as condições excepcionais a que foi submetida. Condená-la teria sido um gesto de moralismo burguês enojante para Goethe. No momento derradeiro, o próprio diabo pressente que algo acontece e diz "foi julgada!", ao que responde uma voz invisível do alto: "foi salva!" (Goethe, 1928, p. 268).

6.5 A Freiheitsschrift como passo decisivo de Schelling rumo à sua própria concepção da liberdade

O ambiente da alta filosofia estava aquecido há três décadas e não dava sinal algum de esfriar. A liberdade mantinha sua posição de tema central da metafísica e uma sequência das obras mais extraordinárias da história da filosofia não havia satisfeito a sede de alguns. Mais que uma escolástica da liberdade, a obsessão desses autores pelo absoluto incondicionado e pela independência desembocava em uma espécie de culto. Ainda assim, a natureza volitiva e não conceitual da liberdade obrigava os sistemas a girarem em torno de um buraco negro, do qual pouca ou nenhuma informação conseguiam extrair. Podia-se falar muito do que era eleito, dos móbiles e dos pensamentos que condicionavam a ação, da surpresa de flagrar a espontaneidade do ato livre, mas esses eram todos epifenômenos, que não fundamentavam o núcleo do objeto principal da metafísica.

Após muito tempo estudando o buraco negro, Schelling percebeu que não adiantaria falar dele como se fosse uma estrela. Era preciso descrever e entender a natureza íntima da obscuridade em seus próprios termos. Entre outras coisas, isso significava não se restringir a dar um papel epistêmico e comportamental à liberdade, no que ela só poderia ter função subordinada ou imprópria. O que Schleiermacher tinha feito pela religião, reabilitando-a de ser descrita e entendida como mero acessório da moralidade para a explorar em seus próprios termos, alguém teria de fazer pela liberdade.

Saindo de Würzburg, Schelling transfere-se para Munique no começo de 1806. Os anos seguintes não lhe ofereceriam muita estabilidade, a qual ele, na verdade, jamais experimentara. O período de instalação na grande e peculiar cidade é marcado pela publicação de um texto curto, mas altamente significativo para o conceito schellinguiano de arte: *Sobre a relação das artes plásticas com a filosofia da natureza*.

O ponto central do texto que surgiria teria de ser o bem e o mal; isto é, não mais a liberdade como mola propulsora da execução de uma demanda da razão, e sim a força existencial de sacar da indefinição amorfa das possibilidades *o tipo de ser que eu quero ser* (1807). Aí, o autor rejeitará o conceito de que a obra de arte é uma expressão ou reflexo da natureza tal como é, "uma *mímesis* da *natura naturata*", de Espinosa, em favor de uma noção vital e espiritual da arte; isto é, que ela expressaria a parte viva da natureza, "a *natura naturans*" (Zerbst, 2011, p. 53).

Essa teoria tem muito a dizer a uma geração que teme a substituição dos artistas por inteligências artificiais. Embora tecnicamente eficazes, e esboçando ou emulando uma ilusão de criatividade e originalidade baseada na infinita variedade combinatória das formas possíveis, esses programas falham em apresentar a inteligência artística por excelência. As noções que nos levam a crer na possibilidade de um artista sem consciência, de uma máquina artística, condizem com o universo horizontal das possibilidades, mas contradizem o fundo, o sentimento e a alma da atividade artística como um querer dizer, um querer expressar, totalmente consciente, pessoal e único.

Por isso, a beleza deve permanecer como o critério máximo da arte enquanto tal. Nas modernas teorias que a reduzem a uma atividade qualquer, variações de arranjos ou concreção de ideias outras, é difícil vislumbrar a permanência do papel do artista em face de recursos diversos que desaglutinam um campo por definição amorfo e sem vida. A beleza, contudo, não corresponde à mera forma. A forma em si, sem vida, não comunica o espírito, e, consequentemente, não passa de forma apagada, acidental. O que lhe empresta beleza é a vivacidade do espírito, é o ser janela para a liberdade, o sentimento, a vontade e a consciência (Schelling, 1997, SW I, 7, p. 307-312).

Coroando sua estadia em Munique, Schelling daria luz a um de seus mais únicos e inimitáveis trabalhos, o *Investigações filosóficas sobre a essência da liberdade humana; e os assuntos com ela relacionados*, apelidado, em favor da brevidade, como *Freiheitsschrift*, o Escrito da liberdade. Tratava-se de um texto bem pequeno, e com linguagem clara, apenas ocasionalmente velada por certo simbolismo, mas um texto que muitos consideraram um dos mais assombrosos já produzidos.

A unidade pacífica, quase lógica, estabelecida pelo sistema da identidade, agora experimentava um salto transcendente, que suprassumia esse sistema em uma mais energética, criativa e existencial filosofia da liberdade – ou, segundo alguns, uma filosofia do bem e do mal[106]. Como seria de se esperar, pensadores muito críticos do Idealismo, como S. Kierkegaard e Martin Heidegger, terão o Schelling maduro em alta conta.

Sem delongas, Schelling estabelece, como pré-requisito suficientemente provado pela filosofia recente, o protagonismo da liberdade no sistema filosófico, bem como a necessidade de organicidade do próprio sistema:

> Uma vez que nenhum conceito pode ser determinado em isolamento e que a demonstração de seu nexo com o todo, acima de tudo, é o que lhe empresta perfeição científica; coisa esta que, eminentemente, precisa acontecer com o conceito de liberdade, conceito que, se tiver qualquer realidade em absoluto, não pode de modo algum ser colateral ou subordinado, e sim um dos eixos mestre do sistema... (Schelling, 1997, SW I, 7, p. 336).

Saber se o sistema (razão) pode abarcar a indeterminação necessariamente obscura e inefável da liberdade é um dos apuros fundamentais que forçaram a filosofia alemã aos mais altos voos especulativos desde o começo

---

106. Ainda assim, importantes intérpretes, como Temil Zantwijk, sustentarão que não há cortes ou desarmonia entre o sistema da identidade e a *Freiheitsschrift* (Zantwijk, 2000).

da década de 1790, e não poucos – como os românticos – vinham se convencendo de que tal projeto era descabido, e a solução para o problema deveria ser praticamente a inversa da busca pelo Idealismo; isto é, o reconhecimento da obscuridade, de que o ser, ou o divino, ultrapassa, em alguma medida, o saber. Schelling, sem dúvida alguma, não estava entre os que dispensariam essas críticas com um aceno de mão, e sua reação, embora insistindo na capacidade da razão de revelar sua própria origem, deu claros sinais de que a questão lhe arrepiara por inteiro e que precisou tomar fôlego.

Como não poderia deixar de ser, o desenvolvimento da metafísica tinha de reencenar a disputa entre os sistemas de Espinosa e Leibniz, os pontos altos da metafísica substantiva. A par de todos os intensos avanços metodológicos, técnicos e de perspectiva, a filosofia clássica alemã não havia inovado tanto em relação a *que tipo de ser é Deus* e/ou *qual é a relação de Deus com o ser*, problemas que foram soberbamente tratados por Espinosa e Leibniz. Esse inegável mérito, por sua vez, não diminui a vergonha de terem apresentado apenas noções fraquíssimas e distorcidas sobre a liberdade, a qual, segundo Schelling, só começaria a receber definições adequadas a partir do Idealismo (Schelling, 1997, SW I, 7, p. 345).

Chegara a hora de conciliar essa metafísica substantiva com a perspectiva idealista.

Schelling dá o primeiro passo mostrando a inadequação e a improcedência das críticas a Espinosa. Ele merece críticas, que o próprio Schelling logo apresentará, mas não a crítica costumeira que se lhe dirige. Afinal, escreve ele, quem negará que as coisas residem em Deus? Que perspectiva racional deixará de reconhecer, no mínimo, isso? (Schelling, 1997, SW I, 7, p. 339). A dificuldade está em conciliar essa supremacia inconteste com a liberdade, e uma liberdade que não seja (como a de Espinosa) um embuste, e sim uma verdadeira independência relativa daquilo de que todo ser é dependente. Que o sol é a luz suprema no firmamento é muito óbvio; que seja a fonte da vida e do calor do mundo, também; que seja a única coisa que existe não parece ser uma conclusão sensata e compatível com nosso melhor juízo.

> Com isso colabora o fato de que a dependência de todos os seres do mundo em relação a Deus, e até mesmo sua capacidade de perdurar, consistem numa criação permanentemente renovada, na qual o ser

> finito não é generalidade indeterminada, e sim produzido enquanto particular e determinado, com os pensamentos, esforços e ações que lhe são próprios, ao invés de outros. Se disserem que Deus refreia Sua onipotência para que o homem possa agir, ou que Ele meramente concede a liberdade, nada fica esclarecido; ora, retraia Deus Seu poder por um instante, e o homem deixará de existir. Há contra essa argumentação outra saída que a de salvar o homem e sua liberdade na essência divina, uma vez que ambos são impensáveis em contradição com a onipotência, que dizer que o homem só em Deus, e nunca fora Dele, tem seu ser, e que sua própria atividade pertence à vida de Deus? Exatamente a partir desse ponto é que os místicos e os corações religiosos de todos os tempos chegaram à crença na unidade do ser humano com Deus (Schelling, 1997, SW I, 7, p. 339).

Schelling reforça essa primeira organização terminológica zombando dos que confundem a cópula em um juízo com a identidade entre sujeito e predicado. É fácil não compreender que o modo da substância absoluta de Espinosa não é em si outra substância absoluta, mas outras sentenças podem ser facilmente confundidas – devido ao erro supracitado – levando a pensar que o ente é a substância naquilo em que o ente tem de ser entidade e a substância tem de ser substância. Se dissermos, por exemplo que "um corpo é azul", essa contração não pode levar ninguém sério a pensar que, "também naquilo que faz dele essencialmente um corpo, ele seja azul" (Schelling, 1997, SW I, 7, p. 341).

Para aqueles a quem escapou o sentido da alfinetada, Schelling repete, ainda mais claramente, que muitos críticos de sistemas (monistas) querem fazer rir ao público através de zombarias do tipo "o perfeito e o imperfeito são idênticos", "o pior e o melhor são o mesmo/iguais", "a loucura e a sabedoria são iguais" (Schelling, 1997, SW I, 7, p. 341), e assim por diante. O mesmo tipo de reducionismo obtuso faz com que a asserção "a alma está ligada ao corpo" seja interpretada como "a alma é material"; e tais confusões só evidenciam "o grau de minoridade dialética" em que se encontram os que nela se enredam (Schelling, 1997, SW I, 7, p. 342). Se ainda não está claro, essa crítica rebate os ataques ao sistema da identidade como um sistema da indiferença, no qual todas as coisas seriam, supostamente, igualadas de uma forma pueril.

Aplicando a observação sobre a cópula e a identidade sobre a relação de dependência e independência estabelecida entre Deus e criaturas pelo panteísmo, conclui-se que "dependência não cancela independência, ou a liberdade" (Schelling, 1997, SW I, 7, p. 346). Isso só teria de acontecer se não quiséssemos reconhecer liberdade e independência em nenhum sentido. Se as reconhecemos, dizer que a dependência as elimina é como dizer que, em um sorvete de limão, o limão elimina o sorvete, e, ou não há sorvete, ou sorvete é um sinônimo para limão. Ainda, contudo, que só houvesse sorvetes de limão e que só pudéssemos pensar em sorvetes de limão, e em nenhum outro tipo, não haveria sentido em se chegar à conclusão de que sorvetes e limões são a mesmíssima coisa. Ao pensarmos em limões, ou em limonada, ou em gelatina de limão, saberíamos que o sorvete de limão, ao mesmo tempo em que tem em si a essência do limão, é um sorvete.

Com Deus, passa-se, certamente, algo bem diferente. É claro que não há sentido metafísico algum, sentido lógico algum, em se conceber o ser fora de Deus, ou o "outro de Deus." Tudo o que é e tudo o que pode ser está suprassumido na pura e absoluta possibilidade. Deus é a condição de possibilidade do ser em todos os níveis: lógico, efetivo, material, existencial. Ainda assim, essa absolutidade, essa infinitude que não encontra nada além e fora de si, não precisa necessariamente suprimir a independência e a liberdade dos particulares aí contidos, aí vivificados, aí sustentados.

Chegou-se à confusão anterior porque, na mentalidade dos séculos XVII e XVIII, a total passividade dos entes em um sistema mecânico justificava e alimentava uma noção de morte, de condicionalidade absoluta. "Um ponto de vista bem mais elevado", escreve Schelling, "é garantido pela análise do próprio ser divino, cuja ideia seria inteiramente contraditória se aquilo que dele decorre não fosse uma procriação, quer dizer, a colocação de algo independente" (Schelling, 1997, SW I, 7, p. 346). Não, Deus não pode nem ser *causa prima* em um sentido puramente lógico, puramente formal, nem no sentido de uma emanação, como o crescimento cego de um cristal que ganha tamanho e se subdivide por automatismo (Schelling, 1997, SW I, 7, p. 346).

Deus é Pai, isto é, produz pares, semelhantes, iguais, "filhos"; é "Deus de vivos, e não de mortos" (Schelling, 1997, SW I, 7, p. 346). "O que procede de Deus é Sua automanifestação", e Deus "só pode se manifestar no que Lhe é semelhante" (Schelling, 1997, SW I, 7, p. 347).

Somos para Deus o que nossos pensamentos são para nós (Schelling, 1997, SW I, 7, p. 347). Nosso pensamento é nossa criação, inteiramente dependente de nós, e, ainda assim, algo independente, que pode ser contemplado por outros sem que pensem ou se lembrem de nós. Se todos os nossos pensamentos fossem conhecidos, sem que o conhecedor tivesse ideia de nossa existência, ele seria para nós o que o ateu é para Deus.

O fato de não serem poucos os que acusam o Idealismo de repetir o Panteísmo de Espinosa, querendo com isso dizer que repete um Monismo morto e mecânico, só mostra que não entenderam a *Doutrina da Ciência* de Fichte. Se a entendessem, diz Schelling em clara referência a F. Schlegel, perceberiam que se trata de um Panteísmo do espírito, da vida e da liberdade (Schelling, 1997, SW I, 7, p. 348). "Espiritualizado pelo Idealismo", o espinozismo alcança uma dignidade que sua fórmula original e mecanicista jamais poderia ter (Schelling, 1997, SW I, 7, p. 350), mas fora importante que Espinosa tenha concebido e organizado toda a realidade como totalidade coerente, sem o que os avanços posteriores não teriam sido possíveis.

O dualismo não resiste ao confronto com a lógica, o materialismo não resiste ao confronto com a liberdade. Para permanecer dualista, é preciso admitir que a realidade está em contradição, que substâncias opostas e que nada de comum compartilham simplesmente estão aí, fadadas a jamais interagir, a não ser por um passe de mágica, que o dualismo não se furta a oferecer. O materialista tem de começar seu sistema pressupondo que o agente livre que o cria não existe, que tudo se trata de uma visão direta (dogmática) do real, e que essa realidade está em contradição com a mera possibilidade da liberdade, da qual ele, não obstante, se gabará das consequências e dos méritos quando bem utilizada. Bem entendido, o materialismo deveria aniquilar qualquer traço de orgulho ou gosto pela vida, pois cada mente é produto de seu corpo, fazendo o que tem de fazer segundo as leis invariáveis e impessoais da natureza; nada poderia propor, em favor de nada militar, e sua vida, efetivamente não sendo sua, é desprovida de qualquer sentido. Para tudo isso, o pré-requisito é poder dizer que sou eu quem escolhe.

Esta, que já era a visão de Kant e de Fichte, Schelling quer, agora, trazer para o plano da realidade, e chega a afirmar que esse Idealismo – positivo e objetivo, não o Idealismo de Fichte – é que dá sentido ao Realismo (Schelling,

1997, SW I, 7, p. 352). Consoante a esse senso de realidade é que o Panteísmo idealista precisa assumir a positividade do mal, não apenas sua possibilidade negativa, como ausência de bem. Essa visão negativa do mal torna impotente a liberdade, que passa a ser um nome belo e elevado para uma faculdade que nada cria e nada decide. Esse conceito de liberdade em nada diferiria do conceito materialista de liberdade. Para que assim não seja, necessário é que cada agente tenha o poder de criar o próprio caminho, o próprio mundo, por assim dizer. Esse poder divino de "sacar do nada" algo de positivo e concreto, um poder livre de condicionamento e determinação, é o que verdadeiramente merece o nome de liberdade, que Espinosa não reconheceu, e que Leibniz quis restringir a Deus.

Da realidade do mal depende a realidade da liberdade, mas, ao passo que a realidade da liberdade não é problemática no sistema maior da razão, pois perfeitamente compatível com a realidade divina e fundamental, a realidade do mal impõe um desafio completamente diferente a esse monismo. Se é de Deus, o Absoluto, que todas as coisas se alimentam na positividade de seu ser, o mal também vem Dele? Tem de vir, diz Schelling, e não é bom mediar essa conclusão com subterfúgios que possam novamente diluir o sentido do mal, como dizer que, na medida em que vem de Deus, o mal é um bem (Schelling, 1997, SW I, 7, p. 353-354).

Outra possibilidade seria a de admitir uma força distinta de Deus, força competidora ou independente – "ainda que caída", diz Schelling (Schelling, 1997, SW I, 7, p. 353-354) – que seja fundamento positivo do mal. Essa alternativa, obviamente, recairia em dualismo ontológico, e, muito provavelmente, em maniqueísmo (dualismo moral).

Schelling vê, nesse esforço, um eco do espiritualismo ingênuo e purista, que quer retirar de Deus toda a "sujeira" da realidade, da natureza, em que se inclui o mal. Os que assim procederam não tiveram suficiente compreensão da totalidade e da grandeza de Deus como fonte de toda a realidade, tentando isolar o princípio absoluto e infinito no cadinho de um ente espiritual (Descartes), abstrato e abstraído da realidade (Schelling, 1997, SW I, 7, p. 356), ao qual o povo de uma época científica e livre, com toda a razão, começou a considerar pálido demais para merecer consideração.

Para entender como o mal enquanto positividade pode ter nascido do absoluto, é preciso aprofundar a percepção de Fichte de que a realidade tem uma raiz na indeterminação, no absoluto incondicionado. Por outra, se Deus é a fonte de ser, tem de conter em si seu próprio fundamento ou fundo (*Grund*)[107] (Schelling, 1997, SW I, 7, p. 357). Neste ponto, o texto passa a recorrer a metáforas, particularmente emprestadas de Jakob Böhme[108]. *Grund*, por exemplo, pode ser fundamento e fundo, mas é também o chão, o solo obscuro do qual nascem as coisas que vemos[109].

Esse nada da indeterminação e da incondicionalidade absoluta precisa, no Idealismo objetivo, chegar ao grau de manifestação, no seio da realidade. Schelling identifica a rejeição a essa ideia como a rejeição ao nascimento da luz a partir das trevas, ou uma negação de que o ser da grande árvore tem, no minúsculo grão engolido pela terra, o seu fundamento (Schelling, 1997, SW I, 7, p. 360).

Não há recurso didático que torne fácil a derivação metafísica – o encantamento que essa disciplina sempre causou nos intelectuais e, ao mesmo tempo, o assombro e o constrangimento do público diante desses princípios primeiros o atestam. É possível, contudo, explicar a mesma coisa de diversas maneiras, ainda que todas elas necessariamente obscuras, pois aquilo de que se trata é anterior à razão e ao isto ou ao aquilo da determinação. Pois bem, na medida em que vem de Deus, sem ser Deus, na medida em que o homem nasce da natureza sem ter a visão total e essencial de todo o quadro, nasce como um ignorante, mas já está nele o princípio do saber, e a vontade de saber. Está, na verdade, um fundo que é, ainda, trevas, que é vontade cega (quase tão radical, mas nem de longe tão geral quanto a cegueira da vontade

---

107. "Sem o princípio sombrio, aliás, Deus teria permanecido sozinho consigo, em sua eterna essência, e não teria razão alguma para se revelar" (Stederoth, 2010, p. 83).

108. "A teosofia de Böhme não pertence à história da metafísica. Não é teísmo ou onto-teo-logia, e sim, como Schelling diria mais tarde, uma "verdadeira teogonia." Na teogonia não se trata do começo ao fim de um fundamento do ser (existência), mas de uma raiz ou uma origem essencial do fundamento. Isto, para Böhme, é o não fundamento (*Ungrund*) ou "a liberdade do sem fundo a partir do *princípio*" (Friedrich, 2009, p. 20).

109. Carlos Morujão escreveu na introdução de sua tradução portuguesa o que penso ser a justificativa suprema para não oferecer notas sobre a tradução: "A explicação detalhada de cada uma das nossas opções de tradução obrigaria a longas notas que sobrecarregariam um texto já de si bastante denso e difícil. E, por fim, boa parte delas talvez se revelasse inútil..." (Schelling, 1993, p. 10).

no pensamento de Schopenhauer) e desejo. Nessa exata medida, é também *vontade própria* (Schelling, 1997, SW I, 7, p. 362-363).

Os demais seres vivem no fundo; isto é, na vontade cega, e jamais chegarão à luz. Os seres humanos, por outro lado, podem, através da razão, fazer encontrar a vontade própria com a vontade universal, buscando a harmonia entre o querer individual e a ordem cósmica, e, nesse sentido, podem conhecer o céu e as coisas divinas (Schelling, 1997, SW I, 7, p. 363-364).

Entre o bicho, de vontade cega e puramente impulsiva, e o reino espiritual, o reino de Deus, está o homem, dividido, em conflito. Pode assumir a sua independência relativa em relação a Deus; isto é, escolher o mal, ou buscar a reintegração de seu ser na vontade universal; isto é, escolher o bem. O animal não escolhe seu estado de ignorância e de alienação, de modo que o homem também não é mau na medida em que é bicho, e sim na medida em que escolhe extrair da possibilidade indiferenciada o que sabe estar em desarmonia com tudo o que nele é promessa espiritual. Do contrário, como diz Schelling pouco adiante, recairíamos no platonismo; isto é, "opor ao céu a terra", "e não o inferno, como deve ser" (Schelling, 1997, SW I, 7, p. 371). Como disse Mefistófeles, melhor teria sido o homem se, como os animais, não tivesse razão; poder que só serve para tornar os homens os mais brutais dos animais.

Positivo, concreto, o mal não deixa de ser uma perversão, uma "inversão de princípios" (Schelling, 1997, SW I, 7, p. 366). Enfaticamente contrário ao otimismo leibniziano, que com incomparável sofisticação levanta as razões para a inexistência do mal, Schelling reafirma que ele não pode ser apenas erro de compreensão, desvio do olhar de uma vontade sempre boa. Esse erro, ainda que esposado pelas maiores mentes, tem algo de pueril, porque negacionista da natureza do mal. Se fosse uma carência, observa Schelling, seria próprio dos animais, ou mais intenso nas pessoas mais estúpidas, mas ocorre o exato oposto na prática. O mal que assombra e faz estremecer as maiores convicções é o dos cultos e inteligentes, e o próprio Lúcifer não era o mais ignorante dos espíritos, e sim o mais inteligente (Schelling, 1997, SW I, 7, p. 368-369).

O bem não elimina de pronto o mal. Agita-o, como o sol altera a dinâmica interna da atmosfera e dos mares. Por essa mesma razão é que pecado e morte se fazem necessários na economia da ascensão do espírito, sem eles, o contraste entre bem e mal poderia se eternizar, pois a negatividade da vontade particular nunca encontraria a verdade de sua própria dissolução (Schelling, 1997, SW I, 7, p. 381).

O mal não surge *naturalmente*, conclui Schelling, e sim da perversão ativa de um princípio neutro, que é o fundamento da liberdade. Ao invés, porém, de "tomar sua individualidade por base, como um órgão, eleva-a a princípio dominante e vontade geral" (Schelling, 1997, SW I, 7, p. 389); isto é, o fundo da liberdade, solo obscuro, deixa de ser o terreno fértil para a criação e passa a ser adorado como deus de barro. Egoísmo e orgulho, corretamente identificados como fontes da maldade desde o princípio dos tempos, nas mais diversas culturas, são traços dessa perversão da egoidade em princípio absoluto. Não é assim, geralmente, que se diz de alguém sem princípios? Que para ela/ele tudo tem um preço, que não conhece limites? Não é pela mesmíssima razão que se diz que o princípio supremo da divindade é o amor, a capitulação de todo interesse egoístico em favor do bem incondicional?

A analogia com a perversão leva o filósofo a comparar o mal às doenças. No contexto de época, a doença era vista como fruto de erros comportamentais. O papel da medicina seria o de instruir o paciente sobre quais atitudes evitar ou mudar, e bem pouco se sabia sobre as causas das doenças. A metáfora de Schelling, portanto, tem em vista enfatizar aquilo que na doença é de nossa responsabilidade, uma perversão dos comportamentos, abusos do corpo, inversão das prioridades, e não uma fatalidade que nos atinge (Snow, 2000, p. 325).

Grande questão, contudo, é a dos porquês do bom ou do mau caráter. É bem mais fácil entender a dinâmica do mal do que sua raiz última, pois ela tem de incluir relações aparentemente paradoxais – porque muito radicais – entre determinação e indeterminação, caráter e liberdade, eternidade e ação no tempo.

O monstro não foi produzido por Deus ou pela natureza, como na doutrina da predestinação, mas estava, de certo modo, eternamente determinado para a maldade. Essa predestinação ético-metafísica, não teológica, sinaliza que desde sempre sua autodeterminação podia ser flagrada como uma escolha pela maldade. Isso não o isenta de culpa, assim como o fato de flagrarmos um caráter desde toda a eternidade santo não reduz seu mérito, pois culpa e mérito decorrem da liberdade da autodeterminação. Significam que o sujeito escolheu que tipo de pessoa queria ser (Schelling, 1997, SW I, 7, p. 385). Por essa mesmíssima razão é que tudo em nosso senso moral clama em condenação àquele que se desculpa dizendo "mas eu sempre fui assim" (Schelling, 1997, SW I, 7, p. 386), pois sabemos que sempre foi assim *por querer* e que essa determinação, e o destino que dela decorre, foi desde sempre autodeterminação.

É bem verdade que, aqui, Schelling rateia um pouco por ter esbarrado, quase sem querer, em um componente para o qual não haviam sido desenvolvidas as ferramentas conceituais adequadas: o inconsciente. Ele o percebe quando fala da propensão moral de crianças pequenas, nas quais, apesar da ausência de um juízo formado, pode-se já detectar uma forte propensão para o bem ou para o mal, de modo que pouco se surpreendem os que, anos depois, encontram naquelas crianças respectivamente um bom e um mau adulto (Schelling, 1997, SW I, 7, p. 386-387). Sem conhecer o elemento inconsciente, contudo, Schelling encaminhou corretamente a questão, por estar de posse do mais apropriado conceito de liberdade, o idealista. Com isso, não faria sentido retrogradar a uma noção de "substância do caráter", tendo ele de permanecer no terreno da espontaneidade do agente. Falar do agente e não de uma "substância moral", de um caráter que se define pelos atos, e não por uma essência quase material e determinada, é o que lhe permite entender o processo de um caráter *como que determinado*, "desde toda a eternidade", não porque aquele sujeito foi assim criado, mas porque assim *agiu* (Schelling, 1997, SW I, 7, p. 387-388). No primeiro caso, Deus seria não apenas um mestre de marionetes, mas também um Deus de mortos, mas, de novo, é preciso lembrar que Deus deve ser o Deus dos vivos e da liberdade.

Encaminhando a discussão para o desfecho, Schelling sintetiza assim o que foi desenvolvido:

> No entendimento divino há um sistema, mas Deus mesmo não é um sistema, e sim uma vida, e é nisso apenas que consiste a resposta para a questão até aqui trabalhada sobre a possibilidade do mal em relação a Deus. Toda existência exige condições para se realizar, e mais ainda para se tornar existência pessoal. Também a existência de Deus não poderia ser pessoal sem essa condição. Apenas Ele a tem em si, e não fora de si. Ele não a pode suspender sem pôr em suspenso a própria existência; pode, no entanto, imperar sobre ela através do amor, subordinando-a à própria glória. Existiria também em Deus, portanto, um princípio das trevas, se dela não se apropriasse, se não a usasse para, com ela, formar unidade e personalidade absoluta. O homem jamais é

senhor de sua própria condição, ainda que, através do mal, ele a tente submeter. Essa condição lhe é apenas fornecida, e, por isso, independente dele, de modo que jamais integrará a própria personalidade, que nunca chegará a *actus purus*. Esta é a tristeza inerente a toda vida finita, e se há em Deus ainda que uma condição apenas relativamente independente, então há também Nele uma fonte de tristeza, embora nunca chegue a se realizar, pois que obedece à eterna alegria da superação. Então, o véu de melancolia que se estende por toda a natureza, essa profunda e indefectível melancolia de toda a vida. A alegria precisa da dor, a dor tem de ser iluminada pela alegria. Aquilo, porém, que vem da mera condição ou do fundo, não vem de Deus, ainda que necessário para Sua existência. Nem se pode dizer que o mal vem do fundo, ou que sua origem seja a vontade do fundo, pois o mal só pode surgir da vontade íntima de um coração próprio, e nunca é produzido sem atividade própria/pessoal (Schelling, 1997, SW I, 7, p. 399).

Ora, suprimir a raiz do mal seria suprimir a possibilidade da vontade própria, da pessoalidade no exercício da liberdade; seria o suprimir da vida. A raiz do mal, no entanto, não é o mal, o fundo não é a planta, muito menos o fruto. Para que o mal se efetive é preciso que esteja alienado, descontextualizado das forças que o domesticam e subordinam à luz. Por essa razão, uma filosofia da complexidade é tão necessária. Ao tentarem simplificar demais, subordinando a realidade à lógica, muitos pensadores chegaram a apuros desmoralizadores para seus sistemas, que acabaram por soar ingênuos ou inverídicos.

Dizer, por exemplo, que o mal não existe, é negar uma percepção que toda pessoa sensata tem muito viva em seu próprio coração; é negar, ainda, a percepção que se tem do mundo social, no qual flagramos intenções pérfidas, ou, na melhor hipótese, apenas maliciosas, em quase todas as pessoas. O extremo oposto poderia ser descrito como um pessimismo tal que tornasse a humanidade diabólica. Essa perspectiva, que opõe ao panteísmo um pandemonismo, pretende negar a percepção igualmente universal de que há boa vontade, candura de coração, e que a razão encontra em si o fundamento da lei moral.

A verdade, sabe Schelling desde os primórdios de sua filosofia extremamente conciliadora, está na integração e na harmonização dos opostos, não na supressão de um deles em favor de um reducionismo que, ainda que útil ao didatismo e à elegância estética do sistema, seja ultimamente incompatível com a realidade.

Sem negar a positividade do mal enquanto força da destruição, da negação e da corrupção, Schelling reconhece nele um papel na perfeitíssima ordem, não uma ordem simplista, como a das filosofias anteriores, panteísmos crassos e teísmos ingênuos, mas uma ordem complexificada, de um monismo dinâmico, no qual as coisas vivem no seio de Deus, sem com Ele se confundirem. Na complexidade, o papel do mal pode ser útil e positivo, como o de Mefistófeles, de quem Goethe afirma ser uma força que "constantemente quer o mal, mas constantemente causa o bem" (Goethe, 1928, p. 172).

Em Deus, o máximo é a constante, mas no homem, cada pequena porção de bem e de virtude corresponde a um *esforço*. Na natureza, a vida se apoia na morte, a luz nas trevas, o ser no nada, o calor no frio, o som no silêncio. A negatividade é parcialmente ausência e carência, mas também é positiva, preenche a experiência e não seria justo dizer que o silêncio, o frio, o vazio e a morte não são sentidos por serem negativos (Schelling, 1997, SW I, 7, p. 401). De um ponto de vista orgânico, é possível ver que eles completam o lado luminoso da existência, dão contraste, como observou Platão, mas também oferecem a resistência que dá ao bem o caráter de conquista e realização.

Se, acovardado, Deus tivesse deixado de criar porque pessoas finitas não saberiam usar sua liberdade, então o mal teria vencido antes mesmo do começo da disputa, mas assim não foi (Schelling, 1997, SW I, 7, p. 402-403). Cá estamos, a provar que o mal não faz frente ao bem, se apenas o bem quiser se expandir. Por amor, Deus achou que a beleza do crescimento e do amadurecimento de uma espécie livre e racional superaria as possibilidades de sua corrupção.

Se toda a dualidade constitui uma unidade dinâmica, o fundo e a existência são o par de opostos da criação, mas esta não se esgota no par, e sim o princípio que antecede esse par. Algo que não é existente nem fundo, e sim um não fundo, um não fundamento (*Ungrund*). "Após semelhante exposição dialética", conclui Schelling, fica claro que o absoluto é origem do que, na dinâmica da vida, é a tensão entre o fundo e a existência – o que Fichte viu como o Eu e o objeto – mas essa dinâmica tem de preceder e englobar o fundo, que é ponto de partida, como sua condição de possibilidade um não fundamento absoluto (Schelling, 1997, SW I, 7, p. 407). Esse absoluto, que é o ser íntimo de Deus, é o amor (o que, no mais profundo, ao mundo sustém junto), a possibilidade criativa e efetiva, mas para a qual tudo é indiferentemente o mesmo; ou, nas palavras do autor, "aquilo que é tudo em todos" (Schelling, 1997, SW I, 7, p. 408).

A filosofia de Kant, praticamente pedindo desculpas, conclui que Deus não cabe no conhecimento humano, mas que a razão sugere e exige ao menos a consideração da inteligência suprema para a completude e o sentido de sua própria vocação. Schelling termina sua obra prima sem essa timidez. Não pede desculpas, como teria pedido vinte e cinco anos antes, pois crê ter demonstrado que a razão rende a Deus melhores homenagens que as deduzidas por Kant. Explorando ao máximo as noções de sistema, de absoluto e os recursos dialéticos desenvolvidos para lhes dar trato, a razão encontra suas origens últimas, e necessariamente rende louvores intelectuais ao Altíssimo.

Schelling ficou muito satisfeito com o resultado a que chegara, e entendeu ser este o clímax de seu desenvolvimento intelectual e espiritual[110]. Embora tenha continuado a escrever intensamente, jamais publicaria outra obra de grande estatura. Seus melhores textos, como *As idades do mundo*, ele não daria ao público. Muitos assistiram às preleções privadas, e a sociedade tinha notícia de que o filósofo continuava a produzir, mas era em vão que seus contemporâneos aguardavam uma nova publicação. Em vida, o ponto alto da filosofia de Schelling foi também o sabor de um ponto final.

6.6 Madame de Staël sintetiza a cultura alemã

Enquanto o gênio militar de Napoleão levava a França a sucessivos triunfos, a pátria dos *philosophes* sofria com as mais tremendas convulsões culturais. O pensamento enciclopedista e cínico do século das luzes não fizera bem à alma Francesa, que estertorava desde o Período do Terror, após as primeiras e alvissareiras notícias da revolução.

Intelectuais franceses, como Benjamin Constant de Rebecque (por ser liberal), Chateaubriand (por ser tradicionalista católico), Jean-Antonine-Nicolas de Condorcet (por ser feminista) e o articulador da tentativa de moderação, Mirabeau, foram perseguidos, executados, ou tiveram de navegar com o máximo de cuidado para não sofrer este fim.

---

110. "O próprio Schelling ficou impressionado com a significância da obra, e não a considerou de modo algum uma ruptura com suas doutrinas prévias, e sim sua meta" (Fischer, 1902, p. 149).

Entre os executados estava Jacques Necker, intelectual, bancário e ministro das finanças, pai de Anne-Louise Germanine Necker de Staël-Holstein (1766-1817).

Não é difícil calcular o impacto que a execução de seu pai, por ela muito querido, deve ter causado em Germanine. Sua ampla educação, influenciada pela crescente importância do Reino Unido e da Alemanha no cenário cultural do final do século XIX, destoava da educação tipicamente autocentrada da elite intelectual francesa. Poliglota, liberal, progressista e, sobretudo, dona de vasta erudição, Germanine se sentia destinada a navegar para além dos horizontes das possibilidades culturais, o que é notório em todos os seus escritos.

Entre seu castelo, em Coppet, e Paris, sua vida foi atribulada, repleta de projetos literários, saraus, embates políticos, e mais romances que o usual para a época. Contestadora e liberal, a autora começa a angariar antipatia de Napoleão nos primeiros anos do século XIX, ao passo que cresce rapidamente sua reputação entre os poetas. Aplicando sua fortuna para abrilhantar seus saraus, atrai poetas alemães famosos, como os Schlegel, mas também muitos poetas importantes de nações então periféricas, como Polônia e Portugal. Seu papel na valorização nacionalista e romântica do "espírito dos povos", na irradiação do Romantismo da Alemanha para a Europa, e desta para o mundo, não pode ser menosprezado.

Em 1803, pousa sobre a Weimar dos poetas, onde terá contato com todos os renomados autores da idílica capital cultural, e segue para Berlin, onde conviverá de perto com August Schlegel.

Sua obra-prima, *De l'Allemagne*, é gestada entre 1807 e 1810, não sem que a gestação enfrentasse o tumulto e agito da vida de sua autora, mas sem que isso diminua seu brilho resplandecente de Idealismo, alçando Staël à imortalidade.

Caracterizado pela gradual e inexorável ascensão da Alemanha, o protagonismo científico e cultural, ainda que a grande metrópole continue a ser Paris, o primeiro quarto do século XIX foi visto por muitos como de decadência do espírito francês em face do lustro e do gênio dos alemães. Staël representava e contribuiu imensamente para a popularização dessa percepção.

Polímata, Germanine conhecia tão bem a economia quanto os clássicos; a poesia quanto a política (teórica e prática), e tinha gosto pela filosofia e pelas ciências.

Casada, a intelectual suíça recebe do marido o sobrenome Staël, pelo qual se tornará conhecida.

Equilibrando a frieza da análise sociopolítica à delicadeza poética, percorrendo com facilidade a literatura e a filosofia do povo analisado, Staël sintetiza, no *De l'Allemagne*, a cultura germânica como ninguém havia feito, quiçá com qualquer outra cultura, até aquele momento.

Além disso, o livro contém um programa implícito, de trazer à luz os degenerados franceses, cujas almas, segundo ela, teriam sido apodrecidas pelo materialismo e pelo sensualismo a ponto de não mais permitirem o florescimento da filosofia, das artes e, sobretudo, da religião.

Semelhante a Herder, Schiller e Hegel, não se limitou a julgar, devassou as causas íntimas do estado de coisas da cultura em sua trajetória ao longo da história; arriscou teses psicológicas e antropológicas, mas foi com segurança científica que expôs o quadro. Ao final, apresenta-nos uma filosofia da história que é teoria geral do amadurecimento dos povos, ainda que centrada sobre a latinidade e a germanidade como os exemplos de caso a que se detém para sustentar sua tese.

O grau de maturidade dos povos teria a ver com a idade civilizacional, definida pela popularização da escrita. Os povos selvagens não se podem medir em termos de maturidade civilizacional, pois ainda se detêm nos umbrais da cultura. Produzem objetos e símbolos, sem dúvida, mas não registros sobre os quais identidades abstratas, espirituais, possam se apoiar. A latinidade, que alcançou sua maioridade civilizacional cerca de dois séculos antes de Cristo, teria ao menos oitocentos anos de vantagem sobre a germanidade, que só pode se considerar igualmente civilizada pouco antes de Carlos Magno. Como se vê pela Grécia, pelo Egito, ou pela Babilônia, contudo, a idade nem sempre é uma vantagem para uma cultura, que, não raro, pode morrer de velha, por uma espécie de esgotamento da civilização.

Bem mais velha, a latinidade já teria experimentado tantos altos e baixos, tanto refino político, esgotado tanto sua jovialidade poética e religiosa, a ponto de chegar a um estágio cínico e degenerado, de que se tem prova cabal no teatro francês. Os germanos (escandinavos e britânicos inclusos), bem ao contrário, davam sinais evidentes de encantamento pelo mundo, expansividade e inocência, o que testificava seu florescimento civilizacional (Staël, 1968, I, p. 45-47).

Pesava sobre esse fato a constituição material e conjuntural de ambas as civilizações: uma, nascida da intriga e da política da grande cidade destinada a governar o mundo, viu a luz entre as artimanhas do direito e os discursos bajuladores; a outra, nascida de uma Bíblia lida com devoção por cavaleiros de armadura, onde a vida era ganha com espada e a justiça era o empenho da palavra. Uma civilização nasceu da urbanidade e de seus jogos, a outra de castelos sobre rochedos e damas acenando lenços (Staël, 1968, I, p. 46).

Depois de nascer, cada cultura experimenta, em seu processo de amadurecimento, uma ameaça de morte. Para os latinos foi a queda do império romano, para os alemães o esforço para deter Napoleão parecia o momento derradeiro de abalo, do qual poderia surgir uma civilização gloriosa.

No caso da latinidade, a provação se mostrou purificadora. Da arrogância e da crueldade dos conquistadores brotaram o claustro monástico e os ideais de cavalaria. É como se essa civilização desse uma guinada, fizesse total reversão, da vida urbana para a do campo, da águia em triunfo para o cuidado com o feudo, da ordem material para a ordem espiritual.

Os germanos chegam ao mundo, nascem enquanto cultura letrada, isto é, civilização, nesse mesmo ambiente; mas nascer não é o mesmo que formar um novo mundo após uma tremenda queda, e o ânimo dos nortistas é inteiramente tomado pela esperança e pela ingenuidade das ideias medievais, ao passo que o latino vê nessas ideias uma transformação que lhe foi imposta. A germanidade nasce da queda de Roma; a latinidade sobrevive a ela. Não sem Romantismo, Madame de Staël vê, na estrutura do Sacro Império Romano Germânico, a forma ideal das virtudes medievais. Aí, a unidade é celebração e suprassunção da diversidade. As nações latinas, fossem pequenas ou grandes, continuam a tentar repetir o despotismo do falecido império.

Em perfeita harmonia com esses valores políticos, estão os valores pátrios. O germano, pensa Staël, é patriota, heroico e liberal; apaixonado. E tende também ao fanatismo religioso (Staël, 1968, I, p. 61). Na latinidade, por outro lado, esses valores e disposições são mais facilmente encontrados na república romana do que no presente.

Estendendo sua antropologia à seara dos gêneros, Staël verá na mulher germânica a mesma honestidade e ingenuidade dos ideais de cavalaria e da piedade cristã. "A mulher alemã é tímida e modesta, beirando o provincianismo." "O amor cortês idealizado é quase uma segunda religião na Alemanha" (Staël, 1968, I, p. 66).

Não estão restritas aos homens as noções de honra, fidelidade, devoção servil, cumprimento do dever e generosidade cristã (Staël, 1968, I, p. 69). Pioneira, Staël faz questão de marcar sua antropologia com essas observações sobre as especificidades dos sexos, o que inclui observações sobre sua indiferença em algumas matérias.

As vantagens da cultura latina, por outro lado, revelar-se-iam no refinamento e na diversidade dos gostos e do intelecto. Enquanto o gosto germânico é simples e quase rude, o seu intelecto é plano, apesar de arrojado; os modos e gostos latinos se mostram elaborados e cultivados pela arte; o intelecto identifica rapidamente, nos olhares e nas entonações, as variações do humor, a ironia, a malícia, a ternura.

Ao passo que severo, o regime sociopolítico alemão produziu mais inovações que o latino-medieval, pensa Staël. As noções de lei e acordo, de Estado de direito, refletiriam as noções heroico-cristãs de honra, veracidade e empenho da palavra (Staël, 1968, I, p. 70). A autora não apenas sugere que a nobreza e dignidade dos alemães corresponde a um estado não corrompido de sua civilização, como faz um alerta para que essa cultura fecunde a francesa, ao invés de ser por ela envilecida. Se o último caso se der, a frivolidade, a imoralidade e o sarcasmo, que na França passam por civilidade, podem se estender a povos ainda não amargurados pela própria decadência, como os do norte da Europa. Aí se flagra uma crítica mais dura ao Iluminismo francês do que as diversas lançadas pelos próprios alemães.

A tarefa do erudito, portanto, seria a de recuperar a cultura latina com elementos ou exemplos de culturas saudáveis, no auge de seu florescimento, como a cultura alemã. Para isso, contudo, seria preciso desconstruir a presunção de superioridade intelectual e cultural dos franceses e apresentar, ao mesmo tempo, as virtudes que os alemães ainda não souberam traduzir para os termos de outros povos.

A primeira barreira a essa tarefa é o preconceito contra o idioma, baseado puramente em seu desconhecimento, alega Staël. A língua alemã é plástica, e vigorosa, ao mesmo tempo concreta e abstrata, prestando-se facilmente à metafísica, embora também frutífera para a conversação (Staël, 1968, I, p. 121). Em seguida, reconhece, na educação universitária alemã, o ápice da instrução teórica. Motivada pela língua naturalmente expressiva e imaginativa, e pela índole contemplativa dos alemães, a sua educação se tornou notadamente excelente na filosofia, na matemática, na teologia e nas artes literárias. Faltava-lhe, naturalmente o complemento da experimentação prática e da instrução para a vida, mas essas pareciam ser compensadas – e, até hoje, se parece pensar assim na Alemanha – pelo sistema de estágios práticos ao final da formação. Quanto as disciplinas e às obras escritas, escasseiam referências à política, aos negócios e aos assuntos eminentemente "mundanos" (Staël, 1968, I, p. 137).

Da educação passa à literatura, que deve preencher as páginas restantes do primeiro volume do *De l'Allemagne*. O elemento distintivo da literatura alemã, escreve Staël, é que, lá, o escritor cria o seu público, educa o gosto conforme o seu gênio e a sua erudição. O público recebe as novas ideias, admira-se delas, e logo as adota. Na França se dá, também nesse assunto, o oposto. É o público que faz o escritor. Este último se educa e busca sempre a inspiração "correta" que possa agradar ao seu terrível juiz (Staël, 1968, I, p. 160). Tal arranjo, completa, tem os piores resultados imagináveis, já que é facilmente perceptível o fato de serem os autores, em geral, mais instruídos do que o povo nos assuntos literários. Na França, onde a pena do poeta foi posta muito mais ao agrado das bolsas do que das musas, a ignorância das massas dita a pauta e o estilo. Deixo para o leitor imaginar o que ela teria pensado da literatura brasileira do século XXI.

Mais extraordinário ainda, completa Staël, é que a literatura alemã seja, predominantemente, uma empreitada apologética da filosofia dominante, admitindo pouco de personalismo e muito pouco daquele desespero por inovar, que é típico da literatura subordinada à aprovação popular (tanto naquela época quanto agora). As crenças e ideias passam quase integralmente para a sua literatura. Por isso, é fraca a literatura na época em que também frágil foi a sua filosofia. Só após Leibniz surgiram romances. Na Inglaterra, a filosofia também interfere na literatura, mas o apreço pela experiência é maior, e muitas vezes se escreve sobre algo que ainda não está bem formulado na ideia. Assim, "a imaginação inglesa é inspirada pela sensibilidade, a imaginação alemã tem algo de rude e bizarro: a religião inglesa é severa; a alemã é vaga; e a poesia das nações é necessariamente um empreendimento de seu sentimento religioso" (Staël, 1968, I, p. 167).

Na sequência, Staël analisa o que pode percorrer da literatura alemã, o que constitui um volume invejável de textos e estilos. Wieland é convidado a abrir o cortejo. A autora afirma que sua reforma da língua alemã a dotou de flexibilidade e sonoridade inéditas. Após Wieland, comenta-se Klopstock, Winckelmann, Goethe, Schlegel e Schiller. Staël mostra que são os indivíduos que formam a cultura alemã, não o difuso espírito do povo. O que realmente constrói os valores e as ideias são os heróis da pátria, não a identidade nacional; os primeiros são os agentes, a última é a obra.

Absorvendo e reciclando as definições que vinham sendo discutidas pelos românticos, a autora define o clássico como grego, naturalista, materialista e determinista; o romântico como cristão, espiritualista e heroico, o que fomenta a liberdade (Staël, 1968, I, p. 211-213). Não estranha que Goethe não tenha gostado muito dela.

O segundo tomo da obra dedicada à Alemanha principia pela nova marcação conceitual, agora totalmente orientada para a filosofia. A autora revela aí todo o seu Idealismo humanitário e intelectual, alegando que as injúrias, erros e acidentes causados por indivíduos e nações jamais diminuirão o valor e a elevação que a liberdade, a filosofia e a religião possuem em si mesmas (Staël, 1968, II, p. 89).

Por sua inclinação cartesiana e iluminista, e uma preferência por Kant, Staël tem convicção de que a estrutura da mente humana possui certos cânones universais, e que a divergência dos sistemas e opiniões entre os homens brilhantes se deve exclusivamente às diferenças de caráter, gosto e experiências de vida. É claro, o que é relevante em um sistema filosófico é a habilidade com que as escolhas e inclinações são justificadas, e que se possa fundamentar uma convicção que seja mais que opinativa. "Cabe-nos definir", diz Staël,

> se a fonte de nosso conhecimento está na alma ou na matéria. Se procede dos sentidos, se se forma na alma, ou se elabora pela mistura de impressões exteriores sobre nós e as faculdades interiores que já possuímos... A esta questão soma-se a mais decisiva de todas, se a

fatalidade ou o livre-arbítrio decide as resoluções dos homens (Staël, 1968, II, p. 92).

Segue-se uma ampla exposição dos fundamentos da moralidade, que, apesar de competente, desvia do tema proposto, indo aos antigos e aos britânicos para tecer um quadro amplo da filosofia moral. Dessa explanação, contudo, a autora constata algo muito pertinente ao estudo da filosofia alemã, a saber, que ela contrasta com a imoralidade francesa por causa do sensualismo em que se envolveu esta última cultura.

O sensualismo faz depender apenas da circunstância, do meio e do corpo as disposições de caráter e as ocasiões para este ou aquele comportamento, tornando-o mecanismo desprovido de responsabilidade, um ser cuja existência não difere de um animal ou mesmo de uma ferramenta inerte, porque a sua própria razão não encontrará fundamentos para a esperança no gênio humano, no amor ou na religião. Semelhante noção metafísica só poderia redundar, continua ela, em uma moral que subordinada ao interesse pessoal, ao prazer e ao lucro. A beleza é reduzida ao agradável, e nada tem o seu valor por si, mas somente segundo o mais efêmero gosto do homem (Staël, 1968, II, p. 100-101).

Foi para escorraçar as sombras destas mórbidas filosofias que surgiu o que a autora chama de Idealismo moderno de Descartes; isto é, o princípio de que o "exame sistemático e crítico da própria razão funda a verdade na própria alma." "Mais do que Aristóteles, é a ele que devemos atribuir a fundação, o ABC do método filosófico por excelência" (Staël, 1968, II, p. 106).

O sensualismo francês cortou o vínculo espiritual de seu povo com seus grandes metafísicos (Descartes, Malebranche, Pascal), e o povo francês, ao contrário do inglês, não pode viver de praticidades e impressões sensíveis, precisa ser encantado e elevado para que creia.

Os alemães tomaram via inteiramente distinta desses dois povos (ingleses e franceses), aos quais a Modernidade confundiu e ressecou. A Immanuel Kant caberia muito do mérito por esse caminho mais promissor. Sendo duplamente alemão e iluminista, Kant dá tanto valor à razão pura quanto à filosofia de sua época, e tenta restabelecer as verdades primitivas sem desprezar a importância da filosofia sensualista. Para unir metafísica e Ceticismo estabelece um conjunto de regras de funcionamento do intelecto; separa predisposições anteriores à experiência, mas que por ela precisam ser preenchidas, e justifica a existência dessas regras e seu encaixe com a experiência através da estética transcendental.

A metafísica está proibida, pois a consciência do homem não pode estabelecer critérios de verdade superiores a essa modesta capacidade de avaliação das experiências. Se o conhecimento se subordina à experiência, a moral ao sentimento, nenhuma das duas vias conduz à dogmas metafísicos (Staël, 1968, II, p. 128-135).

Através do exercício de sua liberdade, o homem concebido por Kant teria a noção de uma infinita grandeza interior. De um lado, isso provocará o subjetivismo de Fichte, filósofo que acredita ser o mundo um resultado da ação do espírito humano; por outro lado, também permitirá o objetivismo de Schelling, que acredita ser a mente do homem um produto de uma natureza espiritualizada. Ambas as soluções, completa Staël, tentam reunificar o mundo cindido de Kant.

De forma simples, mas não incorreta, Staël define a moral de Fichte como esforço de conscientização contra a perversão das prioridades. O mundo é subordinado ao espírito, então, o Eu ordena as coisas, e não é por elas regido. Muitos, entretanto, se perdem na experiência exterior que o pensamento projetou para si mesmo, e perdem, com isso, os laços com as origens do próprio pensamento (Staël, 1968, II, p. 147).

Na filosofia de Schelling, a objetividade do mundo é garantida por um panteísmo espiritual ou idealista. A unidade do homem com a natureza garante ao homem o conhecimento harmônico com todos os objetos que se-lhe deparam na experiência, simplesmente porque o homem é também produto da mesma natureza e tem, com tudo, uma identidade original. A moral, dessa forma, é o exercício daquilo que já está em mim, posto pela natureza (Staël, 1968, II, p. 149-151).

Pelo seu caráter eclético e sistemático, sua pretensão de unificar o espírito integral do homem, a filosofia alemã tem grande efeito na proliferação da cultura, arte, ciência e moral. Goethe é também um destacado cientista, Schelling é também um literato, Schlegel é também um poeta (Staël, 1968, II, p. 155). E ninguém está amarrado a uma profissão ou limitado a um talento, mas todos os homens são um microcosmo que reflete todo o universo.

A arte francesa do período exalta a frugalidade do mundo e da vida. A alemã exalta a divindade de ambos. O homem é retratado como um super-homem, um herói grego, um deus. Não é fortuito o fato de que a cultura alemã, guardando tão elevadas expectativas sobre si mesma, exigindo tanto de seus gênios, atinja seu ápice no período de vida de Staël (Staël, 1968, II, p. 160).

Na toada do imanentismo e do espiritualismo romântico, Brown descobriu o movimento intrínseco das moléculas, e atribuiu-o ao princípio vital. Este mesmo princípio vital constituiu para muitos estudiosos um intermediário entre espírito e matéria. Também conforme a teoria do magnetismo animal, foi concebido um poder do pensamento e da vontade humana de imperar sobre a matéria, inclusive à distância, sem qualquer agente material intermediário. Tais concepções fizeram da ciência do início do século XIX uma ciência romântica (Staël, 1968, II, p. 170-171). Nas palavras da autora: "os mistérios de Elêusis, o culto dos egípcios, o sistema das emanações entre os indianos, a adoração dos elementos e do sol entre os persas, a harmonia dos números, que funda a doutrina de Pitágoras são traços de uma atração singular que reúne o homem ao universo" (Staël, 1968, II, p. 172).

As consequências morais dessa nova visão de mundo, onde a natureza é vista como espiritual, e indissoluvelmente ligada ao homem, são das mais otimistas. "Goethe proferiu acerca da perfectibilidade do espírito humano um mote pleno de sagacidade: *Ele avança viajando numa linha espiral*" (Staël, 1968, II, p. 174).

Essa filosofia da perfectibilidade humana, da crença mística de que a vontade é uma força concreta da natureza, capaz de alterar o mundo, e da religião que harmoniza o homem ao Criador, teria produzido, na Alemanha, uma elite empreendedora e corajosa. Há certos feitos que simplesmente não podem ser empreendidos pelo interesse pessoal. Feitos que exigem sacrifício, dedicação heroica, além das forças produzidas pelo lucro ou pelo prazer. Ora, o homem que busca vantagens, prazer e segurança, não abrirá, justamente, mão de benesses sociais, conforto e poder em prol de uma grande ideia, de um grande sentimento. O homem que calcula suas vantagens não se lançará numa empreitada em que um bem ou uma beleza ideais estejam acima do agrado e da conveniência práticos. Por isso, a nação idealista é maior do que a pragmática. Por isso, a tocha da civilização repousa nas mãos daquelas nações que, em sua época, sabem elevar-se acima das tarefas de manutenção do corpo e se lançam à realização de ideias (Staël, 1968, II, p. 183-190).

O tema da perfectibilidade, tomando o centro dos seus esforços, associado ao sentimento místico desenvolvido pelo Romantismo, deixa ainda mais clara a intenção pedagógica de Staël em favor de um resgate do espírito francês de sua queda no sensualismo. Trata-se de uma obra de educação nacional, que opera por uma espécie de psicologia reversa, dando a entender o quanto a França se apequenou diante da Alemanha.

Consequentemente, as mais belas e empolgadas páginas de Staël são as referentes ao entusiasmo alemão (*Schwärmerei*), movimento religioso que ela interpreta como de um sensualismo místico, totalmente oposto ao sensualismo materialista. Através desse movimento, a Alemanha se habituou a *sentir* o divino. Aqui a autora é, apesar de sua apreciação pessoal, cuidadosa: "a natureza religiosa dos germânicos os dispõe tanto ao entusiasmo produtivo quanto ao fanatismo destrutivo. Por outro lado, o cinismo latino nos dispõe tanto à melancolia e à malícia quanto à elegância intelectual" (Staël, 1968, II, p. 237). Daí em diante, porém, a crítica dá lugar à apologia: "a maioria dos escritores alemães refere-se a um sentimento do infinito, que produz o entusiasmo ou êxtase. Todos os sacrifícios pessoais são incentivados em troca do sentimento do infinito" (Staël, 1968, II, p. 238-239).

> A doutrina mística se passa por severa porque comanda o desapego do eu, o que se mostra, com razão, muito difícil: mas essa é, na verdade, a fé mais doce de todas. Ela dita: faça da necessidade uma virtude. Tal pensamento deixa ao cargo da Providência o governo do mundo e traz consigo uma consolação íntima [...] que mal pode advir de uma crença que reúne a calma do estoicismo ao sentimento cristão? Esta mesma calma quanto aos eventos inevitáveis não se aplica aos defeitos do próprio homem, pois nada há de mais contrário ao espírito do Evangelho do que esta maneira de interpretar a submissão à vontade de Deus [...] Enquanto a religião oficial é um comando, a religião mística é o cultivo de um apelo natural do coração (Staël, 1968, II, p. 268).

Qualquer que seja o gênero de espírito, o gênio artístico se combina sempre ao religioso. Na Alemanha, considera Staël, a filosofia idealista, o Cristianismo místico e a verdadeira poesia são, por assim dizer, oriundos da mesma fonte; os filósofos, os cristãos e os poetas se reúnem todos num comum desejo: o de difundir as luzes e elevar os caracteres de seus espíritos através das ideias. "Conforme afirma o chanceler Bacon, a prosperidade é a benção do Antigo Testamento, a adversidade é a benção do Novo Testamento. Daí deriva o axioma dos místicos de que a dor é um bem" (Staël, 1968, II, p. 273).

Staël reconhece como o mais famoso desses filósofos religiosos Jakob Böhme. Ele considera a contemplação da natureza como um dos dogmas principais do Cristianismo. Acreditava ver em todos os fenômenos do mundo os traços da queda do homem e de sua regeneração. Conciliava perfeitamente a submissão do homem ao destino e o mais vivo sentimento de liberdade, pois, para ele, Deus determina o plano e a meta; o homem tem de se esforçar para os cumprir, do que se depreende que a moral e a submissão são complementares (Staël, 1968, II, p. 282).

Madame de Staël não disfarça estar enfronhada no entusiasmo romântico. "Entusiasmo em grego significa Deus em nós. De fato, quando a existência humana sofre uma tal expansão ela denota algo de divino" (Staël, 1968, II, p. 301). E seria, para ela, justamente essa característica o trampolim dos luminares do progresso alemão em fins do século XVIII.

O sentimento romântico de união à natureza e ao divino, a crença na perfectibilidade progressiva da alma humana, o acolhimento da ideia de intuição intelectual, que, a princípio, lhe parecia um traço obscuro do entusiasmo alemão, são as características absorvidas por Staël, e que a tornaram a mais autorizada representante da filosofia germânica em sua língua. Se estivesse em seu poder mudar sua cultura, invadiriam a França todos aqueles elementos que ela admira e valoriza na germanidade. Ela mesma, embora se reserve na posição de comentadora e observadora, dotou seus textos de tanta beleza, tanto lirismo e tanta clareza conceitual que logrou unificar o espírito racionalista em que foi educada e o sentimento romântico que sempre lhe caracterizou, mas que se desenvolveu particularmente nesse contato com as letras e com os intelectuais da Alemanha. Ela mesma está impregnada do gênio que identifica naqueles poetas e filósofos que em parte se tornaram seus ídolos.

> Por meio do entusiasmo, tudo toma uma proporção bela e elevada. O entusiasmo é tolerante, não porque seja indiferente, mas porque nos faz sentir a beleza de todas as coisas. A sociedade desenvolve a civilização, mas é só a contemplação do divino que produz o gênio (Staël, 1968, II, p. 306).

A obra foi muito bem recebida, ao ponto de fazer pender o ânimo nacional. *De l'Allemagne* foi o estopim para uma mudança permanente na percepção francesa sobre a cultura germânica, e não devemos temer como exagero atribuir a ele significativa responsabilidade na predileção que, até hoje, os franceses têm pela filosofia alemã.

Duas décadas depois, Henrich Heine faria em favor dos franceses o que a franco-suíça fez em favor dos alemães; isto é, tecer uma apologia à França e uma crítica a seus conterrâneos. Heine entendeu que Staël, além de comprometida por uma visão romantizada e quase idólatra da Alemanha, contribuía para uma visão aristocrática e tradicionalista (religiosa e política) que era preciso combater. Assim, em sua *Contribuição à história da religião e da filosofia na Alemanha*, inverte a relação entre as culturas:

> A crença nacional, muito mais ao norte do que ao sul da Europa, era panteísta: seus mistérios e símbolos se referiam a um culto à natureza, em cada elemento se venerava um ente maravilhoso, em cada árvore respirava uma divindade, e todo o mundo dos fenômenos era deificado; o Cristianismo inverteu esta visão e, em lugar de uma natureza deificada, surgiu uma natureza endemoninhada[...]
>
> Quão luminosos e, sobretudo, quão puros são os demônios em seus contos de fadas em comparação com nossa sombria, e muitas vezes, torpe cambada de espíritos. [...] Quanto não se assustaria a fada Morgana se porventura topasse com uma bruxa alemã nua, besuntada de unguentos, a cavalgar numa vassoura rumo a Brocken. Esse monte não é um alegre Avalon, mas um *rendez-vous* de tudo o que é abjeto e vil. Em seu topo está Satã, na figura de um bode preto (Heine, 1991, p. 27-28).

Se a verdade está no meio termo e na moderação, Heine não parece ter feito melhor trabalho que Staël em favor de uma visão fria e justa das coisas.

De qualquer modo, foi incontestável a influência do *De l'Allemagne*. Staël causaria tão permanente impacto que, até hoje, a expressão "Alemanha, terra de poetas e pensadores" é aquela de que mais se orgulham os alemães.

6.7 A Doutrina das cores

Após produzir o monumental poema que o alçaria ao panteão dos maiores escritores da história humana, Goethe quis realizar algo da mesma estatura no terreno científico. Suas realizações na osteologia e na teoria botânica consolidaram sua posição como cientista, mas ele estava muito longe de realizar nessa área o que realizara como artista. Desde seus passeios e conversas com Schelling, na época em que este vivia em Jena, ficara claro para Goethe a necessidade de amarrar a ciência natural aos avanços da recém-concebida filosofia da natureza.

Por pelo menos duas décadas, Goethe conduzia experimentos em câmara escura, e acompanhava o que os filósofos, os físicos e os médicos vinham escrevendo sobre a luz. Escreviam pouco, contudo, sobre o aspecto que mais lhe interessava na luz: a cor. Ao lado de uma ímpar erudição sobre o assunto, portanto, Goethe viu desde muito cedo que um estudo sobre a luz e as cores dependeria fortemente de ampla e rigorosa experimentação. É muito difícil detectar as causas desse interesse obsessivo pela cromática, mas fato é que a dedicação de Goethe a esse campo fenomênico dificilmente é igualada por qualquer outro pesquisador nesse período que vai de 1790 a 1810.

Na ânsia de revolucionar a óptica, contudo, e possivelmente embalado pelo excesso de confiança tão típico de sua época, Goethe escolheu um caminho infeliz para a defesa de sua teoria, atrelando-a a uma crítica improcedente às teorias de Newton (Wenzel, 1997). Esse erro, fatal para a recepção da doutrina das cores de Goethe, mais contribuiu para o retirar do que para lhe garantir um lugar na história da ciência. Ele não nos deve conduzir, porém, a supor precipitadamente – ao lado de muitos – que a ciência goetheana e a doutrina das cores, em particular, sejam desprovidas de valor, originalidade e, sobretudo, veracidade (Hofmann, 2001). A correta avaliação dessas virtudes em face dos erros cometidos pelo projeto de uma doutrina das cores exige operação cuidadosa.

Porque a origem da crítica de Goethe tem a ver com sua concepção epistemológica e metafísica sobre a relação entre a teoria e a natureza, é em sua filosofia, não em suas observações, que se deve buscar a razão da incisiva discordância. O fato de o poeta e naturalista não ter uma filosofia bem exposta e sistematizada, por outro lado, torna esse rastreio muito difícil (Coelho, 2012).

A maior autoridade referente ao estudo da luz no campo físico era então Johann W. Ritter, que havia acabado de descobrir a luz ultravioleta, em 1801, justamente em Jena. Goethe vinha acompanhando essas últimas descobertas com vivo interesse, e de todas tirava algum elemento que, em sua própria visão, reforçava sua teoria. Ele via essas descobertas recentes, por exemplo, como uma evidência de que as observações de Newton eram muito insuficientes, e o fenômeno muito mais rico e variado do que este supusera.

Apenas nas primeiras décadas do século XX é que a doutrina das cores passa a ser positivamente avaliada por suas contribuições científicas, e não em relação à física, mas à fisiologia da percepção (Sepper, 2002, p. 6).

Diferentemente dos filósofos da natureza, os pressupostos iniciais de Goethe estão muito aferrados à constatação empírica: "o olho deve sua existência à luz", e é "por meio da cor que a natureza se revela ao sentido da visão" (Goethe, 1810, I, xxxvii). A ênfase que Newton deu à natureza física da luz, Goethe preferiu dar à percepção e à experiência *humana*. Quanto à cor, o poeta naturalista vai um pouco além, distinguindo três formas de se a apreciar: segundo a forma como as cores são processadas pelos sentidos (biologia), segundo a própria natureza íntima da cor enquanto possibilitada ou obstaculizada por algum meio (física), ou, por fim, segundo propriedades intrínsecas dos próprios objetos que a refletem (química) (Goethe, 1810, I, p. xl-xli).

Consoante à supracitada divisão temática, é também possível perceber uma preocupação de Goethe em acrescentar a dimensão subjetiva da percepção à objetiva.

Sem conhecer as possibilidades de adaptação neurofisiológica à experiência, observou que o contraste entre superfícies mais ou menos escuras alterava, na prática, a percepção intensiva da tonalidade. Por exemplo, ao se colocar uma figura cinzenta sobre uma superfície maior branca, a escuridão da cinzenta se destacava, mas, quando colocada sobre uma superfície preta, a claridade da mesma figura cinzenta se destacava (Goethe, 1810, I, p. 13-14).

Outro fator fisiológico que precisa ser considerado é o desvio da percepção em estados patológicos (Goethe, 1810, I, p. 42-50). Mais que catalogar essas variações, Goethe dá a entender que elas reforçam a dependência percepção em relação às condições fisiológicas.

Em relação ao aspecto físico da ciência da cor, diverge de Newton porque suas observações o levam a concluir que o meio opaco atravessado pela luz é a verdadeira causa da sua conversão em cor (Goethe, 1810, I, p. 52). O naturalista dá como exemplo a luz que atravessa o vidro colorido ou opaco, e que adquire uma coloração distinta, ou que atravessa a atmosfera empoeirada, tendendo ao laranja ou ao vermelho. Essas experiências permitem concluir que a luz branca sofre um decaimento ou transmutação em luz colorida.

Mais importante ainda, observa Goethe, não temos experiência de luz não mediada, pois toda nossa experiência com a luz ocorre em um meio material que ela é obrigada a atravessar: o ar (Goethe, 1810, I, p. 56). Essa mediação, contudo, é pequena o bastante para que ainda vejamos a luz "pura", do sol, "das estrelas fixas" e do fósforo puro como branca, incolor. Acrescido de apenas um pouco mais de opacidade, o ar, ou outro meio que se interponha à fonte de luz branca, a torna amarelada (Goethe, 1810, I, p. 57).

A partir do nível do mar, vemos o azul do céu esmaecido, descolorido, mas, ao subirmos até o topo das altas montanhas, ele se aviva (Goethe, 1810, I, p. 59). Goethe atribui esse fenômeno à maior ou menor concentração de poeira, que, nas baixas altitudes, o vento sopra, mas que não alcança as zonas mais elevadas. Essa consideração ele estende também a uma série de materiais e experimenta a mudança da coloração da luz em recipientes com água do mar, água com vinho, gelo, diferentes tipos de vidro, cristais e pedras translúcidas, bem como ao fato de a reflexão também produzir alterações de cor, a depender da concavidade ou convexidade da superfície refletora.

Com isso, o naturalista chega à conclusão de que o fenômeno primordial (*Urphänomen*) da cromática é a mediação entre a luz pura (branca) e as trevas – ausência de luz ou opacidade total, como a do granito espesso. Entre esses extremos está a opacidade parcial, a obnubilação. Obnubilar significa, então, algum ponto de equilíbrio possível entre a luz pura e a escuridão, e a variedade de pontos de obnubilação origina a variedade de cores (Goethe, 1810, I, p. 67).

Na parte do livro dedicada à polêmica (literalmente), Goethe afirma que Newton não provou como a luz branca "continha" ou por que exatamente consistiria em um composto de todos os demais tipos de raios luminosos. Ademais, parte do seu incômodo tinha também a ver com más exposições da doutrina newtoniana.

De fato, muitos manuais científicos da época, e, especialmente, suas ilustrações, sugeriam interpretações errôneas da teoria de Newton, interpretações que levaram Goethe a uma conclusão caricata da teoria espectral da cor (Sepper, 2002, p. 32-36). Esse engano, porém, nem desculpa nem esgota sua rejeição à teoria newtoniana. Acima de tudo, ele considerava a crítica à teoria da composição da luz branca contraditória com os fatos, concluindo que a defesa da teoria newtoniana era um flagrante exemplo de atitude anticientífica, em que a defesa da autoridade de uma celebridade científica se sobrepunha ao que mostravam as evidências.

Por sua vez, em sintonia, principalmente, com Schelling, Goethe interpretava os mesmos fenômenos observados por Newton segundo uma cosmologia neoplatônica e antimecanicista, na qual a derivação das luzes coloridas a partir da branca representaria um tipo de produção/emanação de um princípio primeiro em fenômenos secundários. A luz, pura e simples, é complexificada pelo seu oposto, a treva, em diversidade de determinações, as cores.

De acordo com sua própria visão metafísica, Goethe entendia todos os fenômenos naturais como polares; isto é, como tensão dialética e construtiva de opostos. A luz estaria, então, em relação polar com a escuridão, e a cor seria a mediação desses polos. Quando Newton diz que a luz branca, mais clara, é um produto das coloridas, mais escuras, Goethe entende que ele está radicando a origem da luz na escuridão; ou seja, no nada (Goethe, 1810, I, p. 467). Nada é produto do nada, pelo que temos de concluir que do fenômeno completo e original derivam os deficitários, não o contrário. O caule desfolhado não é a origem da árvore. E se o primeiro pedúnculo que brota do solo não tem folhas, isso não prova que o sentido desse fenômeno está no caule.

Quimicamente, o autor observa que o branco é mais comum na natureza que o preto. A neve e outros cristais, diversos tipos de pó e o calcário são exemplos disso. O preto, por outro lado, muitas vezes depende de uma transformação da matéria, como a queima da madeira (Goethe, 1810, I, p. 189-190). As cores, quimicamente falando, parecem estar ligadas a toda a infinidade de transformações e reações possíveis dos e entre os elementos.

No mundo orgânico – trecho que seguramente tem em vista a antropologia de Herder – a cor tem um significado rico, intenso e muito específico. O verde, o amarelo e suas variações dominam o mundo vegetal, mas as flores e as frutas acrescentam a ele colorações específicas e tão raras quanto significativas para a vida (Goethe, 1810, I, p. 231-233).

Os animais marinhos, por viverem em um meio que diminui a incidência da luz, expressam coloração bastante distinta, ora viva ora reflexiva, espelhando essa escassez de luz (Goethe, 1810, I, p. 235). Nas aves, cobertas de penas, a pele tem sempre o mesmo tom descolorido, mas a coloração aparece, às vezes, muito viva nas penas. Isso vale para diferentes tipos de pelagens entres os mamíferos.

Não dando grande atenção às diferenças de cor de pele, mas também não divergindo muito da noção da época sobre as raças, Goethe, de certo modo, minimiza as diferenças exteriores em face das semelhanças e da importância da interioridade para os seres humanos, mas alega que parece haver uma influência da cor da pele na personalidade dos indivíduos e suas respectivas culturas. Em favor do autor, contudo, importa destacar que o texto não revela nenhuma noção hierárquica ou juízo de valor sobre essa diversidade. Mais importante que isso, contudo, é que a ausência de pelos faz do ser humano o mais belo dos animais, pois, nele, a carne é visível, e não a cobertura de pelos (Goethe, 1810, I, p. 246-247).

É também possível extrair algumas conclusões interessantes do interesse geral dos seres humanos pela variedade e vivacidade das cores, especialmente em relação à vestimenta (Goethe, 1810, I, p. 311-312). Ele chega a discriminar precisamente quais seriam as cores favoritas de franceses, alemães e ingleses, o que talvez seja possível verificar a partir de uma pesquisa histórica. Aderem a essa, outras observações antropológicas, como as cores preferidas por diferentes sexos, diferentes faixas etárias, e assim por diante.

A parte que trata da estética, que se poderia esperar ser a mais profunda e impactante, é bastante apagada, e nela só se destaca a aplicação da teoria da cor ao chiaroscuro.

O segundo volume do livro traz centenas de páginas sobre a história do estudo da cor e da luz, agrupando uma gigantesca massa de textos com até as menores referências sobre esses temas. Além de provar sua erudição ímpar na área, Goethe aproveita essa historiografia minuciosa do estudo das cores para, novamente, tecer uma série de considerações antropológicas sobre como as diferentes culturas lidaram com a questão.

Vários anos após a publicação da *Doutrina das cores*, já de sua prestigiosa e influente posição em Berlin, Hegel continuaria a sustentar que a teoria era valiosa, contrariando a posição geral dos físicos, o que deixou Goethe satisfeito e grato por um apoio tão significativo (Jaeschke, 2016, 43, p. 262).

7
A ASCENSÃO DA CIÊNCIA

7.1 A ciência da lógica

Após a *Fenomenologia do espírito*, e, muito provavelmente, pelo sucesso que ela alcançou, Hegel continuaria a escrever compulsivamente, em um volume e com uma audácia que ninguém teria suspeitado ao acompanhar sua modesta produção ao longo da década de 1790.

A redação da *Ciência da lógica* começa em Nurembergue, e o trabalho começa a vir a público meses antes do nascimento de seu filho, o historiador Karl Hegel (1813), só terminando às vésperas da saída para Heidelberg, em 1816[111]. Na bela e romântica cidade, importante desde o final da Idade Média por sua exuberante farmácia, Hegel ocupará a cadeira de filosofia, a mesma que fora oferecida a Espinosa. Ali, o filósofo viverá breves, mas prósperos anos.

Como um todo orgânico, o projeto da lógica cobre, na metafísica do absoluto, aquilo que "se desdobra categorialmente do saber absoluto" (Janke, 1991, p. 305). Atacada como confusa, ou até mesmo ilógica, a lógica de Hegel não é uma investigação sobre a forma organizacional do pensamento, e sim sobre a forma organizacional do ser e da existência (Gottschlich, 2015, p. 15). Entender essa perspectiva e as razões para o uso neologístico do termo *lógica* é

---

111. Apesar de seguirmos a evolução temporal dos movimentos, desta vez apresentaremos a segunda e consideravelmente revisada edição do livro, entendendo que essa é sua forma final e mais amplamente conhecida.

fundamental para que não se dirija ao autor – como se faz demasiadamente – uma crítica que vai na exata contramão do alvo que deveria atingir.

Toda a sua dificuldade – para alguns, impenetrável – e toda a peculiaridade linguística, contudo, não a impediram de ser atraente e frutífera para os mais variados leitores[112].

Após a revolução kantiana, que pôs em xeque a metafísica ao expropriar dela elementos que expandem, justamente, a lógica, o movimento de Hegel não deveria soar tão exótico. É verdade, contudo, que o que Kant só muito moderada e discretamente efetuou, Hegel levou ao plano épico da radicalidade.

Enquanto Kant esvaziava a ontologia e concebia uma metafísica como pura forma lógica do pensar – definindo, de forma duradoura, tanto a noção de lógica quanto a de metafísica – Hegel, na total contramão, levava ao limite o caráter ontológico da lógica[113], recosturando o que Kant havia escrupulosamente seccionado, o que, por sua vez, só é possível ao se assumir o método dialético e a perspectiva idealista, que faz do ser e da consciência elementos de um mesmo sistema.

A dialética, traço distintivo e célebre do pensamento hegeliano, experimenta relevante evolução técnica entre a *Fenomenologia* e a *ciência da lógica*. Nesta última, não apenas ficará claro que a dialética é o modo processual da consciência como também que ela é o ponto de partida da filosofia, a qual não pode ser concebida como não dialética (McTaggart, 1910, p. 6). Consequentemente, o autor considera antifilosófica qualquer proposta segundo a qual a verdade não se desdobre de uma relação (dialética) entre a realidade e a consciência.

---

112. "Lenin, Heidegger, Gadamer, McTaggart e Hyppolite, todos leram a Lógica e reconheceram sua enorme importância para o sistema de Hegel e para a filosofia em geral" (Houlgate, 2006, p. 1).

113. A filosofia crítica transformou a metafísica em lógica. Ao invés de uma ontologia ou ciência do ser enquanto tal, sua ambição é oferecer um inventário dos conceitos *a priori* segundo os quais o ser é pensado (A246–247/B303). E, ao invés de doutrinas racionais sobre a alma, o mundo e Deus, a filosofia crítica oferece a lógica da ilusão, bem como uma exposição dos fantasmas produzidos pela razão quando suas interferências não são verificadas em relação a algum objeto dado na sensibilidade. Agora, Hegel pretende que sua própria lógica – particularmente a objetiva, como veremos – conclua aquilo que a *Crítica* de Kant foi incapaz de terminar, por medo de se tornar dialética, isto é, por medo de contradições nas quais a razão poderia cair. Ele pretende que sua lógica exponha o conteúdo e a importância dos conceitos da metafísica, isto é, dos conceitos *a priori* da razão. Não se pode afirmar demasiadamente, portanto, a relação entre o projeto de Hegel na *Ciência da lógica* e o projeto de Kant nas três *Críticas* (e, acima de tudo, na *Crítica da razão pura*), ainda que as aparências sugiram o contrário" (Longuenesse, 2007, p. 15).

a) Lógica objetiva

A primeira linha do livro é bastante reveladora. Nela, Hegel justifica a necessidade de outro tipo de lógica, um tipo inteiramente novo e distinto: "a total transformação sofrida pelo modo de pensar filosófico desde, aproximadamente, vinte e cinco anos, bem como a posição elevada que a autoconsciência do espírito alcançou para si mesma nesse período, até agora teve pouca influência sobre a lógica" (Hegel, 1970, V, p. 12).

Esta já não será uma ciência da forma do argumento, e sim uma "ciência do espírito" (Hegel, 1970, V, p. 35), na totalidade e na objetividade capazes de fazer jus ao conceito hegeliano de espírito. E por que o espiritual teria de aparecer como contradição e conflito, ao invés da forma plana e linear da lógica formal? A razão desse formato está exatamente na *objetividade* do espírito, que, no dinamismo de sua atualização e transformação, acaba por congregar ser e não ser. Por isso, é sempre dialética a constituição do pensar, que traz em si afirmação e negação como princípios codependentes (Hegel, 1970, V, p. 39-42).

A pura ciência "contém o pensamento na medida mesma em que este é a própria coisa, ou a coisa na medida em que é ele mesmo (pensamento)" (Hegel, 1970, V, p. 42). Portanto,

> Enquanto ciência, a verdade é a pura consciência se desenvolvendo, e tem a forma do Si, aquele conceito que guarda em si a consciência de existir em si e para si, conceito enquanto tal, mas que é em si e para si. Este pensamento objetivo é, então, o conteúdo da ciência pura. É, portanto, tão pouco formal, dispensa tão pouco da matéria mesma em função de um conhecimento real e verdadeiro, que seu conteúdo é, antes, o absolutamente verdadeiro, ou, se se quiser manter a palavra matéria, essa é a verdadeira matéria. Uma matéria, porém, que não tem a forma da exterioridade, já que ela corresponde mais ao puro pensamento e, com isso, à própria forma absoluta. A lógica deve ser concebida, assim, como o sistema da razão pura, enquanto reino do puro pensamento. Este reino é a verdade como ela é em si e para si sem cascas. Pode-se expressar assim: que esse conteúdo é a apresentação de Deus, como ele era em sua essência eterna antes da criação da natureza e do espírito finito (Hegel, 1970, V, p. 42-43).

Uma vez que o todo e a verdade são o resultado da ciência, eles não podem estar no começo. O começo, ao contrário, não é o absoluto, e sim o hipotético e o provisório (Hegel, 1970, V, p. 70). Começar pelo imediato, portanto, reflete a preocupação de conceber uma ontologia sem pressupostos, que parte do que é visto e pensado "de surpresa", na experiência comum (Ng, 2009, p. 150).

Quanto às qualidades ou propriedades íntimas, o real se apresenta como o par de opostos *ser e nada*. "O puro ser é carente de determinação", e, "em sua imediatidade indefinida", não apresenta "diferença nem em si nem em relação a outros" (Hegel, 1970, V, p. 81). O puro nada, por sua vez, é "a pura igualdade consigo", "perfeita vacuidade, total falta de determinação e de conteúdo." Consequentemente, em suas formas puras, o nada se confunde com o ser (Hegel, 1970, V, p. 82). O que dá realidade, isto é, o que determina efetivamente um ser, é a diferença. A única identidade absolutamente pura é a do nada, pois ele não contém nenhuma definição que o limite e o condicione a outros.

Recapitulando a história da metafísica, e alfinetando cruelmente Schelling – embora ignorando ou desconsiderando a qualificação que este fez do panteísmo na *Freiheitsschrift* – Hegel escreve:

> O pensamento simples do *puro ser* foi expresso pelos eleatas, especialmente Parmênides, como a única e absoluta verdade [...], da seguinte maneira: *somente o ser é, e o não ser não é.* – É sabido que, em sistemas orientais, notadamente no budismo, o nada, ou o vazio, é o princípio absoluto. O mui profundo Heráclito, contrariando essas simplórias e unilaterais abstrações, sustentou o elevado conceito do devir, e disse: *o ser tão pouca coisa é quanto o nada*, ou ainda: *tudo flui*, isto é, *tudo é devir*. [...]
>
> "*Ex nihilo nihil fit*" é uma sentença a qual a metafísica atribuiu a maior significância. Aí não está a tautologia vazia do "nada é nada", nem se poderá concluir, se o devir tiver de significar algo, que do nada nada se faz. Na verdade, aí não há devir algum, pois o nada permanece nada. O devir contém em si a noção de que o nada não permanece nada, senão que se transpõe em seu outro: o ser. [...]
>
> A perspectiva filosófica para a qual vale o princípio "ser é apenas ser, nada é apenas nada", merece o nome de Sistema da identidade; essa identidade abstrata é a essência do panteísmo (Hegel, 1970, V, p. 83-84).

Por isso, falar do ser estático já é fugir para a abstração. É fotografar o ser, que só na mente existe paralisado, mas, na realidade, existe sempre aqui e agora (*Dasein*), em dinâmica tensão com o nada (Hegel, 1970, V, p. 114-116).

O existente (*Dasein*), portanto, "é a conjunção entre o ser e o nada" (Hegel, 1970, V, p. 115). Ora, o que está aí só pode estar enquanto um ser mediado pelo vir a ser. O que mais está em devir na ordem do ser é exatamente o sujeito, aquele – não seria ontologicamente adequado dizer aquilo – sem o qual nenhum outro ser é contextualizado. Convém, aqui, evitar a sinonímia pobre entre o devir e a mudança, pois o que o devir de Hegel quer expressar não é da ordem empírica, como a mudança, e sim da ordem metafísica, da negação. Então, uma mudança só é possível em termos quantitativos. As características da coisa crescem, aumentam de intensidade, mas não há mudança qualitativa. Em sentido qualitativo, só há o revelar do que não era visto ou entendido (McTaggart, 1910, p. 36; 62-63).

Da contração dialética entre lógica e metafísica, e da acomodação da lógica a uma visão dinâmica da metafísica – ou, uma metafísica do dinamismo – resulta uma concepção ontológica processual da revelação/manifestação/realização da verdade. Todos esses elementos são assumidamente aristotélicos (Ficara, 2014), resta saber se e o quão propositalmente eles se contrapõem ao platonismo de Schelling. Esse contraponto, no entanto, não nos permite olvidar o fato de que também Hegel mantém, ao final, o princípio supremo da unidade como o objetivo do filosofar. Nesse sentido, apesar de um bem mais generoso uso de Aristóteles, o filósofo alemão permanece, como qualquer idealista, distintamente platônico (Cirne-Lima; Luft, 2012, p. 18).

Na raiz do sujeito, por sua vez, está a negação da negação; o cancelamento ativo do limite e do nada é a condição de incondicionalidade do pensamento e da ação do sujeito. A primeira negação, o primeiro nada, contudo, Hegel identifica como "negação abstrata"; a negação da negação, como "negação absoluta" (Hegel, 1970, V, p. 123). A primeira negação é vazia, embora fundamental para o ser, a segunda negação é o arrancar do nada um modo de ser, por afastamento (negação) das fronteiras (negação).

O ser dos seres, consequentemente, é serem o outro de outro, e um de outros (*alius alium*), ou "em uma oposição, *alter alterum*", ou seja, "quando chamamos algo aí existente de A, e outro de B, B é definido como o outro, mas A é igualmente o outro de B" (Hegel, 1970, V, p. 124).

Conectando os dois assuntos anteriores, subjetividade e a essência negativa da diferença, Hegel faz alusão à contraposição finito-infinito. Finito é um conceito que baliza a determinidade das coisas, infinito o que baliza seu vir a ser (Hegel, 1970, V, p. 152). Assim, "a infinitude opera como propriedade ou qualidade da idealidade", potencial vitalizador e atualizador do que está em algo outro, em sua superação e suspensão (Hegel, 1970, V, p. 165).

> Enquanto suspensão da finitude, isto é, da finitude enquanto tal e de qualquer infinitude meramente negativa que se lhe oponha, esse retorno a si é *relação consigo*, ser. Uma vez que há nesse ser negação, ele é um existente, mas, na medida em que é também, subsequentemente, negação da negação, a negação que se relaciona consigo mesma, este é o existente que denominamos um *ser para si* (Hegel, 1970, V, p. 165).

Perceber que o ser pensante é capaz da elaboração das definições, isto é, negar a negação, e que, mais que isso, é capaz de negar a negação e si próprio, reelaborando sua própria identidade, é a percepção filosófica fundamental, ao qual se pode dar o nome genérico de *Idealismo* (Hegel, 1970, V, p. 171). Em outras palavras, Idealismo mais não é do que a constatação de que o sujeito pensa e é livre em seu pensar.

Em si é o ser da coisa pensada, para si é o ser da coisa sendo, como se dá na consciência enquanto realidade presente.

Assim, "o ser para si é a pura unidade consigo e com seu momento", é estar em posse e se apropriar do próprio ser, é ser consciente (Hegel, 1970, V, p. 181). Mais do que pregar besouros em uma tábua, esse é sentido da mais alta ciência.

Termina, com isso, a seção sobre as qualidades íntimas ou propriedades, e que é sucedida pela investigação da quantidade, que trata de "determinações às quais o ser é indiferente" (Hegel, 1970, V, p. 208). Evidentemente, a quantidade é uma das propriedades mais relevantes para o entendimento, permitindo todas as medições, da extensão à multiplicidade, da duração à intensidade, permitindo, não por último, relações comparativas segundo gradações exatas – de tamanho, de potência, de variedade, e assim por diante.

Essa "indiferença", observa Hegel mais adiante, é "o elemento determinante da substância de Espinosa" (Hegel, 1970, V, p. 454); isto é, a essência das coisas observada apenas do ponto de vista da objetividade estática das determinações exteriores.

A noção quantitativa que permite esse novo tipo de relação totalmente específica entre as qualidades das coisas é o *quantum*, a determinidade da coisa em um espectro ou *continuum* no qual aquela propriedade encontra seu lugar comparativo com todas as outras coisas, ou seja, sua *ratio* (Carlson, 2007, p. 183); isto é, cada coisa apresenta a qualidade x segundo uma dada razão ou proporção em comparação com outras manifestações de x em outras coisas. A vermelhidão da maçã B faz fronteira com uma vermelhidão menor e uma maior (digamos, nas maçãs A e C). O tamanho de um objeto é maior e menor do que outros objetos y e z. Assim, cada característica de cada coisa pode encontrar seu "lugar" exato na infinita cadeia de propriedades dos outros seres.

Após a quantidade, a lógica objetiva trata da massa, "que unifica abstratamente qualidade e quantidade" (Hegel, 1970, V, p. 386). Massa, na definição de Hegel, é "a relação simples do *quantum* consigo mesmo, sua própria determinidade em si" (Hegel, 1970, V, p. 393); ou, dito de forma mais crua, é um traço da concretude da coisa, tal que "tudo o que aí está tem massa" (Hegel, 1970, V, p. 394).

Ao passo que a matemática da forma é a geometria, a matemática da natureza é a ciência da massa (física), razão pela qual Newton intitulou sua obra geral sobre a mecânica celeste como *Princípios matemáticos da filosofia natural* (Hegel, 1970, V, p. 405). É também de suma importância, continua Hegel na mesma toada, que os grandes cientistas, como Galileu, Kepler e Newton, tenham descrito a realidade segundo princípios gerais e fórmulas que resumem e determinam o comportamento de todo ente em geral.

Após as determinações fundamentais, estamos em condições de apreciar a doutrina da essência, que tenta falar da verdade do ser (Hegel, 1970, VI, p. 12).

A verdadeira essência das coisas resume o que elas são em si e para si mesmas, ou em-e-para-si, mas ainda não na forma da existência efetiva, e sim de uma potência pronta para a existência, determinação total de um ser disponível (Hegel, 1970, VI, p. 14). O que existe, existe como realização da essência, mas essência e existência são etapas distintas (Henrich, 2016). Isso ficará – como todo conceito hegeliano – bem mais claro ao final da exposição.

Antes de se realizar, o ser pode "aparecer" como inessencial e não verdadeiro, algo que não corresponde à sua essência (Hegel, 1970, VI, p. 18-19).

Tal é a *aparição* pré-conceitual da coisa, que consiste em noções vagas e preconceitos. O perigo que reside nas aparências é o seu potencial ilusório de passarem pelo ser essencial, razão pela qual os céticos teriam concluído ser a realidade enganosa, e o próprio Kant reconheceu que o fenômeno não condiz com a coisa mesma (Hegel, 1970, VI, p. 19).

Na maioria das filosofias, seja por excessivo didatismo seja porque os filósofos não sustentam complexidade e fluidez no próprio exercício filosófico, potência e ato, aparência e manifestação, figuração e verdade, são vistos como opostos estanques escolhidos como que pelo virar de uma chave. Um dos maiores méritos de Hegel foi ter inventado uma linguagem que efetivamente expressa a mutação orgânica entre esses estágios na temporalidade e/ou na processualidade da experiência; uma linguagem que impõe custos e penas para ser sustentada ao longo de todo o caminho explicativo[114].

O processo capaz de superar as aparências é a reflexão, através da qual se nega o dado e se busca recursiva e repetidamente desvendar a verdadeira essência do que aparece. Isso é possível, porque, na determinação reflexiva, será progressivamente evidenciada a relação entre identidade e diferença (Hegel, 1970, VI, p. 35-37).

O papel da reflexão, então, é realizar na existência o *fundamento* da coisa. Assim, "o fundamento é uma das determinações reflexivas da essência, mas a última de todas, aquela determinação que foi suspensa" (Hegel, 1970, VI, p. 79). Por isso, os filósofos identificaram no *princípio fundamental* das coisas o estágio final e mais profundo de justificação de sua essência, e se engana quem suponha que a reflexão é um ato externo ao ser próprio da coisa, um ato mental "a respeito" de relações entre objetos. Essa visão subjetivista já deveria estar superada desde os últimos avanços do Idealismo, propiciados por Schelling e, principalmente, pelo próprio Hegel. Agora, Hegel apresenta uma noção de reflexão subjetivo-objetiva, que consiste no processo de acom-

---

114. "Muitos filósofos falam da onipresença da mudança e do fluxo no mundo, mas poucos promulgam esse processo nos próprios textos. O traço distintivo do pensamento hegeliano é que ele não apenas descreve, mas realmente articula diante dos nossos olhos o processo através do qual os conceitos mudam uns nos outros. Na minha visão, a não ser que se esteja preparado para mover *com* essa mudança e para permitir o que o entendimento seja constantemente desafiado e revisado por esses mesmos conceitos, jamais se apreciará plenamente o que Hegel revelou sobre o pensamento" (Houlgate, 2006, p. 46).

panhar conscientemente a evolução da relação interna entre a essência e o conceito da coisa (Jaeschke, 2016, p. 220).

Assim, a essência das coisas não reside nelas de pronto, esperando ser descoberta, mas se realiza reflexivamente no nosso entendimento aprofundado sobre a coisa, e na medida em que a coisa realiza e manifesta o que ela *deve ser*. Em outras palavras, a essência é alcançada através de trabalho – trabalho consciente do observador e evolução imanente da própria coisa – nunca dada na aparência ou na impressão imediata, não trabalhada (Carlson, 2007, p. 251).

Ao ser, contudo, não basta gozar de determinidade e fundamento; o ser precisa se manifestar. Contrária à aparência, a manifestação fenomenal é a imposição da verdadeira essência da coisa em contínua validação. Mas como? Isso ocorre porque a reflexão é a negação do ser da coisa. É um aceno da natureza, da realidade, que diz "você errou, ou não viu tudo." Esse aceno nega, para a nossa consciência, o que primeiramente julgamos ser o ser da coisa, e que, agora, se nos revela a si próprio como outro e diferente, negando a aparência. Assim, é com a realidade que o idealista aprende. Embora esse aprendizado seja eminentemente processo mental, não se trata nunca de um processo puramente mental, ou mental em um sentido alienado, desvinculado do mundo e da realidade, e sim de um processo mental imanente ao processo do próprio real, do qual os sujeitos são parte (Koch; Schick; Vieweg; Wirsing, 2014; Cirne-Lima, 1993; Henrich, 2016; Carlson, 2007; McTaggart, 1910).

Por isso é que as ciências naturais, diante de uma observação suspeita, insistem em retornar às evidências, ao fenômeno enquanto tal, para que a aparência dê lugar ao modo exato e verídico de manifestação da coisa (Hegel, 1970, VI, p. 123).

Por fim, a lógica objetiva desemboca na *realidade* das coisas, a "unidade entre a essência e a existência" (Hegel, 1970, VI, p. 185). A realização plena da verdade do ser é o absoluto, que encerra todos os processos anteriores sem se especificar nas determinações particulares, ao contrário, englobando-as todas. Como observara Espinosa, falar da verdade dos entes, dos fenômenos e dos processos é falar também, ainda que implicitamente, da verdade de um todo universal e natural, conjunto no qual todo e cada ser individual é validado, efetivo e verdadeiro. Se os seres pudessem ser concebidos isoladamente, a lógica objetiva do cosmo seria impossível, e, igualmente, faria pouco sentido em conceber isoladamente, pois não se teria qualquer referência acerca do que é dito.

b) Lógica subjetiva

A lógica subjetiva consiste na doutrina do conceito e suas etapas, nas quais será preciso perfazer todas as possibilidades de todas as ciências discretas. Tarefa nada modesta.

À ciência da lógica cabe estipular os lugares, as condições e as origens conceituais de todos os tipos de pensamento, particularmente os científicos. Será, portanto, necessária uma lógica da subjetividade ou regra do pensamento, uma lógica da objetividade ou regra da natureza, e uma lógica da ideia ou do espírito.

Muitos filósofos, e uma proporção muito maior de cientistas e técnicos, consideraram o conceito o ponto de partida, assumindo-o como pressuposto e sobre ele construindo modelos. O conceito, no entanto, é contraditório com a abstração das primeiras impressões e precisa ser pacientemente construído (Hegel, 1970, VI, p. 244-246). Na verdade, o conceito é o estágio mais maduro de nosso pensamento acerca de algo, a transição da aparência à delineação exata e consciente (Hegel, 1970, VI, p. 268), e quem assume conceitos como se esses não resultassem de longo e custoso esforço não está à altura dos conceitos que usa.

Há pessoas, intelectuais até, que manipulam os conceitos como se fossem pedras, coisas que por aí estão, sem consciência de sua história e da agência por trás deles. Vivos, os conceitos crescem e amadurecem no tempo da cultura e trazem sempre as assinaturas espirituais dos que os cunharam e modificaram. O saber máximo sobre o conceito inclui saber que o conceito é meu, que é minha visão, intersubjetiva e culturalmente mediada, da essência da coisa. Assim, o conceito sai da pobreza ingênua de sua fixidez suposta para acompanhar a fluidez da própria autoconsciência.

Na parte mais propriamente subjetiva da lógica subjetiva, portanto, são tratados os conceitos básicos para uso cotidiano, os juízos e os argumentos. Os juízos, por exemplo, operam cópulas entre sujeitos e predicados das seguintes maneiras: juízos sobre o ser presente em suas determinações; juízos reflexivos, ou seja, relacionais e contextuais; juízos de necessidade, que dizem respeito à substancialidade e objetividade da coisa; e juízos de conceitos ou modalidade. Na introdução dos juízos de conceitos, Hegel escreve:

> Saber fazer *juízo do existente*, do tipo "a rosa é vermelha", "a neve é branca" etc., dificilmente demonstra grande poder de julgamento. Os *juízos de reflexão* são mais proposições; nos juízos de necessidade, o

objeto é apresentado em sua universalidade objetiva, mas apenas nos conceitos que analisaremos agora esses objetos serão apresentados em *sua relação com o conceito*. Fundamental, por estar em relação com o objeto, esse juízo se expressa como dever, ao qual a realidade pode ou não se acomodar. Esses juízos contêm, assim, o verdadeiro ajuizamento; os predicados como bom, mau, verdadeiro, belo, correto, e assim por diante, expressam que a coisa, em seu conceito geral, é medida como um simplesmente pressuposto dever, ao qual está ou não em concordância (Hegel, 1970, VI, p. 343).

Quanto à objetividade, os conceitos elevam os entes à certeza do saber, razão pela qual a objetividade conceitual, pertencente à lógica subjetiva, é superior à objetividade perceptual e do juízo, pertencente à lógica objetiva. Essa inversão tipicamente hegeliana vem lembrar que a objetividade do empirista é ingênua e que o verdadeiro Realismo é o Realismo suprassumido no Idealismo; isto é, ciência do lugar daquele ente no universo, e ciência de que encontrar o lugar de algo na ordem natural exige também autoconsciência do agente que operou a conceituação.

Corporificação ou manifestação concreta de Deus, o mundo é a efetivação, mas uma efetivação quantizável e submetida a leis (Hegel, 1970, VI, p. 401-406).

As primeiras leis relacionais entre os objetos enquanto independentes constituem a mecânica. Em sua própria determinação, os entes possuem forma e materialidade, que lhes permitem interação passiva com outros entes. O livro pormenoriza a composição, as propriedades físicas e os processos mecânicos à luz desse princípio.

Na química, já se vislumbra melhor a relação dialética entre os elementos, uma vez que esses existem enquanto semelhança e dessemelhança, uns para com os outros.

Dinâmica, a química é "a primeira negação da objetividade *indiferente* e da *exterioridade* da determinação" (Hegel, 1970, VI, p. 433), o que significa que ela expressa a força ativa da interioridade e da efetividade.

A teleologia, por fim, subsome em si todos os processos finalísticos, representando a forma máxima do devir no reino da natureza. Oposta ao mecanismo, é o princípio ativo da "autorrealização", ao passo que o mundo mecânico é o da obediência e do determinismo às determinações exteriores dadas (Hegel, 1970, VI, p. 435).

Se as ciências naturais operam com esses conceitos relacionais e substanciais, o plano das ideias paira sobre elas como reino da verdade, no qual se encontram "os *conceitos adequados*, a *verdade* objetiva, ou *verdade enquanto tal*" (Hegel, 1970, VI, p. 461). Contrariando o senso comum, no entanto, é absolutamente essencial que se "repudie a noção popular de algo irreal", ao qual se pode dispensar com expressões frívolas como "são apenas ideias" (Hegel, 1970, VI, p. 462). A esta altura, porém, já deve estar devidamente afastado esse pensamento, pois todo o trabalho dos últimos trinta anos evidenciara que, em primeiro lugar, das questões mais relevantes, capitais, só temos ideias, não experiências, e, em segundo lugar, que ideias que regulam realidades e efetividades são hiper-reais, e não sub-reais.

A primeira e mais imediata ideia que temos é a ideia da vida. Não se trata de uma propriedade externa, e sim de uma propriedade eminentemente interna que ilumina a razão de ser e o dever-ser da coisa (Hegel, 1970, VI, p. 469-470); *não de algumas coisas, as animadas, e sim de todas as coisas*. Premente, é uma ideia que sintetiza, de forma crua, o espiritual e o material; o real dinâmico e o determinado dado. Em um organismo ou sistema, a vida corresponde à unidade, e o que chamamos de corpo corresponde à soma das partes.

Consciente de suas próprias representações, uma vida concebe a ideia do entendimento, da inteligência, da alma do ser pensante. Essa inteligência julga o mundo segundo verdades, no conhecimento, ou segundo o bem, na ética (Hegel, 1970, VI, p. 487; 498; 541), mas esse tanto já é bem sabido.

Foi ultrapassado o limite crítico, de cariz epistemológico? Certamente que sim, mas apenas porque Hegel entende, na trilha já franca e assumida do Idealismo objetivo, a necessidade de rejeitar o drama imposto pelo Ceticismo e se voltar preferencialmente ao fundamento do processo que pensa a realidade[115].

---

115. "O que é a *Crítica da Razão Pura* senão a tentativa de responder à dúvida cética mediante a oferta de uma estrutura apriorística capaz de validar de modo absoluto certa forma de saber e, portanto, calar o cético? O que pretende a argumentação kantiana senão validar o conhecimento imanente à experiência e referido aos fenômenos, ao mesmo tempo que lança aos chacais a metafísica clássica com seu apelo à transcendência? Colocado contra a parede pela questão "o que podemos de fato conhecer", Kant responde com a oferta de toda a arquitetura transcendental como o fundamen-

7.2 A Enciclopédia das ciências filosóficas

Provando que o momento de atividade obsessiva iniciado por volta de 1801 não havia dado sinais de desgaste, Hegel produz mais alguns milhares de dificílimas páginas durante seus dois anos em Heidelberg. Entre esses escritos estão as aulas sobre uma enciclopédia geral de todo o saber filosófico, que ele publica ainda na forma de manual de aulas, em 1817.

À época, a importante universidade de Heidelberg era associada à filosofia de Jakob Fries, que tinha posições filosóficas bem distintas de Hegel; mais kantianas e de ares mais positivistas.

Hegel, no entanto, já atraia muitos alunos, que, inclusive, se deslocavam de outras universidades e estados para acompanhar suas aulas. Embora difíceis de digerir, a *Fenomenologia* e a *Lógica* não deixavam dúvidas sobre o protagonismo do autor no cenário do pensamento em geral. Como seus antecessores, ele já não era lido apenas por filósofos, começando a influenciar outras áreas e levando muitos a pensar que o correto entendimento de seu sistema era fundamental para as mais diversas disciplinas.

O texto foi extensamente revisado e muito ampliado nas duas edições seguintes, mas, entendendo que essas mudanças apenas aprofundam e clarificam o projeto, sem distorções sérias das posições iniciais, de 1817, faremos referência à terceira edição. São também muito mais esclarecedores que o primeiro, o segundo e o terceiro prefácios.

Por fim, como a *Enciclopédia* reúne esforços anteriores, ainda que os modificando sensivelmente, com vistas à sua acomodação em um plano geral, nos ateremos mais às novidades do que a temas bem explorados na *Lógica* e na *Fenomenologia*.

Sem ser ou englobar uma história da filosofia, a *Enciclopédia* tem uma visão, no mínimo, de seu próprio lugar nessa história, como revela o prefácio

---

to adequado não apenas para legitimar a nova filosofia (transcendental), mas como o mecanismo capaz de enquadrar a dúvida cética dentro de limites estreitos, contê-la dentro de um quadro de referência determinado e, por assim dizer, domesticar o Ceticismo.
Hegel duvida dessa estratégia, faz a epistemologia voltar-se sobre si mesma, perguntar por sua origem e pela razão de seu fracasso: por que todos os fundamentos oferecidos como resposta ao Ceticismo podem sempre de novo ser superados por uma dúvida cética mais radical; por que toda nova filosofia parece poder ser superada por uma nova abordagem a partir de outros fundamentos que não os seus..." (Luft; Cirne-Lima, 2012, p. 141).

da segunda edição (1827): "a história da filosofia é a história da descoberta dos pensamentos sobre o absoluto, que é seu objeto. Assim, Sócrates, por exemplo, descobriu a determinação do *propósito*, a qual Platão e, mais especificamente Aristóteles, formularam e conheceram mais precisamente" (Hegel, 1970, VIII, p. 21).

A religião também pensou ou, no mínimo, tratou do absoluto, ainda que muitas vezes de forma sentimental e intuitiva. Alguns poucos, mas significativos pensadores religiosos – Hegel cita Jakob Böhme como exemplo (Hegel, 1970, VIII, p. 27) – tiveram a lucidez de integrar religião e ciência, permitindo à filosofia vislumbrar um caminho integrativo e abrangente para a exposição do absoluto.

Considerando-se que "a filosofia é uma observação meditativa sobre os objetos" (Hegel, 1970, VIII, p. 40), o conjunto das ciências filosóficas é o de todos os objetos passíveis de serem pensados quanto à sua natureza íntima e significação. As possibilidades de se pensar os objetos dependem, evidentemente, da natureza do objeto. Essa natureza, como tudo no estilo neoplatônico derradeiramente assumido por Hegel, é triádica[116]. Assim, a lógica será "ciência da ideia em e para si", a filosofia da natureza a "ciência da ideia em sua alteridade", e a filosofia do espírito será a "ideia que retorna de sua alteridade para si" (Hegel, 1970, VIII, p. 62).

a) Ciências do pensamento e ciências da natureza

A lógica trata do pensamento enquanto tal, do processo e da forma da atividade pensante, mas de uma forma pura; isto é, não engajada na realidade (Hegel, 1970, VIII, p. 66-81). Isso não significa que a lógica não inclua ou não fale sobre a realidade, mas que o faz em um sentido ainda relativamente pouco engajado, enquanto meditação sobre.

O pensamento é a faculdade que permite a vida espiritual; isto é, a vida na qual a relação com o mundo é pautada pela *verdade*, a relação com o outro

---

116. Refletindo, principalmente, a decisiva recepção de Jâmblico e Proclo, a qual foi intensamente explorada por Jens Halfwassen (Halfwassen, 2005, 71-82). Vale acompanhar também a história do desenvolvimento do conceito de trindade a partir da relação entre trinitarismo neoplatônico e cristão (Halfwassen, 2015), bem como a recepção geral das fontes neoplatônicas e neopitagóricas (Beierwaltes, 2000). Adicionalmente, é interessante notar o considerável destaque que Hegel lhe dá a Plotino e Proclo nas *Lições sobre história da filosofia*.

pautada pelo *bem*, e a relação com a cultura pautada pelo *belo*. Renunciar ao mundo espiritual é dar ensejo ao equívoco, à maldade e à falta de propósito e adequação. "Na medida em que é espírito, o homem não é um ser natural", mas, "na medida em que se comporta assim, em que obedece aos propósitos de seus desejos, *quer* ser apenas isso" (Hegel, 1970, VIII, p. 89).

Se pensar, contudo, o homem encontra rapidamente – o que Hegel deixará evidente através de seus estudos sobre a história e as diferentes culturas – algumas condições gerais do ser, tradicionalmente, reconhecidas como metafísicas. Acolhendo a crítica de Kant, Hegel reconhece que as grandes ideias metafísicas, Deus, alma e mundo, se cristalizaram sob a forma dogmática (Hegel, 1970, VIII, p. 96-97). Quatro disciplinas surgiram para tratar desses objetos. A ontologia tratava da essência geral e mais abstrata; a psicologia da alma; a cosmologia do mundo e a teologia de Deus. Embora a crítica de Kant tenha posto em evidência um vício, não conseguimos superar a clareza e simplicidade dessa divisão fundamental sobre as noções principiológicas. O que se deve fazer, portanto, é não as considerar como um fim acabado da ciência, e sim como suas primeiras descobertas, o que condiz com a ordem cronológica de seu surgimento na evolução histórica do pensamento.

Na sequência – tanto lógica quanto histórica – surgiram empirismo, criticismo e imediatismo como respostas aos problemas da metafísica. O primeiro, concebendo o conteúdo como a verdade objetiva; o segundo, concebendo a subjetividade como condicionante da verdade; o terceiro, fortemente associado a Jacobi, concebendo uma autorrevelação da verdade como preferencial aos pálidos esforços humanos. Tanto quanto a metafísica, Hegel propõe que essas formas não sejam desprezadas, mas superadas. Para a superação, por sua vez, são necessários novos métodos de abordagem.

O entendimento foi o modo mais comum, porque mais simples e fácil, de abordagem. Ele continua tremendamente popular em abordagens analíticas, esquemáticas e analógicas, e corresponde ao que a neurociência associa ao modo processual do hemisfério esquerdo do cérebro. O pensamento contextual e conjuntural que rege o pensamento instrumental-analítico é metodologicamente identificado com a dialética.

Em uma definição por demais esclarecedora, Hegel define o momento dialético do pensamento como uma "autossuspensão daquelas determinações finitas e sua transição para suas oposições" (Hegel, 1970, VIII, p. 171). Não é correto dizer que o entendimento alcança a verdade. Ele apenas compara, identifica e relaciona. Quem alcança a verdade é o processo dialético, o processo autoconsciente que conjuga a dúvida de si (Ceticismo) com uma noção proposicional, ao mesmo tempo circunstanciada e global de sua própria tarefa.

Como na *Ciência da lógica*, a lógica enciclopédica termina na ideia absoluta, que é a unidade perfeita entre o subjetivo e o objetivo, mas no pensamento. Agora, é preciso alcançar essa mesma unidade na prática.

No universo da ciência, a natureza é aquilo que guarda, por excelência, a característica da diferença e do estranhamento. Nela vemos, ainda, a ordem e a verdade, mas já não como ordem e verdade interna, do pensamento, e sim como externas, das coisas (Hegel, 1970, IX, p. 11-23).

Sistema de degraus, a natureza comporta camadas e estágios evolutivos (Hegel, 1970, IX, p. 30-31). Os três grandes reinos da natureza são a mecânica, a física e a física orgânica (biologia). A estrutura, a exposição, e algumas escolhas terminológicas (como "física orgânica") nos remetem a Aristóteles. A primeira dimensão da naturalidade trata da pura forma geral (de certo modo, alienada). A segunda (física) trata da relação entre a forma e a intimidade individual, principalmente expressa pela gravidade. A física trata, portanto, da matéria enquanto tal. A física orgânica trata da matéria enquanto capaz de assumir uma ipseidade ou subjetividade.

Todo o volume sobre a natureza comprova a invulgar erudição científica de Hegel, e que ele não pode ser acusado de não estar a par dos últimos avanços das ciências – praticamente todas elas. Contudo, a dimensão do que a ciência ainda ignorava e a falta de frieza de uma geração que ainda não havia desenvolvido o tecnicismo científico moderno entraram em uma relação estranha com os interesses do projeto sistemático hegeliano.

Se as observações de Hegel sobre sociedade, cultura e política não poderiam ser mais atuais, valendo quase todas, para os dias de hoje, apesar das aparentemente intensas mudanças sociais, as ciências naturais, apesar dos méritos do autor, estavam consideravelmente desatualizadas trinta ou quarenta anos após a redação do livro. Isso diz muito mais sobre a natureza das transformações científicas, e sobre o quão intensas foram as transformações tanto nos métodos quanto no próprio conhecimento sobre a natureza, do que sobre a competência de Hegel. Quanto ao que era possível saber na época, ele não deixou a desejar, e sintetizou todo esse saber em um plano coeso, ainda que muito desse mérito fosse devido à filosofia da natureza de Schelling, essa sim a primeira filosofia da natureza, praticamente criada do nada.

Hegel apresenta a mecânica como uma ciência pura da natureza; isto é, sob o aspecto altamente matemático do movimento. Sem se resumir à geometria, e comportando a importante dimensão do tempo, a mecânica se resume a uma abordagem abstrata das relações entre os objetos, onde não interessa muito quais são os objetos, pois essas relações são fundamentalmente extrínsecas à sua intimidade enquanto "seres da natureza." A mecânica mede a relação entre A e B, sem se importar muito se A é uma pedra ou um macaco, se B é um barranco ou uma árvore. Interessa a relação espaço-temporal dos objetos enquanto abstraídos de seu ser aí, de suas qualidades íntimas. Exatamente por isso, as lições de mecânica preferem falar de um corpo A que ultrapassa um corpo B em velocidade constante. É possível inferir que o corpo A ultrapassa o corpo B por estar mais rápido, ou acelerando. É possível medir com exatidão as relações entre objetos discretos no espaço-tempo, e essas relações valerão para corpos quaisquer, seja qual for sua composição, propriedades químicas, condutibilidade elétrica, e assim por diante.

Com a física, ocorre uma transformação. As leis gerais da mecânica encontram as propriedades íntimas, individuais de corpos realmente dados (Hegel, 1970, IX, p. 108). Interessa à física, portanto, relacionar as forças com suas respectivas *causas materiais*, não apenas com causas formais. Em outras palavras, a física tira conclusões acerca das propriedades íntimas da matéria para suas relações intrínsecas com outros corpos, cujas propriedades também precisam ser consideradas individualmente. Saber se um composto A reage com um B só é possível se conhecermos exatamente o tipo químico do composto. Não é mais possível dizer "para todo A em uma relação x com B...", agora é preciso nomear os elementos e observar os detalhes de suas propriedades específicas. As relações cresceram em determinação e ganharam em profundidade, tornando-se relações intrínsecas.

Por isso, o fator determinante da física é a gravidade. A gravidade é o designador da existência material, e todos os seres se relacionam intrinsecamente a partir, no mínimo, dessa relação. Não interessa mais falar de A ou B, e sim da pedra com tal massa, que está em tal lugar no espaço-tempo, e em relação com outros objetos cujas propriedades específicas de dureza e massa também são conhecidas. Por isso, observará Hegel, essas ciências exigem de nós um olhar *individualizante* sobre os objetos. Temos de saber *com o que* estamos lidando.

A matéria começa pela luz, expressão simples e íntegra da substancialidade. Sutil, a luz parece interagir fracamente com os outros corpos, mas ocupa o espaço, existe no tempo e afeta os corpos. Expressão cristalina da identidade consigo, o ser da luz deixa patente a sua distinção em relação a seu outro, a escuridão (Hegel, 1970, IX, p. 120). Assim, a luz ensina de modo profundo e didático o que é existir e se manifestar. A matéria densa acaba por se expressar como um contraposto da luz, e, como anunciado no Gênese, à luz pristina segue a terra. Entre a luz e a terra se forma um elemento diáfano intermediário: o ar. Esse elemento está, do ponto de vista das forças, a meio caminho da influência do calor e do movimento desimpedido da luz e da frieza, opacidade e paralisia da terra. Desse meio termo, surge a ciência da meteorologia, a meio passo entre o espaço sideral e a terra.

Da particularidade da matéria, em seu modo específico de ser e estar, e também derivando de suas propriedades íntimas, derivam as relações que se manifestam como coesão, som e calor. Essas relações derivam do ser íntimo da matéria, cuja composição lhes determina a forma.

Das qualidades mais específicas de sua particularidade deriva a tríade da individualidade da matéria, de sua substância: o magnetismo, a eletricidade e a química. Isso significa que essas características derivam das qualidades mais especiais da individualidade de uma substância, assim como as características elementares da coesão, do som e do calor derivam de qualidades mais gerais. Por exemplo, dois materiais com densidade muito semelhante podem produzir sons ou trocar calor de forma muito semelhante, mas a composição exata do objeto determinará também uma relação, talvez muito diferente, dos mesmos objetos com a eletricidade ou as interações químicas.

Os capítulos sobre eletricidade e química estão entre os mais ricos, com abundância de fontes da época e explicações precisas e instrutivas. Se a maioria desse conhecimento não correspondesse hoje ao conteúdo do primeiro ano do Ensino Médio, talvez valesse a pena apresentá-lo em detalhe.

Da individualidade da matéria brota – para o assombro do materialista, mas não do idealista – a idealidade no mundo natural, a vida, propriedade de um corpo de encetar autorrelações, revelando uma ipseidade.

Na geologia, observa-se o prenúncio da idealidade em elementos que crescem e mudam a partir de suas propriedades íntimas, como em uma espécie de conservação da individualidade. Há, portanto, organicidade sem idealidade, sem subjetividade (Hegel, 1970, IX, p. 341; 370). Na botânica, já é possível observar o governo da idealidade sobre a forma. A planta se desenvolve de um modo impossível ao sistema mecânico e físico, porque a transformação é operada de dentro, como metamorfose que segue um plano (Hegel, 1970, IX, p. 372-373). Diferente do mineral, que apenas cresce, a planta cresce em busca de algo, em face de algo, no geotropismo ou no fototropismo (Hegel, 1970, IX, p. 373).

> A *Metamorfose das plantas*, de Goethe, deu início ao pensamento racional sobre a natureza das plantas, arrancando a representação de sua dedicação integral à mera particularidade em favor do reconhecimento da *unidade* da vida. A identidade dos órgãos domina a categoria da metamorfose; a diferença determinada e a função específica dos membros, por meio dos quais o processo vital é posto, é a outra faceta necessária daquela unidade substancial (Hegel, 1970, IX, p. 379).

Bem diferente é a idealidade explicitamente subjetiva dos animais, que os arranca do império da total necessidade. Se a planta é a idealidade da forma, o animal é a idealidade que se preserva de maneira autorreferencial. O animal sente o mundo ao seu modo, para si, deseja; isto é, mede e valora o mundo pelo seu próprio querer; vê e atenta ao que deseja, desprezando seres igualmente relevantes do ponto de vista físico, mas, para ele, subjetivamente indiferentes. Por fim, move-se segundo esse querer. Esse grau de subjetividade já seria inimaginável se a natureza não comportasse a idealidade, prenunciando o espírito.

A própria forma do animal responderá às suas autorrelações (Hegel, 1970, IX, p. 435-436). A planta é o que tem de ser, mas já não obedece à necessidade física, e sim a uma necessidade interna e própria de seu ser. O animal, mais que a planta, tem seus membros e órgãos adequados ao que tem de *fazer*. O meio em que se move, os mecanismos reprodutivos, o que come, o que tem de fazer para obter o que come, as armas de que precise para caçar ou se defender, tudo isso terá de ser compatibilizado pela forma e pela sensibilidade, de modo que o animal se adeque às suas múltiplas funções vitais (Hegel, 1970, IX, p. 499-501).

Fenômeno dos mais peculiares à vida é a morte. Por ela, o ideal não é suprimido, mas se afirma ainda com mais força através de um reconhecimento da oposição com a determinidade natural. O abandono da idealidade, da vida, ou da alma, torna um ser vivo um corpo morto, mais um no universo dos corpos físicos. Nesse processo, a singularidade encontra a objetividade, terminando o conflito que, na vida, dava origem a uma inadequação (Hegel, 1970, IX, p. 535-536).

b) Ciências da cultura

O reino do espírito se apoia na autoconsciência enquanto consciência que reconhece sua natureza em face de outras. Por isso, o mundo espiritual tem na sociedade a sua tessitura, e na cultura a sua objetividade. Não é difícil inferir disso que "a essência do espírito seja a liberdade" (Hegel, 1970, X, p. 24).

Liberdade é a substância que permite e, ao mesmo tempo, o que é efetivamente realizado pela cultura.

A última grande tríade do sistema hegeliano é a das formas do espírito. Em relação consigo mesmo, o espírito é subjetivo; na forma da realidade, enquanto aparece efetivamente, o espírito é objetivo; na perfeita "unidade da objetividade e da idealidade", enquanto algo "existindo em si e para si", o espírito é absoluto (Hegel, 1970, X, p. 31).

O espírito subjetivo se divide em essencial (antropologia) e ativo (psicologia). Em ambos os assuntos, Hegel mostra estar tão atualizado quanto em relação às ciências naturais. A antropologia enciclopédica cobre todo o saber antropológico da época, da relação parental ao mesmerismo, das especificidades étnicas ao talento natural, do hábito às diferentes disposições entre os sexos.

Para destacar apenas um exemplo significativo, os fenômenos do magnetismo animal, do mesmerismo e do sonambulismo são enfeixados de forma harmônica e explicados através de exaustivas referências, sugerindo demorada dedicação por parte do autor. O aspecto que mais interessava a Hegel no fenômeno – como aos demais idealistas e Schopenhauer – era a relação entre o sono magnético, posteriormente entendido como hipnose, e certos indícios de que uma "consciência passiva", posteriormente definida como o inconsciente ou mente subconsciente (Hegel, 1970, X, p. 150-158). É também relevante observar que, contrariando alguns especialistas no assunto, Hegel retira o fenômeno do campo biológico e o radica no campo antropológico.

Pertencem ainda à antropologia os instintos, as disposições de ânimo e a autopercepção. À psicologia caberão tão somente as funções mais elevadas da mente, próprias da personalidade.

Entre a antropologia e a psicologia está a fenomenologia do espírito, disciplina extraída e editada da primeira grande obra de Hegel. Mantendo a percepção de 1807, a nova fenomenologia é uma ciência da constituição básica da mente consciente. A antropologia tratou da autopercepção, a fenomenologia trata da autoconsciência, um efetivo saber de si. Esse saber só é realmente efetivo mediado pelo reconhecimento mútuo, que, por sua vez, estrutura a autoconsciência como elemento de uma teia universal: a razão.

A psicologia, então, tratará da consciência individual, enfeixando um conjunto de fenômenos que se apoia na fenomenologia geral do espírito, mas executa funções mais autorreferenciais, dando azo à inteligência pessoal, à memória, ao arbítrio e à vontade individual. Embora bem estruturado, esse capítulo não transmite a mesma impressão positiva de um estudo exaustivo, com base em textos científicos, mas o lugar da psicologia no quadro maior das ciências não deixa de ser adequado e esclarecedor.

Tratado o espírito subjetivo, é preciso tratar do espírito objetivo, que tem sua existência no direito (Hegel, 1970, X, p. 303), o reconhecimento objetivo, público, da compatibilidade entre a liberdade individual e a vontade geral. Esse reconhecimento da mediação das vontades aparece, em um primeiro momento, como conciliação (direito), reflete-se, em um segundo momento, sobre o indivíduo como dever (moral) e retorna, em um terceiro momento, para a coletividade como costumes e normas (ética).

No direito, boa parte da formulação fichteana é repetida. Sua base material é a propriedade, intimamente ligada à individualidade da consciência e, da mediação acerca das propriedades, surgem contratos e acordos. Na moral, o sujeito autoconsciente considera como deveria agir em um mundo onde é necessário reconhecer os outros e estabelecer com eles acordos. Essa autor-reflexão ocasiona uma inteligência social ou consciência do que é pessoal e socialmente adequado, do que se *deve* fazer. Essa consciência se instrumentaliza segundo noções de bem e mal: o que é racional e o que é irracional fazer à luz da relação entre a minha subjetividade e a coletividade.

A ética, etapa realizada do espírito objetivo, é bem mais complexa. Ela exprime o conjunto de comportamentos e de estruturas práticas (instituições, costumes estabelecidos) que realizam socialmente o dever moral, estruturando, ao mesmo tempo, toda a dinâmica social à luz da consciência social/moral. Assim praticadas, não apenas pelo indivíduo, mas de modo geral, a moralidade se efetiva como *virtude* (Hegel, 1970, X, p. 318), bem palpável e intersubjetivamente evidente.

A tríade do espírito objetivo começa pela família, passa para a sociedade civil, e termina no Estado. A família é a célula social, unida pela naturalidade do amor. Nela, dois viram um, que produzem terceiros, e todos agem jurídica e socialmente como unidade, embora suas individualidades sejam mantidas. É isso o que interessa acontecer com a sociedade em suas macrorrelações, mas a sociedade civil e o Estado não podem contar com o impulso do amor, precisando de outros mecanismos de união e universalização das individualidades.

A sociedade civil haure força dos interesses e necessidades, que a razoabilidade social administra de forma quase automática através das primeiras trocas regradas, associações e corporações. Assim, a economia é parte importante do esqueleto social. Quem produz papéis precisa conseguir o pão de alguém que se especializou nisso, e que, por sua vez, não constrói casas. Precisamos e queremos confiar nas relações que garantem de forma fluida e apreciável as trocas de serviços, competências e recursos, e que essa regulação seja reforçada e garantida por alguma força legitimada pela coletividade (a polícia) (Hegel, 1970, X, p. 328).

O Estado, finalmente, é "a substância ética autoconsciente (Hegel, 1970, X, 329)" Esse tipo de expressão é perturbador para as mentes mais imaginativas e literalistas, que veem no Estado um tipo de agente ou indivíduo, mas o que Hegel realmente quer dizer é que o Estado é formado pela perfeita consciência de que sua força emana do povo e tem seu propósito em existir para o povo. Expressão da vontade coletiva, ele realiza a racionalidade coletiva, regrando o ambiente humano para proporcionar o bem-estar social. As principais formas dessa racionalização geral são a constituição e o governo e o resultado da objetivação do espírito no Estado é a *história*.

O espírito, subjetivo em mim e objetivo na sociedade, só é plenamente espírito na cultura. Na cultura humana, seja qual for a sociedade, existe um ponto máximo do saber, no qual a pura ideia do espírito é celebrada em si mesma, já não em seus recursos, ferramentas ou efeitos práticos. Por isso, na cultura o espírito é integralmente reconhecido como Espírito Absoluto, base e tema central da religião, da arte e da filosofia.

Na arte, o Espírito absoluto aparece como beleza, a perfeição e idealidade da forma, que já não é forma funcional, para sobrevivência ou casual, e sim forma intencional, consciente e comunicativa. A obra de arte é feita para a fruição, para o gozo dos espíritos, e é, por isso, produto eminentemente espiritual, cujo propósito é a beleza, não a utilidade. Na utilidade, as coisas possuem um valor que não lhes é próprio, mas que fala da desintegração entre o sujeito e o objeto do querer. Na beleza, ao contrário, o sujeito e o objeto estão perfeitamente integrados, pois o que o sujeito quer da arte é amar o objeto, não o utilizar e consumir. O objeto, por sua vez, é perfeitamente compatível, pois não se trata de um ser aí, disposto casualmente, e sim de um ser disposto pelo e para o espírito.

Na religião revelada, por sua vez, o fundamento espiritual do mundo fala e se mostra à sociedade – ou a um indivíduo, mas para que este O revele para a sociedade. Contudo, essa forma de apresentação não é, ainda, a mais perfeita, pois essa revelação passa por uma difração em símbolos, que exigem crenças. É do Espírito absoluto que se fala, mas se fala sob um véu de mistério, exigindo uma crença.

A filosofia, por fim, sintetiza os esforços da arte e da religião, apresentando o Absoluto cientificamente (Hegel, 1970, X, p. 377), e, portanto, de forma inteiramente transparente e autoconsciente. Aqueles que acusam a filosofia de ateísmo não compreendem que ela não pode mais falar por metáforas, parábolas e símbolos, através dos quais a verdade é propositalmente velada, para não ofuscar e confundir (Hegel, 1970, X, p. 379-380). Isso não quer dizer nem que o filósofo idealista seja realmente ateu nem que ele possa falar como o religioso fala. Falar como o religioso – ainda que isso não seja um erro e, de fato, compatível com o estágio final da cultura – seria privar os sábios da visão científica da totalidade. Seria parar às portas metafóricas do céu, e não dar o passo adiante que nos permite *saber*.

O que foi crido, precisa ser conhecido como conceito. O conceito da filosofia, portanto, é o da ideia que se pensa a si mesma (Hegel, 1970, X, p. 392). O pensamento que se pensa a si mesmo, de Aristóteles; o Bem que é fonte de tudo, de Platão; a substância que é Deus e Natureza, de Espinosa; o Deus da maioria dos demais filósofos é a verdade do pensamento que não encontra limite, e que é, não obstante, objetivo em infinitas determinações.

A verdade está aqui, em tudo e no todo. A verdade é, mas não segundo abstrações estéticas dos lógicos, nem negada como inatingível pelos céticos, nem apresentada segundo mil propostas que recortam um dos elementos da realidade e dizem "eis aqui o fundamento." A verdade é tudo o que existe, com mais força do que aquilo que pode, mas não existe. O que existe, por sua vez, é dinâmico. As formas morrem e dão lugar umas às outras, e o que permanece e regula tudo é um conceito que, ao invés de estático, é o objetivo e a síntese do dinamismo da realidade.

"Conhecereis a verdade, e a verdade vos libertará." Essas palavras do sábio judeu resumem a essência do pensamento ocidental. A verdade que ele intuiu, contudo, só transmitiu por meio de símbolos, alguns deles muito materiais, até quando faziam referência a realidades espirituais, a ideias, ações e movimentos íntimos da consciência. Por isso, para que sua promessa se cumprisse, para que a ciência do absoluto efetivasse a perfeita liberdade, foi necessário um longo acúmulo de esforços através dos tempos. Tanto melhor, pois se é mais livre ao obrar do que ao receber, e mais sábio da ciência que se edifica do que de um anúncio que se ouve.

Apenas com Kant e Fichte ficou claro que a verdade é a própria liberdade; que o verdadeiro é aquilo que o sujeito pensa, como e em relação com quem pensa, e para que pensa. Portanto, era urgente que a verdade fosse verdade da autoconsciência de que essa verdade é para mim. Schelling propôs que o mundo fosse lido como processo evolutivo que caminha para essa verdade da liberdade.

Embora muito próximos, e cheios de admiração mútua, Goethe marca, nesse tema, um importante contraponto dentro de uma perspectiva tão genericamente modernista e orgânica quanto a de Hegel. Como Hegel, o poeta enfatiza a necessidade de uma abordagem múltipla do espírito absoluto, que precisa agregar todas as possibilidades sentidas e pensadas. A revelação, por exemplo, expressa uma parte cognoscível de Deus, mas a própria tradição espiritual e religiosa insiste em uma dimensão suprarracional, povoada de elementos imperscrutáveis da vida, de Deus mesmo e das coisas. Em uma expressão tão iluminista quanto livre do pensamento de sistema, em conversação com Eckermann a 13 de outubro de 1825:

> Que sabemos nós, com todo o nosso espírito, do ponto a que chegamos até agora? O homem não nasceu para resolver o problema do mundo, mas para procurar se dar conta da extensão do problema e se manter, depois, no limite extremo do que pode conceber... Logo que concedemos ao homem a liberdade, acabamos com a onisciência de Deus; e se, por outro lado, Deus não ignora o que farei, não sou livre de fazer coisa diversa da que ele sabe. Cito este dilema apenas como um exemplo do pouco que sabemos, e para mostrar que não é bom tocar nos segredos divinos. Nestes termos, só devemos exprimir, entre as verdades mais elevadas, aquelas que podem servir ao bem do mundo (Eckermann, 2022).

Embora assistemático e pouco técnico, esse pensamento expressa bem tanto a insistência de Kant e Fichte em limitar a religião ao campo ético quanto as exigências dos böhmianos – Baader, Schelling e Schleiermacher – em preservar o que tradicionalmente a religião velou como mistério que nos ultrapassa. Hegel não é dessa índole e talvez considerasse fraqueza esse passo atrás diante da possibilidade de um saber absoluto.

Como o restante da obra de Hegel confirma – particularmente suas lições sobre filosofia da religião – ele se apropriou das palavras de Jesus, como das de todos a quem leu ou ouviu. Não é reprodutor de ideias alheias, moldando-as todas ao seu projeto. Isso é perfeitamente compatível com o projeto, de ser ator e construtor da própria consciência, de se apropriar do patrimônio do espírito *sendo espírito*; isto é, pensando sempre por si mesmo, vendo todas as ideias como "ideias que existem em mim e para mim", e vendo esse Eu como um nódulo de um tecido social que é realidade intersubjetiva, mundo do saber universalmente validado e praticado. À luz desse projeto é que Hegel reinterpretou – e, por que não dizer, elevou – as ideias totais de Deus, de mundo e de alma.

7.3 Schopenhauer e O mundo como vontade e representação

A inclusão do pensamento de Schopenhauer em um livro sobre Idealismo e Romantismo é decisão reconhecidamente problemática. Ninguém deixaria o autor fora de uma coletânea sobre Filosofia Clássica Alemã, mas ele não é exatamente um idealista ou um romântico, embora beba dessas fontes. O lugar de inspiradores, como Herder ou Maimon, adversários, como Schulze, ou colaboradores próximos, como Goethe, é mais fácil de designar e justificar, mas Schopenhauer é bem mais jovem que todos eles, mais representando um produto do que um participante de ambos os movimentos.

Com base nisso, a exclusão de Schopenhauer costuma ter por base dois motivos: a divergência de seu pensamento de alguns aspectos muito fundamentais das filosofias do período, ou o fato de que sua obra-prima acabou ignorada por muitos anos, só vindo a exercer forte influência sobre a geração seguinte, dos anos 1840 em diante. Esses dois fatores, efetivamente, tornam o pensamento de Schopenhauer muito difícil de enquadrar nos grupos aos quais poderia ser associado e, até mesmo, na época a qual pertencia.

Não se deve, ainda, questionar o lugar do pensamento schopenhaueriano em um livro que trata de duas escolas filosóficas justamente do ponto de vista da ciência e da liberdade. Irracionalista em certo aspecto, e francamente determinista, a filosofia de Schopenhauer figura quase como antípoda das noções de ciência e de liberdade, mas essa primeira impressão deixa passar a importância fundamental desse contraste para o desenvolvimento de ambos os conceitos. Afinal, o inconsciente, o instinto, o impulso, inexplicáveis e irracionais, não apenas foram reconhecidos como elementos empiricamente discerníveis da realidade, como teoricamente esclarecedores. Com o determinismo não é diferente, e, entre condicionamentos genéticos, sociais e psicológicos, há quem pense que, de fato, não sobrou lugar para a liberdade, ao menos não um lugar ontológico, à luz das ciências. Mesmo para os que pensem de outra maneira, a liberdade tem de ser conciliada com os evidentes condicionamentos que o conhecimento científico evidenciou, de modo que nenhum conceito responsável de liberdade pode deixar de levar em conta esses condicionamentos.

Arthur Schopenhauer nasceu em fevereiro de 1788, em Danzig. Aos cinco anos, a família de negociantes encontrou novos horizontes em Hamburgo. Essas duas grandes cidades portuárias do norte devem ter definido muito do ambiente familiar e social dos primeiros anos do filósofo. Na adolescência, viajou pela Europa para aprender idiomas e costumes, essenciais para sua preparação para uma vida de comerciante.

Em 1809, ingressa no curso de medicina da Universidade de Göttingen, mas logo a atração da filosofia se tornaria irresistível, desviando o percurso do introspectivo jovem. Do pouco que se sabe de seus estudos – além do evidenciado pelos escritos – os estudos científicos de Goethe e o pensamento indiano estavam entre seus principais interesses.

O mundo como vontade e representação, de 1819, é, portanto, uma obra ainda de juventude, e de um autor de bem modesta produção até então. O fato de levar seu autor à imortalidade, portanto, não deixa de chamar atenção para as obras gestas em silêncio e reclusão, e é daquelas que desfaz a ideia de que uma obra-prima se apoia sobre esforços prévios, como o resultado de uma evolução de um pensador.

Em 1820, durante sua curta experiência como professor da universidade de Berlin, sofreu o desgosto de ter classes vazias, pois ele mesmo tinha marcado o horário de suas aulas em simultâneo com as de Hegel. Essa experiência humilhante, compartilhada por muitos intelectuais de todas as épocas, gerou nele profundos e permanentes rancores com a filosofia acadêmica, da qual se tornou um mordaz crítico.

O mundo como vontade e representação, ao contrário da filosofia dialética de Hegel e Schelling, a qual ele se refere sarcasticamente como "paradoxal", é bastante claro e direto, enquanto profundo. Chega a ser irônico que o método quase impenetrável de Hegel objetive a transparência, enquanto o método simples e quase coloquial de Schopenhauer objetive a exposição da obscuridade. Desde o começo da teoria schopenhaueriana está claro que o mundo existe e é sentido essencialmente como vontade, querer, vida, mas é *visto* e entendido como representação. O intelecto, portanto, dá um rosto discernível, cognoscível ao que é obscuro e imediato, mas isso não consiste em uma ilusão ou afastamento da realidade, embora a *crença* na verdade dos sentidos e do entendimento seja uma fonte de ilusão, um véu de Maia. Para o sujeito comum, então, as representações têm o efeito de ilusões, que o distraem da realidade pulsante e quente abaixo da linha do raciocínio, mas, para o filósofo, a representação não é falsa, e ilustra ou reflete a essência verdadeira.

A primeira página do livro informa:

> "O mundo é minha representação": Essa é uma verdade que vale em relação a cada ser vivente e conhecedor; a qual somente o homem é capaz de trazer à consciência refletida abstrata. E ele o faz, pelo que se lhe principia a lucidez filosófica. Torna-se-lhe evidente e certo que ele não conhece sol algum, nem terra; apenas um olho, que vê um sol, e uma mão, que sente uma terra; e que o mundo que o circunda só está aí só está enquanto representação, adjunto a um conhecedor, que é ele mesmo (Schopenhauer, 1844, p. 3).

Fosse para evitar citar um dos idealistas alemães, fosse porque realmente admirasse o subjetivismo do pensador irlandês, Schopenhauer inova ao exaltar a contribuição de Berkeley a favor dessa constatação filosófica essencial. Nisso, Schopenhauer estava ao lado de todos os idealistas: ele considerava a perspectiva idealista como a propriamente filosófica.

Mais inovador, e também muito mais difícil, admite Schopenhauer, será provar que o mundo é, antes de mais nada, "minha vontade" (Schopenhauer, 1844, p. 4).

Representado, o mundo tem duas partes: sujeito e objeto; o que vê e o que é visto. Aquele que vê, como bem demostrou Kant, é o nexo de sentido do que é visto, que lhe é subordinado. É também o sujeito que integra, no entendimento, todo o mundo (Schopenhauer, 1844, p. 5). Essa integração é possível através do que Kant chamou de *a priori*; isto é, nossa capacidade de regrar o mundo e de dispor as coisas segundo certos princípios: o maior deles o princípio de razão suficiente, que explica o lugar de um objeto (as causas) no sistema total das relações entre todos os objetos (Schopenhauer, 1844, p. 6-8).

Exatamente como para Hegel, a objetividade essencial da matéria é definida por Schopenhauer como *efetividade* (Schopenhauer, 1844, p. 9). Essa efetividade, embora genericamente definida como causalidade, é também a responsável pela impressão que a matéria provoca nos sentidos. Ser, materialmente falando, é afetar. Contudo, dando um passo um pouco mais ousado que seus antecessores, Schopenhauer fala do entendimento e da matéria como aspectos da mesma realidade, sendo o entendimento o correlato subjetivo do que a matéria é objetivamente (Schopenhauer, 1844, p. 12-13). De uma forma nova, em relação aos idealistas, parece que Schopenhauer retorna à intuição fundamentalmente monista de Espinosa, na qual o corte ontológico é mais interpretativo que substantivo, embora a visão de Schopenhauer esteja, como as dos demais, totalmente reconfigurada pela revolução kantiana.

No desbravar de sua própria concepção metafísica, Schopenhauer comete algumas injustiças contra as concepções alheias, como, notadamente, a de Fichte. Percebendo, corretamente, que Fichte deriva o objeto do sujeito, deixa de observar, contudo, que esse é o resultado de uma ontologia genética e subjetiva (do saber, segundo o processo do pensar), acusando o pai do Idealismo, erroneamente, de imaginar uma produção substancialista do objeto pelo sujeito, segundo o princípio de razão (Schopenhauer, 1844, p. 15).

Por causa desse e de outros frequentes erros de interpretação, a filosofia de Fichte foi desprezada e descartada até seu resgate e correta apreciação por Dieter Henrich, na segunda metade do século XX. Não é nosso propósito destacar um ou outro erro interpretativo de Schopenhauer, nem o fato de que ele, criando precedente para Nietzsche, prefere adjetivar e debochar do que apontar com exatidão o erro de seus adversários, mas episódios assim evidenciam que ele, de fato, estava suficientemente afastado do Idealismo para o observar de uma perspectiva à parte.

Na linha das filosofias da natureza de Schelling e Hegel, o texto de Schopenhauer é muito cientificamente informado, revelando cuidado em não se falar de fenômeno algum sem prévio estudo do saber científico disponível à época.

Quando diz que o caráter da animalidade é se mover em função do conhecimento – querendo dizer que os animais se movem "tendo algo em vista", por intencionalidade em relação ao visado, mesmo argumento de Fichte (Schopenhauer, 1844, p. 23) – Schopenhauer expressa um híbrido do "ativismo" fichteano e do determinismo espinosano.

Às representações da intuição (percepção), somam-se as do espírito (conceitos), que, seguindo a definição kantiana, pertencem ao reino do pensamento, não da experiência (Schopenhauer, 1844, p. 44). "Conhecimento perfeitamente puro não existe, além do formado pelos quatro princípios aos quais atribuí", diz Schopenhauer, "verdade metalógica: identidade, diferença, terceiro excluído e razão suficiente" (Schopenhauer, 1844, p. 57).

Reconhecendo a polissemia do conceito de sentimento, e destacando que ele recebe tão variadas definições quanto há filosofias, Schopenhauer desenvolve a muito interessante definição de sentimento como uma espécie de anticonceito, um designador conceitual para tudo aquilo que não se adequa ao conceitual de apreensão (Schopenhauer, 1844, p. 58-60). Essa noção, certamente mais associada ao Romantismo que ao Idealismo, será de grande importância para estabelecer o contraponto schopenhaueriano entre a razão (e sua limitação) e o sentimento, por definição inescrutável em sentido racional. Uma significativa porção do pensamento contemporâneo, incluindo não apenas diferentes filosofias como também teorias psicológicas e antropológicas diversas – pense-se, por exemplo, na psicanálise – abraçarão esse contraste com a mais completa convicção, e essa é, sabidamente, uma das principais razões do grande sucesso da filosofia de Schopenhauer.

Voltando a Kant, embora de uma maneira própria, o autor lembra que apenas a lógica constitui saber puramente racional, sendo todo demais saber dependente da experiência, ou seja, da ciência. Contudo, a ciência seria um modo racional, abstrato, de saber sobre as leis gerais, e não sobre os casos, percebidos e entendidos sem o recurso às teorias (Schopenhauer, 1844, p. 71). Sem elaborar muito, o autor radica, na intuição sensível, a força da evidência científica, ficando entre um tipo de empirismo e um tipo de positivismo (ou proto-positivismo). Parece-me que o que ele quis fazer, embora sem justificar, seja algo bem semelhante ao que Goethe chamou de *Zarte Empirie*, uma nova e mais fina empiria ilustrada, pós-kantiana.

Em oposição à sua exaltação da *Crítica da razão pura*, Schopenhauer rejeita *in toto* a filosofia moral kantiana, detratando-a como "caída do céu" (Schopenhauer, 1844, p. 95). A força inescapável do minimalismo lógico kantiano não é nem apreciada nem analisada no *Mundo como vontade e representação*, preferindo o autor discorrer sobre a ética estoica, em razão de o seu objetivo ser a felicidade (Schopenhauer, 1844, p. 96-97). Ao analisar brevemente a ética estoica, fica evidente que ao filósofo seduzem as mesmas características que a ela levaram Espinosa: a modéstia e grande limitação do papel da razão no controle da vida ou eleição de caminhos ao longo dela, a aceitação da determinação e uma consequente acomodação do comportamento ao fluxo das coisas, sem a pretensão (cristã) de revolucionar a própria conduta e até o próprio caráter a partir de um poder ilimitado e incondicionado de espontaneidade (liberdade).

Passando-se ao segundo livro, primeiro a tratar da vontade, é declarado que a análise recairá sobre "determinações das representações intuitivas" (Schopenhauer, 1844, p. 107). A questão, que Schopenhauer imediatamente admite ser a mais obscura, é a que mais deve interessar à filosofia, pois não basta saber que há regras e conceitos abstratos, produzidos pela nossa própria mente, que leem o mundo, é também fundamental saber de que exatamente falam essas regras e conceitos, saber algo, o mínimo, sobre o *quid* diante de nós.

Por sua natureza ultrarracional, a essência da realidade não se permite expressar racionalmente, o que levou Schopenhauer a denunciá-la como ponto cego de toda a filosofia. A essência que não podemos ver em objeto algum, contudo, podemos ver em um objeto que habitamos, e do qual temos uma intuição imediata, nosso corpo. Nele temos a consciência não racional, um sentimento, de uma causa e origem obscura de nossas inclinações, ações e sensações. Essa origem essencial da vida consciente é a vontade (Schopenhauer, 1844, p. 113-115). "Essência em si do próprio corpo", "a vontade se anuncia pelos movimentos voluntários desse corpo" (Schopenhauer, 1844, p. 120). Uma vez que apenas "vemos" ou entendemos aquilo que na vontade é fenômeno; isto é, a parte que aparece e gera efeitos, sua essência permanece sem fundamento possível para o princípio de razão (Schopenhauer, 1844, p. 121). Registramos seus efeitos, uma força nos pulsa o coração, uma irritabilidade registra estímulos quase imperceptíveis, um desejo não se sabe de que dá sinais subterrâneos antes de chegar à consciência com imagem e nome. Toda essa fenomenologia da vontade nos está relativamente acessível, mas ela emerge em nós a partir de algo inteiramente desconhecido, uma coisa em si (Schopenhauer, 1844, p. 123-128).

Na exata medida em que tudo é para minha consciência, não apenas minha própria essência, mas a essência de todas as coisas só me é concebível como e através da vontade (Schopenhauer, 1844, p. 130-135). Schopenhauer observará, ainda, que a pluralidade do mundo no entendimento não nos deve levar a crer que ele esteja fragmentado na essência, pois, metafisicamente, tudo é uno na totalidade da vontade. De mais uma maneira original e peculiar, a época de Goethe produziu mais este monismo.

Tanto seu acréscimo original (o mundo como vontade) quanto sua recepção de Kant (o mundo como representação), fazem referência à perspectiva do sujeito como "centro da filosofia." O centro do mundo, propriamente dito, que Kant identificou como Deus e Schopenhauer como vontade, é, para ambos, uma ilação alcançada como resultado filosófico, mas de modo algum fundamental e primário no sentido em que a percepção e a vivência do próprio sujeito o são. Sendo possível concluir – em nenhum sentido "hippie" ou frívolo – que a vontade é vida, e que a realidade é viver, essa conclusão é o troféu do filósofo.

É preciso, ainda, explicar as inumeráveis formas e gradações em que o princípio absoluto se expressa.

Como o *conatus* de Espinosa, e um pouco como Hegel, as forças mais gerais são as mais fracas, porque mais abstratas: a gravidade, a coesão e a impenetrabilidade, que permitem aos corpos persistirem em seu ser (Schopenhauer, 1844, p. 147). Não há intensidade ou "virtude" nessa expressão, pois ela é apenas suficiente para que algo exista. As forças mais específicas são também mais excepcionais e permitem aos seres afetarem uns aos outros de modos adicionais ao mero existir. Um material com cadeia molecular instável, por exemplo, terá propriedades que permitem a expressão de outras forças além da gravidade e da coesão, como a combustão, a explosão, a radiação. Os animais, por sua vez, estão escalonados em uma hierarquia de competências, e a pantera impera sobre toda a selva por ter mais recursos à execução de seu querer que a gazela e o porco. O ser humano, por fim, é tão rico e elaborado que cada indivíduo merece um estudo próprio, e é fonte de ações inesperadas (Schopenhauer, 1844, p. 165-167).

A força da vida, vontade, é o absoluto em tudo, de todas as maneiras, e a potência ou capacidade das coisas corresponde a um "grau de objetivação" da vontade (Schopenhauer, 1844, p. 162). Diferindo apenas nisso, em essência, como modos de uma mesma substância infinita, a multiplicidade dos seres tem na vontade seu motor, a força espiritual que tudo anima. As formas existentes, porém, nunca estão à altura da ideia absoluta da vida, e, por isso, decaem, competem e consomem umas às outras, fazendo com que a natureza seja o reino da morte, tanto quanto da vida, da guerra e da perda, tanto quanto da satisfação (Schopenhauer, 1844, p. 165-167). O monismo sempre tem de explicar e acomodar as partes, e o monismo da vontade tem de fazer isso com o conflito e a contradição geral dos interesses. Não é difícil perceber como esse pensamento ajudou a moldar as noções biológicas e psicológicas ao longo do século XIX.

O livro desenvolve uma série de outras consequências do que até aqui se expôs, ou meditações adicionais, mas esse tanto deve ser suficiente para o propósito deste estudo, e para que o leitor não se depare com obstáculos intransponíveis.

Embora não sistemático, e com muitas ideias e alegações que carecem de demonstração rigorosa, apresentadas para que fossem compradas como senso comum ou autoevidentes à intuição do leitor, *O mundo como vontade e representação* marcou época, afetou tanto a classe letrada quanto os sistemas idealistas, e seu apelo ajudou a demolir a fé na razão que um enorme número de autores vinha sustentando há décadas.

Sua força e seu mérito têm muita relação com a crueza da exposição da vontade como uma força primária, senão de todas, ao menos de grande parte das nossas ações e crenças. Apesar de seus cuidados com a forma, os idealistas muitas vezes domesticaram o princípio da vontade para que exercesse um papel sistemático preciso e mais fácil de explicar. Nisso, o cuidado lógico e sistemático os traiu, garantindo a Schopenhauer a vitória moral de quem ousou falar das coisas como elas são sentidas e experimentadas.

Em certo sentido, como o próprio Schopenhauer admite lá e cá, essa foi uma vitória da inspiração goetheana e böhmiana sobre a índole sistemática. É possível, então, ler a conquista de Schopenhauer como uma marcação de posição em favor – ao menos genericamente falando – do Romantismo, e contra o crescente assédio do Idealismo.

7.4 A dialética de Schleiermacher

Embora tão produtivo quanto os idealistas, Schleiermacher pareceu ter saído de cena na crítica primeira década do século XIX. Escrevia, mas sua natureza multifacetada o impedia de criar raízes e formar uma escola ao seu redor, coisa que só aconteceria muito depois, quando autores, como Wilhelm Dilthey, começam a ver sentido no conjunto de sua obra.

A dialética de Schleiermacher é outra peça romântica difícil de acomodar ao ambiente idealista. Nela, o extensivo pensador investiu mais de uma década, proferindo repetidamente o seu curso entre 1810 e 1822[117]. Escrita como reação à dominância da filosofia idealista, a dialética é a alternativa do grande tradutor de Platão para uma metafísica que ele via como pretensiosa e incapaz de entregar os resultados que prometia. No entendimento do romântico, a noção idealista de metafísica prometia a fundamentação absoluta por ignorar o real *status* do homem no cosmo, o de um aprendiz em tudo dependente da realidade. Consequentemente, ao invés de ver o homem como um ser a meio caminho entre a verdade e a ignorância, estabelecendo mediações discursivas com seus pares, os idealistas o viram como uma consciência cuja luz divina pode ser imediatamente exposta e demonstrada (Frank, 2006, p. 15-17).

Fazendo referência apenas a Platão, Schleiermacher define a dialética como o método propriamente filosófico, que praticamente se confunde com a filosofia e objetiva a clarificação dos princípios primeiros e gerais de todo o saber em geral (Schleiermacher, 1903, p. 1-3). Ao mesmo tempo e adicionalmente, como arte, é a capacidade de "conduzir e orientar uma conversa" (Schleiermacher, 1903, p. 3).

Pode-se muito bem conduzir uma conversa despretensiosamente, sem nem mesmo um objetivo definido, mas a conversa filosófica é a conversa rigorosa por excelência, e prima pelo aclaramento pormenorizado de cada princípio, elemento e propósito no discurso. Consequentemente, o diálogo filosófico tem de explicitar e investigar os objetos específicos em questão (pensamentos, coisas e ações) e os porquês do entendimento que se busca.

Conquanto difícil, o resultado da dialética é o mais apreciável possível para o espírito: o saber; isto é, o pensamento que expressa adequadamente a verdade[118].

---

117. Importa observar que, antes de 1811, Schleiermacher com alguma frequência usou o termo dialética em referência à filosofia de Fichte (Arndt, 2013, 184; p. 193).

118. Ainda que uma verdade não absoluta, como uma "harmonia racional viável", segundo a tese de Izuzquiza (Izuzquiza, 1998).

Sem as elevadas expectativas da metafísica do saber absoluto (Arndt, 2013, p. 223), propalada por seus contemporâneos idealistas, Schleiermacher entende o saber como discurso e pensamento efetivos sobre a realidade; isto é, em um sentido mais pragmático que esotérico ou teórico (Schleiermacher, 1903, p. 12). Em moldes muito gregos, a verdade é o que é o caso[119]. Por isso, a dialética é fundamento das ciências, englobando natureza (física) e humanidade (ética) (Arndt, 2017, p. 260-264).

Sendo o saber o discurso adequado sobre o que é, o dialético não pode cair nem no dogmatismo nem no Ceticismo, evitando essas duas formas de encerramento do diálogo e da tensão do pensamento em busca da verdade (Schleiermacher, 1903, p. 59-60). Quem afirma ter a verdade toda e imune à revisão e quem afirma que a verdade é uma ilusão desistiu do diálogo e só poderá reiniciar a busca do saber após essa fase de desistência.

Divergências, em geral, significam igualmente que o método dialético não foi aplicado ou não se desenvolveu. Se o saber foi atingido, ele se caracteriza, sobretudo, pela universalidade. A falta da universalidade denota fracasso no estabelecimento de entendimento dialogal, e que os interlocutores permanecem com visões particulares das coisas e das questões. Ainda nessa fase doxástica, porém, existe a semente da verdade, pois o elemento da discórdia é sempre o que cada um imagina ser o caso. Mesmo erradas, as pessoas compartilham uma demanda espiritual por saber, um *querer saber* (Schleiermacher, 1903, p. 64-77). Essa vontade de saber se expressa como apego de todo pensamento ao que parece, a princípio, ser o caso: a verdade do ser.

O procedimento, naturalmente, é um pouco mais complicado que o princípio geral. Todo diálogo, começa Schleiermacher, e todo saber produzido por ele, têm um componente transcendental, pois parte da intimidade do pensamento dos sujeitos.

Pensamento e vontade são tão importantes para a dialética de Schleiermacher quanto para a metafísica dos idealistas. Essas atividades do espírito diferem de outras, mais passivas, pelos seus propósitos. "O pensamento se realiza na conversa e a vontade no agir exterior" (Schleiermacher, 1903, p. 84).

---

119. Conforme bem resumido pelo verbete da *Stanford Encyclopedia of Philosophy*, ser o caso significa: "1- correspondência com a realidade, 2- coerência sistemática com *todo* o conhecimento humano e 3- concordância universal entre as pessoas" (Forster, 2022).

O pensamento, portanto, é sumamente linguístico. "Antes da linguagem", afirma o autor, um sujeito pode ter na mente uma imagem, mas "nenhum pensamento" (Schleiermacher, 1903, p. 86). Essa unidade entre pensamento e linguagem é tão certa e tão intensa, que não os podemos jamais abordar separadamente. Como duas faces do mesmo processo, o pensamento corresponde a um discurso interior, um monólogo ou uma encenação de um diálogo, ao passo que a linguagem corresponde a um pensamento exteriorizado, uma ordem que foi publicamente exposta (Schleiermacher, 1903, p. 87).

Os pensamentos podem ser muitos, como são muitos e de diferentes tipos e qualidades os discursos. Posso chegar a inúmeras conclusões falsas tanto monologando comigo mesmo quanto conversando com outros interlocutores desatentos. Para que chegue ao saber, portanto, o pensamento tem de se estruturar metodicamente, e com vistas à *validade universal* do discurso (Schleiermacher, 1903, p. 87). Como? Através da escrupulosa relação com o ser (Schleiermacher, 1903, p. 89).

Quando alguém diz que A é n, ou que B tem relação com y, o diz em face de sua apreensão do ser do objeto tratado. Quando alguém discorda, o faz apontando para *esse mesmo* ser e acrescentando uma negativa: "não é isso", "A é predicável como x, e não como n" (Schleiermacher, 1903, p. 89-90). Se o discurso foi conduzido de forma competente e rigorosa por ambos, a concordância sobre esse ponto se estabelece. As discordâncias remanescentes são, em geral, ilações, hipóteses ou especulação a respeito do que é o caso, e não o caso mesmo.

O saber é transcendental porque em apenas um ponto a coincidência entre pensamento e ser é absoluta: no Eu (Schleiermacher, 1903, p. 93). Sobre todos os demais aspectos do ser, é preciso discutir pacientemente, admitir que cada sujeito observa um fato de fora, a partir de um ângulo e ponto de vista, e, não obstante, os interlocutores tentam falar dos mesmos fatos.

Estaríamos condenados às perspectivas parciais e errôneas se não pudéssemos comparar nossas perspectivas sobre as coisas com as de outras inteligências. O pensamento humano não alcança a mediação naturalmente, e não concebe preferencialmente os diversos ângulos de uma questão. Muito ao contrário, nosso condicionamento às primeiras impressões e perspectivas parciais é tanto que, de rotineiro, é a opinião falsa que expressamos e cultivamos. Só através do diálogo, portanto, só em comunidade, é que as diferentes perspectivas e vieses se revelam. Tomamos consciência de nossas limitações, da pobreza de nossas perspectivas, e as complementamos com outras (Schleiermacher, 1903, p. 122). O pensamento mais pobre é o daqueles que menos conversam, quem menos leem, que menos expõem suas ideias, que as preservam ciosa e orgulhosamente, temerosos de as verem confrontadas e derrubadas. O pensamento mais maduro, mais completo e mais próximo da verdade é o dos que correm para o apresentar aos outros, e que são capazes de lidar com a rejeição e a discordância que decorrerá desse gesto.

A fonte primacial de todo erro, portanto, é o apego às próprias ideias, que nunca progridem de opiniões ao caráter objetivo do saber.

Segue-se uma longa delineação sobre aquilo que se investiga, se conceitos ou juízos, e de que forma. Nesse particular, tentando se distinguir do Idealismo, o autor faz afirmações reducionistas que não acertam em cheio o alvo, e que, como as de Schopenhauer, mais dizem sobre a necessidade de marcar posição do que sobre uma análise tecnicamente correta do Idealismo.

Ao tratar das ciências naturais, o livro correlaciona o seu tremendo sucesso com as bases dialéticas de uma busca por investigação metódica, rigorosa e passível de debate e crítica intersubjetiva. De certo modo, ainda que nem sempre de uma forma consciente, a ciência moderna espelha os princípios e valores centrais do método dialético.

Há alguma controvérsia quanto à aplicabilidade de um método rigoroso para aquisição de saber (válido em geral) acerca da vontade, já que ela é um fenômeno íntimo. Contudo, Schleiermacher lembra a esse respeito que "o querer é um fato como outro qualquer, e, enquanto tal, pertence à absoluta generalidade pública" dos fatos (Schleiermacher, 1903, p. 208). O método vale, portanto, indistintamente para a natureza e para o espírito.

A unidade entre natureza e espírito nos é conceitualmente possível através da ideia de uma ordem cósmica transcendente; isto é, Deus (Schleiermacher, 1903, p. 215). Como essa unidade, contudo, não é rigorosa, como um saber, e sim apenas um ponto de conexão entre as diferentes funções da autoconsciência – pensamento e ação, interior e exterior, espírito e natureza – ela nos aparece como *sentimento* (Schleiermacher, 1903, p. 216).

Com isso, completa-se no sistema total do saber o que fora declarado e prometido em S*obre a religião*, a saber, que a religião é o ponto alto da vida do espírito, a intuição máxima a partir da qual todas as demais atividades adquirem sentido e harmonia entre si, mas, ao mesmo tempo, que a essa realização corresponde um sentimento basal, e não um conhecimento. Com todas as ressalvas e cuidados devidos, esse lugar sistemático do sentimento do absoluto coloca Schleiermacher mais próximo de Schelling que dos demais idealistas.

Subordinada à noção da unidade total absoluta está a noção de uma unidade da natureza, ou do ser, e que diz respeito às determinações das formas, a qual denominamos de *mundo*; acrescente-se a noção de uma unidade interna, da consciência, e que diz respeito ao campo da ação, e temos a ideia de *lei moral* (Schleiermacher, 1903, p. 216). Os "dois mundos" descritos por Kant, portanto, têm como base a noção absoluta de Deus.

A segunda e mais curta parte das lições sobre dialética é, por assim dizer, mais aristotélica, classificando cuidadosamente os procedimentos e os modos de construir e avaliar os conceitos e os juízos. Schleiermacher produziu, ainda, longos anexos acerca do uso da dialética em diferentes atividades, como a elaboração de ciências específicas e dos deveres morais, e no aprendizado.

Bem situado no terreno das preocupações filosóficas pós-kantianas, Schleiermacher acrescenta à intensa discussão do começo do século XIX mais uma proposta de conciliação entre a lógica e a metafísica, entre o subjetivo e o objetivo, entendendo o aclaramento metodológico dessas tensões como a mais alta tarefa da filosofia (Arndt, 2013, p. 25-26). A originalidade de sua solução está no seu feitio eminentemente linguístico e intersubjetivo, que se destaca do otimismo idealista em favor de uma noção mais comunicativa e socialmente aceitável do saber.

7.5 A liberdade concretizada na racionalidade objetiva das instituições: Filosofia do Direito[120]

Desde a *Fenomenologia*, um traço essencial e revolucionário da filosofia hegeliana é a sua séria consideração da cultura; isto é, do espírito intersubje-

---

120. Este capítulo aproveita e reelabora partes de meu artigo *A constituição histórica da subjetividade nas revisões da teoria hegeliana* (Coelho, 2016).

tivo que se desenvolve, expressa e concretiza materialmente, no tempo (história), como ordem, como ética e como liberdade socialmente instituídas. Com isso, Hegel realiza no terreno ético e social o que ele e Schelling já vinham realizando no âmbito das ciências da natureza: uma ontologia realista-idealista que superasse e completasse o Idealismo puro de Fichte.

Fichte observara, com efeito, que mais do que uma moralidade puramente formal e individualista, era preciso considerar a eticidade das inter--relações enquanto disputas de interesses e possibilidades de conciliação. Ética é, então, a ciência da objetividade das relações humanas enquanto relações livres.

Para Hegel, contudo, é mais do que a especulação prática sobre a potencialização do acomodamento das liberdades na dialética do reconhecimento – como era para Fichte; é também a realização da estrutura social como conceito.

Podemos dizer, sem reparos, que, para Hegel, o homem é um ser para a sociedade, um ser para a cultura ou um ser para a história. Adicionalmente, essa vocação do indivíduo para a concreção de sua vida espiritual é a universalização de sua pessoalidade, a integração de sua unicidade consciencial à coletividade racional. "A subjetividade não prescinde da cultura para formar o indivíduo, mas a cultura tampouco forma o indivíduo. É antes *ele* que *se forma* na cultura" (Coelho, 2016, p. 313).

Subjetivo na autoconsciência e na alma, o espírito é objetivo no direito e na história. Contrariando boa parte o platonismo subjacente à tradição, Hegel nega que a parte mais real de uma pessoa seja a subjetividade imaculada que não se expressou. Embora componente do real, o lado mais concreto, exposto e que realmente veio à tona do caráter e do pensamento é expresso pelo agir, pelas posições que se toma, pelo lugar que se ocupa. Seria errado definir uma pessoa apenas com base no que ela quis e imaginou sem executar, assim como seria errado supor que alguém que se cala e evita um conflito não está tomando posição e exercendo um efeito no mundo.

É simbólico que, ao assumir a cadeira que fora de Fichte, em Berlin, Hegel tenha começado por apresentar um roteiro de aulas centrado na ordenação social e política. As *Linhas fundamentais da filosofia do direito*, popularizadas como Filosofia do Direito, começam por recomendar aos leitores a leitura da *Ciência da lógica* é da *Enciclopédia*. Poder-se-ia supor que Hegel não queria ouvintes para essas aulas ou leitores para esse livro, mas, assustadoramente, eles vinham às centenas a cada semestre. Nos anos 1820, ser moderno, ter concepções políticas modernas e republicanas, significava frequentar as aulas de Hegel, e a juventude cumpria esse dever tão eufórica quanto escrupulosamente.

Hegel frisa que as consequências das teorias abstratas da sociedade, do Estado e do direito são especialmente danosas, por isolarem o indivíduo de sua condição sócio-histórica a fim de pensá-lo como ente natural (Hobbes e Rousseau), ou ente puramente moral (Kant ou Fichte).

Ao invés disso, a substância ética concreta é empiricamente visível como família (espírito natural), como sociedade civil (segmentação e expressão da sociedade) e como Estado (realização total do espírito, que garante que a liberdade dos indivíduos será coletivamente respeitada) (Hegel, 1970, VII, p. 86-87).

O direito começa pela abstração, isto é, pela pessoa humana tomada como isolada (Hegel, 1970, VII, p. 91-95). Embora, instintivamente, queiramos assumir a concretude da pessoa, essa já é uma primeira abstração e um primeiro erro de uma forma analítica de pensar a relação social. Como as etapas anteriores da filosofia de Hegel demonstraram suficientemente, a pessoa humana em si não existe de forma concreta, mas apenas na imaginação. Toda pessoa, enquanto agente comunicativo, enquanto igual reconhecido pelos pares e enquanto dotado de faculdades e direitos universais é, por definição, indivíduo inserido e reconhecido socialmente. Ignorar a força lógica inescapável dessa premissa é o que leva muitos pensadores liberais a incluírem Hegel na classe dos coletivistas, como se ele apagasse a individualidade. Na verdade, sua filosofia apenas mostra que a individualidade imaculada é uma abstração, um produto a que chegamos com base na linguagem, no exercício analítico e teórico da meditação política; isto é, um produto a que chegamos com base no pensamento objetivo (socialmente constituído). Mogli e Tarzan não têm conceito de pessoa, pois não estão em sociedade.

Quando Hegel diz que a propriedade, portanto, é abstrata, não está também atacando a noção de propriedade privada como algo irreal, pois o direito abstrato já é direito. A noção de abstração em Hegel é mais compreensível quando temos em vista o que ela não é. Ela não é e não corresponde a nada de universal, nada que é para todos, e, por isso mesmo, menos real e efetiva do que aquilo que preenche essas categorias. Contudo, o caráter da propriedade é exatamente ser privada; isto é, abstraída da universalidade e atrelada à individualidade.

Se não fosse coletiva em grau algum, não seria também direito, de modo que a propriedade já está em relação dialética entre o individual abstraído e o universal concretizado. E mais, a parte objetiva da propriedade é precisamente a mais espiritual; não é coisa, e sim a relação da consciência e do querer do indivíduo com essa coisa enquanto *sua* que caracteriza a propriedade (Hegel, 1970, VII, p. 154).

Ainda em um nível pouco concreto, indivíduos podem estabelecer entre si acordos, através dos quais negociam seus bens entre si, reconhecendo, cada um, o direito do outro sobre aquilo que lhe pertence. Quando dois agentes livres e abstraídos da sociedade travam um acordo, celebram-no com um aperto de mão e com o empenho da palavra, mas, quando esse acordo é mais claramente reconhecido no plano coletivo, alcança a forma de contrato.

É fundamental para um contrato, portanto, que ele valha universalmente, isto é, com amparo da lei. Se não vale universalmente, é uma abstração que tem em vista o direito *em si*, ainda não realizado, o que pode ocasionar diversos tipos de injustiças (Hegel, 1970, VII, p. 171), as quais, por sua vez, envolvem as práticas da fraude e da violência. Exatamente para que as injustiças sejam diminuídas, as meras intenções expressas no nível aparente ou individual precisam ganhar lastro de objetividade e reconhecimento público.

Para começar, o crime e a injustiça despertam a consciência para o fato de que o direito abstrato é obviamente uma intenção de razoabilidade não realizada (Hegel, 1970, VII, p. 197). Quando espoliados, enganados e atingidos pela arbitrariedade, particularmente quando pensávamos estar protegidos por um acordo, salta aos nossos olhos a insuficiência da vontade individual para garantir a validade de um acordo. A primeira tentativa de superar essa insuficiência é conceber a universalidade da regra, ainda que, de novo, semente *in abstracto*, como negação do querer individual e abstrato, e como negação da personalidade como puramente abstrata. Ao invés disso, é preciso reconhecer a dignidade humana com ao menos pretensão de concretude universal. Essa pretensão de universalização da dignidade é pensada e discutida publicamente como *moralidade*; ou seja, como elemento conceitual de uma regra universal.

Acomodar a vontade individual à noção de uma regra do agir exigiu de Hegel um bom número de páginas. Essa tomada de consciência rumo à universalidade, contudo, é o que realiza o direito, permitindo-lhe requerer, mais adiante, efetividade total para todos os agentes.

De passagem, Hegel aproveita para golpear as teorias morais sentimentalistas que, sem base racional, instabilizando a norma da ação sob a pressão de noções vagas e sofísticas de um "bom coração", acabam por justificar as piores ações, já que não se pode mais definir objetivamente o certo e o errado (Hegel, 1970, VII, p. 236). Ao invés de a randomizar, uma filosofia moral tem de fazer justamente o contrário; isto é, estruturar objetivamente a norma do comportamento segundo a ideia do Bem, que é "a unidade do conceito de vontade com a vontade individual" (Hegel, 1970, VII, p. 242).

Ponto ótimo entre o abstrato e o objetivo, o indivíduo e a substância ética, o Bem é "enquanto necessidade de realização por parte de uma vontade particular e sua substância, toma o direito absoluto por contraposto ao direito abstrato de propriedade e dos fins particulares do bem-estar" (Hegel, 1970, VII, p. 243). Em outras palavras, o Bem é o conceito da submissão voluntária da vontade individual a uma regra do comportamento adequado de um agente racional em geral, e que, portanto, deveria valer para todos.

Embora a parte moral da obra mereça mais detida atenção, é na passagem da moralidade à eticidade que se flagra o pulo do gato. Sendo a fase abstrata de uma "generalidade substancial da liberdade", o Bem "exige determinações e um princípio igualmente objetivo para essas determinações" (Hegel, 1970, VII, p. 285).

Se o espírito é liberdade, a sua realização tem de passar por uma existência concreta que seja sumamente diáfana, quase como um ser mental, cujo conteúdo do conceito seja a própria liberdade, e que, não obstante, tenha total efetividade. Se essa definição não tivesse um correspondente histórico, ainda assim a imaginação criaria um Estado.

Como sugerido pelo parágrafo 376 da *Enciclopédia*, o espírito é uma natureza mais bela que a natureza inculta, porque dela brota como realização de sua promessa (Hegel, 1970, IX, p. 536-538). O espírito é pleno e mais real porque o que foi plenamente realizado foi elevado à beleza sem jaça da verdade.

O Estado e toda a estrutura da eticidade vem garantir a positividade do direito contra a normatividade: o mero saber-se obrigado a seguir a forma da norma. Por estranho que pareça, Hegel quer afastar ao máximo a eticidade da normatividade, pois esta contraria toda a sua ontologia, é forma ética sem realidade efetivada. Se a filosofia pudesse surgir em meio ao caos, ao barbarismo e ao estado de natureza, então ela deveria ser puramente normativa. Talvez fizesse mais sentido a crítica de Hanna Arendt ao papel politicamente autoritário da tradição metafísica (Arendt, 2006). Mas, ao contrário, uma vez que a filosofia surge sempre em um Estado civilizado e com algum reconhecimento da liberdade e dignidade humanas, é natural que a gênese desta realidade positiva e sua conservação interesse tão ou mais que a normatividade ou um formalismo discursivo.

Assim devemos nos lembrar que o conceito hegeliano de Estado não se esgota como referencial genérico de particulares, alargando-se em um horizonte mais dinâmico, como o núcleo mediador dos particulares possíveis, em evolução dinâmica com estes. As consequências da aplicação *desta* noção de Estado vêm lembrar que ele é entidade autônoma codependente de suas instituições e cidadãos, e que essa aparente contradição é superada pela organicidade dos termos da lógica. Essa conquista da autonomia por um ente coletivo é o propósito único da família e da sociedade civil. Mas é justo dizer que Hegel compromete seriamente os valores como princípios independentes e atemporais, abrindo espaço para uma relativização historicista, conforme prontamente aplicada por Marx.

Na moral objetiva ou eticidade, o que na intenção individual é meramente subjetivo e abstrato, e na lei moral é racionalmente universalizado, mas ainda de um modo apenas intelectual, pode ser fotografado e analisado *in concreto*. É a *virtude* que todos veem em atos, não mais uma regra que só se concebe no pensamento (Hegel, 1970, VII, p. 297).

É claro, como a eticidade concreta é fruto de relações igualmente concretas, o ser dessa realidade está firmemente associado a uma *substancialidade* objetiva do espírito (Hegel, 1970, VII, p. 301-305).

A lógica da reconciliação do jovem Hegel e a noção de reconhecimento na *Fenomenologia* viabilizam a criação de um ser coletivo que, em uma primeira instância, é resultado do conúbio de dois indivíduos em um casal, mas não porque esses tenham um acordo entre si, e sim porque elevaram seu entendimento e seu laço de amor ao plano perfeitamente objetivo de uma realidade socialmente reconhecida. E é o amor que ultimamente permite a dois ou mais indivíduos entenderem-se a si próprios como unidade; é o amor que permite que bens sejam plenamente comuns e que os destinos de cada membro sejam contabilizados e estimulados pelos demais. A associação entre dois amantes é indissolúvel, pois, enquanto durar o amor, suas próprias autoconsciências se afirmarão como unidade (Hegel, 1970, VII, p. 306-307). Em outras palavras, a origem subjetiva no amor quer chegar à perfeita realização na objetividade da *união legal*.

São, como sempre, três as fases desse primeiro fenômeno do espírito objetivo: o casamento em si, pré-condição para as demais, o compartilhamento dos bens e a educação, culminância propriamente espiritual do fenômeno familiar. Ao passo que a sexualidade (natureza) está na base da família, é a socialização e espiritualização do impulso que a caracteriza. A transitoriedade do sentimento (como vimos, irracional) é o distintivo das ligações ilegítimas, enquanto o caráter de legalidade e eticidade do matrimônio é consequência de sua ordem (Vetö, 1998, p. 149). O que tem fundo subjetivo, portanto, quer ser verdadeiro e real em seus efeitos, e o é, pois o consórcio de duas consciências se expressa concretamente em uma divisão de rotinas, tarefas e esforços para promover o cultivo de outro(s) espírito(s) em harmonia com a sociedade.

Diferente dos contratos, o casamento é um conluio de espíritos que querem formar uma perfeitíssima unidade, sem reservas mútuas; querem ser um, e não dois mediados por um contrato (Hegel, 1970, VII, p. 312). O casamente é, inclusive, o primeiro ato puramente espiritual, pois objetiva a união de duas pessoas em uma terceira entidade jurídica e social. É o supremo ato de liberdade, pois envolve o consentimento mútuo de promoção recíproca das liberdades individuais e, o que é muito mais, uma consciência coletiva do destino comum; isto é, a criação de uma esfera mais ampla e mais concreta de liberdade. Apesar da beleza da teoria, deve ser observado que a redação de

Hegel incuti nela traços de paternalismo, que já soavam retrógrados até para alguns de seus contemporâneos.

A criação dos filhos em sociedade é o propósito fundamental do matrimônio, já que o estado de natureza não seria capaz de justificar a indissolubilidade da família, por mais exigente que seja a criação biológica dos filhos. É a demanda por introduzir as crianças nos modos de vida sociais que deposita o maior ônus sobre os pais, impossibilitando as relações frugais (Hegel, 1970, VII, p. 325-326). A criação dos filhos pela família propicia, assim, uma coletividade diferenciada, o que é preferível à generalidade imediata e vaga de uma comuna primitiva. A verdadeira coletividade, o Estado, é prejudicada quando não se chega a ela por meio de um enraizamento determinado, pelo que a primeira célula jurídica e social, o primeiro ente coletivo, a família, é armação imprescindível para as vigas e colunas do edifício do Estado.

O próximo passo na ascensão das organizações objetivas é a sociedade civil. Para Hegel, a sociedade civil seria o conjunto das instituições não políticas do Estado, enquanto o Estado englobaria as mesmas em *acréscimo* a instituições políticas, e, mais propriamente, o governo. Ao passo que teóricos liberais (da época) enfatizavam o fortalecimento da sociedade civil e a regulação do poder governamental, Hegel, sem ser um antiliberal, não apenas considera o governo como a parte "superior" do Estado, como em alguns momentos sugere que o *laissez-faire* só vale para os momentos de estabilidade.

Não se deve, contudo, considerá-lo um estatista sem mais, pois o Estado também, na própria medida em que é uma vontade coletiva, é um agregado de individualidades, e representa a *compatibilidade* geral de vontades individuais, as quais querem obrar em favor de si próprias. Neste tocante muitas interpretações seriam possíveis, da esquerda à direita hegelianas, ou sob formas mais recentes, embora seja adequado ressaltar que todos os extremismos, reducionismos ou simplismos ideológicos, mesmo os que recebem o carimbo acadêmico, estão muitíssimo aquém da complexidade e da abrangência de um pensamento tão rigorosamente racional.

O primeiro estágio da sociedade civil é um bom modelo de compreensão do caráter coletivo de seu ser. Hegel o chama de sistema ou reino das necessidades. Nós geralmente o chamamos de economia ou de mercado. Embora nossas suposições e hipóteses possam sugerir que a economia é caótica, organizada a partir de milhões de acordos isolados entre indivíduos, a racionalidade humana garante uma coerência geral para esse sistema, pelo que os economistas, já naquela época, constatavam haver um comportamento médio ou geral de uma como que entidade coletiva, o mercado. Não é difícil entender como isso ocorre. Qualquer comprador que encontra o mesmo produto pela metade do preço voltará ao primeiro vendedor e o lhe proferirá alguns desaforos. A repetição desse comportamento garantirá a esse vendedor a perda de clientes, e um prejuízo direto. Afinal, os clientes não são estúpidos, e os comerciantes, também dotados de um mínimo de sensatez, não farão ou evitarão fazer coisas que claramente sabotem seus interesses. Assim, a não ser em circunstâncias especiais ou com uso de recursos mais sofisticados – incluindo, por exemplo, monopólio, cartel e truste, propaganda enganosa, e até mesmo golpes elaborados – a razoabilidade dos agentes manterá uma pressão de todos sobre todos em favor de uma boa política de preços, de uma boa fé nas relações e de uma inibição de crimes.

Hegel não é nem um pouco ingênuo, e sabe que essa razoabilidade difusa não impedirá todas as injustiças, mas, se ela factualmente tem alguma força, é uma prova de que qualquer razoabilidade é melhor que nenhuma.

O sistema das necessidades é um capítulo indispensável da eticidade, e, assim, do espírito objetivo, porque as necessidades materiais fazem com que os membros da sociedade dependam uns dos outros para quase tudo, o que, por sua vez, "incentiva" neles um gérmen do reconhecimento do papel do outro e da organicidade do todo social.

Na base do reino das necessidades está a escassez relativa (disso ou daquilo, hoje ou amanhã), e é ela que nos condena à política e ao direito civil. Por isso, Hegel foi talvez o primeiro a defender que o Estado deve controlar tendências antagônicas na economia com o fim de evitar "antagonismos insolúveis" (Henrich, 2008, p. 127). Em outras palavras, tem de mediar as relações entre os indivíduos para preservá-los de seus próprios rompantes de descontrole. Essa função *aparentemente* coerciva se justifica à luz da lógica: o Estado pode e deve se impor sobre o indivíduo porque ele é a concretização da vontade do indivíduo; concretização no sentido hegeliano, que estende e implementa o implícito. Ele é a esfera mais objetiva da vontade, não da maioria, mas de todo e cada indivíduo. Por isso a sociedade civil é, como qualquer momento do sistema hegeliano, imprescindível para o resultado final, e este será tão pleno quanto mais real forem seus momentos.

A divisão social do trabalho é um dos processos ou meios pelos quais essa mediação total se estabelece. Inspirando Marx, Hegel dirá que a divisão do trabalho tem algo de abstrato e alienante, pois ela conduz as pessoas a assumirem posições em um sistema cada vez mais hipotéticas em um sistema produtivo. Não há como saber se a posição para qual o jovem se prepara existirá ou será prestigiosa em dez anos. Adicionalmente, essa mesma abstração faz com que o trabalho possa se tornar cada vez mais mecânico, cada vez menos espiritual e próprio, e cada vez mais distante de objetivos vitais das consciências em favor de fins cujo valor é instrumental e genérico (Hegel, 1970, VII, p. 351-352).

Finalmente, a sociedade civil engloba (a) uma multidão de tarefas de manutenção e utilidade pública, da saúde à iluminação, todas sob a direção, ao menos teórico-hierárquica, da polícia; (b) as corporações, na época instituições de transição das guildas renascentistas para os sindicatos modernos; e (c) a administração da justiça (o que inclui o importante papel da polícia), o que quase sempre significa defesa da propriedade e direitos individuais.

Todas essas funções são concretas e coletivas demais para não se instrumentalizarem na forma de leis. Embora alguns processos da economia, por exemplo, possam correr segundo as mediações empíricas no seio da coletividade, todas as atividades da sociedade civil inspiram maiores cuidados e proteções contra a arbitrariedade e o crime, de onde nasce o direito civil. Aquilo que "em si é direito, em sua existência objetiva é lei" (Hegel, 1970, VII, p. 360-361). Pela lei a pessoa e a propriedade ganham reconhecimento coletivo, de modo que um ladrão não mais atinge um indivíduo, e sim a coletividade. A função da lei é, portanto, análoga à da economia; ela é a condição de reconhecimento objetivada. Acima da sociedade civil, então, está a consciência da liberdade do povo a respeito dessas relações econômicas e legais: o Estado.

Uma vontade que quer a si mesma é um Estado racional cuja constituição reflete a liberdade de seus indivíduos (Henrich, 2008, p. 326). A substância ética autoconsciente (Estado) (Hegel, 1970, X, p. 329) suspende e sintetiza todas as instâncias sociais anteriores pela particularidade do governo, produzindo um direito superior, porque em sua forma plena, o qual, por sua vez, subsome o direito individual. É por isso que um Estado pode exigir de um indivíduo que vá à guerra e arrisque a vida por ele.

Realização social máxima da razão, o Estado eleva à universalidade princípios de justiça e bem-estar que a razão sonhou como universalmente válidas na moralidade, impondo à realidade a forma da lei invariável que as ciências concebem no âmbito natural (Hegel, 1970, X, p. 398). No Estado, portanto, o direito se torna uma ciência da liberdade, um conjunto de princípios cuja indiscutível validade promana da força e clareza de sua racionalidade, racionalidade esta que sintetiza e suspende à generalidade o que cada indivíduo descobriu em si como seus interesses e, depois, discutiu em grupo em busca de um *status* ao menos abstrato como regras de conduta social desejáveis.

O que o direito visa é o indivíduo, ainda que, para beneficiar e regrar o indivíduo particular, tenha de conceber o indivíduo em geral. Não é suficiente ter em vista indivíduos, contudo, pois a coletividade também tem características que superveem a individualidade, como uma propriedade emergente (Hegel, 1970, X, p. 405-406). Mas o povo é, para o Estado, pouco mais que massa (*Menge*), pois acaba sendo contrastado com a idealidade do Espírito. Imagine-se uma descrição do povo romano. O que nele interessa sempre é o espírito desse povo, sendo ele mesmo um estofo da "romanidade".

A divisão dos poderes, o que garante o direito, não pode interferir na unidade (idealidade) do Estado. É preciso, pois, que de algum modo os poderes também se regulem, sem que, com isso, qualquer um perca sua autonomia. Hegel usa aqui, novamente, a metáfora do organismo (Hösle, 2007, p. 615). Entre os muitos impedimentos a este funcionamento orgânico estariam, por exemplo, poderes de dissolução do parlamento por parte do presidente, redundância de funções entre executivo e legislativo, ou entre presidente e monarca.

As constituições, expressões da racionalidade coletiva das nações, podem ser monarquistas (um governa), aristocráticas (muitos governam) ou democráticas (todos governam). Uma das conclusões mais questionáveis de Hegel – mas, provavelmente, derivada da experiência de sua época – é a de que a monarquia constitucional seria a melhor forma de representação dos três tipos de governo, pois reúne o rei (unidade), a assembleia (aristocrática) e o judiciário (democrático) (Hegel, 1970, X, p. 435-436).

Muitos dos detalhes aos quais Hegel dedica grande tempo estão vinculados ao período e às estruturas existentes no começo do século XIX, de modo que é preciso, por parte do leitor, especial cuidado em evitar conclusões anacrônicas. É difícil separar, portanto, quando Hegel fala cientificamente, ou com sabedoria, e quando ecoa um contexto que incluía, por exemplo, certa reverência ao soberano. Penso, no entanto, que Hegel foi muito injustiçado pelos que o leram como defensor do Estado prussiano sem qualificarem exatamente a relevância dessa defesa no organismo geral da obra, e aquilo em que ela francamente não tem nenhuma relação com o governo vigente e sim, como o autor sempre assevera, com uma preocupação com o permanente, o divino e o verdadeiro.

Essa é, talvez, a forma mais adequada de interpretar expressões de sabedoria perene como "um povo não é enganado senão por ele mesmo" (Hegel, 1970, X, p. 484), ao invés de reduzi-las todas a fatores secundários – circunstanciais e vulgares – como a necessidade ou mesmo o desejo sincero de agradar às autoridades.

Nesse capítulo pode ser incluída a observação de Hegel sobre a liberdade de imprensa e sobre o princípio do qual ela deriva: a liberdade de expressão. Defendendo-a como direito inequívoco e concreção da liberdade de pensar, Hegel observa que uma liberdade de expressão sem consequências equivaleria a uma liberdade irrestrita de ação, o que, necessariamente, incluiria o crime (Hegel, 1970, X, p. 485). O pensamento é livre, mas cada agente social tem de responder pela boa ou má fé com a qual lança seus pensamentos ao público. E se caluniou, difamou ou incitou ao crime deve ser por isso responsabilizado.

Mais interessante que a divisão dos poderes, com suas muitas particularidades técnicas, é a noção de Estados soberanos que se contrapõem e/ou reconhecem na pluralidade de Estados, o que faz deles, ao contrário de um governo do mundo, para-si e para-os-outros, individualidades.

No tocante à guerra, Hegel louva que a virtude tenha se deslocado do indivíduo (o heroísmo e a competência individual com a espada) para uma forma de guerra em que os nomes são cada vez mais irrelevantes, e a virtude se torna civil (obediência, hierarquia, espírito de grupo). Como relação entre os Estados, a guerra é processo dialético entre os povos, o que Hegel vê como natural. Como as doenças que fortalecem, a guerra é estágio decisivo de pressões internas aos povos envolvidos, que não podem ser reconfiguradas de outro modo. A própria guerra seria julgada ultimamente pelo tribunal do mundo: a história universal (Hegel, 1970, X, p. 499-500).

Quanto a guerra, é relevante discernir se de fato Hegel crê que a razão universal decide o vencedor, ou se este pode experimentar apenas uma falsa vitória no cenário maior. É claro, intérpretes que tendem para um sentido mais negativo da dialética dirão ser impossível determinar qualquer vencedor em qualquer momento anterior ao fim derradeiro da história, se houver.

Isso conduz à derradeira questão política, matéria-prima da maioria das acusações de autoritarismo ou de determinismo dirigidas a Hegel: o *tribunal da história* (Hegel, 1970, X, p. 502-512). Poucas críticas, no entanto, explicam adequadamente o julgamento da história como sendo *o seu processo*, preferindo caricaturas de uma vontade *ex machina* ou um determinismo de tipo espinosano. Uma vez que a razão em Hegel é calcada na liberdade, não há espaço para um determinismo, e, ao mesmo tempo, a imanência dessa razão impede, também, um intervencionismo de uma entidade outra, que coordenasse o mundo sobrenaturalmente. O sucesso ou fracasso dos Estados em aumentar a liberdade de seus cidadãos é o próprio juízo da história.

A escravidão, por exemplo, pode até existir na prática, mas não é tolerada por constituição alguma. Nenhum filósofo foi incoerente e indecente o bastante para defendê-la como princípio ético. Casos particulares podem apresentar *interesse* na escravidão, mas a partir do momento em que há *consciência* da inaceitabilidade da escravidão *como princípio*, ela não é tolerada na forma da lei. Daí se dizer que o "Espírito do Mundo" superou a etapa escravagista. Não foi um Deus intervencionista que decretou a data de abolição, nem estava isso escrito nas estrelas. Foi a própria sociedade que amadureceu e alcançou a consciência de que o que não deve valer como princípio não é moral, e de que o que é imoral não pode ser legal.

Através do Estado constitucional, em que culmina a marcha da humanidade em busca de formas objetivas de defesa e promoção da liberdade, o espírito efetivamente aparece em sua real dimensão, como leis que expressam no mundo a inteligência, para a administração das necessidades da vida, e que expressam vontades legítimas; isto é, que expressam uma ciência ética, para que a dignidade da pessoa humana seja garantida como verdade no mundo dos fatos, assim como é imposta como um dever no mundo moral. Essa harmonia entre ciência e liberdade confirma o âmbito político como um reino do espírito, não mais um reino da força, da necessidade, do acaso e da arbitrariedade; não mais um reino irracional, próprio de homens incapazes de buscar e realizar de maneira justa os fins superiores da vida[121]. Em um ambiente justo e bom, fruto do pensamento regrado e da vontade disciplinada, não será, ainda, perfeita e bem-aventurada a vida humana, mas o espiritual que nas palavras dos filósofos e dos santos era abstrato, ou, quando muito, orientava as escolhas voluntárias de alguns, agora se objetificou como bem universalmente reconhecido e legitimado, palpável, até, para a maioria. Essa culminância do espírito objetivo, realiza o ambiente no qual a insegurança e as lutas darão, cada vez mais, lugar à contemplação do Espírito Absoluto.

---

121. "O espírito que alhures se permitia conceituar a partir de experiências de si e de mundo como mera substância dessas experiências, é através das instituições um espírito apresentado. [...] Justamente através delas o reconhecimento mútuo é quintessenciado em *relações estruturais*, as quais são o Espírito Absoluto" (Sandkaulen, 2002, p. 375).

REFERÊNCIAS

Fontes

BAADER, F. *Franz von Baader's Sämmtliche Werke*. Bd XIII. Leipzig: Herrmann Bethmann, 1855.

COLERIDGE, S. T. *The collected works of Samuel Taylor Coleridge*. Gen Ed. Kathleen Coburn. Vol. 8. New Jersey: Princeton University Press, 2000.

ESCHENMAYER, C. A. *Die philosophie in ihrem Uebergang zur Nichtphilosophie*. Erlangen: Waltherschen Kunst- und Buchhandlung, 1803.

ESCHENMAYER, C. A. *Einleitung in Natur und Geschichte*. Bibliothek 1800: Körper – Geist – Bewusstsein. Cristiana Seningaglia (Hrsg.) Stuttgart – Bad Cannstatt: Fromman-holzboog, 2016.

FICHTE, J. G. *Gesamtausgabe der Bayerischen Akademie der Wissenschaften*. Bd. I, 1: Werke (1799-1800). Stuttgart: Frommann-holzboog, 1964.

FICHTE, J. G. *Gesamtausgabe der Bayerischen Akademie der Wissenschaften*. Bd. III, 4: Briefe (1791-1794). Stuttgart: Frommann-holzboog, 1973.

FICHTE, J. G. *Johann Gottlieb Fichtes sämtliche Werke*. Bd. IV. Berlin: Veit und Comp, 1845.

FICHTE, J. G. *Versuch einer Kritik aller Offenbarung*. Königsberg: Hartungschen, 1793.

FRIES, J. F. *Fichte's und Schelling's neueste Lehren von Gott und der Welt*. Heidelberg: Mohr & Zimmer, 1907.

FRIES, J. F. *Neue oder antropologische Kritik der Vernunft*. Heidelberg: Mohr & Zimmer, 1807. Disponível em: https://sammlungen.ub.unifrankfurt.de/sdd/content/zoom/8826801

GOETHE, J. W. *Dichtung und Wahrheit*. Stuttgart: Reclam, 2002.

GOETHE, J. W. *Faust*. Leipzig: Insel-Verlag, 1928.

GOETHE, J. W. *Gedichte: Gesamtausgabe*. Leipzig: Insel, 1992.

GOETHE, J. W. *Goethe Werke*. 6 v. Frankfurt am Main: Insel-Verlag, 1998.

GOETHE, J. W. *Maximen und Reflexionen*. Leipzig: Insel, 1976.

GOETHE, J. W. *Schriften zur Naturwissenschaft*. Stuttgart: Reclam, 2003.

GOETHE, J. W. *Versuch die Metamorphose der Pflanzen zu erklären*. Goetha: Carl Wilhelm Ettinger, 1790.

GOETHE, J.W. *Zur Farbenlehre*. 2 Bde. Tübingen: Cotta, 1810.

HEGEL, G.W.F. *Hegel: Werke in 20 Bänden*. Suhrkamp, 1970.

HERDER, J. G. *Ideen zur Philosophie der Geschichte der Menschheit*. Erster Teil. Riga und Leipzig: Johann F. Hartknoch, 1784.

HERDER, J. G. *Ideen zur Philosophie der Geschichte der Menschheit*. Zweiter Teil. Riga und Leipzig: Johann F. Hartknoch, 1785.

HERDER, J. G. *Ideen zur Philosophie der Geschichte der Menschheit*. Dritter Teil. Riga und Leipzig: Johann F. Hartknoch, 1787.

HERDER, J. G. *Ideen zur Philosophie der Geschichte der Menschheit*. Vierter Teil. Riga und Leipzig: Johann F. Hartknoch, 1791.

HÖLDERLIN, J. C. F. *Sämtliche Werke*. Stuttgart: Cotta, 1961.

HÖLDERLIN, J. C. F. *Hölderlin: Werke in einem Band*. München/Wien: Hansel, 1990.

JACOBI, F. H. *Über die Lehre des Spinoza in Briefen an den Herrn Moses Mendelssohn*. Breslau: Gott. Löwe, 1785.

JACOBI, F. H. *Werke*. v. II. Leipzig: Gerhard Fleischer, 1815.

KANT, I. *Kant's Gesammelte Schriften*. Königlich Preussischen Akademie der Wissenschaften. Berlin: Reimer, 1902.

MAIMON, S. Über die Weltseele. *Berlinisches Journal für Aufklärung*, v. 8, 1790.

MENDELSSOHN, M. *Gesammelte Schriften Jubiläumsausgabe*. Berlin: Akademie, 1931.

MENDELSSOHN, M. *Gesammelte Schriften Jubiläumsausgabe*. Suttgart: Friedrich Frommann Günther Holzbook, 1974.

NOVALIS. *Hymns and thoughts on religion*. London: Miller & Sons, 1888.

NOVALIS. *Novalis Gesammelte Werke*. Zürich: Bühl, 1945.

REINHOLD, K. L. Das Resultate der Kritik der Vernunft über das zukunftigen Leben. In: *Teutsche Merkur, Zweites Vierteljahr*. Weimar: der Gesellschaft, 1787.

REINHOLD, K. L. *Briefe über die kantische Philosophie*. Leipzig: Georg Joachim Göschen, 1790.

REINHOLD, K. L. *Über das Fundament des philosophischen Wissen*. Jena: Johann Michael Mauke, 1791.

SCHELLING, F. W. J. Von. *Schellings sämmtliche Werke*. (Digital-CD): Total, 1997.

SCHILLER, F. *Schillers sämmtliche Werke*. Stuttgart: J. G. Cotta, 1838.

SCHILLER, F. *Schillers sämmtliche Werke in 12 Bände*. Stuttgart: J. G. Cotta, 1867.

SCHILLER. F. Über die Grenzen der Vernunft. In: BAHR, Eberhard (Hrsg.) *Was ist Aufklärung*. Suttgart: Reclam, 1974.

SCHLEGEL, A. W. *August Wilhelm von Schlegels sämmtliche Werke*. Leipzig: Weidmansche Buchhandlung, 1846.

SCHLEGEL, F. *Friedrich Schlegel 1794-1802: Seine prosaische Jugendschriften*. Wien: Carl Konegen, 1882.

SCHLEGEL, F. *Friedrich Schlegels sämmtliche Werke: Zweite Original-Ausgabe*. Wien: Ignaz Klang, 1846.

SCHLEGEL, F. *Philosophische Vorlesungen aus den Jahren 1804-1806*. v. I. Bonn: Eduard Weber, 1836.

SCHLEGEL, F. *Über die Sprache und Weisheit der Indier*. Heidelberg: Mohr und Zimmer, 1808.

SCHLEIERMACHER, F. D. E. *Friedrich Schleiermacher: Kritische Gesamtausgabe*. Berlin: Walter de Gruyter, 1984.

SCHLEIERMACHER, F. D. E. *Schleiermachers Dialektik*. Halpern, I. (Hrsg.). Berlin: Meyer & Müller, 1903.

SCHOPENHAUER, A. *Die Welt als Wille und Vorstellung*. Leipzig: Brockhaus, 1844.

SCHULZE, G. E. *Aenesidemus oder über die Fundamente der von Herrn Professor Reinhold in Jena gelieferten Elementar-Philosophie*. Berlin: Reuther & Reichard, 1911.

SHELLEY, P. B. *Essays, Letters from Abroad*. London: Edward Moxon, 1840.

STAËL, M. de. *De l'Allemagne*. 2 Vol. Paris: Garnier-Flammarion, 1968.

Traduções

HEGEL, G. W. F. *Fenomenologia do espírito*. Petrópolis: Vozes, 1992.

HEINE, H. *Contribuição à história da religião e da filosofia na Alemanha*. São Paulo: Iluminuras, 1991.

KANT, I. *Crítica da razão pura*. Lisboa: Calouste Gulbenkian, 2001.

KANT, I. *Prolegómenos a toda a metafísica futura*. Lisboa: Edições 70, 2008.

LESSING, G. E. *A Educação do gênero humano*. Bragança Paulista: Comenius, 2019.

MAIMON, S. *Essays on transcendental philosophy*. London: Continuum, 2010.

SCHELLING, F. W. J. *Investigações filosóficas sobre a essência da liberdade humana; e os assuntos com ela relacionados*. Lisboa: Edições 70, 1993.

SCHILLER, F. *Kallias ou Sobre a Beleza*. Rio de Janeiro: Jorge Zahar Editor, 2002.

SCHLEGEL. F. *Philosophical fragments*. Minneapolis: University of Minnesota Press, 1991.

Outras referências:

ALLISON, H. *Kant's theory of freedom*. New York: Cambridge University Press, 1990.

ALMEDER, R. *The Philosophy of Charles S. Peirce:* a critical introduction. Totowa: Rowman & Littlefield, 1980.

ANDRASCHKE, P; Loos, H. *Ideen und Ideale. J. G. Herder in Ost und West*. Freiburg am Breisgau: Rombach, 2002.

ARENDT, H. *Between Past and Future. Eight Exercises in Political Thought*. New York: Penguin, 2006.

ARNDT, A. Dialektik. *In:* Ohst, Martin (Hrsg.). *Schleiermacher Handbook*. Tübingen: Mohr Siebeck, 2017.

ARNDT, A. *Friedrich Schleiermacher als Philosoph*. Berlin: De Gruyter, 2013.

BARBOSA, R. C. Educação estética, "educação sentimental." Um estudo sobre Schiller. *Artefilosofia 17*, 2014. p. 146-169.

BARBOUR, I. G. *Religion and science:* historical and contemporary issues. London: SCM Press, 1998.

BECKENKAMP, J. *Entre Kant e Hegel*. Porto Alegre: EDIPUCRS, 2004.

BECKENKAMP, J. *Introdução à filosofia crítica de Kant*. Belo Horizonte: Editora UFMG, 2017.

BECKENKAMP, J. O mais antigo programa de sistema do Idealismo Alemão. *Veritas 48*, 2003. p. 211-237.

BEHLER, E. Friedrich Schlegel und Hegel. *In*: Nicolin, F; Pöggeler, O. *Hegel-Studien*. v. 2. Bonn: Bouvier, 1963.

BEIERWALTES, W. *Platonisme et Idéalisme*. Paris: Vrin, 2000.

BEISER, F. *The Fate of Reason:* German Philosophy from Kant to Fichte. Cambridge: Harvard University Press, 1987.

BEISER, F. *The Romantic Imperative: The Concept of Early German Romanticism*. Cambridge: Harvard University Press, 2003.

BENJAMIN, W. *Werke und Nachlaß; Kritische Gesammtausgabe*. Bd III: Der Begriff der Kunstkritik in der deutschen Romantik. Frankfurt am Main: Suhrkamp, 2008.

BERDIAEFF, N. *Jakob Boehme Mysterium Magnum*: Études sur Jakob Böhme. Paris: Aubier, 1945.

BERTI, E. *Contradição e dialética nos antigos e nos modernos*. São Paulo: Paulus, 2013.

BIELCHOWSKI, A. *Life of Goethe*. London: G. P. Putnam's Sons, 1909.

BIRVEN, H. C. *Immanuel Kants Transzendentale Deduktion*. Kant-Studien 29. Berlin: Reuther & Reichard, 1913.

BLOCH, E. Das Faustmotiv der Phaenomenologie des Geistes. *In*: Nicolin, F; Pöggeler, O. *Hegel-Studien*. v. 1. Bonn: Bouvier, 1961.

BLOCH, E. *Tübinger Einleitung in die Philosophie*. Frankfurt am Main: Suhrkamp, 1996.

BOJANOWSKI, J. *Kants Theorie der Freiheit. Rekonstruktion und Rehabilitierung*. Kant-Studien 151. Berlim: Walter de Gruyer, 2006.

BONDELI, M. *Das Anfangsproblem bei Karl Leonhard Reinhold*: Eine systematische und entwiklungsgeschichtliche Untersuchung zur Philosophie Reinholds in der Zeit von 1789 bis 1803. Frankfurt am Main: Vittorio Klostermann, 1995.

BORCHERT, D. (Ed.). *Encyclopedia of philosophy*. Farmington Hills: Thomson, 2006.

BORNKAMM, H. *Luther und Böhme*. Bonn, 1925.

CAMERON, J. Place, Goethe and Phenomenology: A Theoretic Journey, *Janus Head, Goethe's Delicate Empiricism 8*, 1, 2005. Disponível em: http://janushead.org/wp-content/uploads/2020/07/Cameron.pdf. Acesso em: 20/06/2022.

CARLSON, D. G. *A commentary to Hegel's science of logic*. New York: Palgrave MacMillan, 2007.

CARO, E-M. *La philosophie de Goethe*. Paris: Librairie de L. Hachette, 1866.

CASSIRER, E. *Das Erkenntnisproblem in der Philosophie und Wissenschaf der neueren Zeit*. Berlin: Bruno Cassirer, 1907/1920.

CECCHINATO, G. Ugly and interested art. Modernity, freedom and democratization of taste in F. Schlegel. *Revista de Estud(i)os sobre Fichte 15*, 2017, p. 1-7.

CIRNE-LIMA, C. R. A lógica do Absoluto. *Síntese 20*, n. 63, 1993. p. 499-532.

CLARK, H. *History of English Non-conformity*: From Wiclif to the Close of Nineteenth Century. Vol. I. London: Chapman Hall, 1911.

COELHO, H. S. A insuficiência do sujeito na metafísica da subjetividade. *Theologica 48*, 2013, p. 157-172.

COELHO, H S. A constituição histórica da subjetividade nas revisões da teoria hegeliana. *Síntese 43*, n. 136, 2016, p. 305-318.

COELHO, H. S. A necessidade de integração metafísica: o panenteísmo como síntese das teorias de Deus. *In*: Dimas, S.; Epifânio, R.; Loia, L. *Redenção e escatologia*. Vol. III. Lisboa: Universidade Católica Editora, 2019.

COELHO, H. S. A humanização da experiência no auge da Filosofia Clássica Alemã. *Ética e Filosofia Política 17*, 2014, p. 165-181.

COELHO, H. S. A negatividade da natureza em J. G. Fichte; um embate com F. W. J. Schelling. *Kriterion 154*, 2023, p. 99-122.

COELHO, H. S. A negatividade religiosa no pensamento de Goethe; e alguns apontamentos de sua relação com a constituição histórica do niilismo. *Fênix: Revista de História e Estudos Culturais*, v. 5, n. 3, 2008.

COELHO, H. S. *História da liberdade religiosa:* da Reforma ao Iluminismo. Petrópolis: Vozes, 2022(a).

COELHO, H. S. *Livre-arbítrio e sistema:* conflitos e conciliações em Böhme e Goethe. Tese de doutorado defendida no Programa de Pós-graduação em Ciência da Religião da UFJF. Juiz de Fora: UFJF, 2012.

COELHO, H. S. *O Pensamento Crítico:* História e Método. Juiz de Fora: Editora UFJF, 2022(b).

COELHO, H. S. Plotino e o problema das origens na metafísica subjetivo--objetiva. *Aufklärung 4*, 3, 2017, p. 181-190.

COELHO, H. S. The Rationality of Beauty: Aesthetics and the Renaissance of Teleology. *Zygon 57*, 2022(c), p. 46-59.

COHEN, H. *Ethik des reinen Willens.* Berlim: Bruno Cassirer, 1904.

Collingwood, R.G. *The Idea of History.* Oxford: Clarendon Press, 1946.

DILTHEY, W. *Wilhelm Diltheys Gesammelte Schriften.* Leipzig/Berlin: Teubner, 1921.

DOLE, A. C. *Schleiermacher on Religion and the Natural Order.* Oxford: Oxford University Press, 2010.

DREHER, L.H. A questão de Deus no itinerário filosófico do Fichte tardio: saber, liberdade, ser. In: Xavier, M. L. L. O. *A Questão de Deus na História da Filosofia.* Vol II. Sintra: Zéfiro, 2008.

DREHER, L. H. Liberdade e vontade: Schelling, leitor de Lutero. *Revista de Filosofia Moderna e Contemporânea 5*, n.2, 2017, p. 43-76.

DÜSING, K. Idealistische Substanzmetaphysik. In: Henrich, D.; Düsing, K. *Hegel in Jena. Die Entwicklung des Systems und die Zusammenarbeit mit Schelling.* Hegel-Studien 20. Bonn: Bouvier Herbert Grundmann, 1980.

DÜSING, K. *Subjektivität und Freiheit: Untersuchungen zum Idealismus von Kant bis Hegel.* Stuttgart: Frommann & Holzboog, 2002.

ECKERMANN, J. P. *Gespräche mit Goethe in den letzten Jahren seines Lebens.* Disponível em: https://www.projekt-gutenberg.org/eckerman/gesprche/gesprche.html. Acesso em: 19/06/2022.

ELERT, W. *Die voluntaristische Mystik Jacob Böhmes.* Aalen: Scientia, 1987.

EMRICH, W. *Die Symbolik im Faust II:* Sinn und Vorformen. Berlin: Junker & Dünnhaupt, 1943.

FERSTL, F. Jacob Boehme – der erste Deutsche Philosoph. *In*: Andreas G. *Ostdeutsche Beiträge zur Philosophischen Diskussion.* Berlin: Weißensee, 2001.

FICARA, E. Logik und Metaphysik. *In*: Koch, A. F.; Schick, F.; Vieweg, K.; Wirsing, C. (Orgs.). *Hegel – 200 JahreWissenschaft der Logik.* Deutsches Jahrbuch der Philosophie 5. Hamburg: Felix Meiner, 2014.

FINDLER, R. A Sketch of Schelling's Appropriation of the Kantian Imagination in the System of Transcendental Idealism: Schelling's Divergence from Fichte. *In*: Asmuth, C.; Denker, A.; Vater, M. *Schelling: Zwischen Fichte und Hegel.* Amsterdam: Grüner, 2000.

FINERON, A. Goethe's responce to Jacobi's von den Göttlichen Dingen und ihrer Offenbarung" and the influence of Hamann. *In*: *Goethe's Delicate Empiricism. Janushead 8*, 2005.

FISCHER, K. *Schellings Leben, Werke und Lehre.* Geschichte der Nuern Philosophie. Heidelberg: Kalr Winter's Universitätbuchhandlung, 1902.

FORSTER, M. Verbete: "Friedrich Daniel Ernst Schleiermacher". *In*: *The Stanford Encyclopedia of Philosophy.* Zalta, Edward N. (Ed.), (Verão 2022). Disponível em: <https://plato.stanford.edu/archives/sum2022/entries/schleiermacher/>. Acesso em: 28 mar. 2023.

FRANK, M. *Ansichten der Subjektivität.* Berlin: Suhrkamp, 2012.

FRANK, M. *Eine Einführung in Schellings Philosophie.* Frankfurt am Main: Suhrkamp, 2016.

FRANK, M. Metaphysical Foundations: a look at Schleiermacher Dialectic. In: Mariña, J. (Ed.). *The Cambridge Companion to Schleiermacher.* Cambridge: Cambridge University Press, 2005.

FRANK, M. *The Philosophical Foundations of Early German Romanticism.* Albany: State University of New York Press, 2008.

FRIEDRICH, H.J. Der Ungrund der Freiheit im Denken von Böhme, Schelling und Heidegger. *Schellingiana 24.* Stuttgart/Bad-Cannstatt: Frommann-holzboog, 2009.

FRITH, C. D.; Frith, U. Social Cognition in Humans. *Current Biology 17,* 16, 2007, p. 724-732.

GADAMER, H-G. Hegel und die Antike Dialektik. *In*: Nicolin, F; Pöggeler, O. *Hegel-Studien. Bd. 1.* Bonn: Bouvier, 1961.

GEIGER, A. *Allgemeine Einleitung in die Wissenschaft des Judenthums*. Berlin: Louis Gerschel Verlagsbuchandlung, 1875.

GOTTLIEB, M. *Moses Mendelssohn Writings on Judaism, Christianity and the Bible*. Waltham: Brandeis University Press, 2011.

GOTTSCHLICH, M. L. S. *Perspektiven der Philosophie 41*, 2015, p.3-23.

GÖRLAND, I. *Die Entwicklung der Frühphilosophie Schellings in der Auseinanderstzgung mit Fichte*. Frankfurt am Main: Vittorio Klostermann, 1973.

GROUT, D; Palisca, C. *História da música ocidental*. Lisboa: Gradiva, 2007.

GROVE, P. Werke: Jugendmanuskripte, erste Predigten. *In*: Ohst, Martin (Orgs.). *Schleiermacher Handbook*. Tübingen: Mohr Siebeck, 2017.

GRUPILLO, A. *O homem de gosto e o egoísta lógico*: Uma introdução crítica à estética de Kant. São Paulo: Edições Loyola, 2016.

GUTTMANN, J. *Kants Gottesbegriff in seiner positive Entwicklung*. Berlin: Von Reuther und Richard, 1906.

GUYER, P. *KANT: A dedução transcendental das categorias*. Aparecida: Ideias e Letras, 2009.

HAHMANN, A. Kritische Metaphysik der Substanz: Kant im Widerspruch zu Leibniz. *Kant-Studien 160*. Berlin: Walter de Gruyter, 2009.

HAERING, T. L. *Hegel. Sein Wollen und sein Werk*. Leipzig: Teubner, 1938.

HALFWASSEN, J. *Auf den Spuren des Einen: Studien zur Metaphysik und ihrer Geschichte*. Tübingen: Mohr Siebeck, 2015.

HALFWASSEN, J. *Hegel und der spätantike Neuplatonismus. Untersuchung zur Metaphysik des Einen und des Nous in Hegels spekulativer und geschichtlicher Deutung*. Hamburg: Felix Meiner, 2005.

HALLIDAY, T. *Otherlands*: a journey through earth's extinct worlds. New York: Random House, 2022.

HARTMANN, N. *Die Philosophie des Deutschen Idealismus*. Berlin: Walter De Gruyter, 1960.

HELMHOLZ, H. von. *Vorträge und Reden: Über Goethes naturwissenschaftliche Arbeiten*. Braunschweig: Friedrich Vieweg und Sohn, 1903.

HENRICH, D. Absoluter Geist und Logik des Endlichen. *In*: Henrich, D.; Düsing, K. *Hegel in Jena. Die Entwicklung des Systems und die Zusammenarbeit mit Schelling*. Hegel-Studien 20. Bonn: Bouvier Herbert Grundmann, 1980.

HENRICH, D. *Bewusstes Leben*. Stuttgart: Reclam, 1999.

HENRICH, D. *Between Kant and Hegel: Lectures on German Idealism*. Cambridge: Harvard University Press, 2008.

HENRICH, D. *Denken und Selbstsein:* Vorlesungen über Subjektivität. Frankfurt am Main: Suhrkamp, 2007.

HENRICH, D. *Grundlegung aus dem Ich:* Untersuchungen zur Vorgeschichte des Idealismus, Tübingen – Jena 1790-1794. Frankfurt am Main: Suhrkamp, 2004.

HENRICH, D. Hegels Logik der Reflexion. *In*: Henrich, D. *Die Wissenschaft der Logik und die Logik der Reflexion. Hegel-Tage Chantilly 1979*. Hegel-Studien 18. Hamburg: Felix Meiner, 2016.

HENRICH, D. *Konstellationen:* Probleme und Debatten am Ursprung der idealistischen Philosophie (1789-1795). Stuttgart: Klett-Cotta, 1991.

HENRICH, D. *Selbstverhältnisse*. Stuttgart: Reclam, 1982.

HILLEBRAND, Karl. *Six Lectures on the History of German Thought*. London: Longman's, Green & Co., 1880.

HODGSON, P. *Hegel and Christian Theology*. Oxford: Oxford University Press, 2005.

HOEPPNER, T. *Urteil und Anschauung:* Kants Metaphysische Deduktion der Kategorien. Berlin: De Gruyter, 2021.

HÖFFE, O. *Immanuel Kant*. São Paulo: Martins Fontes, 2005.

HOFMANN, P. *Goethes Theologie*. Paderborn: Schöningh, 2001.

HORSTMANN, R.-P. Der Anfang vor dem Anfang: Zum Verhältniss der *Logik* zur *Phänomenologie des Geistes*. *In*: Koch, Anton F.; Schick, Friedrike; Vieweg, K.; WIRSING, C. (Orgs.). *Hegel – 200 Jahre Wissenschaft der Logik*. Deutsches Jahrbuch der Philosophie 5. Hamburg: Felix Meiner, 2014.

HÖSLE, V. *O sistema de Hegel*. São Paulo: Loyola, 2007.

HOULGATE, S. *The Opening of Hegel's Logic:* From Being to Infinity. West Lafayette: Purdue University Press, 2006.

HYPPOLITE, J. *Genesis and Structure of Hegel's Phenomenology of Spirit*. Evanston: Northwestern University Press, 1974.

IZUZQUIZA, I. *Armonía y Razón:* La filosofía de Friedrich D. E. Schleiermacher. Zaragoza: Prensas Universitarias de Zaragoza, 1998.

JAESCHKE, W. *Hegel Handbuch:* Leben, Werk, Schule. Krugzell: Metzler, 2016.

JAMES, W. *The Principles of Psychology*. Chicago: Encyclopedia Britannica, 1952.

JANKE, W. Von der dreifachen Vollendungen des Deutschen Idealismus und der unvollendenten Metaphysischen Wahrheit. *Deutsche Zeitschrift für Philosophie 39*, 3, 1991, p. 304-320.

JASPERS, K. *Psychologie der Weltanschauungen*. Berlin: Springer, 1909.

JOHNSTON, I. G.; Dingle, K.; Greenbury, S. F.; Camargo, C. Q.; Doye, Jonathan P. L.; Ahnert, S. E.; Louis, A. Symmetry and simplicity spontaneously emerge from the algorithmic nature of evolution. *PNAS 119*, 11, 2022.

JÜRGENSEN, S. Schellings logisches Prinzip: Der Unterschied in der Identität. *In*: Asmuth, C.; Denker, A.; Vater, M. *Schelling: Zwischen Fichte und Hegel*. Amsterdam: Grüner, 2000.

KEMPER, D. *Ineffabile*: Goethe und die Individualitätsproblematik der Moderne. München: Wilhelm Fink, 2004.

KLEIN, G. C. Coisa-em-si em Fichte, uma problematização. *Cadernos de filosofia alemã 22*, 2013, p. 49-64.

KNELLER, J. (Ed.). *Novalis Fichte Studies*. Cambridge: Cambridge University Press, 2003.

KOCH, A. F.; Schick, F.; Vieweg, K.; Wirsing, C. (Orgs.). *Hegel – 200 JahreWissenschaft der Logik*. Deutsches Jahrbuch der Philosophie 5. Hamburg: Felix Meiner, 2014.

KOHL, M. The Metaphysical Deduction and the Shadow of Humean Skepticism *Kant-Studien 109*, 3, 2018, p. 367-394.

KORFF, H. A. *Geist der Goethezeit*. Leipzig: Koehler & Amelang, 1954.

Kroner, R. *Von Kant bis Hegel*. Tübingen: Mohr & Siebeck, 1961.

LAU, C-F. Freedom, Spontaneity and the Noumenal Perspective. *Kant Studien 99*, v. 3, 2008, p. 312-338.

LEUSER, C. *Theologie und Antropologie: Die Erziehung des Menschengeschlechtes bei Johann Gottfried Herder*. Berlin: Peter Lang, 1990.

LIMA, P. G. C. S. *A Dedução Metafísica das categorias e a relação entre o conhecimento discursivo e o conhecimento pré-discursivo na Crítica da Razão Pura*. Dissertação de mestrado defendida no Programa de Pós-graduação em Filosofia da UFJF. Juiz de Fora: UFJF, 2019.

LIPSCOMB, B. J. B.; Krueger, J. (Ed.). *Kant's moral metaphysics*. Berlin: De Gruyter, 2010.

LONGUENESSE, B. *Hegel's critique of metaphysics*. Cambridge: Cambridge University Press, 2007.

LONGUENESSE, B. Kant on *a priori* concepts. *In*: Guyer, P. *The Cambridge Companion to Kant and Modern Philosophy*. Cambridge: Cambridge University Press, 2007.

MARTENSEN, H.L. *Jacob Boehme:* His Life and Teaching; or Studies in Theosophy. London: Hodder and Stoughton, 1885.

MATUSSEK, P. *Goethe und die Verzeitlichung der Natur*. München: C. H. Beck, 1998.

MAYR, E. Teleological and Teleonomic, a New Analysis. *In*: Cohen, R.; Wartofsky, M. W. (Ed). *Methodological and Historical Essays in the Natural and Social Sciences*. Boston Studies in the Philosophy of Science 14. Dordrecht: Springer, 1974.

MAZZOCCHI, F. Complexity in biology. Exceeding the limits of reductionism and determinism using complexity theory. *EMBO Rep*. 9, 1, 2008, p. 10-14.

MCGILCHRIST, I. *The matter with things: our brains, our delusions and the unmaking of the world*. London: Perspective Press, 2021.

MCGILCHRIST, I. *The master and his emissary: the divided brain and the making of the Western World*. New Haven: Yale University, 2009.

MCTAGGARt, J. M. E. *A Commentary on Hegel's logic*. Cambridge: Cambridge University Press, 1910.

MEYER, Michael A. *Response to modernity: a history of the reform movement in Judaism*. Detroit: Wayne State University Press, 1995.

MIDGLEY, M. *The Ethical Primate: Humans, Freedom and Morality*. Londres, Routledge, 2002.

NG, K. Hegel's Logic of Actuality. *The Review of Metaphysics 63*, 2009, p. 139-172.

NATORP, P. *Platons Ideenlehre:* Eine Einführung in den Idealismus. Leipzig: der Dürrschen Buchandlung, 1903.

NEUHOUSER, F. *Fichte's Theory of Subjectivity*. Cambridge: Cambridge University Press, 1990.

NOLLEr, J. *Die Bestimmung des Willens: Zum Problem individueller Freiheit im Ausgang von Kant*. Munique. Karl Alber Freiburg, 2016.

NUOVO, V (Ed.). *John Locke and Christianity:* Contemporary Responses to The Reasonableness of Christianity. Bristol: Thoemmes Press, 1997.

OLIVEIRA, L. F da S. O Ceticismo e as teorias da identidade de Schelling e Hegel. In: Valderio, F. *et al.* (orgs.). *Ceticismo, dialética e filosofia contemporânea*. São Paulo: Anpof, 2019.

PHILIPSON, D. The progress of the Jewish Reformed Movement in the United States. *The Jewish Quarterly Review 10*, 1897, p.52-99.

POPP, K. R. *Jakob Böhme und Isaac Newton*. Leipzig: von S. Hirzel, 1935.

RECKI, B. "Mixtum Compositum": On the persistence of Kant's dualism in the Doctrine of the Highest Good. *In*: Thomas Höwing (Ed.). *The Highest Good in Kant's Philosophy*. Berlin: De Gruyter, 2016.

RICHARDS, R. *The romantic conception of life*: science and philosophy in the age of Goethe. Chicago: Chicago University Press, 2002.

RINGLEBEN, J. Die Reden Über die Religion. *In*: Ohst, M.(Orgs.). *Schleiermacher Handbook*. Tübingen: Mohr Siebeck, 2017.

ROBBINS, B. New Organs of Perception, *Janus Head, Goethe's Delicate Empiricism* 8, 1, 2005. Disponível em: http://janushead.org/wp-content/uploads/2020/07/Robbins-2.pdf. Acesso em: 20 jan. 2022.

RODL, S; Conant, J. *Philosophical Topics 42:1:* The Second Person. Fayetteville: University of Arkansas, 2016.

ROUSSEAU, J. J. *Emílio, ou da Educação*. São Paulo: Difel, 1979.

SAFRANSKI, R. *Romantik:* Eine deutsche Affäre. München: Carl Hanser, 2007.

SAFRANSKI, R. *Schiller, o la invención de Idealismo alemán*. Barcelona: Tusquets, 2006.

SANDKAULEN, B. Was geht auf dem langen Wege vom Geist nicht alles verloren" Problematische Transformationen in der klassischen deutschen Philosophie. *Deutsche Zeitschrift für Phil 50*, v. 3, 2002.

SANTOZKI, U. *Die Bedeutung antiker Theorien für die Genese und Systematik von Kants Philosophie; Eine Analyse der drei Kritiken*. Doktor Inauguraldisertation in Philosophie, Phillips-Universität Marburg, 2004.

SCHILBACH, L. *et alia*. Toward a second-person neuroscience. *Behavioural and Brain Sciences 36*, 4, 2013, p.393-414.

SCHLÖSSER, U. Hegels Begriff des Geistes zwischen Theorie der Interpersonalität und Philosophie der Religion. *In*: Hermanni, F.; Nonnemacher, B.; Schick, F. (Orgs.). Religion und Religionen im Deutschen Idealismus. *Collegium Metaphysicum 13*. Tübingen: Mohr-Siebeck, 2015.

SCHMID, F. A. Schiller als theoretischer Philosoph. *Kant Studien X*, 1905, p. 261-284.

SCHMIED-KOWARZIK, W. Die Freiheit und das Absloute. *In*: Paetzold, H; Schneider, H. *Schellings Denken der Freiheit*. Kassel: Kassel University Press, 2010.

SCHNÄDELBACH, H. *Philosophie in Deutschland:* 1831-1933. Frankfurt am Main: Suhrkamp, 1999.

SCHWARZ, C. G. E. *Lessing als theologe*. Halle: Pfeffer, 1954.

SEDGWICK, S. *The reception of Kant's Critical Philosophy*. Cambridge: Cambridge University Press, 2000.

SEPPER, D. *Goethe contra Newton:* polemics and the project for a new science of color. Cambridge: Cambridge University Press, 2002.

SMITH, N. K. *A commentary to Kant's 'critique of pure reason'*. New York: Pallgrave Macmillan, 2003.

SNOW, D. The evolution of Schelling's concept of freedom. *In*: Asmuth, C.; Denker, A.; Vater, M. *Schelling: Zwischen Fichte und Hegel*. Amsterdam: Grüner, 2000.

SOCKNESS, B.; Gräb, W. *Schleiermacher, the Study of Religion and the Future of Theology*. Berlin: De Gruyter, 2010.

STEDEROTH, D. Abgründige Freiheit und die Notwendigkeit des Bösen: Eine Auseinandersetzung mit Schellings Freiheitsschrift. *In*: Paetzold, H.; Schneider, H. (Orgs.) *Schellings Denken der Freiheit*. Kassel: Kassel University Press, 2010.

STERNBERG, K. Beiträge zur Interpretation der kritischen Ethik. *Kant-Studien* 25, 1912.

TAYLOR, C. *Hegel*. Cambridge: Cambridge University Press, 1975/1999.

TIMM, H. *Gott und die Freiheit*: Studien zur Religionsphilosophie der Goethezeit. Frankfurt: Klostermann, 1974.

TOCQUEVILLE, A. de. *Democracy in America*. 4 vol. Indianapolis: Liberty Fund, 2008.

TRAUB, H. *Der Denker und sein Glaube: Fichte und Pietismus oder:* Über die theologischen Grundlagen der Wissenschaftslehre. Spekulation und Erfahrung 61. Stuttgart: Frommann-holzboog, 2020.

UTTEICH, L. C. Aspectos biográficos do filósofo da egoidade Absoluta. *Tempo da Ciência 16*, 32, 2009, p.111-122.

VETÖ, M. *De Kant à Schelling:* Les deux voies de l'Idéalisme allemand. Grenoble: Jerôme Millon, 1998.

WATSON, J. M. *Aristotle's criticisms of Plato*. London: Oxford University Press, 1909.

WEHR, G. *Jakob Böhme*. Hamburg: Rowohlt, 1971.

WENZEL, M. Beiträge zur Optik und Schriften zur Farbenlehre vor 1810. *In*: Witte, B.; Schmidt, P. *Goethe Handbuch III*. Stuttgart: Metzler, 1997, p. 703-719.

WERLE, M. A. Ensaio sobre Hegel: o voo da ave de Minerva ao anoitecer. *Contingentia 9*, 1, 2021, p. 8-22.

WINDELBAND, W. Schillers transscendentaler Idealismus. *Kant Studien X*, 1905, p. 398-411.

WOLLGAST, S. *Philosophie in Deutschland zwischen Reformation und Aufklärung, 1550-1650*. Berlin: Akademie, 1988.

WOOD, A. W. *Kant's rational theology*. Ithaca: Cornell University Press, 1978.

ZANTWIJK, T. *Pan-Personalismus. Schellings transzendentale Hermeneutik der menschlichen Freiheit*. Spekulation und Erfahrung 43. Suttgart – Bad Cannstatt: Froomann-holzboog, 2000.

ZELLER, E. *Die Philosophie der Griechen: in ihrer geschichtlichen Entwicklung*. Orgs. Eduard Wellman. Leipzig: Reisland, 1923.

ZERBST, A. Identitätsphilosophie und Philosophie der Kunst. Zum Verhältniss von kunstphilosophischen System und konkreter Werkkenntniss. *In*: Danz, C.; Jantzen, J (Orgs.). *Gott, Natur, Kunst und Geschichte: Schelling zwischen Identitätsphilosophie und Freiheitsschrift*. Wien: Viena University Press, 2011.

Conecte-se conosco:

facebook.com/editoravozes

@editoravozes

@editora_vozes

youtube.com/editoravozes

+55 24 2233-9033

www.vozes.com.br

Conheça nossas lojas:

www.livrariavozes.com.br

Belo Horizonte – Brasília – Campinas – Cuiabá – Curitiba
Fortaleza – Juiz de Fora – Petrópolis – Recife – São Paulo

EDITORA VOZES LTDA.
Rua Frei Luís, 100 – Centro – Cep 25689-900 – Petrópolis, RJ
Tel.: (24) 2233-9000 – E-mail: vendas@vozes.com.br